Lisbonne

Cofondateurs : Philippe

Directeur de collection et auteur
Philippe GLOAGUEN

Rédacteurs en chef adjoints
Amanda KERAVEL
et Benoît LUCCHINI

Directrice de la coordination
Florence CHARMETANT

Directrice administrative
Bénédicte GLOAGUEN

Directeur du développement
Gavin's CLEMENTE-RUIZ

Conseiller à la rédaction
Pierre JOSSE

Direction éditoriale
Hélène FIRQUET

Thierry BROUARD
Marie BURIN des ROZIERS
Véronique de CHARDON
Fiona DEBRABANDER
Anne-Caroline DUMAS
Éléonore FRIESS
Géraldine LEMAUF-BEAUVOIS
Olivier PAGE
Alain PALLIER
Anne POINSOT
André PONCELET
Alizée TROTIN

Responsable voyages
Carole BORDES

2019

hachette

TABLE DES MATIÈRES

PRÉAMBULE

COMMENT Y ALLER 36

LISBONNE UTILE 44

INFOS PRATIQUES SUR PLACE 61

LISBONNE QUARTIER PAR QUARTIER 72

BAIXA ET ROSSIO 72

BAIRRO ALTO, CHIADO ET CAIS DO SODRÉ 82

MADRAGOA, LAPA, CAMPO DE OURIQUE, SANTOS, DOCAS (LES DOCKS) ET LX FACTORY 100

Important : dernière minute

Sauf rare exception, le *Routard* bénéficie d'une parution annuelle à date fixe. Entre deux dates, des événements fortuits (formalités, taux de change, catastrophes naturelles, conditions d'accès aux sites, fermetures inopinées, etc.) peuvent modifier vos projets de voyage. Pour éviter les déconvenues, nous vous recommandons de consulter la rubrique « Guide » par pays de notre site • *routard.com* • et plus particulièrement les dernières ***Actus voyageurs.***

☎ **112 :** c'est le numéro d'urgence commun à la France et à tous les pays de l'UE, à composer en cas d'accident, d'agression ou de détresse. Il permet de se faire localiser et aider en français, tout en améliorant les délais d'intervention des services de secours.

Recommandation à ceux qui souhaitent profiter des réductions et avantages proposés dans le *Routard* par les hôteliers et les restaurateurs.

À l'hôtel, pensez à les demander au moment de la réservation ou, si vous n'avez pas réservé, **à l'arrivée.** Ils ne sont valables que pour les réservations en direct et ne sont pas cumulables avec d'autres offres promotionnelles (notamment sur Internet). Au restaurant, parlez-en **au moment** de la commande et surtout **avant** que l'addition soit établie. Poser votre *Routard* sur la table ne suffit pas : le personnel de salle n'est pas toujours au courant et une fois le ticket de caisse imprimé, il est souvent difficile de modifier le total. En cas de doute, montrez la notice relative à l'établissement dans le *Routard* de l'année et, bien sûr, ne manquez pas de nous faire part de toute difficulté rencontrée.

Tuk-tuk et tram lisboètes

LA RÉDACTION DU ROUTARD

(sans oublier nos 50 enquêteurs, aussi sur le terrain)

© R. Delalande et E. Dessons

Thierry, Anne-Caroline, Éléonore, Olivier, Alizée, Pierre, Benoît, Alain, Fiona, Emmanuelle, Gavin's, André, Véronique, Bénédicte, Jean-Sébastien, Mathilde, Amanda, Isabelle, Géraldine, Marie, Carole, Philippe, Florence, Anne.

La saga du *Routard* : en 1971, deux étudiants, Philippe et Michel, avaient une furieuse envie de découvrir le monde. De retour du Népal germe l'idée d'un guide différent qui regrouperait tuyaux malins et itinéraires sympas, destiné aux jeunes fauchés en quête de liberté. 1973. Après 19 refus d'éditeurs et la faillite de leur première maison d'édition, l'aventure commence vraiment avec Hachette. Aujourd'hui, le *Routard*, c'est plus d'une cinquantaine d'enquêteurs impliqués et sincères. Ils parcourent le monde toute l'année dans l'anonymat et s'acharnent à restituer leurs coups de cœur avec passion.

Merci à tous les routards qui partagent nos convictions : liberté et indépendance d'esprit ; découverte et partage ; sincérité, tolérance et respect des autres.

NOS SPÉCIALISTES LISBONNE

Gavin's Clemente-Ruiz : né en 1978, belgo-hispano-normand, il vadrouille pour le *Routard* depuis 1999. Logique avec un tel pedigree ! Son plaisir : l'adresse introuvable dénichée en fin de journée. Et garder le contact avec les personnes croisées. Son défaut : ne quitte jamais son téléphone portable (« Bon, c'est pour le Facebook et l'Instagram du *Routard* » !).

Grégory Dalex : engagé avec le *Routard* depuis près de 20 ans, il a choisi le voyage en solo et en immersion totale. Le moyen d'être au plus près de son sujet en privilégiant les rencontres humaines… et leurs bonnes adresses ! Une immersion jusque dans la mer, l'autre passion de sa vie, qu'il brûle en travaillant aussi dans l'archéologie sous-marine.

Olivier Page : malouin d'origine. À 16 ans il réalise un long tour de France en mobylette. Son aptitude à la vie nomade, sa curiosité pour les cultures, son goût des autres ont conduit ce Breton d'âme fugitive à collaborer naturellement avec le *Routard*. Depuis 1990, il parcourt le monde, pour découvrir d'autres lieux, d'autres gens. Et faire partager ses plus belles découvertes à ses lecteurs.

Florence Charmetant : très tôt le voyage est devenu une nécessité, quelle que soit la destination. Le voyage pour les personnes, les rencontres, les liens, les lieux, les cultures, les langues, les valeurs, les goûts, les parfums, les différences… Trente années ont passé, son appétit demeure et son envie de transmettre, à vous lecteurs du *Routard*, tout autant.

UN GRAND MERCI À NOS AMI(E)S SUR PLACE ET EN FRANCE

Pour cette nouvelle édition, nous remercions particulièrement :

- **Anne Typhagne,** pour sa « veille », et le non moins talentueux **Nuno** !
- **Jean-Pierre Pinheiro et Rui Manuel Amaro,** de l'office de tourisme du Portugal à Paris.

Pictogrammes du Routard

Établissements

- Hôtel, auberge, chambre d'hôtes
- Camping
- Restaurant
- Terrasse
- Pizzeria
- Boulangerie, sandwicherie
- Pâtisserie
- Glacier
- Café, salon de thé
- Café, bar
- Bar musical
- Club, boîte de nuit
- Salle de spectacle
- Boutique, magasin, marché

Infos pratiques

- Office de tourisme
- Poste
- Accès Internet
- Hôpital, urgences
- Adapté aux personnes handicapées

Sites

- Présente un intérêt touristique
- Point de vue
- Plage
- Spot de surf
- Site de plongée
- Recommandé pour les enfants
- Inscrit au Patrimoine mondial de l'Unesco

Transports

- Aéroport
- Gare ferroviaire
- Gare routière, arrêt de bus
- Station de métro
- Station de tramway
- Parking
- Taxi
- Taxi collectif
- Bateau
- Bateau fluvial
- Piste cyclable, parcours à vélo

Tout au long de ce guide, découvrez toutes les photos de la destination sur • *routard.com* • Attention au coût de connexion à l'étranger, assurez-vous d'être en wifi !

Le *Routard* est imprimé sur un papier issu de forêts gérées.

I.S.B.N. 978-2-01-626763-9

NORD
Jardim Zoológico
Gare routière Sete Ríos
Sete Ríos
Rua das Furnasa
Palácio Fronteira
Rua P. Lima Basto
Av. dos Combatentes
PRAÇA DE ESPANHA
Praça de Espanha
Av. de
Museu Calouste Gulbenkian
Av. J. Malhoa
R. R. Ortigão
Av.
S. Sebastião
Av. A. Augusto
R. S. Domingos de Benfica
LE NORD, AUTOUR DU MUSÉE GULBENKIAN
Avenida Calouste Gulbenkian
Estufa Fria
Parque Eduardo VI
R. Marquês da Fronteira
Rua Castilho
Parque florestal de Monsanto
Cal. da Quintinha
A 5
R. J. Pacheco
António de Aguiar
Mãe d'Água e aqueduto das Águas Livres et Fundação Arpad Szénes
RATO
Av. E. Duarte
Ceuta
Pra
R. Dom João V
Rato
LARGO DE RATO
CAMPO DE OURIQUE
R. F. Borges
R. de São Bento
Maria
Avenida da Ponte
de
R. Saraiva de Carvalho
Jardim da Estrela
PR. DA ESTRELA
Dona
Cemitério dos Prazeres
Avenida
Santo
Infante
Rua
LAPA
L. DE ALCÂNTARA
Avenida
Museu nacional de Arte Antigua
Av. 24
PONTE 25 DE ABRIL
Av. 24 de Julho
Estação Alcântara Mar
Museu do Oriente
SETÚBAL
Belém
LES DOCKS

AREEIRO
PR. FR. SÁ CARNEIRA
Av. Afonso da Costa
Areeiro
Olaias
Campo Pequeno
Av. João XXI
Av. 5 de Outubro
Av. da República
Av. Defensores de Chaves
Av. Guerra Junqueiro
Alameda D. Afonso Henriques
Alameda
Av. A. J. Almeida
Av. M. Bombarda
Av. João Crisóstomo
Av. Duque d'Avila
Av. R. Pais
Saldanha
Av. Praia da Vitoria
Av. C. Ribeiro
ALTO PINA
Arroios
Rua Morais Soares
R. P. de Melo
Rua Tomás Ribeiro
R. F. Folque
Luís Bivar
Picoas
Parque
Aguiar
Rua Corvo
Av. F. Pereira de Melo
Av. Duque Loulé
PR. P. COUCEIRO
Avenida Almirante Reis
Avenida General Roçadas
Anjos
LISBONNE QUARTIER PAR QUARTIER p. 72
PR. MARQUÊS DE POMBAL
Marquês de Pombal
Herculano
Av. da Liberdade
Intendente
Museu nacional do Azulejo et convento de Madre da Deus
Casa-museu da Fundação Medeiros e Almeida
Avenida
Miradouro da N. S. do Monte
GRAÇA
Jardim Botánico
Square de la place do Príncipe Real
Martim Moniz
LARGO DA GRAÇA
Mosteiro e claustro de São Vicente de Fora
Igreja da Graça
Restauradores
Hospital das Bonecas
MOURARIA
Estação do Rossio
Rossio
Castelo São Jorge
PR. DOM PEDRO IV
PR. DA FIGUEIRA
CASTELO
D. Henrique
Museu et igreja São Roque
Santa Apolónia
Convento-museu do Carmo
ALFAMA
Elevador de Santa Justa
BAIRRO ALTO
Baixa Chiado
Infante
R. Aurea
R. da Prada
Miradouro de Santa Luzia
Museu do Fado
Ascensor da Bica
BAIXA
R. de São Paulo
Avenida
Arco
Lisboa Story Center
Viniportugal
Cais do Sodré
Terreiro do Paço
Julho
Promenade piétonne
Estação fluvial
Tejo
PR. DO COMÉRCIO
Museu Nacional de Arte Contemporânea do Chiado
500 m
site inscrit au Patrimoine mondial de l'Unesco

LISBONNE

Monastère et cloître de São Vicente de Fora, Alfama

« Je suis au ciel car nous approchons de la fameuse Lisbonne. »

Cervantès

Campée sur la rive droite de l'estuaire du Tage, Lisbonne est avant tout un site d'une **incomparable beauté,** beauté parfois déroutante, certes, mais qui a su remarquablement traverser le temps. S'il y a une capitale qui s'acharne à bluffer ses visiteurs, c'est bien cette cité incroyable, que d'éternels travaux continuent de mettre à mal avant de lui faire le plus grand bien, pour parodier dom Francisco Manuel de Melo : « Un mal dont on jouit, un bien dont on souffre. » Au XVIIe s, l'écrivain portugais qualifiait ainsi la saudade, sentiment de nostalgie supposé envahir tout Lisboète à la vue du **Tage,** cette **« mer de Paille »** aux reflets dorés, porteuse des rêves de voyage de tout un peuple.

Une nostalgie qui n'est plus ce qu'elle était, rassurez-vous ! **Lisbonne n'est pas triste** (sauf en hiver, peut-être, car le froid chargé d'humidité, ici, est pénétrant), elle ne vit pas chaque instant qui passe dans le souvenir de ses heures glorieuses. Bien au contraire ! Ne vous fiez pas pour autant à ces images montrant **la nuit lisboète** comme une fête perpétuelle se déroulant sous les étoiles, au bord du Tage, sur les anciens docks ou dans le Bairro Alto : le mal de vivre n'a pas simplement engendré une fureur de vivre ; ici, les 2 coexistent, simplement.

Les artisans des vieux quartiers côtoient sereinement des **boutiques à la mode** ou de **design,** les restaurants où l'on décline la **morue** de dizaines de façons différentes (on dit qu'il existe 365 recettes possibles) s'alignent à côté des bars tendance. Sans compter les *pastelerias* (hmmm ! les ***pastéis*** !) ou encore, les nombreux musées, aux collections d'une richesse insoupçonnée. Le **MAAT,** dernier en date, dans une usine électrique désaffecté à Belém, saura vous ravir. Et n'hésitez pas à entamer la conversation, en français, en anglais, avec les gestes ou même avec votre *Guide de conversation du Routard en portugais* !

Esplanade du monument des Découvertes

NOS COUPS DE CŒUR

© Gonzalo Azumendi/Age fotostock

1 **Grimper dans le mythique tram n° 28 depuis le jardim da Estrela pour aller dans l'Alfama, et remonter à la fois le temps et les ruelles en pente.**

Cette ligne de tram offre le plus beau parcours qui soit à Lisbonne. Une véritable machine à remonter le temps à travers les quartiers de la ville. Lorsque le wattman actionne la cloche, commence un voyage mémorable. Bringuebalant le long des rues pentues, il vous fera traverser le Lisbonne d'hier et d'aujourd'hui, comme dans un rêve… Une balade inoubliable, avec des plongées éperdues qui livrent le soir des points de vue flamboyants sur la ville. *p. 68*

© Timo Christ/Alamy/hemis.fr

2 Faire une pause-déjeuner au Mercado da Ribeira pour goûter, à moindres frais, la cuisine de chefs talentueux.

L'un des meilleurs endroits pour se régaler à petits prix dans la capitale. Sous une somptueuse halle de verre et d'acier, le *mercado* abrite de nombreux stands où tous les chefs prestigieux de Lisbonne se sont réunis. À vous de faire votre choix entre un plat d'Henrique Sá Pessoa, ou un plat d'Alexandre Silva, Marlène Vieira ou Kiko Martins… Plus besoin de courir ! Ils sont tous ici représentés, proposant des plats entre 7 et 12 €. Si, si, vous avez bien lu… Viandes, fruits de mer, charcuterie, fromages, pâtisseries, tout y passe. Après, on s'installe sur les grandes tablées, et on déguste dans un joyeux brouhaha. L'un de nos endroits préférés à Lisbonne ! *p. 89, 95*

3 Se retrouver à l'heure de l'apéro devant une *ginjinha*, à 2 pas du Rossio, et savourer chaque gorgée, avant d'aller jeter discrètement les noyaux de cerise dans le caniveau.

S'il y a une boisson proprement lisboète, c'est bien la *ginja*. Au moment de l'apéritif, cette boisson à base de griottes coule à flots dans les typiques *ginjinhas* de la ville. Ou plutôt devant : il suffit de compter les noyaux sur le trottoir ! Pour avaler prestement ce petit remontant indispensable à la vie des Lisboètes, rendez-vous selon votre humeur largo São Domingos, rua das Portas de Santo Antão, ou même rua Barros Queirós et rua da Mouraria. On y boit debout dans les buvettes ou sur le trottoir. À la façon d'une station-service, on y recharge les batteries, et en route pour de folles enjambées en direction de la *ginjinha* suivante… *p. 76-77, 115*

4 **Dans le Bairro Alto, faire une pause dans le jardim São Pedro de Alcântara pour admirer le panorama qu'offrent les toits de la Baixa et le castelo de São Jorge sur la colline d'en face.** *p. 98*

© Borgese Maurizio/hemis.fr

5 **Prendre l'*elevador* de Santa Justa, pour profiter de la vue sublime du haut du 2e étage.**

Ne manquez pas cette construction insolite ! L'ascenseur de Santa Justa fut érigé en 1900 pour faciliter l'accès à l'église du Carmo depuis la ville basse. Sa silhouette est une remarquable ciselure de fer forgé. Du haut de l'édifice, outre la machinerie, on découvre la colline du château Saint-Georges et les alignements de la Baixa. *p. 97*

6 En fin d'après-midi, contempler le changement de couleurs des toits de l'Alfama et du Tage depuis le *miradouro* de Santa Luzia.

Lisbonne ne se révèle qu'à ceux qui font un effort pour l'approcher. Prenez de bonnes chaussures et filez vers les *miradouros*, ces spectaculaires belvédères où l'on peut humer l'air du large. Celui de Santa Luzia, dédié à l'ordre de Malte, est un lieu cher à tous les amoureux de la ville. À l'ombre (toute relative) de l'église se cache un charmant petit jardin. Sous les arcades se retrouvent les joueurs de cartes, les amoureux, les familles en promenade, tous indifférents aux touristes venus s'en mettre plein les yeux. De la terrasse s'appuyant sur d'anciennes murailles arabes, on bénéficie en effet d'un très beau point de vue sur les toits de l'Alfama et sur le Tage. *p. 133*

7 **Manger un poisson grillé dans une *tasca*, au fin fond de l'Alfama, en attendant l'heure du fado dans un lieu caché dont certains guides ont le secret.**

Ce quartier, c'est l'âme de Lisbonne. Longtemps habité par les pêcheurs et les marins, il est resté populaire, avec ses personnages bien typés : truculentes matrones, artisans, commerçants ambulants, gamins frondeurs, vieillards malicieux prenant le frais… L'Alfama est le quartier le plus ancien et le plus connu de la capitale, emblème du Lisbonne ancien. Il consiste en un réseau inextricable de ruelles tortueuses, volées de marches *(calçadas)*, culs-de-sac, passages voûtés, cours intérieures, patios minuscules fleuris et venelles ne menant nulle part (les *becos*) et bordées de mille maisons enchevêtrées, agglutinées, présentant autant de styles différents. Au fil de la promenade, de temps en temps apparaît le Tage, cette mer de Paille qui surgit tel un miroir bleu et étincelant (quand le soleil brille) au débouché d'une ruelle, entre 2 vieux immeubles presque collés, ou entre 2 échafaudages. *p. 123*

© Borgese Maurizio/hemis.fr

8 **Flâner dans l'Estufa Fria, la serre froide du parque Eduardo VII, une véritable oasis de fraîcheur dans la ville en plein été quand le soleil est à son zénith.**

Un lieu étonnant, hors du temps, celui qui passe comme celui qu'il fait. Idéal pour se réchauffer à la saison froide et se rafraîchir quand il fait chaud. Dépaysement total et balade agréable dans de petites allées ombragées, au milieu des plantes exotiques et des espèces rares, dans le chuintement des cascades, le clapotis des bassins et des fontaines. Les Lisboètes disent que celui qui n'a pas vu l'Estufa Fria aux 4 saisons ne connaît pas Lisbonne. *p. 147*

9 Découvrir la riche collection du musée Calouste-Gulbenkian et le merveilleux parc qui l'entoure.

Construit au début des années 1960 selon les principes architecturaux de Frank Lloyd Wright, intégrant l'harmonie du bâti avec la nature, ce musée fait partie d'un des plus prestigieux centres culturels d'Europe. Peu d'objets sont exposés, mais chacun d'eux est digne d'intérêt. Réputé pour ses collections d'arts oriental et décoratifs, le musée l'est aussi pour sa section consacrée à René Lalique. Après la visite, faites un tour dans le magnifique jardin botanique de la Fondation. *p. 147*

Fondation Calouste-Gulbenkian © Musée Calouste-Gulbenkian, Lisbonne
© Holger Leue/Look/Photononstop

10 **Survoler, par beau temps, le parc des Nations à bord de la télécabine, et découvrir le Lisbonne futuriste créé pour l'Exposition universelle de 1998.**

Prouesse architecturale, ce nouveau quartier, créé sur une zone qui n'était qu'un ramassis d'entrepôts à l'abandon et d'usines désaffectées, est le symbole d'une réflexion sur les enjeux futurs de l'urbanisation à Lisbonne. Espace vaste et ventilé, ouverture sur le fleuve retrouvée, priorité accordée aux piétons et aux transports « propres », importance réservée aux espaces verts, omniprésence de l'art dans le paysage, gestion parcimonieuse des ressources… un bel exemple à suivre en matière de ville nouvelle. *p. 142*

© Jacques Pierre/hemis.fr

© Rieger Bertrand/hemis.fr

11 Passer un dimanche matin à Belém, courir, rêver, visiter à son rythme l'un des rares quartiers qui ne connaissent pas le spleen dominical.

Rien de tel qu'une balade dominicale dans Belém pour découvrir le quartier qui fut au départ de tous les rêves portugais. L'effervescence des découvertes y a laissé une concentration impressionnante de monuments, dont le plus beau de Lisbonne : le monastère des Hiéronymites, chef-d'œuvre de l'art manuélin. Un dimanche à Belém, c'est tout un programme, avec quelques incontournables évidemment : assister à la messe à la cathédrale, succomber à un bonheur gourmand à l'*Antiga Confeitaria de Belém*, se régaler d'une visite au musée de la Marine, avant de filer jusqu'au célèbre musée des Carrosses, et surtout au fabuleux MAAT, le musée d'Art, d'Architecture et de Technique, dans une ancienne usine électrique.

p. 155

12 **S'offrir 2 *pastéis de nata* encore tièdes et saupoudrés de cannelle à la célèbre pâtisserie de Belém.**

L'un des grands bonheurs gourmands de Lisbonne, c'est l'arrêt obligatoire à l'*Antiga Confeitaria de Belém*, réputée depuis 1837 pour sa spécialité : les *pastéis de nata*, petits flans ronds lovés dans une délicieuse pâte feuilletée, saupoudrés de cannelle ou de sucre glace. Plus de 15000 de ces délicieuses gâteries s'écoulent les jours d'affluence ! On peut assister à leur fabrication derrière une vitre (sans dévoiler la recette secrète !). On admirera au passage, courant sur tous les murs des différentes salles, les azulejos du XVIIe s, superbes de naïveté. *p. 158*

© Natalia Mylova/shutterstock.com

13 Savourer Lisbonne côté plage et pousser jusqu'à Estoril ou Cascais, à pied, en train ou à vélo.

L'Atlantique n'est pas loin et les plages sont facilement accessibles depuis Lisbonne. Dès les premiers beaux jours, nous vous conseillons d'aller prendre, au moins pendant quelques heures, un avant-goût de la vie estivale lisboète, car la balade à la plage fait aussi partie du charme que dégage cette ville. Les petites stations balnéaires, assez chic, de Cascais et d'Estoril, à 20 km, ont leur plage, dans une ambiance de vacances. *p. 168, 171*

14 **Randonner dans le parc naturel de la Serra da Arrábida, qui livre de fabuleux points de vue sur la côte échancrée qui la borde.** *p. 211*

© Jon Arnold Images/hemis.fr

© Jon Arnold Images/hemis.fr

15 **Prendre un petit déjeuner au comptoir de l'un des nombreux cafés** où se pressent les Lisboètes de bon matin (un café, un jus d'orange frais et un petit gâteau), puis se délecter de la vie autour de soi.

ITINÉRAIRES CONSEILLÉS

Lisbonne en 3 jours

On prend le pouls de la ville au centre de la **praça Dom Pedro IV (1),** on prend de la hauteur avec l'**elevador de Santa Justa (2)** et on redescend jusqu'à la **praça do Comércio (3).** On grimpe en tram (n° 12 ou 28), ou par l'elevador do Castelo jusqu'au **castelo de São Jorge (4)** pour jouir de la vue sur la ville. Puis balade vers l'**Alfama (5),** pour ses *becos* (romantiques à souhait). L'après-midi, on file à **Belém,** en passant sous le ponte 25 de Abril, pour découvrir la tour et surtout le **mosteiro dos Jerónimos (6),** le musée Berardo et le MAAT. Sans oublier de goûter aux *pastéis* de l'**Antiga Confeitaria de Belém (7)** un régal, qui fait même oublier la queue ! Puis, pour commencer la soirée, on prend un verre dans le **Bairro Alto (8),** quartier atteint en funiculaire. Une soirée fado s'impose si vous ressentez du vague à l'âme, à moins que vous ne préfériez tout simplement tester un resto populaire.

Le lendemain, visite de l'un des plus beaux musées du Portugal, le **musée Calouste-Gulbenkian (9)** (collection d'art prodigieuse). L'après-midi, direction le **parc des Nations (10)** pour visiter l'**Océanorium (11)** (plus de 15 000 sortes de poissons), ses loutres, ses pingouins, ses requins et autres raies dont la vision vous fera peut-être frémir… Histoire de finir en beauté, survoler le Tage en **télécabine (12)** reste une expérience inoubliable avec vue sublime sur le ponte Vasco da Gama, effilé à souhait.

Le 3e jour, en route pour passer la journée à **Sintra (13),** visiter son palais et ses musées, puis acheter des *queijadas*, ces spécialités de petits gâteaux au fromage à rapporter à la famille ou aux amis.

L'Océanorium

MOURARIA
Castelo São Jorge
4
LARGO RODRIGUES DE FREITAS
NORD
PRAÇA DOM PEDRO IV (ROSSIO)
PRAÇA DA FIGUEIRA
1
BAIRRO DO CASTELO SÃO JORGE
Elevator Santa Justa
2
BAIXA
Ascenceurs par l'Alfama
L. DAS PORTAS DO SOL
L. A. AMARO DA COSTA
ALFAMA
5
Baixa-Chiado
8
BAIRRO ALTO
PRAÇA DO MUNICIPIO
Arsenal
3
PRAÇA DO COMÉRCIO
Terreiro do Paço
Avenida Infante Dom Henrique
Rua da Alfândega
Tejo (Tage)
0 100 200 m
6 7 BELÉM
1 Lisbonne en 3 jours

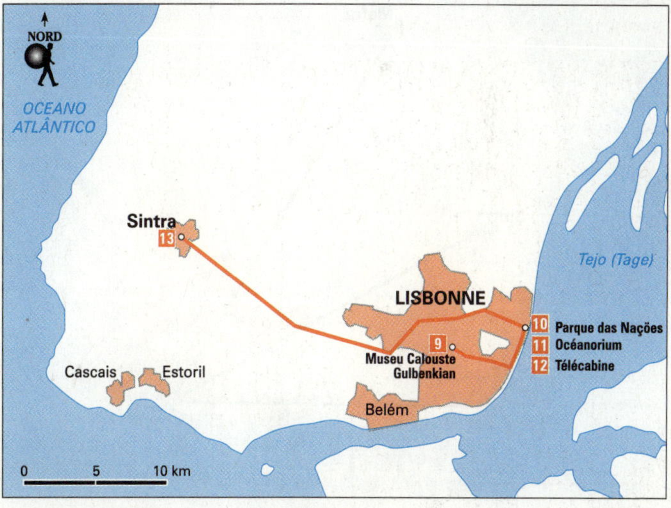
NORD
OCEANO ATLÂNTICO
Sintra
13
Tejo (Tage)
LISBONNE
10 Parque das Nações
11 Océanorium
12 Télécabine
9
Museu Calouste Gulbenkian
Cascais
Estoril
Belém
0 5 10 km

Lisbonne en 5 jours
NORD
BAIRRO ALTO
16
BICA
14
CHIADO
17
BAIXA
18
CAIS DO SODRÉ
15
Elevator Santa Justa
Calçada do Combro
Rua de São Paulo
Rua Dom Luís I
Avenida Vinte e Quatro de Julho
Avenida da Ribeira das Naus
PRAÇA L. DE CAMÕES
LARGO DO CHIADO
LARGO DO CARMO
LARGO BORDALO PINHEIRO
Baixa-Chiado
L. DE SÃO CARLOS
PRAÇA DO MUNICÍPIO
PRAÇA DOM LUÍS I
PR. DUQUE DE TERCEIRA
Cais do Sodré
Tejo (Tage)
0 100 200 m

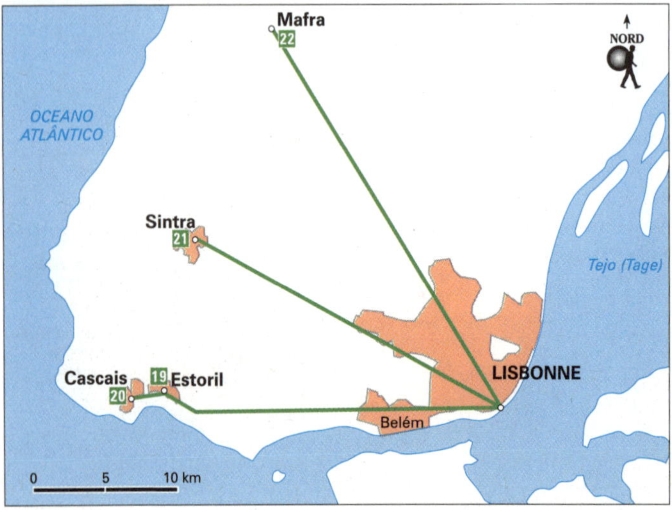
Mafra
22
NORD
OCEANO ATLÂNTICO
Sintra
21
Tejo (Tage)
LISBONNE
Cascais
20
19
Estoril
Belém
0 5 10 km

Lisbonne en 5 jours

Approfondissement de l'itinéraire précédent, un itinéraire de 5 jours s'avère idéal pour commencer à prendre le pouls de la ville sans courir, du petit café du matin pris au bar d'une cafétéria à l'ancienne au dernier verre dans le **quartier de Bica (14)** ou dans celui de **Cais do Sodré (15).** On peut descendre quand on veut visiter ici un musée ou une église, là un quartier pittoresque. Il y a 7 collines à Lisbonne, et autant de grands quartiers à parcourir. Prenez le temps de découvrir le **Bairro Alto (16)** et le **Chiado (17),** avant de redescendre côté **Tage** ou côté **Baixa (18),** pour partager avec les Lisboètes le traditionnel verre de l'amitié, devant la façade d'une vieille *ginjinha.*

On peut surtout étendre son séjour aux villes limitrophes : **Estoril (19), Cascais (20), Sintra (21), Mafra (22)...** Pas besoin de louer une voiture, les moyens de transport sont multiples, pratiques, permettant de rentrer tard dans la nuit, car vous n'aurez pas le sentiment d'avoir connu Lisbonne si vous n'avez pas participé à l'une de ces errances nocturnes qui font le charme de la ville.

Sintra

© Jon Arnold Images/hemis.fr

Le monument des Découvertes

LU SUR routard.com

La meilleure façon de visiter la ville
(tiré du reportage de Jean-Philippe Damiani)

Trekkeurs urbains, réjouissez-vous ! **C'est à pied qu'il faut découvrir Lisbonne.** De l'Alfama aux bords du Tage, la capitale portugaise offre de superbes balades au promeneur. Et pas seulement pour le cadre naturel et l'architecture. Les rues de Lisbonne sont le décor d'un fascinant spectacle constamment renouvelé. Lisbonne à pied, c'est vraiment... le pied !

La topographie de la ville, avec ses quartiers sillonnés de **nombreuses ruelles** et disposés sur de **multiples collines,** se prête admirablement à la marche. Lisbonne est une ville qui se vit tout autant qu'elle se visite et c'est dans ses rues, où il fait bon flâner, qu'elle se livre vraiment. Pour cela, il faut laisser la ville venir à soi et contempler le théâtre de la rue lisboète. S'attarder devant une façade, un balcon en fer forgé, des azulejos ; emprunter les volées d'escaliers, s'enfoncer dans **une venelle *(beco)*** ou une cour intérieure, sous un passage ; ou encore faire une halte à l'un **des belvédères *(miradouros)*** surplombant les toits de la ville et le Tage... Voici les quartiers où vous ferez vos plus belles balades.

Baixa : c'est **le cœur de la ville** blanche, situé à l'ombre des collines du Chiado, de l'Alfama et du *castelo.* S'étendant entre la praça Dom Pedro IV et le Tage (magnifique praça do Comércio), la Baixa forme un grand rectangle urbain aux rues quadrillées, reconstruit après le tremblement de terre de 1755. Résidentiel et commerçant, mariant tradition et modernité, c'est aujourd'hui le cœur battant de la vie lisboète.

Chiado et Bairro Alto : de Baixa, on peut prendre l'ascenseur pour grimper sur l'une des collines dans le quartier du Chiado, l'un des endroits les plus sympas de la ville, avec ses magasins et ses cafés. Juste à côté se trouve notre coin préféré : le Bairro Alto, sorte de village aux façades lézardées et aux balcons fleuris, où se côtoient couches populaires, immigrés et jeunesse branchée. Le soir, la rua da Atalaia et ses environs entrent en ébullition, et le quartier devient l'épicentre de la vie nocturne.

Alfama et castelo : de l'autre côté de Baixa, la colline de l'Alfama offre un concentré d'âme lisboète immortalisé au cinéma par Alain Tanner *(Dans la ville blanche)* et Wim Wenders *(Lisbonne Story).* Dominé par le **castelo de São Jorge,** d'où l'on jouit d'un **panorama magnifique** sur la ville, ce quartier à l'atmosphère villageoise est resté éminemment populaire. Avec ses ruelles empreintes de l'atmosphère mélancolique du fado, l'Alfama est une sorte de labyrinthe évoquant les médinas nord-africaines. S'y perdre, pour mieux retrouver l'authenticité lisboète, est un pur bonheur. En chemin, admirer la vue à l'un des nombreux belvédères *(miradouros)* dominant Lisbonne. Et n'hésitez pas à prolonger votre balade par la visite du quartier voisin de *Graça* pour explorer la vie locale. L'un des grands moments de votre séjour à Lisbonne.

LES QUESTIONS QU'ON SE POSE AVANT LE DÉPART

➢ Quels sont les papiers nécessaires pour aller au Portugal ?

Pour les ressortissants de l'Union européenne et de la Suisse, carte nationale d'identité ou passeport en cours de validité. Pour les ressortissants canadiens, un passeport valide est nécessaire. Pour les mineurs non accompagnés, une carte nationale d'identité est suffisante.

➢ Quelle est la meilleure période pour aller à Lisbonne ?

Le climat de Lisbonne est agréable en toute saison (sauf peut-être en plein hiver). Les meilleures périodes restent le printemps et le début de l'automne.

➢ Le coût de la vie est-il élevé ?

Pour l'hébergement, la nourriture et les transports, il reste sensiblement inférieur à celui de la France. On peut aussi vous proposer de payer en espèces pour avoir des rabais !

➢ Y a-t-il un décalage horaire ?

Oui, il y a 1h de décalage entre le Portugal et la France : quand il est 12h à Paris, il est 11h à Lisbonne.

➢ Quel est le temps de vol ?

Depuis Paris, compter 2h20.

➢ Côté santé, quelles précautions ?

Précautions d'usage habituelles. Rien de fou ! Et médecins parlant français, au cas où. (Voir plus loin « Informations pratiques et adresses utiles » dans le chapitre « Infos pratiques sur place ».)

➢ Partir un week-end, n'est-ce pas trop court ?

Non, au contraire, Lisbonne se prête totalement à un court séjour (voir le chapitre « Itinéraires conseillés »).

➢ Est-il facile de se déplacer en ville ?

Bus, tram, métro, ascenseur, funiculaire, taxi, télécabine, *tuk-tuk* et même train pour gagner la côte à l'ouest, tous les moyens sont déployés pour simplifier vos déplacements. En revanche, oubliez définitivement la voiture !

➢ Y a-t-il des problèmes de sécurité ?

Attention aux pickpockets dans les tramways. On vous proposera souvent sur les grandes places des drogues diverses. Avec un « non » ferme et cordial, les vendeurs s'esquivent sans souci.

➢ Peut-on y aller avec des enfants ?

Bien sûr, car ils seront bien accueillis. Repérez les meilleurs sites grâce au symbole . Ne manquez pas le musée de la Marionnette à Lisbonne et surtout l'Océanorium du parc des Nations. Très belles plages en dehors de la ville, qui raviront autant les petits que les grands ! En revanche, dans une partie de la ville (Bairro Alto, Alfama), ça monte et ça descend avec plein d'escaliers !

➢ Les cartes de paiement sont-elles bien acceptées ?

Le paiement par carte est assez bien développé, sauf dans les lieux d'hébergement modestes et les petits restos. Pas de problème, en revanche, pour retirer de l'argent dans les multiples distributeurs.

➢ Peut-on facilement se faire comprendre ?

À part le portugais, nombreux sont les Portugais qui parlent le français, et de plus en plus parlent l'anglais.

➢ En quoi mon passeport européen peut-il m'être utile ?

En cas de non-représentation de son pays à l'étranger, un ressortissant européen peut se rendre dans une ambassade ou un consulat européen pour demander de l'aide à l'ambassade ou au consulat (pas à un consulat honoraire) de n'importe quel État membre de l'UE en cas d'extrême urgence (mort, accident, détention) ou de vol de papiers (ils peuvent produire des documents provisoires).

➢ Que ne faut-il absolument pas manquer à Lisbonne ?

Une balade dans l'Alfama avec le tram nº 28, un verre dans le Bairro Alto, la découverte du monastère dos Jerónimos, la visite matinale de l'Océanorium du parc des Nations et l'incontournable musée Calouste-Gulbenkian.

➢ Que rapporter de Lisbonne ?

Des azulejos (carreaux de céramique colorés, mais un peu lourds), de la *ginja,* alcool de griotte, mais aussi des *pastéis de nata,* entre autres douceurs.

➢ Le fado fait-il toujours pleurer ?

La nostalgie est toujours payante ! Pour verser sa petite larme, rendez-vous dans l'Alfama pour les maisons de fado les plus traditionnelles.

➢ Quels types d'hébergement y trouve-t-on ?

Avec des AJ, des *hostels* privés design et bon marché (nos meilleurs rapports qualité-prix), des campings, des pensions de famille typiques, des hôtels toutes catégories et quelques hôtels de charme, tous les goûts seront satisfaits.

➢ Les prises de courant sont-elles les mêmes qu'en France ?

Oui, les prises sont de type continental. Le courant est en 220 V. Pour nos amis canadiens, un adaptateur sera nécessaire.

➢ Doit-on laisser un pourboire ?

Pas nécessairement, mais il est le bienvenu !

COMMENT Y ALLER ?

EN AVION

Les compagnies régulières

▲ JOON

Rens et résas au ☎ 36-54 (0,35 €/mn – tlj 6h30-22h), sur • airfrance.fr •, dans les agences Air France et dans ttes les agences de voyages (fermées dim).

➢ Au départ de Paris-Roissy-Charles-de-Gaulle, Air France propose 4 vols directs/j. pour ***Lisbonne*** et jusqu'à 3 vols directs/sem pour ***Porto.***

Filiale à 100 % d'Air France, la compagnie Joon propose une offre modulable, avec restauration à la carte, un programme de streaming avec des contenus originaux, et des partenariats pour une expérience de voyage globale. Joon dessert l'Europe et opère des vols long-courrier depuis et vers Paris-Charles-de-Gaulle à des prix attractifs toute l'année. Nouveau modèle de compagnie aérienne, entre compagnie classique et *low-cost,* Joon garantit l'accueil et l'assistance personnalisée Air France ainsi que les avantages Flying Blue.

Flying Blue, le programme de fidélité gratuit d'Air France, permet de gagner des miles en voyageant sur les vols Air France, KLM, Hop !, Joon et sur ceux des compagnies membres de Skyteam, mais aussi auprès des nombreux partenaires non aériens... Les miles peuvent ensuite être échangés contre des billets d'avion ou des services (surclassement, bagage supplémentaire, accès salon...) ainsi qu'auprès des partenaires. Pour en savoir plus, rendez-vous sur *• flyingblue.com •*

▲ AIGLE AZUR

– Paris : 7, bd Saint-Martin, 75003. Rens et résas au ☎ 0810-797-997 (service 0,06 €/mn + prix d'appel). • aigle-azur.com • Ⓜ République.

➢ Dessert ***Lisbonne*** (8 vols/j. en partenariat avec la TAP), ***Porto*** (4 vols/j., dont 3 en partenariat avec la TAP) et ***Faro*** (4 vols/sem), au départ de Paris-Orly-Sud.

▲ IBERIA

– Paris : Orly-Ouest, hall 1. ☎ 0825-800-965 (0,15 €/mn). • iberia.com •

➢ Vols quotidiens depuis les principales villes françaises : Bordeaux, Lyon, Marseille, Nantes, Nice, Paris, Rennes, Toulouse et Strasbourg (1 seul vol/j.) vers ***Lisbonne*** et ***Porto*** avec changement à Madrid.

▲ BRUSSELS AIRLINES

Rens et résas : ☎ 0892-640-030 (0,33 €/mn) depuis la France et ☎ 0902-51-600 (0,75 €/mn) depuis la Belgique. • brusselsairlines.com •

➢ Vols réguliers au départ de Bruxelles, Lyon, Marseille, Nice, Strasbourg et Toulouse pour ***Faro, Lisbonne*** et ***Porto.***

▲ SWISS

• swiss.com •

– Genève : à l'aéroport, ☎ 089-223-25-01. Tlj 5h-20h.

– Zurich : Bahnhofstrasse 25. ☎ 04-848-700-700. Lun-ven 8h30-18h, sam 9h30-14h30.

SWISS assure des liaisons saisonnières entre Zurich, ***Lisbonne*** et ***Porto*** avec correspondances à Paris, Nice ou Lyon.

Les compagnies *low-cost*

Plus vous réservez vos billets à l'avance, plus vous aurez des tarifs avantageux. Attention, les pénalités en cas de changement de vols peuvent être importantes. Certaines compagnies facturent les bagages en soute (vérifier le poids autorisé) et la réservation des sièges. En cabine également, le nombre de bagages est strictement limité (attention, même le plus petit sac à main est compté comme un bagage

à part entière). À bord, tous les services sont payants (boissons, journaux). Attention également au moment de la résa par Internet à décocher certaines options qui sont automatiquement cochées (assurances, etc.). Au final, même si les prix de base restent très attractifs, il convient de prendre en compte les frais annexes pour calculer le plus justement son budget.

▲ **EASYJET**
Service clientèle : ☎ 0820-420-315 (0,12 €/mn ; tlj 8h-20h). • easyjet.com •

➢ Vols quotidiens depuis Bordeaux, Bâle-Mulhouse, Lyon, Nice, Paris, Toulouse et Genève pour ***Lisbonne, Faro*** et ***Porto.***

▲ **VUELING**
Résas : ☎ 0899-232-400 (1,34 € l'appel puis 0,34 €/mn) ou service clients : ☎ 01-84-88-69-48 (prix d'un appel local). • vueling.com •
➢ Vols depuis Paris-Orly pour ***Lisbonne*** et ***Porto,*** avec correspondance à Barcelone.

LES ORGANISMES DE VOYAGES

– Ne pas croire que les vols à tarif réduit sont tous au même prix pour une même destination à une même époque : loin de là. On a déjà vu, dans un même avion partagé par 2 organismes, des passagers qui avaient payé 40 % plus cher que les autres... De plus, une agence bon marché ne l'est pas forcément toute l'année (elle peut n'être compétitive qu'à certaines dates bien précises). Donc, contactez tous les organismes et jugez vous-même.
– Les organismes cités sont classés par ordre alphabétique, pour éviter les jalousies et les grincements de dents.

En France

▲ **COMPTOIR DES VOYAGES**
• comptoir.fr •
– Paris : 2-18, rue Saint-Victor, 75005. ☎ 01-53-10-30-15. Ⓜ Maubert-Mutualité. Lun-ven 9h30-18h30, sam 10h-18h30.
– Bordeaux : 26, cours du Chapeau-Rouge, 33800. ☎ 05-35-54-31-40. Lun-sam 9h30-18h30.
– Lille : 76, rue Nationale, 59160. ☎ 03-28-34-68-20. Ⓜ Rihour. Lun-sam 9h30-18h30.
– Lyon : 10 quai Tilsitt, 69002. ☎ 04-72-44-13-40. Ⓜ Bellecour. Lun-sam 9h30-18h30.
– Marseille : 12 rue Breteuil, 13001. ☎ 04-84-25-21-80. Ⓜ Estrangin. Lun-sam 9h30-18h30.
– Toulouse : 43, rue Peyrolières, 31000. ☎ 05-62-30-15-00. Ⓜ Esquirol. Lun-sam 9h30-18h30.

Comptoir des voyages s'impose comme une référence incontournable dans le voyage sur mesure, avec 80 destinations couvrant les 5 continents. Ses voyages s'adressent à tous ceux qui souhaitent vivre un pays de façon simple en s'y sentant accueillis. Les conseillers privilégient des hébergements typiques, des moyens de transport locaux et des expériences authentiques pour favoriser l'immersion dans la vie locale. Comptoir vous offre aussi la possibilité de rencontrer des francophones habitant dans le monde entier, des *greeters,* qui vous donneront, le temps d'un café, les clés de leur ville ou de leur pays. Comptoir des voyages propose aussi une large gamme de services : échanges par visioconférence, devis web et carnet de voyage personnalisés, assistance téléphonique 24h/24 et 7 j/7 pendant votre voyage.

▲ **NOMADE AVENTURE**
☎ 0825-701-702 (0,15 €/mn + prix appel). • nomade-aventure.com •
– Paris : 40, rue de la Montagne-Sainte-Geneviève, 75005. ☎ 01-46-33-71-71. Ⓜ Maubert-Mutualité. Lun-sam 9h30-18h30.
– Lyon : 10, quai Tilsitt, 69002. ☎ 04-72-44-13-50. Lun-sam 9h30-18h30.
– Marseille : 12, rue Breteuil, 13001. ☎ 04-84-25-21-86. Lun-sam 9h30-18h30.
– Toulouse : 43, rue Peyrolières, 31000. ☎ 05-62-30-10-77. Lun-sam 9h30-18h30.

Nomade Aventure propose des circuits inédits partout dans le monde, à réaliser en famille, entre amis, avec ou sans guide. Également la possibilité d'organiser, hors de groupes constitués, un séjour libre en toute autonomie et sur mesure. Spécialiste de l'aventure avec plus de 600 itinéraires (de niveau tranquille, dynamique, sportif ou sportif +) faits d'échanges et de rencontres avec les habitants, Nomade Aventure donne la priorité aux expériences authentiques à pied, à VTT, à cheval, à dos de chameau, en bateau ou en 4x4.

▲ ROUTE DES VOYAGES

• route-voyages.com •
– Paris : 10, rue Choron, 75009. ☎ 01-55-31-98-80. Ⓜ Notre-Dame-de-Lorette.
– Angers : 6, rue Corneille, 49000. ☎ 02 41 43 26 65.
– Annecy : 4 bis, av. d'Aléry, 74000. ☎ 04-50-45-60-20.
– Bordeaux : 19, rue des Frères-Bonie, 33000. ☎ 05-56-90-11-20.
– Lyon : 59, rue Franklin, 69002. ☎ 04-78-42-53-58.
– Toulouse : 9, rue Saint-Antoine-du-T, 31000. ☎ 05-62-27-00-68.
Agences ouv lun-jeu 9h-19h, ven 18h. Rdv conseillé.
30 ans d'expérience de voyage sur mesure sur les 5 continents ! 15 pays en Europe complètent à présent leur offre. Cette équipe de voyageurs passionnés a développé un vrai savoir-faire du voyage personnalisé : écoute, conseils, voyages de repérage réguliers et des correspondants sur place soigneusement sélectionnés avec qui ils travaillent en direct. Son engagement à promouvoir un tourisme responsable se traduit par des possibilités de séjours solidaires à insérer dans les itinéraires de découverte individuelle. Elle a aussi créé un programme de compensation solidaire qui permet de financer des projets de développement locaux.

▲ PORTUGAL AUTHENTIQUE

• portugal-authentique.com •
Contactez Portugal authentique, une agence locale de confiance, pour organiser votre voyage sur mesure au Portugal. Nos conseillers, fins connaisseurs du terrain et de la réalité du pays, vous accompagnent dans la préparation de votre voyage, en couple, en famille ou en groupe d'amis. Vous avez ainsi accès à un service personnalisé en bénéficiant d'un prix accessible. Étant membre de *bynativ,* la communauté des agences de voyages locales, Portugal authentique vous propose un maximum de garanties et de services : règlement de votre voyage en ligne et ce de façon sécurisée, possibilité de souscrire à une assurance de voyage et de bénéficier de garanties solides en cas d'imprévu. De quoi voyager de façon authentique et en toute tranquillité !

▲ VOYAGEURS EN ESPAGNE ET AU PORTUGAL

☎ 01-42-86-17-20. • voyageursdumonde.fr •
– Paris : La Cité des Voyageurs, 55, rue Sainte-Anne, 75002. ☎ 01-42-86-16-00. Ⓜ Opéra ou Pyramides. Lun-sam 9h30-19h. Avec une librairie spécialisée sur les voyages.
Également des agences à Bordeaux, Grenoble, Lille, Lyon, Marseille, Montpellier, Nantes, Nice, Rennes, Rouen, Strasbourg et Toulouse. Également Bruxelles et Genève.
Parce que chaque voyageur est différent, que chacun a ses rêves et ses idées pour les réaliser, Voyageurs du Monde conçoit, depuis plus de 30 ans, des projets sur mesure. Les séjours proposés sur 120 destinations sont élaborés par leurs 180 conseillers voyageurs. Spécialistes par pays et même par région, ils vous aideront à personnaliser les voyages présentés à travers une trentaine de brochures d'un nouveau type et sur le site internet où vous pourrez également découvrir les hébergements exclusifs et consulter votre espace personnalisé. Au cours de votre séjour, vous bénéficiez des services personnalisés Voyageurs du Monde, dont la possibilité de modifier à tout moment votre voyage, l'assistance d'un concierge local, la mise en place de rencontres et de visites privées et l'accès à votre carnet de voyage via une application iPhone et Androïd. Voyageurs du Monde est membre de l'association ATR (Agir pour un

Tourisme Responsable) et bénéficie de la certification Tourisme Responsable AFAQ AFNOR.

Voir aussi au sein du guide les agences locales que nous avons sélectionnées.

Comment aller à Roissy et à Orly ?

Toutes les infos sur notre site • *routard.com* • à l'adresse suivante : • *bit.ly/aeroports-routard* •

En Belgique

▲ **CONTINENTS INSOLITES**
– Bruxelles : rue César-Franck, 44 A, 1050. ☎ 02-218-24-84. Lun-ven 10h-18h ; sam 10h-16h30 sur rdv.
• *continents-insolites.com* •
Continents Insolites, organisateur de voyages lointains sans intermédiaire, propose une gamme étendue de formules de voyages détaillées sur leur site internet.
– *Voyages découverte sur mesure :* à partir de 2 personnes. Un grand choix d'hébergements soigneusement sélectionnés : du petit hôtel simple à l'établissement luxueux et de charme.
– *Circuits découverte en minigroupes :* de la grande expédition au circuit accessible à tous. Des circuits à dates fixes dans plus de 60 pays en petits groupes francophones de 7 à 12 personnes. Avant chaque départ, une réunion est organisée. Voyages encadrés par des guides francophones, spécialistes des régions visitées.

▲ **SENS INVERSE ÉCOTOURISME PORTUGAL**
– Louvain La Neuve : cours d'Orval 5A, B 1348. ☎ 010-688-528. • *sensinverse.be* •
Agence de voyages écotouristique qui propose des voyages accompagnés de guides locaux passionnés, et axés sur la découverte de l'environnement naturel, culturel, rural et humain de différentes régions de France comme à l'étranger, notamment au Portugal. L'équipe est très engagée dans la protection de la nature et la sauvegarde du patrimoine et des cultures. Tous leurs voyages ont comme point commun la marche à pied à un rythme modéré et en petit groupe.

▲ **VOYAGEURS DU MONDE**
– Bruxelles : 23, chaussée de Charleroi, 1060. ☎ 02-543-95-50. • *voyageursdumonde.com* •
Le spécialiste du voyage en individuel sur mesure.
Voir texte dans la partie « En France ».

En Suisse

▲ **STA TRAVEL**
☎ 058-450-49-49. • *statravel.ch* •
– Fribourg : rue de Lausanne, 24, 1700. ☎ 058-450-49-80.
– Genève : Pierre Fatio, 19, 120. ☎ 058-450-48-00.
– Genève : rue Vignier, 3, 1205. ☎ 058-450-48-30.
– Lausanne : bd de Grancy, 20, 1006. ☎ 058-450-48-50.
– Lausanne : à l'université, Anthropole, 1015. ☎ 058-450-49-20.
Agences spécialisées notamment dans les voyages pour jeunes et étudiants. 150 bureaux STA et plus de 700 agents du même groupe répartis dans le monde entier sont là pour donner un coup de main *(Travel Help).*
STA propose des tarifs avantageux : vols secs *(Blue Ticket),* hôtels, écoles de langues, *work & travel,* circuits d'aventure, voitures de location, etc. Délivre la carte internationale d'étudiant et la carte Jeune.

Au Québec

▲ **TOURS CHANTECLERC**
• *tourschanteclerc.com* •
Tours Chanteclerc est un tour-opérateur qui publie différentes brochures de voyages : Europe, Amérique du Nord, Amérique du Sud, Asie et Pacifique sud, Afrique et le bassin Méditerranéen en circuits ou en séjours. Il s'adresse aux voyageurs indépendants qui réservent un billet d'avion, un hébergement (dans toute l'Europe), des excursions ou une location de voiture. Également spécialiste de Paris, le tour-opérateur offre une vaste sélection d'hôtels et d'appartements dans la capitale française.

EN TRAIN

➢ ***Au départ de Paris, gare Montparnasse :*** un TGV part chaque jour vers 12h30 pour Irún ; de là, correspondance autour de 18h50 avec un train de nuit pour Lisbonne ; arrivée le lendemain vers 7h30.

Pour voyager au meilleur prix

Avec les ***Pass InterRail,*** les résidents européens peuvent voyager dans 30 pays d'Europe, dont le Portugal. Plusieurs formules et autant de tarifs, en fonction de la destination et de l'âge.
À noter que le *Pass InterRail* n'est pas valable dans votre pays de résidence (cependant l'*InterRail Global Pass* offre une réduction de 50 % de votre point de départ jusqu'au point frontière en France). • *interrail.eu* •
– Pour les grands voyageurs, l'***InterRail Global Pass*** est valable dans l'ensemble des 30 pays européens concernés, intéressant si vous comptez parcourir plusieurs pays au cours du même périple. Il se présente sous 7 formes au choix.
4 formules flexibles : utilisable 5 j. sur une période de validité de 15 j. ou bien 7, 10, ou 15 j. sur une période de validité de 1 mois (269-472 € selon âge et formule).
3 formules « continues » : pass 15 j., 22 j. et 1 mois (421-637 € selon âge et formule).
Ces formules existent aussi en version 1re classe (mais ce n'est pas le même prix, bien sûr !).
Les voyageurs de plus de 60 ans bénéficient d'une réduction sur le tarif de l'*InterRail Global Pass* en 1re et 2de classes (tarif senior). Également des tarifs enfants 4-11 ans et jeunes 12-27 ans.
– Si vous ne parcourez que le Portugal, le ***One Country Pass*** vous suffira. D'une période de validité de 1 mois et utilisable, selon les formules, 3, 4, 6 ou 8 j. en discontinu : tarif selon pays et formule). Là encore, ces formules se déclinent en version 1re classe. Pour voyager dans 2 pays, vous pouvez combiner 2 *One Country Pass.* Au-delà, il est préférable de prendre l'*Inter Global Pass.*
InterRail offre également la possibilité d'obtenir des réductions ou avantages à travers toute l'Europe avec ses partenaires bonus (musées, chemins de fer privés, hôtels, etc.).
Tous ces prix ne sont qu'indicatifs.
Pour plus de renseignements, adressez-vous à la gare ou boutique SNCF la plus proche de chez vous.

Une autre façon de réserver vos billets de train

– ***Trainline :*** une nouvelle façon simple et rapide d'acheter vos billets de train sur web, mobile et tablette. Réservez vos billets pour voyager en France et dans plus de 20 pays européens. Consultez les tarifs et les horaires dans une interface claire et sans publicités. Trainline compare les prix de plusieurs transporteurs européens pour vous garantir le meilleur tarif.
Réservations et paiements en France sur • *trainline.fr* • et sur mobiles avec l'application Trainline pour iPhone et Android.
Et pour répondre à vos questions : • *guichet@trainline.fr* •

EN VOITURE

Grosso modo, on compte un peu moins de 1 800 km entre Paris et Lisbonne. Les habitués vous diront qu'il leur faut moins de 20h pour effectuer ce trajet. Surtout si, prudents, on roule à plusieurs en se relayant au volant. De Paris à la frontière espagnole, l'itinéraire le plus commode est l'autoroute jusqu'en Espagne ; puis les autoroutes du Pays basque jusqu'à Béhobie (810 km ; 780 km par la route nationale classique N10) ; de là, un peu moins

de 600 km vous séparent encore du Portugal (Vilar Formoso, par Burgos et Salamanque).
Les aires de repos sont bien équipées au Portugal (toilettes, supérettes, cafèt').
• *tolltickets.com* • est un site où les automobilistes peuvent acheter en ligne les vignettes autoroutières, les *passes*, etc., pour un certain nombre de pays européens. Renseignements également sur les tunnels, les ferries et autres portions payantes du réseau routier.
Et pour la France, carte avec le coût de tous les tronçons autoroutiers de l'Hexagone sur • *autoroutes.fr* •

D'Irún à Lisbonne par Burgos, Salamanque et Vilar Formoso (940 km environ)

C'est l'itinéraire généralement choisi par les habitués : on vous le recommande donc.
Après Saint-Sébastien, que l'on contourne par l'autoroute, la N1 escalade les monts de Guipúzcoa pour atteindre la plaine d'Álava : une déviation contourne Vitoria, l'une des villes importantes du nord de la péninsule Ibérique. De Saint-Sébastien, il est aussi possible de gagner cette région en empruntant l'autoroute par Bilbao (assez chère).
Ensuite, on s'engage dans le défilé de Pancorbo, au-delà duquel se profile Burgos. Puis on file droit à travers la Meseta jusqu'à Valladolid (369 km) avec l'E80, Tordesillas, Salamanque, puis Ciudad Rodrigo, avant de gagner le lendemain Vilar Formoso. Ensuite, IP5 et A23, et enfin IP1.
Pour rejoindre directement Lisbonne, de Salamanque, on peut aussi continuer vers Cáceres, Badajoz et Elvas (Portugal). La route Elvas-Estremoz-Lisbonne est excellente.

Du col du Perthus (Pyrénées-Orientales) à Lisbonne par Madrid et Saragosse (itinéraire conseillé, 1 400 km)

Du col du Perthus à Lisbonne par Saragosse, Madrid, Cáceres et Badajoz : cet itinéraire concerne surtout nos lecteurs venant par le sud-est de la France.

EN BUS

Qu'à cela ne tienne, il n'y a pas que l'avion ou le train pour voyager. À condition d'y mettre le temps, on peut aussi se déplacer en bus. Bien sûr, les trajets sont longs (24h pour le Portugal...) et les horaires élastiques. À bord, on peut faire sa toilette, et les bus affrétés par les compagnies sont assez confortables : AC, dossier inclinable (demander des précisions avant le départ). Et, en principe, des arrêts toutes les 3 ou 4h permettent de ne pas arriver en piteux état.
Cela dit, de nombreux lecteurs se sont plaints de conditions de voyage parfois assez pénibles (confort limite, mauvaise gestion des arrêts, retards...).
N'oubliez pas, pour positiver un peu, qu'avec un long trajet en avion on se déplace ; en bus, on voyage.

Organismes de bus

▲ **CLUB ALLIANCE**
– Paris : 33, rue de Fleurus, 75006. ☎ 01-45-48-89-53. • cluballiancevoyages.fr • Ⓜ Notre-Dame-des-Champs. Lun-sam 11h (14h sam)-19h.
Ce voyagiste propose plusieurs formules à destination du Portugal.

▲ **EUROLINES**
☎ 08-92-89-90-91 (0,35 €/mn + prix d'appel), tlj 8h-21h, dim 10h-18h. N° d'urgence : ☎ 01-49-72-51-57. • eurolines.fr • Agences à Paris et dans tte la France. Vous trouverez également les services d'Eurolines sur • routard.com •
– Eurolines propose 10 % de réduc pour les jeunes (12-25 ans) et les seniors. 2 bagages gratuits/pers

en Europe et 40 kg gratuits pour le Maroc.
– Gare routière internationale à Paris : 28, av. du Général-de-Gaulle, 93541 Bagnolet Cedex. Ⓜ Gallieni.
Première *low-cost* par bus en Europe, Eurolines permet de voyager vers plus de 600 destinations en Europe et au Maroc avec des départs quotidiens depuis 90 villes françaises. Eurolines propose également des hébergements à petits prix sur les destinations desservies.
Pass Europe : pour un prix fixe valable 15 ou 30 j., vous voyagez autant que vous le désirez sur le réseau entre 51 villes européennes. Également un *minipass* pour visiter 2 capitales européennes (7 combinés possibles).

▲ POPVOYAGES.COM
Rens et résas : ☎ 0899-18-94-79 (1,35 € l'appel + 0,34 €/mn). • popvoyages.com • Lun-ven 10h-13h, 14h-19h.
Spécialiste des voyages en autocar à destination de toutes les grandes cités européennes. Week-ends, séjours et circuits en bus toute l'année, grands festivals et événements européens. Formules pour tout public, individuel ou groupes, au départ de toutes les grandes villes de France.

LISBONNE UTILE

ABC de Lisbonne

- ***Population :*** 547 773 hab., dont un quart vit en dessous du seuil de pauvreté. 46 % d'hommes et 54 % de femmes. Population en baisse depuis 30 ans au profit de sa périphérie qui compte quelque 2,2 millions d'habitants.
- ***Superficie :*** 83,8 km^2.
- ***Lisbonne est le siège du district*** (l'équivalent de nos régions) de l'Area Metropolitana de Lisboa (composé de 18 conseils) et comporte 53 freguesias (arrondissements).
- ***Langue :*** le portugais. Le français est très fréquemment utilisé par des personnes ayant plus ou moins vécu en France ; c'était même la 1re langue obligatoire à l'école jusqu'en 1974 ! L'anglais l'a supplanté ensuite.
- ***Régime :*** démocratie parlementaire.
- ***Maire de la ville :*** Fernando Medina, élu en 2015.
- ***Devise de la ville : Lisboa, cidade da tolerância*** (« Lisbonne, ville de la tolérance »). Elle a été créée en 2008 par le maire, António Costa, lors de l'inauguration du monument commémoratif du massacre des juifs à Lisbonne en 1506.

AVANT LE DÉPART

Adresses utiles

En France

Office national de tourisme portugais : ☎ *01-56-88-31-90 (lun-ven 9h30-13h, 14h-17h30).* • *info@visitportugal.com* • Documents et brochures à télécharger sur le site : • *visitportugal.com* •

■ ***Consulat :*** *6, rue Georges-Berger, 75017 Paris. Permanence téléphonique : ☎ 01-56-33-81-00 (lun-ven 8h30-17h).* • *consuladoportugalparis.org* • Ⓜ *Monceau.* Pour toute information, téléphoner ou consulter le site.

■ ***Ambassade du Portugal :*** *3, rue de Noisiel, 75116 Paris. ☎ 01-47-27-35-29 (lun-ven 9h30-13h, 14h-17h30).* • *paris.embaixadaportugal.mne.pt* • Ⓜ *Porte-Dauphine.*

■ ***Centre culturel Calouste-Gulbenkian :*** *39, bd de la Tour-Maubourg, 75007 Paris. ☎ 01-53-85-93-93.* • *gulbenkian-paris.org* • Ⓜ *La Tour-Maubourg, Varenne ou Invalides. Pour les expos : tlj sauf mar 9h (11h le w-e)-18h.* La fondation d'un homme riche et célèbre tombé amoureux du Portugal, de sa langue et de sa culture (voir le somptueux musée homonyme de Lisbonne). Manifestations culturelles, concerts, conférences, expos et bibliothèque.

■ ***Instituto Camões :*** *6, passage Dombasle, 75015 Paris. ☎ 01-53-92-01-00.* • *ccp-paris@camoes.mne.pt* • *instituto-es.pt* • Ⓜ *Convention. Lun-ven 10h-13h, 14h-17h.* Dispense des cours de portugais le soir.

■ ***Librairie portugaise et brésilienne :*** *19-21, rue des Fossés-Saint-*

Jacques/pl. de l'Estrapade, 75005 Paris. ☎ 01-43-36-34-37. • librairie portugaise.fr • Ⓜ Place-Monge ou Cardinal-Lemoine. Tlj sauf dim 11h-13h, 14h-19h. Une librairie tenue par Michel Chandeigne, un passionné du Portugal et du Brésil, également éditeur courageux et exigeant. Tous les classiques de la littérature portugaise, et les ouvrages les plus récents (romans, essais, histoire).

En Belgique

Office de tourisme : *rens par tél seulement, au ☎ 078-79-18-18. • info@visitportugal.com •*

■ **Ambassade du Portugal :** *12, av. de Cortenberg, Bruxelles 1040. ☎ 02-286-43-70. • ambassade@ambassade-portugal.be • Lun-ven 8h30-12h30, 13h30-15h.*

En Suisse

***Informations touristiques* (consulat) :** *Zeltweg, 13, 8032 Zurich. ☎ 44-200-30-40 (commande de brochures). • consulado.zurique@mne.pt • Lun-ven 8h30-15h30.*

■ **Ambassade du Portugal :** *Weltpoststrasse, 20, 3015 Berne. ☎ 41-31-352-86-68 ou 74 (section consulaire). • embassyportugal.berna@mne.pt • Pour les visas, lun-ven 8h30-15h30.*

Au Canada

Bureau du tourisme du Portugal : *à Toronto, ☎ (416) 921-7376. • info@visitportugal.com • Lun-ven 9h-17h ou 18h.*

■ **Ambassade du Portugal :** *645 Island Park Dr, Ottawa (Ontario) K1Y 0B8. ☎ (613) 729-0883. • embportugal@embportugal-ottawa.org • Lun-ven 9h-13h.*

Formalités

Pour les ressortissants de l'Union européenne et de la Suisse, carte nationale d'identité ou passeport en cours de validité. Pour les ressortissants canadiens, un passeport valide est nécessaire. Pour les mineurs non accompagnés, une carte nationale d'identité est suffisante. Permis de conduire rose ou permis international. Carte verte d'assurance. Pour tout véhicule prêté, carte grise, bien sûr, et autorisation écrite du propriétaire.

> Pensez à scanner passeport, visa, carte de paiement, billet d'avion et *vouchers* d'hôtel. Ensuite, adressez-les-vous par e-mail, en pièces jointes. En cas de perte ou de vol, rien de plus facile pour les récupérer dans un cybercafé. Les démarches administratives en seront bien plus rapides.

Les ***mineurs*** doivent être munis de leur propre pièce d'identité (carte d'identité ou passeport). Pour l'autorisation de sortie de territoire lorsque les enfants ne sont pas accompagnés par un de leurs parents, chaque pays a mis en place sa propre régulation. Ainsi, pour les ***mineurs français,*** une loi entrée en vigueur en janvier 2017 a ***rétabli l'autorisation de sortie du territoire.*** Pour voyager à l'étranger, ils doivent être munis d'une pièce d'identité (carte d'identité ou passeport), d'un formulaire signé par l'un des parents titulaire de l'autorité parentale et de la photocopie de la pièce d'identité du parent signataire. Renseignements auprès des services de votre commune et sur *• service-public.fr •*

Avoir un passeport européen, ça peut être utile !

L'Union européenne a organisé une assistance consulaire mutuelle pour les ressortissants de l'UE en cas de problème en voyage.

Vous pouvez y faire appel lorsque la France (c'est rare) ou la Belgique (c'est plus fréquent) ne disposent pas d'une représentation dans le pays où vous vous trouvez. Concrètement, cette assistance vous permet

de demander de l'aide à l'ambassade ou au consulat (pas à un consulat honoraire) de n'importe quel État membre de l'UE. Leurs services vous indiqueront s'ils peuvent directement vous aider ou vous préciseront ce qu'il faut faire.
Leur assistance est, bien entendu, limitée aux situations d'urgence : décès, accident ayant entraîné des blessures ou des lésions, maladie grave, rapatriement pour raison médicale, arrestation ou détention. En cas de ***perte*** ou de ***vol de votre passeport,*** ils pourront également vous procurer un ***document provisoire de voyage.***
Cette entraide consulaire entre les États membres de l'UE ne peut vous garantir un accueil dans votre langue. En général, une langue européenne courante sera pratiquée.

Assurances voyage

■ ***Routard Assurance par AVI International :*** *40, rue Washington, 75008 Paris.* ☎ *01-44-63-51-00.* ● *avi-international.com* ● Ⓜ *George-V.* Enrichie année après année par les retours des lecteurs, Routard Assurance est devenue une assurance voyage incontournable. Tout est compris : frais médicaux, assistance rapatriement, bagages, responsabilité civile... Vous avez besoin d'un médecin, d'un conseil médical ou d'une prise en charge dans un hôpital ? Appelez simplement le plateau AVI Assistance disponible 24h/24, leur réseau est l'un des plus complets actuellement. Vous avez eu des frais de santé en voyage ? Envoyez les factures à votre retour, AVI vous rembourse sous une semaine. Avant votre départ, n'hésitez pas à les appeler pour des conseils personnalisés. Et téléchargez l'appli mobile pour garder le contact avec l'assistance 24h/24 et disposer de l'un des meilleurs réseaux médicaux à travers le monde.
■ ***AVA assurance Voyages et assistance :*** *25, rue de Maubeuge, 75009 Paris.* ☎ *01-53-20-44-20.* ● *ava.fr* ● Ⓜ *Cadet.* Un autre courtier fiable pour ceux qui souhaitent s'assurer en cas de décès-invalidité-accident lors d'un voyage à l'étranger mais surtout pour bénéficier d'une assistance rapatriement, perte de bagages et annulation. Attention franchises pour leurs contrats d'assurance voyage.
■ ***Pixel Assur :*** *18, rue des Plantes, BP 35, 78601 Maisons-Laffitte.* ☎ *01-39-62-28-63.* ● *pixel-assur.com* ● *RER A : Maisons-Laffitte.* Assurance de matériel photo et vidéo tous risques (casse, vol, immersion) dans le monde entier. Devis en ligne basé sur le prix d'achat de votre matériel. Avantage : garantie à l'année.

Carte d'adhésion internationale aux auberges de jeunesse (carte FUAJ)

Cette carte vous ouvre les portes des 4 000 auberges de jeunesse du réseau *HI-Hostelling International* en France et dans le monde. Vous pouvez ainsi parcourir 90 pays à des prix avantageux et bénéficier de tarifs préférentiels avec les partenaires des auberges de jeunesse *HI*. Enfin, vous intégrez une communauté mondiale de voyageurs partageant les mêmes valeurs : plaisir de la rencontre, respect des différences et échange dans un esprit convivial. Il n'y a pas de limite d'âge pour séjourner en auberge de jeunesse, il faut simplement être adhérent.

Renseignements et inscriptions

– ***En France :*** ● *hifrance.org* ●
– ***En Belgique :*** ● *lesaubergesdejeunesse.be* ●
– ***En Suisse :*** ● *youthhostel.ch* ●
– ***Au Canada :*** ● *hihostels.ca* ●
Si vous prévoyez un séjour itinérant, vous pouvez réserver plusieurs auberges en une seule fois en France et dans le monde : ● *hihostels.com* ●

Carte internationale d'étudiant (carte ISIC)

Elle prouve le statut d'étudiant dans le monde entier et permet de bénéficier de tous les avantages, services et réductions dans les domaines du transport, de l'hébergement, de la culture, des loisirs, du shopping...
La carte ISIC permet aussi d'accéder à des avantages exclusifs (billets d'avion spécial étudiants, hôtels et auberges de jeunesse, assurances, cartes SIM internationales, location de voitures...).

Renseignements et inscriptions

- ***En France :*** *• isic.fr • 13 € pour 1 année scolaire.*
- ***En Belgique :*** *• isic.be •*
- ***En Suisse :*** *• isic.ch •*
- ***Au Canada :*** *• isiccanada.com •*

ARGENT, BANQUES, CHANGE

La monnaie du Portugal est l'***euro.*** Taux de change : 1 € = 1,16 Fs = 1,54 $Ca.

Les banques

Elles sont principalement situées dans la Baixa. Ouvertes du lundi au vendredi de 8h30 à 15h (certaines banques privées sont même ouvertes jusqu'à 18h). À noter que pour changer les chèques de voyage, au cas où vous en utiliseriez encore, il n'y a pas d'autre moyen que de se délester d'une commission assez élevée (de l'ordre de 5 %), y compris à la poste ; ils sont par ailleurs difficilement acceptés par les hôteliers.

Les cartes de paiement

Pas de difficultés pour retirer de l'argent, nombreux distributeurs un peu partout. Se laisser guider par les infos en français. Vérifiez auprès de votre banque avant le départ le montant maximum hebdomadaire auquel vous avez droit.
Un conseil : ayez toujours de l'argent liquide avec vous. De nombreux établissements n'acceptent pas encore les cartes de paiement. Parfois, ils n'acceptent que les cartes portugaises « MB » (pour Multibanco). Faites attention avant d'entrer dans un resto, par exemple.
Quand vous partez à l'étranger, pensez à téléphoner à votre banque pour relever le plafond de retrait aux distributeurs et pour les paiements par carte, quitte à le faire rebaisser à votre retour.
Avant de partir, notez donc bien le numéro d'opposition propre à votre banque (il figure souvent au dos des tickets de retrait, sur votre contrat ou à côté des distributeurs de billets), ainsi que le numéro à 16 chiffres de votre carte. Bien entendu, conservez ces informations en lieu sûr et séparément de votre carte.
Par ailleurs, l'assistance médicale se limite aux 90 premiers jours du voyage et l'assistance véhicule aux cartes haut de gamme (renseignez-vous auprès de votre banque). Et surtout, n'oubliez pas aussi de ***VÉRIFIER LA DATE D'EXPIRATION DE VOTRE CARTE DE PAIEMENT*** avant votre départ !
En zone euro, pas de frais bancaires sur les paiements par carte. Les retraits sont soumis aux mêmes conditions tarifaires que ceux effectués en France (gratuits pour la plupart des cartes).
Une carte perdue ou volée peut être rapidement remplacée. En appelant sa banque, un système d'opposition, d'avance d'argent et de remplacement de carte pourra être mis en place afin de poursuivre son séjour en toute quiétude.

En cas de perte, de vol ou de fraude, quelle que soit la carte que vous possédez, chaque banque gère elle-même le processus d'opposition et le numéro de téléphone correspondant.

– ***Carte Visa :*** *n° d'urgence (Europ Assistance), ☎ (00-33) 1-41-85-85-85 (24h/24). • visa.fr •*
– ***Carte MasterCard :*** *n° d'urgence : ☎ 800-8-11-272. • mastercardfrance.com •*
– ***Carte American Express :*** *☎ (00-33) 1-47-77-72-00 (n° accessible tlj 24h/24). • americanexpress.fr •*
Il existe un serveur interbancaire d'opposition qui, en cas de perte ou de vol, vous met en contact avec le centre d'opposition de votre banque : *en France, ☎ 0892-705-705 (prix d'un appel + 0,35 /mn) ; depuis l'étranger, ☎ (+ 33) 442-605-303.*

Petite mesure de précaution : si vous retirez de l'argent dans un distributeur, utilisez de préférence les distributeurs attenants à une agence bancaire. En cas de pépin avec votre carte (carte avalée, erreurs de code secret...), vous aurez un interlocuteur dans l'agence pendant les heures ouvrables.

Besoin urgent d'argent liquide

Vous pouvez être dépanné en quelques minutes grâce au système ***Western Union Money Transfer*** présent dans les supérettes *7-Eleven* et les bureaux de change *Forex.* L'argent vous est transféré en moins de 1 heure. La commission, assez élevée, est payée par l'expéditeur. Possibilité d'effectuer un transfert auprès d'un des bureaux *Western Union* ou, plus rapide, en ligne, 24h/24 par carte de paiement (*Visa* ou *MasterCard*).
Même principe avec d'autres organismes de transfert d'argent liquide comme ***MoneyGram, PayTop*** ou ***Azimo.*** Transfert en ligne sécurisé, en moins de 1 heure.
Dans tous les cas, se munir d'une pièce d'identité. Toutefois, en cas de perte/vol de papiers, certains organismes permettent de convenir d'une question/réponse-type pour pouvoir récupérer votre argent. Chacun de ces organismes possède aussi des applications disponibles sur téléphone portable. Consulter les sites internet pour connaître les pays concernés, les conditions tarifaires (frais, commission) et trouver le correspondant local le plus proche :
• westernunion.com • moneygram.fr • paytop.com • azimo.com/fr •
– Autre solution, envoyer de l'argent par ***la Poste*** : le bénéficiaire, muni de sa pièce d'identité, peut retirer les fonds dans n'importe quel bureau du réseau local. Le transfert s'effectue avec un mandat ordinaire international (jusqu'à 3 500 €) et la transaction prend 4-5 jours en Europe (8-10 jours vers l'international). Plus cher, mais plus rapide, le mandat express international permet d'envoyer de l'argent (montant variable selon la destination – 34 pays au total) sous 2 jours maximum, 24h lorsque la démarche est faite en ligne. *Infos : • labanquepostale.fr •*

ACHATS

Les magasins ouvrent en général du lundi au vendredi de 9h à 13h et de 15h à 19h ou 20h, et le samedi de 9h à 13h. Dans le Bairro Alto, les mœurs sont davantage aux 14h-21h. Les supermarchés et grandes surfaces sont ouverts aussi le samedi après-midi et le dimanche jusqu'à 23h.
Pour qui aurait la nostalgie des farfouilles sympas, le ***marché de Carcavelos*** bat son plein chaque jeudi, à 20 km à l'ouest de Lisbonne, ce qui, avec le train de la côte, ne vous met qu'à 25 mn de la gare de Cais do Sodré... Et le dimanche matin, rendez-vous à la ***feira do Relógio,*** tout près de l'aéroport (bus n°s 5, 8, 21, 22,

31, 50, 55 et 85 ; à l'est de la rotunda do Relógio / praça do Aeroporto). C'est le marché aux puces local. Pour les boutiques, voir plus loin dans chaque quartier.

À boire et à manger

Inutile de vous approvisionner en porto, *moscatel, amêndoa amarga* (liqueur à l'amande) ou même en vins du Portugal, que vous aurez meilleur compte de découvrir sur place, au restaurant. Contentez-vous plutôt d'une bouteille de *ginja* ou *ginjinha,* la spécialité locale incontournable. Pour une quasi-exhaustivité en matière d'alcool, on aime bien toute l'équipe de ***Viniportugal*** (lire la rubrique « À voir. À faire » dans le quartier « Baixa et Rossio »), qui propose des dégustations de 3 régions différentes chaque mois. Mais il y en a bien d'autres, et des plus récentes...
Pour les gourmands, chaque coin de rue ou presque cache des surprises. La ***rua do Arsenal*** *(plan centre détachable, I-J9-10)* est l'une des plus connues pour offrir des parfums de nostalgie qui n'ont rien à voir avec la madeleine de Proust : ici, vous trouverez du poisson salé, et notamment toutes les catégories de *bacalhau* (morue ; moins chère qu'en France et bien meilleure). Coup de cœur pour les conserves à l'ancienne de la *Conserveira de Lisboa* (voir la rubrique « Achats » dans le quartier de l'Alfama) avec, au choix, thon, maquereaux, sardines et autres produits de la mer, dans une conserverie antique comme il faut. Pour les amateurs de douceurs sucrées, un tour dans les nombreuses pâtisseries de la ville ne devrait pas être une trop dure punition. Quant aux amateurs de charcuterie, qu'ils se régalent en rapportant jambons et salaisons au goût authentique et à des prix qui les rendent encore plus sympathiques.
Voir aussi nos adresses dans la rubrique « Achats » de chaque quartier.

De la tête aux pieds

Il existe, comme dans toutes les capitales, des dizaines de boutiques dédiées à l'habillement. Beaucoup d'enseignes dans la Baixa, ainsi qu'avenida de Roma et avenida Guerra Junqueiro, entre l'avenida Óscar Monteiro Torres et l'alameda D. Afonso Henriques *(plan d'ensemble détachable, K-L2 ; Ⓜ Alameda).* Et plein de boutiques de fringues vintage qui vous feront grimper au Chiado ou au Bairro Alto. Mais Lisbonne est peut-être d'abord un lieu où se chausser. Est-ce l'agressivité du pavé ? Ici, vous n'aurez aucun mal à trouver chaussure à votre pied, le nombre de marchands de toutes sortes et de minuscules ateliers de cordonniers restant impressionnant (malgré la crise du petit commerce). Vous pourrez par ailleurs, si le soleil est de la partie, et tout aussi plaisamment, vous hasarder dans l'une des chapelleries de la Baixa ou du Chiado pour y goûter le charme désuet de l'essayage de couvre-chefs.
Voir aussi nos adresses spécialisées dans la rubrique « Achats » de chaque quartier.

Antiquités, livres anciens, artisanat, art...

Pour les amateurs d'antiquités, qui espèrent toujours découvrir quelques trésors oubliés au fond des greniers, rendez-vous dans les magasins des rues qui longent le Bairro Alto jusqu'à la place du Rato (ruas da Misericórdia, Dom Pedro V et Escola Politécnica ; *plan centre détachable, G-H-I7-8-9*) et rua de São Bento. Et, bien sûr, au marché aux puces hebdomadaire, la *feira da Ladra* (la foire de la Voleuse ; détails dans la rubrique « À voir. À faire » du quartier de l'Alfama). Mais vous trouverez aussi votre bonheur dans d'autres quartiers... Il y a même, au cœur du Chiado, un marché du livre, le samedi, rue Anchieta, qui pourra vous consoler si vous n'avez pas envie de suivre vos compagnes ou compagnons de voyage dans leurs autres achats dans les boutiques chic environnantes.

Il y a surtout quelques boutiques présentant le meilleur de l'artisanat actuel, comme ***Santos Ofícios*** *(plan centre détachable, K9, **334** ; rua da Madalena).* Et d'autres qui, comme ***A Vida Portuguesa*** *(plan centre détachable, J9, **340** ; rua Anchieta),* font figure de petit musée de l'art populaire.

Azulejos

Outre certains magasins d'antiquités qui vendent des pièces plus ou moins anciennes, il existe à Lisbonne plusieurs fabriques d'azulejos (carreaux de céramique blanche ornés de motifs, le plus souvent de couleur bleue), qui ont chacune un style propre. Il faut savoir que ce produit d'artisanat reste relativement cher, mais vous avez l'assurance d'y trouver des pièces de qualité entièrement réalisées à la main. Pour les travaux sur commande, comptez au minimum une dizaine de jours. Certains ateliers expédient à l'étranger.

BUDGET

Hébergement (prix pour 2 personnes)

Attention : en saison (à Pâques et de juin à octobre), les prix grimpent de 30 à 50 %. Certains lieux d'hébergement vous proposent également un rabais si vous payez en espèces... Bref, le système D fonctionne toujours assez bien au Portugal.
- ***Très bon marché*** (camping et lit en dortoir dans les AJ, la plupart privées) ***:*** de 15 à 25 €.
- ***Bon marché :*** de 25 à 45 €.
- ***Prix moyens*** (incluant les chambres privées des AJ) ***:*** de 45 à 70 €.
- ***Plus chic :*** de 70 à 95 €.
- ***Beaucoup plus chic :*** de 95 à 150 €.
- ***Très chic :*** de 150 à 400 €, voire plus.

Repas (prix par personne)

- ***Très bon marché :*** de 5 à 10 €.
- ***Bon marché :*** de 10 à 15 €.
- ***Prix moyens :*** de 15 à 25 €.
- ***Plus chic :*** de 25 à 45 €.
- ***Beaucoup plus chic :*** de 45 à 65 €.
- ***Très, très chic :*** plus de 65 €.

Remarque : si les cartes de paiement sont devenues « monnaie courante » dans le pays, dans les établissements très modestes il faut toutefois payer en espèces.

Recommandation à ceux qui souhaitent profiter des réductions et avantages proposés dans le *Routard* par les hôteliers et les restaurateurs

À l'hôtel, pensez à les demander au moment de la réservation ou, si vous n'avez pas réservé, ***à l'arrivée.*** Ils ne sont valables que pour les réservations en direct et ne sont pas cumulables avec d'autres offres promotionnelles (notamment sur Internet). Au restaurant, parlez-en ***au moment*** de la commande et surtout ***avant*** que l'addition ne soit établie. Poser votre *Routard* sur la table ne suffit pas : le personnel de salle n'est pas toujours au courant et une fois le ticket de caisse imprimé, il est souvent difficile de modifier le total. En cas de doute, montrez la notice relative à l'établissement dans le *Routard* de l'année, bien sûr, et ne manquez pas de nous faire part de toute difficulté rencontrée.

Quelques prix de produits courants

- Un litre d'essence sans plomb : environ 1,50 €.
- Un litre de gasoil : environ 1,40 €.
- Un café dans un bar : 0,60-0,80 €.
- Un litre d'eau minérale : environ 0,20-0,50 €.
- Un timbre (carte postale vers l'Europe) : 0,86 €.

Voir aussi la rubrique « Musées » plus loin.

CLIMAT

La présence de l'Atlantique apporte à la fois douceur et humidité au pays quasiment toute l'année ; climat méditerranéen assuré. La température de l'eau est en moyenne de 15 °C sur la côte ouest (quasiment impossible de se baigner entre Porto et Lisbonne). Attention, en été (notamment en juillet), les températures de l'air peuvent grimper jusqu'à 35 °C, voire plus. Prévoir tee-shirts et lunettes de soleil.

DANGERS ET ENQUIQUINEMENTS

Police touristique

Policia de Segurança Pública *(plan centre détachable, I8,* ***2****)* **:** *palácio Foz, praça dos Restauradores.* ☎ *213-421-623 ou 213-400-090 ou encore* ☎ *112. Même bâtiment que l'office de tourisme Ask me Lisboa Palácio Foz. 24h/24.* Pour les déclarations de perte ou de vol et en cas d'agression, de vol, d'escroquerie ou d'arnaque, c'est ici qu'il faut s'adresser. On y parle français. Excellent accueil.

Pour les objets trouvés *(extensos achadas)* **:** ☎ *218-535-403 (en portugais seulement). Tlj sauf w-e et j. fériés 9h-17h.*

- ***Urgences :*** ☎ *112.*

- ***En cas de vol,*** il faut aller directement au bureau de police et déclarer le vol ou la perte de papiers. On vous y établira le document officiel qui servira pour l'assurance, entre autres.
- ***La conduite en voiture :*** pas mal de lecteurs nous demandent d'insister sur la conduite dangereuse au Portugal : non-respect des panneaux routiers, dépassement intempestif sans visibilité, non-respect des vitesses autorisées ! Bon, pas de panique quand même, avec les radars et les contrôles qui se multiplient, c'est comme partout. L'important, c'est bien sûr de ne pas chercher à conduire dans Lisbonne même, et de garder vos forces pour vous échapper, vers l'ouest et le sud, en prenant les voies rapides.
- Dans les villes, on observe souvent la présence de ***gardiens de voitures.*** Il s'agit la plupart du temps de marginaux ou de SDF qui essayent de glaner quelques euros sous le prétexte que votre voiture peut être abîmée sans surveillance.
- ***Ne laissez rien dans votre voiture,*** en particulier aux abords des plages en été.
- L'addition ne reflète absolument pas le repas ? La chambre de l'hôtel diffère de celle convenue lors de la réservation ? Le personnel n'est pas disposé à vous satisfaire ? Une seule solution : « *Quero fazer uma reclamação* ». Depuis 2006, le ***livre de réclamations*** est obligatoire dans tous les établissements fournissant biens ou services au public ; en plus des cafés et restaurants, on peut y avoir accès dans tout commerce, établissement touristique, lieu de spectacle ou parking gardé. En cas de problème lors de la prestation d'un service ou de l'achat d'un bien, n'hésitez pas à rédiger une réclamation en triple exemplaire comportant vos nom, adresse et numéro de pièce d'identité, ainsi que le motif de la plainte. Un des exemplaires vous sera remis. Et au cas où l'accès au *livro de reclamações* vous serait refusé, appelez la police... et profitez-en pour vous plaindre également

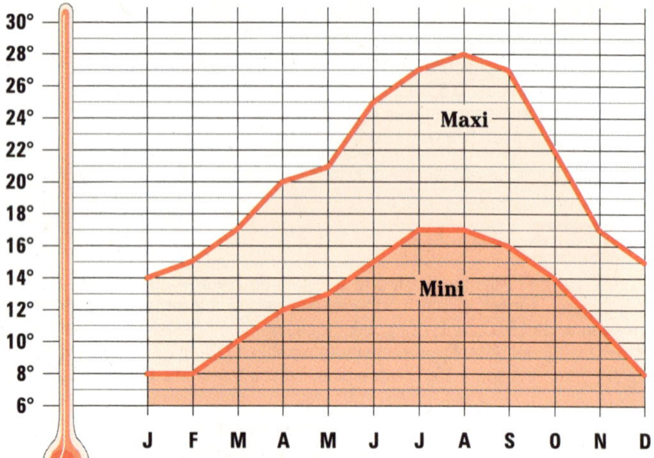

Moyenne des températures atmosphériques

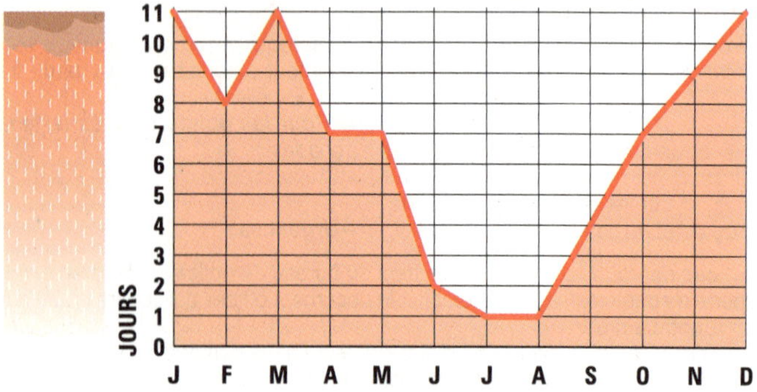

Nombre de jours de pluie

LISBONNE

de ce refus ! En fait, très souvent, et si votre réclamation est justifiée, vous verrez qu'une solution rapide est généralement trouvée sans que vous ayez besoin de réviser vos notions de portugais pour appeler police-secours…

– Signalons un petit enquiquinement (voir également la rubrique « Cuisine » dans « Hommes, culture, environnement » en fin de guide) qui peut grever un budget très rapidement : les notes de restos « gonflées » à cause des ***amuse-gueules*** (pain, beurre, fromage, jambon, rillettes) qu'on pose d'office sur votre table. Ils figurent rarement sur la carte (donc pas de prix) ou sont mal indiqués. Et c'est le coup de massue qui vous attend à la sortie si vous ne faites pas gaffe. Une seule solution : refusez-les dès le départ !

DÉCALAGE HORAIRE

Il y a 1h de décalage entre le Portugal et la France : quand il est 12h à Paris, il est 11h à Lisbonne.

ÉLECTRICITÉ

Le courant est du 220 V. Les prises sont de type continental, comme en France.

FÊTES ET JOURS FÉRIÉS

– *1er janvier :* Jour de l'an.
– *1er-10 février :* festival de fado. Pour découvrir la plus traditionnelle des musiques de blues du Portugal.
– *De mi-février à début mars :* Mardi gras (5 mars 2019).
– *19 avril-21 avril 2019 :* Vendredi saint et Pâques. Tout est fermé ou presque.
– *Après Pâques :* festival de musique classique au centre culturel de Belém.
– *25 avril :* fête de la révolution des Œillets (fête de la Liberté).
– *1er mai :* fête du Travail.
– *Un mois entre mai et juin :* festival de musique de Sintra. Autour du *palácio national,* nombreux concerts de musique classique. Plus d'infos au centre culturel Olga-Cadaval.
– *Juin (date variable) :* Fête-Dieu (20 mai 2019).
– *10 juin :* fête nationale.
– *12-29 juin :* tout Lisbonne honore *saint Antoine de Padoue* (le 13 est férié à Lisbonne) et *saint Jean* (le 24). Le rituel est bien réglé : défilé en fanfares (les *marchas populares*) sur l'avenida da Liberdade et bals musette à volonté dans les quartiers populaires. La municipalité a cru bon d'y ajouter les *festas de Lisboa,* une avalanche d'expositions, de théâtre de rue, de concerts... du meilleur cru international. Programme à l'office de tourisme.
– *Un week-end mi-juillet :* Super Bock Super Rock Festival, une célèbre bière portugaise fête le rock.
– *11-13 juillet 2019 :* NOS Alive Festival, à Alges, au sud-ouest de Lisbonne, juste après Belém. LE festival de musique populaire et tendance ! Toujours une belle programmation. • *nosalive.com* •
– *2 semaines fin juillet :* fête de la Mer à Cascais, manifestations de jeunes pêcheurs, procession des femmes, chants, danses. Face à l'hôtel *Baia.*
– *15 août :* Assomption.
– *5 octobre :* fête de la République.
– *25 octobre :* Lisbonne célèbre la prise définitive de la ville aux Maures (1147).
– *1er novembre :* fête de la Toussaint.
– *1er décembre :* fête de la Restauration de l'indépendance.
– *8 décembre :* fête de la Vierge.
– *25 décembre :* Noël (vous l'auriez deviné !).

SAINT ANTOINE... DE LISBONNE !

Il a beau être mort à Padoue, qui lui a collé son nom pour l'éternité, il n'en reste pas moins le saint le plus populaire de Lisbonne, sa ville natale (surtout en cas de perte d'objets). Le jour de sa fête (le 13 juin), les enfants vendent, comme des petits pains, les pãozinhos de Santo António. *Les amoureux s'offrent un pot de basilic porte-bonheur. Et chacun pousse la chansonnette, devant une foule chauffée à blanc par le* vinho verde. *Le tout emballé dans un carnaval de guirlandes de papier et de fanions. Sacré Antoine !*

HÉBERGEMENT

Lisbonne est une capitale européenne où l'on peut encore se loger à bon compte.

Les auberges de jeunesse publiques (*pousadas da juventude*)

Pour dormir dans les AJ officielles, la carte d'adhérent est souvent obligatoire, mais il n'y a pas de limite d'âge (lire en début de chapitre la rubrique « Avant le départ »). Les prix restent très raisonnables pour une offre de qualité. Chambres impeccables, établissements plutôt bien équipés, fonctionnels à défaut d'être chaleureux.
– On compte une AJ dans le parc des Nations et une dans le quartier nord, près du musée Gulbenkian. • *informacoes@movijovem.pt* • *pousadasjuventude.pt* • *Possibilité de réserver en ligne, par tél (☎ 707-20-30-30) ou par correspondance (Central Reservas, rua Lúcio de Azevedo, 27, 1600-146 Lisboa).* N'oubliez pas de mentionner vos nom et prénom, ainsi que l'auberge dans laquelle vous souhaitez rester, le nombre de jours et de personnes. Possibilité de réserver aussi depuis la France (mais plus cher).

Les *hostels* (AJ privées)

Parallèlement à ces AJ officielles, on assiste à Lisbonne à une poussée d'AJ privées ou *hostels* dont la qualité nous a soufflés ! Dans de beaux appartements du centre-ville, des maisons, des nids personnalisés, chaleureux, confortables, où règne une véritable atmosphère routarde. C'est propre, souvent « designé » par de jeunes artistes et plein d'imagination. Aucune carte n'est demandée. Les prix sont un peu plus élevés que ceux des AJ officielles, mais ça reste souvent très, très correct. Ces auberges proposent 2 types d'hébergement : d'un côté, des dortoirs avec toilettes et salle de bains à partager, casier, lumière personnelle pour chaque lit et, souvent, une prise individuelle pour recharger ses appareils (bien pratique), le tout plus adapté aux jeunes routards ; de l'autre, des chambres doubles, voire des familiales, qui s'adaptent à toutes les clientèles.

Les *quintas*

La *quinta,* belle propriété de maître, est une sorte de manoir rural entouré de ses dépendances. Mais le terme s'est répandu un peu partout, et l'on trouve l'appellation *quinta* utilisée à tort et à travers – le mot étant sans doute plus vendeur sur le plan touristique – dès qu'une grosse maison se transforme en chambres chez l'habitant à la campagne... Évitez les contrefaçons !

Les chambres chez l'habitant

On en trouve quasiment partout, notamment en plein centre-ville. Soit on vous sollicite dans la rue, soit des panneaux vous annoncent « *alugam-se quartos* », soit l'office de tourisme vous les indiquera. En général, plutôt bon marché.
Consultez aussi les sites de *Roots Travel* (• *rootstravel.com* • ; Lisbonne seulement) et *BedyCasa* (voir ci-dessous).

Les *pousadas*

La *pousada,* c'est l'équivalent portugais du *parador* espagnol : un établissement chic (géré par l'État), installé soit dans un monument historique (ancien monastère, château, etc.), soit dans une construction récente mais valorisée par son site exceptionnel. Le site • *pousadas.pt* • recense l'ensemble des *pousadas* du pays. Les prix varient sensiblement selon la catégorie de l'établissement et la saison. Réserver le plus longtemps possible à l'avance.
À noter que, avec la crise, certaines *pousadas* ont dernièrement fermé leurs portes ou pris quelques rides...

Location d'appartements

Pour ceux qui préfèrent passer par une agence de location d'appartements :

■ ***Traveling to Lisbon :*** *praça Dom Pedro IV, 74, 3° C, 1100-202 Lisboa. ☎ 218-886-072. • ttl@travelingtolisbon.com • travelingtolisbon.com •*

■ ***Fado Flats :*** *trav. João de Deus, 9. ☎ 213-432-364. • fadoflats@fadoflats.pt • fadoflats.pt •* De nombreux routards sont satisfaits par cette enseigne.

■ ***BedyCasa :*** *• bedycasa.com • BedyCasa* offre une manière différente de voyager, notamment à Lisbonne, plus authentique et plus économique. La chambre chez l'habitant permet aux voyageurs de découvrir une ville, une culture et des traditions à travers les yeux des locaux. En quelques clics sur le site, il est possible de réserver un hébergement grâce au moteur de recherche, ainsi que de lire des témoignages d'autres voyageurs pour guider son choix. *BedyCasa,* c'est aussi un label communautaire, une assurance et un service client (gratuit) tous les jours.

LANGUE

Pour vous aider à communiquer, n'oubliez pas notre ***Guide de conversation du Routard en portugais.*** Pour info, « ão » se prononce « a-on », « o » se prononce « ou » et « ou » se prononce « o ». Ça peut aider !

Quelques mots et formules qui vous seront utiles

Politesse

oui, non	*sim, não*
s'il vous plaît	*por favor / faz favor*
merci (par un homme)	*obrigado*
merci (par une femme)	*obrigada*
bonjour (le matin)	*bom dia*
bonjour (l'après-midi)	*boa tarde*
bonsoir, bonne nuit	*boa noite*
pardon !	*desculpe !*

Expressions courantes

je m'appelle	*meu nome é / chamo me*
je ne comprends pas	*não entendo / não comprendo*

Vie pratique

où se trouve... ?	*onde está... ?*
ouvert / fermé	*aberto / fechado*
entrée / sortie	*entrada / saída*
quand ?	*quando ?*
appelez un médecin	*chame um médico*
je suis malade	*estou doente*

Transports / orientation

gare	*estação*
train	*comboio*
wagon	*carruagem*
car	*camioneta*
autobus	*autocarro*
tramway	*eléctrico*
à gauche	*a esquerda*
à droite	*a direita*
tout droit	*em frente*

Argent

combien coûte... ?	*quanto custa... ?*
puis-je payer avec la carte *Visa* ?	*posso pagar com cartão* Visa *?*
quel est le prix... ?	*qual é o preço... ? / quanto é ?*

À l'hôtel et au restaurant

nous voudrions une chambre	*queriamos um quarto*
puis-je voir la chambre ?	*posso ver o quarto ?*
j'ai réservé...	*tenho reservado...*
toilettes, salle de bains	*casa de banho*
une douche	*um duche*
lavabo	*lavatório*
petit déjeuner	*pequeno almoço*
le déjeuner	*o almoço*
le dîner, le plat du jour	*o jantar, o prato do dia*
menu	*carta, ementa*
l'addition	*a conta*
chaud / froid	*quente / frio*
eau / vin	*agua / vinho*

Jours de la semaine

lundi	*segunda-feira*
mardi	*terça-feira*
mercredi	*quarta-feira*
jeudi	*quinta-feira*
vendredi	*sexta-feira*
samedi	*sábado*
dimanche	*domingo*

Nombres

1	*um*
2	*dois*
3	*três*
4	*quatro*
5	*cinco*
6	*seis*
7	*sete*
8	*oito*
9	*nove*
10	*dez*

LIVRES DE ROUTE

Romans, fictions

– ***Mystères de Lisbonne,*** de Camillo Castelo Branco, Michel Lafon Poche, (2018, 742 p.). Un grand roman épique, centré sur le jeune João, orphelin, mis sur la piste de ses origines par l'étrange père Dinis, un ancien aristocrate libertin. Aventures, épopées des 2 côtés de l'Atlantique, et une vision du Lisbonne du XIXe s très romanesque. Mis à l'écran par Raul Ruiz.
– ***Lisbonne, voyage imaginaire,*** de Nicolas de Crécy et Raphaël Meltz, Casterman (2002, 80 p.). Album illustré où l'auteur (Raphaël Meltz) raconte le voyage à Lisbonne qu'il n'a pas fait ! Ce texte plein d'humour, construit de citations d'auteurs portugais, de carnets de voyage, d'articles de journaux et de rapports, nous apprend plein d'anecdotes sur la réputation de Lisbonne dans les siècles passés.

- ***Ode maritime*** (1915), de Fernando Pessoa, La Différence, bilingue (2009). Monologue prêté à un double de Pessoa, ce poème philosophique met en relation l'interrogation sur l'identité, l'existence du moi, avec la mer elle-même, ses légendes, son histoire, sa cruauté, son caractère perpétuellement mouvant. L'océan comme métaphore de l'instabilité universelle. Un classique de la littérature portugaise.
- ***Les Maia*** (1888), d'Eça de Queiróz, Chandeigne (1997, 800 p.). LE chef-d'œuvre du roman portugais. Une sulfureuse histoire d'amour, la vision d'une société bourgeoise décadente, l'ironie constante de l'auteur sont les principaux ingrédients de cette saga familiale qui a immortalisé Lisbonne dans la littérature.
- Les romans d'***António Lobo Antunes,*** publiés chez Bourgois, Métailié, et en collection « Points-Seuil », donnent un éclairage sans complaisance sur la ville de Lisbonne et le passé colonial du Portugal.
- ***Le Dernier Kabbaliste de Lisbonne,*** de Richard Zimmer (Pocket, n° 13011, 2005), un roman policier historique qui débute, en 1506 à Lisbonne, par le massacre des juifs ; ***Train de nuit pour Lisbonne,*** de Pascal Mercier (10/18, 2008), magistrale évocation de la ville sous Salazar ; ***Requiem,*** d'Antonio Tabucchi (Folio, 2006), où l'auteur déambule dans la ville et rencontre des vivants et des morts, dont Pessoa lui-même, à la fin, à l'*Alcântara Café* ; ***Électrico W,*** d'Hervé Le Tellier (Livre de Poche, 2013), roman à suspense sur l'amour, la séduction, le désir qui relient plusieurs personnages et dont les scènes se déroulent en particulier autour du Barrio Alto ; et un dernier : ***Les Passants de Lisbonne,*** de Philippe Besson (Julliard), déambulations mélancoliques, confidences, histoires d'amour, hasards, nostalgie... Les lieux s'y prêtent !
- Et pourquoi ne pas vous lancer dans les ouvrages du prix Nobel de littérature 1998, José Saramago ? Les férus de romans historiques opteront pour l'***Histoire du siège de Lisbonne*** (1989 ; Seuil, coll. « Points », n° 619, 1999, 342 p.) ou pour ***Le Dieu manchot*** (Seuil, coll. « Points », 1995) ; ceux qui recherchent les romans « à réflexion » commenceront par ***L'Aveuglement*** (Seuil, coll. « Points », 2000), qui a été adapté au cinéma par Fernando Meirelles sous le titre *Blindness,* ou, un bijou, ***Pérégrinations portugaises*** (1994 ; Seuil, 2003, 438 p.).

Histoire, récits de voyage, documents

- ***Voyages de Vasco de Gama, relation des expéditions de 1497-1499 et de 1502-1503,*** Chandeigne, coll. « Magellan » (1995, 398 p.). Vasco de Gama fut le premier Européen à découvrir la route maritime des Indes par le cap de Bonne-Espérance, liaison tant recherchée entre l'Europe et l'Asie que Christophe Colomb cherchait à l'ouest par l'Atlantique. Ce livre rassemble les 11 témoignages directs sur ses 2 premiers voyages en Inde.
- ***Les Lusiades*** (*Os Lusíadas* ; XVIe s), de Luís de Camões ; Robert Laffont, coll. « Bouquins bilingues » (1999, 582 p.). Chronique épique narrant les grandes heures de l'histoire du Portugal et les hauts faits d'armes des Lusitaniens sur toutes les mers du monde. Sous la forme d'un long poème en vers. L'Espagne a *Don Quichotte,* l'Italie a *La Divine Comédie,* le Portugal a *Les Lusiades* !
- ***Histoire de Lisbonne,*** de Dejanirah Couto ; Fayard (2000, 382 p.). Voici un livre de fond, clair et détaillé, sur cette « reine du Tage » qui fut la clé de la puissance maritime du Portugal. Très belles pages sur la fondation de Lisbonne, la rencontre des 3 cultures – chrétienne, juive et arabe –, les origines du fado et le tremblement de terre de 1755.
- ***Lisbonne, livre de bord. Voix, regards, ressouvenances (1997),*** de José Cardoso Pires ; Gallimard, coll. « Arcades » (1998, 96 p.). L'auteur fait revivre, au cours de pérégrinations personnelles dans Lisbonne, ses souvenirs d'enfance, ses lectures et auteurs favoris dont on peut presque entendre les voix et les pas. Magique !
- ***Le Goût de Lisbonne,*** Mercure de France, coll. « Petit Mercure » (2001, 132 p.). Un petit recueil de textes piochés dans l'œuvre d'auteurs portugais. Une belle approche de la capitale lusitanienne.

MUSÉES

– En général, les ***musées nationaux*** (IMC) sont fermés le lundi et certains jours fériés (1er janvier, dimanche de Pâques, 1er mai et 25 décembre notamment). Les musées nationaux sont gratuits pour les enfants de moins de 12 ans.
– La carte *Jeune* (● *cartaojovem.pt* ●) permet des réductions souvent plus intéressantes (60 % pour les musées nationaux), tout comme la *Lisboa Card* (● *lisboacard.org/fr* ●). La carte internationale d'étudiant ISIC offre le demi-tarif dans presque tous les musées, mais il faut le demander.
– Les personnes de plus de 65 ans et les handicapés paient demi-tarif dans les musées nationaux, parfois rien dans d'autres privés ou publics.
Sur ● *museusportugal.org* ●, toutes les informations pratiques : tarifs de l'année, réductions, horaires, etc., sur les musées nationaux et leur liste.

POSTE

« Poste » se dit *correios.* Il existe 2 types de boîtes aux lettres : les rouges (ordinaires) et les bleues (express). Ces dernières sont pour les courriers rapides. Mais pas d'inquiétude, tout arrivera si vous postez vos cartes postales dans les boîtes aux lettres rouges. Pour un courrier vers l'Europe, comptez environ 0,86 € en courrier ordinaire. « Timbre » se dit *selo,* et, hormis à la poste, on peut en acheter dans des distributeurs rouges souvent situés près de certains arrêts de bus ou de tram. Les bureaux de poste sont ouverts de 9h (10h le dimanche) à 22h.

SANTÉ

– Pensez à vous procurer la ***carte européenne d'assurance maladie.*** Elle permet de bénéficier de la prise en charge des soins médicalement nécessaires par les services publics. Pour l'obtenir, contactez votre centre de Sécurité sociale, qui vous enverra sous 15 jours votre carte plastifiée bleue, valable 2 ans, gratuite et personnelle (chaque membre de la famille doit avoir la sienne). Elle fonctionne avec tous les pays membres de l'UE ainsi qu'en Islande, au Liechtenstein, en Norvège et en Suisse. Les spécialistes n'appartiennent pas à la Sécurité sociale portugaise *(la Caixa).*
– Une consultation coûte entre 25 et 35 €. Pour être remboursé, il faut se faire soigner à l'hôpital... généralement bondé, et parfois attendre son tour une journée entière (voire plus !) pour avoir une chance d'être reçu, perdant ainsi un temps fou. En cas d'urgence, dirigez-vous vers les centres SAP/CATUS, qui sont des « Services d'assistance permanents ». Toutes les municipalités en possèdent au moins un, et dans les grandes villes, il y en a même plusieurs. Ils sont signalés par une croix rouge.
– Les produits et matériels utiles aux voyageurs, assez difficiles à trouver dans le commerce, peuvent être achetés par correspondance sur le site ● *astrium.com* ● Infos complètes toutes destinations, boutique web, paiement sécurisé, expéditions Colissimo Expert ou Chronopost. ☎ *01-45-86-41-91 (lun-ven 14h-19h).*

SITES INTERNET ET APPLICATIONS SMARTPHONE

● ***routard.com*** ● Le site de voyage n° 1, avec plus de 800 000 membres et plusieurs millions d'internautes chaque mois. Pour s'inspirer et s'organiser, près de 300 guides destinations actualisés, avec les infos pratiques, les incontournables et les dernières actus, ainsi que les reportages terrain et idées week-end de la rédaction. Partagez vos expériences avec la communauté de voyageurs : forums de discussion avec avis et bons plans, carnets de route et photos de voyage. Enfin, vous trouverez tout pour vos vols, hébergements, voitures et activités, sans oublier notre sélection de bons plans, pour réserver votre voyage au meilleur prix.

• ***visitportugal.com*** • En français. Le site officiel du tourisme portugais, très bien conçu et d'une extraordinaire richesse avec des rubriques logement, activités culturelles, sportives, balnéaires, itinéraires avec les lieux à visiter, détours conseillés, numéros utiles, infos pratiques, spécialités locales...

• ***viuvalamego.com*** • En français. Tout sur l'azulejo, son histoire et ses techniques de fabrication.

• ***Citymapper*** • Gros coup de cœur pour cette application qui vous donne en temps réel les infos trafic, les bonnes directions et les connexions nécessaires pour se rendre d'un endroit à un autre entre tous les moyens de transport disponibles. Vite indispensable !

• ***Maps.me*** • ***OutDoors GPS France IGN*** • ***Osmand*** • Cartes précises du monde embarquées sans connexion mais à télécharger avant le départ.

• ***Google Maps*** • ***Waze*** • Cartes embarquées avec connexion mais à télécharger avant le départ. Indique en temps réel la qualité du réseau, les points radar, les limitations de vitesse et autres incidents sur le réseau routier.

TÉLÉPHONE – TÉLÉCOMS

– ***France → Portugal :*** 00 + 351 + numéro du correspondant à 9 chiffres.

– ***Portugal → France :*** 00 + 33 (indicatif de la France) + numéro du correspondant sans le 0. Pour la Suisse, 00 + 41, et pour la Belgique, 00 + 32, et tout pareil ensuite !

– ***Pour appeler en PCV*** (demander « *Pagar no destino* ») **:** ☎ *171* en Europe ; ou ☎ *800-800-330,* numéro gratuit depuis une cabine, qui donne accès à un opérateur en France.

Les appels vers les numéros débutant par 707 ou 808 sont au tarif local. Les numéros en 800 sont gratuits.

Portables

Les principaux réseaux de téléphone portable sont *Vodafone, Optimus* et *TMN.* Comme les numéros de fixes, un numéro de téléphone portable compte 9 chiffres.

Urgence : en cas de perte ou de vol de votre téléphone portable

Suspendre aussitôt sa ligne permet d'éviter de douloureuses surprises au retour du voyage ! Voici les numéros des 4 opérateurs français, accessibles depuis la France et l'étranger.

– ***Free :*** *depuis la France :* ☎ *3244 ; depuis l'étranger :* ☎ *+ 33-1-78-56-95-60.*

– ***Orange :*** *depuis la France :* ☎ *0800-100-740 ; depuis l'étranger :* ☎ *+ 33-969-39-39-00.*

– ***SFR :*** *depuis la France :* ☎ *1023 ; depuis l'étranger :* 📱 *+ 33-6-1000-1023.*

– ***Bouygues Télécom :*** *depuis la France comme depuis l'étranger :* ☎ *+ 33-800-29-1000.*

Vous pouvez aussi demander la suspension de votre ligne depuis le site internet de votre opérateur.

Avant de partir, notez (ailleurs que dans votre téléphone portable !) votre numéro IMEI, utile pour bloquer à distance l'accès à votre téléphone en cas de perte ou de vol. Pour avoir ce numéro, il suffit de taper sur votre clavier *#06#. Reportez-vous ensuite au site • *mobilevole-mobilebloque.fr* •

Le téléphone portable en voyage

Depuis juin 2017, un voyageur européen titulaire d'un forfait dans son pays d'origine peut utiliser son téléphone mobile ***au tarif national*** dans les 27 pays de l'Union européenne, sans craindre de voir flamber sa facture. Des plafonds sont néanmoins fixés par les opérateurs pour éviter les excès... Cet accord avantageux signé entre l'UE et ses opérateurs télécoms concerne aussi la consommation de ***données internet 3G ou 4G,*** dont le volume utilisable sans surcoût dépend du prix du forfait national (se renseigner quand même !). Par ailleurs, si le voyageur réside plusieurs mois en dehors de son pays, des frais peuvent lui être prélevés... Dans ces pays donc, plus besoin d'acheter une carte SIM locale pour diminuer ses frais.

Utiliser son téléphone à l'étranger

– ***Se brancher sur les réseaux wifi*** est le meilleur moyen de se connecter au web gratuitement ou à moindre coût. La plupart des hôtels, restos et bars disposent d'un réseau, payant ou non. Une fois connecté au wifi, à vous les joies de la ***téléphonie par Internet*** ! Les logiciels *Skype, WhatsApp* et *FaceTime* vous permettent d'appeler vos correspondants gratuitement, s'ils sont eux aussi connectés, ou à coût très réduit si vous voulez les joindre sur leur téléphone. Autre application qui connaît un succès grandissant : *Viber,* qui permet d'appeler et d'envoyer des SMS, des photos et des vidéos aux 4 coins de la planète, sans frais. Il suffit de télécharger – gratuitement – l'appli sur votre smartphone, celle-ci se synchronise avec votre liste de contacts et détecte ceux qui ont *Viber.*

INFOS PRATIQUES SUR PLACE

• Pour se repérer, voir le plan détachable en fin de guide.

Arrivée à Lisbonne

En avion

✈ ***Aeroporto de Lisbonne*** *(hors plan d'ensemble détachable par E1)* **:** *alameda das Comunidades.* ☎ *218-413-500.* • *aeroportolisboa.pt* • *À 8 km au nord du centre historique.* Ⓜ *Aeroporto.* On y trouve banques, loueurs de voitures... ***Important :*** les vols *low-cost* sont opérés depuis le terminal 2, accessible en navette gratuite depuis le terminal 1. Et dans tous les cas, l'Aero-Bus part du terminal 1, le principal.

ℹ ***Office de tourisme Ask Me Lisboa :*** *hall des arrivées.* ☎ *218-450-660. Tlj 7h-minuit.* Vente de la *Lisboa Card* (voir plus loin « Informations pratiques et adresses utiles »), réservation d'hébergements... S'y procurer le plan de la ville et des transports.

Comment rejoindre le centre-ville depuis l'aéroport ?

Il est très simple de rejoindre le centre-ville en transports en commun.

➢ ***En métro (ligne rouge) :*** c'est la ligne rouge qui relie l'aéroport à la station ***São Sebastião*** avec une dizaine d'arrêts, dont ***Alameda*** et ***Saldanha*** (correspondances avec les lignes verte, jaune et bleue). *Circule tlj 6h30-1h. Billet : 1,45 €. Infos :* • *metrolisboa.pt* •

➢ ***En Aero-Bus nº 1 :*** *à la sortie du hall des arrivées.* • *aerobus.pt* • *Bus tlj 7h30-23h dans les 2 sens, ttes les 20 mn (25 mn après 19h). Pass 24h : 4 € (6 € pour 48h) ; réduc sur Internet.* Billet vendu à bord. Réduc dans les bus touristiques *Yellowbus.* ***L'Aero-Bus nº 1 dessert très bien le centre-ville.***

➢ ***En Aero-Bus nº 2 :*** *à la sortie du hall des arrivées. Bus tlj 7h40-22h45 dans les 2 sens, ttes les 20 mn (25 mn dès 19h). Prix et avantages identiques à l'Aero-Bus nº 1.* L'Aero-Bus nº 2 dessert le nord-ouest de Lisbonne (Financial Center), sans passer par le centre historique. Intéressant uniquement si vous résidez dans le coin.

➢ ***En bus (classiques) :*** en sortant de l'aéroport, les abribus se trouvent juste à droite de l'arrêt des Aero-Bus. Moins chers (1,95 €), certains d'entre eux – les ***nºs 705, 722 et 744*** – ont un itinéraire très proche de l'Aero-Bus. Le ***bus express nº 783*** part d'Amoreiras (quartier un chouia au nord-ouest de Rato) et passe par Marquês de Pombal (ne circule qu'en semaine), et le ***bus de nuit nº 208*** relie Cais do Sodré à la gare do Oriente en passant par l'aéroport... Attention, certains chauffeurs n'acceptent pas systématiquement les voyageurs avec des gros sacs. Le règlement voudrait qu'ils soient réservés aux voyageurs ayant au maximum un bagage à main.

➢ ***En taxi :*** plutôt bon marché à Lisbonne. ***La course se fait au compteur*** (compter 15-20 € pour rejoindre le centre-ville), avec un supplément de 2 € pour les bagages.

INFOS PRATIQUES SUR PLACE

En train

• Carte Réseau train (environs de Lisbonne) *p. 62*

Estação do Oriente *(hors plan d'ensemble détachable par N7 et plan Parque das Nações)* **:** *av. Dom João II.* Ⓜ *Oriente.* Bien desservie par le métro et les bus, elle reçoit les trains venant du nord du Tage. Consigne automatique au sous-sol *(ouv 8h-minuit)* ; c'est la porte à droite du poste de police (difficile à trouver : aucune indication).

Estação Santa Apolónia *(plan d'ensemble détachable, M8)* **:** *av. Infante Dom Henrique.* Ⓜ *Santa Apolónia.* Bien desservie par le métro et les bus, elle accueille les trains en provenance du centre et du nord du pays, de l'Espagne et de la France.

Office de tourisme Ask Me Lisboa : *au terminal international.* ☎ *910-517-982. Mar-sam 8h-9h30.* Vente de la *Lisboa Card.*

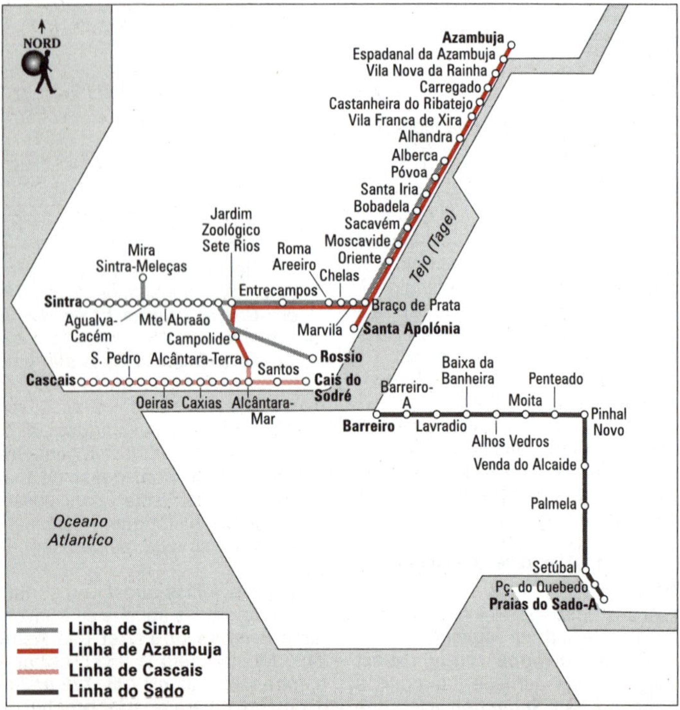

RÉSEAU TRAIN (environs de Lisbonne)

En bus

Pour info, les bus *Eurolines* passent par les 2 gares routières.

Terminal Rodoviário de Sete Ríos *(plan d'ensemble détachable, D-E1)* **:** *rua Professor Lima Basto. ☎ 707-22-33-44. • rede-expressos.pt • (appli smartphone aussi disponible). Ⓜ Jardim Zoológico. Juste à côté de la gare de banlieue Sete Ríos. Tlj 6h-1h.* Face au Jardin zoologique, de l'autre côté de la route et de la place Marechal-Delgado ; passer sous le pont (bien caché, suivre les indications pour le parking qui le jouxte). De la gare ferroviaire, en sortant, prendre à droite sur l'esplanade et repérer la petite tour Rede Expressos ; l'escalier au pied de la tour mène à la gare routière. ***Reliée au centre-ville par la ligne bleue du métro.*** Accès aussi avec les bus ***n***^{os} ***726, 731, 746*** (départ Marquês de Pombal), ***758*** (Cais do Sodré) ***et 768,*** ainsi qu'avec les ***bus de nuit n***^{os} ***202 et 205.*** Le bus ***n° 770*** fait la boucle Sete Ríos. Gare pour les bus nationaux et internationaux. Consigne à bagages surveillée *(mêmes horaires que la gare).*
– ***Attention,*** le terminus des bus de la compagnie ***TST*** *(Transportes Sul do Tejo ; • tsuldotejo.pt •)* – desservant la région de Lisbonne – n'est pas la gare routière de Sete Ríos mais la ***praça de Espanha*** *(plan d'ensemble détachable, F2).*

Estação do Oriente *(hors plan d'ensemble détachable par N7 et plan Parque das Nações)* **:** *av. Dom João II, au pied de la gare ferroviaire do Oriente. Ⓜ Oriente.* Cette gare accueille aussi des bus internationaux.

En voiture

➢ ***Par le nord :*** autoroute A1, puis voie rapide 2ª *Circular.* Les heures de pointe sont très étendues sur cet axe.
➢ ***Par l'ouest :*** l'*IC19* qui vient de Sintra est l'une des voies rapides les plus encombrées du pays ; évitez donc le début de matinée et la fin d'après-midi.
➢ ***Par le sud et l'est : ponte 25 de Abril*** *(env 1,80 €),* souvent embouteillé, ou ***ponte Vasco da Gama*** *(env 2,80 €),* en général moins chargé mais plus cher *(infos : • lusoponte.pt •).* ***Traversée gratuite pour sortir de Lisbonne.***
Attention aux départs et retours de week-ends et de vacances ! Évitez d'arriver aux heures de pointe (à partir de 17h en semaine, un peu plus tôt le vendredi).
Se garer à Lisbonne est difficile. Pour éviter les amendes et la fourrière, le plus sûr est d'utiliser les parkings gardés (bien indiqués mais pas donnés).

S'orienter

Le découpage de Lisbonne que vous trouverez dans le guide procède à la fois d'une cohérence géographique et d'une homogénéité sociale. On part du centre pour aller ensuite un peu plus loin vers l'ouest et le nord, pour enfin terminer par l'est où se trouvent les quartiers les plus anciens... Mais, comme tout découpage, il est arbitraire ; et certains lieux à visiter auraient pu tout aussi bien être associés à un autre quartier que celui auquel nous les avons rattachés...

Comment lire une adresse ?

Dans l'ordre, une adresse comporte le nom de la rue suivi du numéro. Le cas échéant, un 2nd numéro pour préciser l'étage avec « ° » en exposant. Puis une ou plusieurs lettres pour positionner la porte d'entrée par rapport à l'escalier. Par exemple, *1° Dto* ou *1° D* signifie : 1er étage à droite. On indique *Esq* ou *E* pour *esquerdo* (à gauche), *Fte* ou *F* pour *frente* (en face de l'escalier).

Orientation et mode d'emploi de la ville

Lisbonne s'ouvre sur le Tage et s'étend de ***Belém*** (à l'ouest) au ***parc des Nations*** (à l'est). Un axe suivant l'avenida de la Liberdade depuis la praça Marquês de Pombal et le quartier rectiligne de ***Baixa*** jusqu'à la praça do Comércio semble couper la ville en 2. À l'est, les vieux quartiers populaires ***Castelo de Saõ Jorge, Alfama*** et ***Graça.*** À l'ouest, ***Chiado, Bairro Alto*** et ***Madragoa*** déroulent leurs bars et leurs restos dans des rues où le jour est aussi animé que la nuit, puis le quartier des ***Docas*** (docks). Au nord de l'avenida da Liberdade, l'urbanisme est plus récent, noyant quelques *quintas* et anciens couvents au milieu d'immeubles de bureaux futuristes et de centres commerciaux : ces quartiers s'appellent ***Saldanha, Campo Grande*** ou ***Sete Ríos.***

Les quartiers incontournables... et les autres

– ***Les incontournables :*** Alfama, *bairro do castelo,* Chiado, Bairro Alto, Baixa, Rossio, Belém, quartier du LX Factory, parque das Nações (parc des Nations) et le quartier, quelque peu excentré, autour du musée Calouste-Gulbenkian.

– ***Les lieux que l'on peut rater sans trop de regrets si le temps manque :*** Benfica, son stade et ses grands magasins.

– ***Un lieu peu connu mais que les routards découvrent avec ravissement :*** les anciens faubourgs, des hauteurs de Graça à la gare de Santa Apolónia.

Informations pratiques et adresses utiles

Lisboa Card

• *lisboacard.org/fr* •

Cette carte propose la ***libre circulation dans les transports urbains*** (métro, bus, tram, funiculaire et train des lignes de Sintra et Cascais). ***Gratuité pour 28 musées et monuments ; réductions de 10 à 50 % pour d'autres.*** Nous précisons ces infos directement dans les rubriques « À voir. À faire » de chaque quartier. Réductions sur des spectacles, circuits touristiques et certains magasins d'artisanat. ***Attention,*** soyez bien décidé à vous lancer dans un marathon si vous voulez la rentabiliser ! Avant son achat, vérifiez que les sites que vous désirez visiter sont concernés et... ouverts. *Tarifs 2018 : pour 24h, 19 € ; 48h, 32 € ; 72h, 40 € ; réduc 4-15 ans. Achat dans ts les offices de tourisme* (Ask me Lisboa) *et sur le site internet.*

Offices de tourisme

Plusieurs bureaux d'information dans le centre de Lisbonne. Tous offrent le même genre de prestations : vente de la *Lisboa Card,* informations touristiques générales, plan des transports, réservation d'hébergements, agenda culturel... Généralement, accueil francophone de qualité. • *visitlisboa.com* •

ℹ ***Ask me Lisboa Terreiro do Paço*** *(plan centre détachable, J10,* ***1****)* **:** *praça do Comércio. ☎ 210-312-810. Ⓜ Baixa-Chiado ou Terreiro do Paço. Sous les arches, côté ouest de la place. Tlj 9h-20h. Et à l'opposé de la place (nos 78-81), côté est, un* ***autre bureau*** *(plan centre détachable, K10,* ***364****) dans le Lisboa Story Centre. ☎ 910-517-886. Tlj 10h-20h.*

ℹ ***Ask me Lisboa Palácio Foz*** *(plan centre détachable, I8,* ***2****)* **:** *praça dos Restauradores. ☎ 213-463-314. Ⓜ Restauradores. Tlj 9h-20h.* Consigne à bagages sur place (payant).

ℹ ***Ask me Lisboa Rossio*** *(plan centre détachable, J8,* ***4****)* **:** *kiosque au milieu de la praça Dom Pedro IV. Ⓜ Rossio. ☎ 910-517-914. Tlj 10h-13h, 14h-18h.* Un point info pratique et central.

ℹ ***Ask me Lisboa Regedor-Lisbon Shop 2*** *(plan centre détachable, J8,* ***3****)* **:** *rua do Jardim do Regedor, 50. ☎ 213-472-134. Ⓜ Rossio. Tlj 11h-18h.*

ℹ ***Ask me Lisboa Belém :*** *praça do Império, kiosque face au mosteiro dos Jerónimos. ☎ 213-658-435. Tlj 10h-18h.*

Argent, banque, change

– ***Retrait d'argent :*** pas de difficultés, nombreux distributeurs un peu partout. Se laisser guider par les infos en français. Vérifiez auprès de votre banque avant le départ le montant maximum hebdomadaire auquel vous avez droit et l'éventuel coût d'un retrait.

■ ***Change*** *(plan d'ensemble détachable, M8) : à l'aéroport ou à la gare Santa Apolónia.*
■ ***Banques :*** *les principales se trouvent à Baixa. Lun-ven 8h30-15h ; certaines ouvrent sam pour le change.* Attention, pour les chèques de voyage, elles facturent une commission assez importante.
■ ***American Express :*** *au Portugal, ☎ 707-50-40-50 ou 214-278-205 (tlj 24h/24).*

Police touristique

■ ***Policia de Segurança Pública*** *(plan centre détachable, I8,* ***2****) : palácio Foz, praça dos Restauradores. ☎ 213-421-623 ou 213-400-090 ou encore ☎ 112. Même bâtiment que l'office de tourisme Ask me Lisboa Palácio Foz (voir plus haut). 24h/24.* Pour les déclarations de perte et en cas d'agression, de vol, d'escroquerie ou d'arnaque, c'est ici qu'il faut s'adresser. On y parle français. Excellent accueil.
■ ***Pour les objets trouvés*** *(extensos achadas) : ☎ 218-535-403 (en portugais seulement). Tlj sauf w-e et j. fériés 9h-17h.*

Représentations diplomatiques

■ ***Consulat et ambassade de France*** *(plan centre détachable, F10,* ***16****) : rua de Santos-o-Velho, 5. ☎ 213-939-100. 📱 966-160-701 (portable d'urgence 24h/24). • pt.ambafrance.org • Bus n°s 706, 727 et 760. Ⓣ n° 25^E^. Consulat lun-ven 8h30-12h.*
■ ***Ambassade de Belgique*** *(plan centre détachable, H5,* ***17****) : rua Castilho, 75 ; 4° Dto. ☎ 213-170-510. 📱 919-810-031 (portable d'urgence 24h/24). • lisbon@diplobel.fed.be • portugal.diplomatie.belgium.be • Consulat lun-ven 9h-13h ; l'ap-m seulement sur rdv.*
■ ***Ambassade de Suisse*** *(plan d'ensemble détachable, E8) : travessa do Jardim, 17. ☎ 213-944-090. • lis.vertretung@eda.admin.ch • eda.admin.ch/lisbon • À côté du jardim da Estrela. Consulat lun-ven 9h-12h.*
■ ***Ambassade et consulat du Canada*** *(plan centre détachable, I6,* ***18****) : edificio Victória, av. da Liberdade, 198-200 ; 3°. ☎ 213-164-600. • lisbon@international.gc.ca • canadainternational.gc.ca/portugal/ • Consulat lun-jeu 8h30-12h30, 13h-17h15 ; ven 8h30-13h.*

Médecins parlant français

■ ***Dr Louis Arthur Da Silva :*** *av. Sidonio Pais, 10 ; 2° Dto. ☎ 213-860-244. 📱 936-805-874. • drluisdasilva@sapo.pt •*
■ ***Dr Mario Ferreira :*** *Clinica Vila Saude, rua Saraiva de Carvalho, 286 A. ☎ 213-934-050. 📱 919-350-296.*
■ ***Dr Gilles Filippi :*** *Alameda Santo Antonio dos Capuchos, 6 A. ☎ 213-549-382. 📱 919-988-360.*

Postes

✉ ***Postes :*** *praça dos Restauradores, 74 (plan centre détachable, I-J8 ; lun-ven 8h-22h, sam 9h-18h). Rua Santa Justa, 17 (plan centre détachable, J8 ; lun-ven 9h-18h). Au parc des Nations (plan Parque das Nações ; au rdc de la gare ; lun-ven 9h-18h).*

Compagnies aériennes

Toutes sont présentes à l'aéroport.

■ ***Air France :*** *☎ 213-164-027 (tlj 8h-20h – 9h-17h30 le w-e). • airfrance.pt •*
■ ***Iberia :*** *☎ 707-200-000 (tlj 8h-20h). • iberia.com/pt •*
■ ***Swiss International Air Lines :*** *☎ 808-200-487 (24h/24). • swiss.com/portugal •*
■ ***Tap Air Portugal :*** *☎ 707-205-700 (24h/24). • flytap.com •*
■ ***Vueling :*** *☎ 707-783-939. • vueling.pt •*
■ ***Easyjet :*** *☎ 707-500-176 (tlj 9h-17h). • easyjet.com/pt •*

Culture, francophonie

■ ***Alliance française*** *(plan d'ensemble détachable, H3) : av. 5 de Outubro, 124. ☎ 212-400-086. • alliancefr.pt/lisboa/fr/ • Ⓜ Campo Pequeno ou Saldanha. Tlj sauf dim.*
■ ***Institut français du Portugal :*** *rua Santos-o-Velho, 11. ☎ 213-939-270.*

• ifp-lisboa.com • Lun-ven 8h30-17h. Spectacles, expos, conférences, médiathèque...

■ ***Tabacaria Monaco*** *(journaux étrangers ; plan centre détachable, J8,* ***10****) : praça Dom Pedro IV, 21. ☎ 213-468-191.* Superbe maison de la presse 1900, vestige du vieux Lisbonne. Petite échoppe tout en longueur où il faut lever les yeux pour profiter du spectacle !

Librairies

■ ***Fábula Urbis*** *(plan centre détachable, K9,* ***5****) : rua de Augusto Rosa, 27. ☎ 218-885-032. • fabula-urbis.pt • Jeu-sam 11h-13h30, 15h-20h.* Une librairie exclusivement consacrée à Lisbonne. Romans, polars, livres d'histoire, recettes de cuisine, B.D., plans... on trouve tout, en français et en plus, on est bien conseillé ! Également des CD de musique portugaise triés sur le volet (du fado, bien sûr, mais pas seulement !), et à l'étage, expos et petits concerts réguliers.

■ ***Ferin*** *(plan centre détachable, J9,* ***19****) : rua Nova do Almada, 70-74. ☎ 213-424-422. • ferin.pt • Tlj sauf dim 10h-22h (20h lun, minuit sam).* Dans le Chiado, l'une des plus vieilles librairies de Lisbonne. Accueil francophone et de bon conseil. Nombreux livres en français, surtout d'histoire.

■ ***Fnac*** *(plan centre détachable, J9) : rua do Carmo, 2. ☎ 707-313-435. • fnac.pt • Tlj 10h-22h. Au cœur du Chiado.* Bon choix de musique portugaise et brésilienne.

Magazines

– ***Follow me Lisboa :*** mensuel culturel gratuit édité par la municipalité, bilingue anglais et portugais. Spectacles, expos, musées, boutiques... Disponible dans les offices de tourisme *(Ask me Lisboa)* et dans certains musées et hôtels.

– ***Lisboa ConVida :*** petits guides disponibles dans les bars et les boutiques. Plein de tuyaux sur les différents quartiers de la ville (Baixa, Chiado, Liberdade, etc.). À retrouver aussi sur : *• lisboa.convida.pt •*

Comment se déplacer ?

Lisbonne dispose d'un bon réseau de transports en commun, avec ***métro, bus, tram, funiculaires et ascenseur.***

Sans carte de transport

Ticket aller simple à bord : ***métro*** 1,45 €, ***tramway*** 2,90 €, ***bus*** 1,95 €, ***funiculaires*** 3,70 € A/R, ***elevador de Santa Justa*** 5,15 € A/R. Plus chers qu'avec une carte, bien sûr.

Les cartes de transport

Il existe plusieurs types de cartes de transport, aux fonctionnements différents.

– ***Cartão Viva Viagem / Sete Colinas :*** carte individuelle de transport magnétique. *Tarif : 0,50 € (valable 1 an).* On l'achète aux guichets ou dans les automates du métro, dans les points de vente de la Carris (métro, bus, trams, funiculaires et ascenseur) ou aux guichets de la CP (*Comboios de Portugal*, l'équivalent de la SNCF, pour les trains). Viva Viagem ou Sete Colinas = idem. ***Attention,*** c'est une carte par personne ! On ne peut donc pas charger tous les titres de transport pour toute la famille ou les amis sur une seule carte. Vous seriez vite coincés dans le métro. Et on ne peut la (re)charger qu'avec un seul type de tarif ou d'opérateur, aussi bien dans le métro que dans de nombreux points de vente (tabacs, librairies, etc.). Il faut d'abord vider sa carte pour changer de tarif.

Sur ces cartes, on peut charger :

➢ un billet à l'unité CARRIS/METRO. Achat au guichet ou aux automates. Valable sur les moyens de transport de la Carris (métro, donc, pendant 1h seulement, mais aussi bus, tramway, elevador de Santa Justa et funiculaire ; *1,45 €*), le ferry avec Transtejo *(1,25 €)* et les trains de la compagnie CP *(Comboios de Portugal)* sur 4 zones *(2,15 €)* ;

➢ un billet CARRIS/METRO 1 jour (valable 24h à partir de la 1re validation). *Tarif : 6,30 € en 2018 ; réduc ;*

gratuit moins de 4 ans. Accès illimité au réseau métro, bus, tramway (idéal pour aller à Belém), aux funiculaires (Bica, Lavra et Gloria) et même à l'elevador de Santa Justa. Très rentable à partir de 5 trajets. En revanche, on ne peut pas aller sur le Tage ou prendre le train ;

➢ « Travelling All Lisboa » CARRIS/METRO/CP. Même chose que le précédent mais avec l'accès au train. *Prévoir 10,40 €/j.* Permet de circuler partout (bus, trams, funiculaires, ascenseur, métros, trains) pendant 24h sur les réseaux CARRIS/METRO et les trains CP (*Comboios de Portugal* ; Sintra, Cascais). Nombre de voyages illimité ;

➢ « Zapping ». Permet d'utiliser les moyens de transports de la Carris (bus, trams, funiculaires, elevador de Santa Justa), mais aussi le métro, les trains de la CP (*Comboios de Portugal* ; une bonne solution pour aller à Estoril, Cascais, Sintra) et les ferries de Transtejo (parfait pour se rendre à Cacilhas). *On charge la carte avec des sommes d'argent (3 €, 5 €, 10 €, 15 €, 20 €, 25 €, 30 €, 35 € et 40 €),* et à chaque passage la carte est débitée. Une fois l'option Zapping prise, elle ne peut pas supporter d'autres options. Le prix à l'unité du ticket revient moins cher au final. Et plus vous chargez, plus vous avez des crédits à utiliser. *Avec Zapping, un ticket CARRIS/METRO revient à 1,30 € (au lieu de 1,45 €), un trajet en train avec la compagnie CP jusqu'à Sintra à 1,85 € (au lieu de 2,15 €) et un trajet en ferry avec Transtejo pour Cacilhas à 1,20 € (au lieu de 1,25 €). Y a pas de petites économies !*

– À chaque rechargement, demander et conserver le reçu *(recibo)* en cas de mauvais fonctionnement.

– ***Les cartes de paiement autres que portugaises ne passent pas pour l'achat aux automates.*** Faire l'appoint ou glisser un billet de 10 € (celui de 20 € ne passe pas, malgré les indications).

– Possibilité de charger sur la carte des voyages à l'unité, à condition de la vider intégralement. Une carte ne peut pas supporter 2 options chargées. Sinon, prendre 2 cartes !

– ***Lisboa Card :*** cette carte offre la libre circulation sur les transports urbains (métro, trams, *elevador,* funiculaires, bus), ainsi que sur les trains de la compagnie CP *(Comboios de Portugal)* pour Cascais et Sintra. Pour plus d'infos, voir plus haut « Informations pratiques et adresses utiles ».

– Enfin, on rappelle que le billet de l'***Aero-Bus*** est valable 24h (voir plus haut « Arrivée à Lisbonne »).

Le métro

> • Pour le plan du métro, se reporter au plan détachable en fin de guide.

– ***Infos :*** ☎ *213-500-115.* • *metrolisboa.pt* •

Le métro circule de 6h30 à 1h (le dernier métro part à 1h de chaque terminus). Peu de lignes, mais elles mènent à l'essentiel rapidement.

Depuis sa naissance en 1959, le métro de Lisbonne, avec ses 4 lignes – bleue, jaune, verte et rouge –, s'est fixé comme objectif de concevoir ses ***stations comme des lieux d'expression de l'art portugais.*** Attardez-vous dans ces authentiques musées que sont les stations Marquês de Pombal, Parque, Picoas, Campo Pequeno, Jardim Zoológico, entre autres.

Il existe 2 zones : *coroa L,* où se concentrent les points d'intérêt touristique, et *coroa 1,* en périphérie (stations de Amadora Este, Alfornelos et Odivelas). « Aller-retour » se dit « *ida e volta* ».

Les bus (*autocarros ou bus*)

Très nombreux, les bus desservent pratiquement toute la ville. La société qui gère les bus et trams s'appelle *Carris.*

■ ***Carris :*** ☎ *213-500-115.* • *carris.pt* •

■ ***Points de vente et d'information Carris en ville :*** *Casa da Sorte Lotarias, praça da Figueira (plan centre détachable, J8,* ***7*** *; tlj sauf dim 8h-20h) ; ou Cais do Sodré. Également dans les gares de Sete Rios (plan d'ensemble D2) et Santa Apolónia (plan d'ensemble M8).*

Les bus circulent de 5h30 à 1h environ, selon les lignes. Les horaires sont

INFOS PRATIQUES SUR PLACE

indiqués à chaque arrêt *(paragem)*. Mais attention, le circuit n'est pas rappelé à l'intérieur du bus. L'usage veut qu'on monte par l'avant des bus et des trams. La nuit, fonctionnement de la *Rede de Madrugada* : quelques lignes de bus reliant les principales destinations de la ville entre minuit et 5h ; les numéros de ces bus commencent par 200.

Le tram *(eléctrico)*

• Pour le tracé des tramways, se reporter au plan détachable en fin de guide.

Tramways traditionnels

À la fin de l'été 1901, les Lisboètes inaugurèrent le premier *eléctrico* reliant Cais do Sodré à Algés. Appartenant à la mémoire de la ville, il en reste quelques-uns, vieux trams rouges ou jaunes en tôle et en bois clair, à l'aspect de boîtes de conserve un rien cabossées, aux frontons desquels s'affichent un chiffre et une destination. Pour avoir une chance d'être assis, mieux vaut éviter les heures de pointe ! Et ne faites pas comme ces touristes, toujours pressés de monter et doublant tout le monde, sous le regard noir des Lisboètes...

– ***Un tramway à ne pas manquer :*** le ***nº 28,*** qui effectue la traversée des quartiers les plus intéressants sur le plan historique (Bairro Alto, Alfama, Graça). Une balade inoubliable, avec des plongées éperdues qui livrent le soir des points de vue flamboyants sur la ville. Attention, il ne fait pas de boucle, il faut le prendre dans l'autre sens (au terminus ou avant). Ne vous fiez pas non plus aux horaires indiqués aux arrêts, ils ne sont qu'indicatifs et rarement respectés. ***Souvent pris d'assaut, même hors saison !***

– Le ***nº 12*** fait le tour des collines du *castelo* et de l'Alfama, sans s'écarter beaucoup du trajet du nº 28 (départ praça da Figueira ou largo do Martim Moniz). Le tram ***nº 25,*** qui circule entre la casa dos Bicos et Estrela/Prazeres, emprunte une petite partie du parcours du nº 28 mais traverse Lapa et Madragoa ; un complément intéressant pour le retour. Pour aller à Belém, montez donc à bord du tram moderne ***nº 15,*** et si vous voulez découvrir un dernier tram, prenez le ***nº 18*** jusqu'au palácio da Ajuda.

ATTENTION, prenez garde aux voleurs et aux pickpockets, qui profitent de votre distraction, surtout dans le nº 28 et dans le nº 15, lorsque le tram est bondé, ou qui, en petits groupes, jouent aux touristes dans les files d'attente... La police veille et arrive souvent à l'improviste, mais ces bandes sont bien organisées ! Il arrive même que l'un d'eux crie « au voleur » pour permettre à ses complices de voir où les mains des voyageurs se portent illico – vieux réflexe – pour vérifier si papiers et argent sont bien en place. Si vous n'y faites pas gaffe, c'est vous-même qui ferez votre malheur !

Tramways et bus touristiques

Devant le succès du tram à Lisbonne, souvent bondé, pas mal de routards préfèrent le ***tram touristique,*** avec une chance de s'asseoir... et de voir quelque chose, sans trop attendre. • *yellowbustours.com* • Plusieurs circuits différents à partir de 20 €. Dans un tram du début du XXᵉ s ou dans un bus touristique à étage.

Les funiculaires *(ascensores)* et les ascenseurs *(elevadores)*

Miniaturisés, désuets, ils ressemblent à des jouets pour enfant sage du début du XXᵉ s ! Ils sont utiles aux Lisboètes et aux touristes pour rejoindre leur pension perchée sur les hauteurs. On aime !

– ***Ascensor do Lavra*** *(plan centre détachable, I-J7)* **:** *tlj 7h50 (9h dim)-20h.* Le plus ancien (1884) et pourtant le moins connu. Relie les bords de l'avenida da Liberdade aux vieux quartiers à l'est de Restauradores. Il permet d'accéder au jardim do Torrel.

– ***Ascensor da Glória*** *(plan centre détachable, I8)* **:** *lun-ven 7h15-minuit (0h30 ven), sam 8h45-0h30, dim 9h15-minuit.* Frère jumeau du funiculaire do Lavra, il conduit de Restauradores au

Bairro Alto, près du miradouro São Pedro de Alcântara. ***Méfiez-vous des pickpockets*** et des voleurs à la tire à la sortie de ce funiculaire très fréquenté.

– ***Ascensor da Bica*** *(plan centre détachable, H-I9)* **:** *tlj 7h (9h dim et j. fériés)-21h.* Le plus beau (classé Monument national), ouvert en 1892 et électrifié en 1914. À la différence des autres, il trace son sillon dans une rue animée et pleine de restos, ***entre la rua de São Paulo et le Bairro Alto.*** Ne le manquez pas car il est très discret au départ de la rua de São Paulo (départ dans un passage couvert, dissimulé par une grande porte verte).

– ***Elevadores pour l'Alfama*** *(plan centre détachable, K9)* **:** *tlj 7h-21h (9h-20h le w-e).* Derniers-nés de la ville, ces ***2 ascenseurs*** permettent de grimper directement au sommet, au pied du château. Autre avantage, ***ils sont gratuits !*** De haut en bas, donc : le 1er ascenseur (« elevador do Castelo ») est situé dans une belle bâtisse rénovée recouverte d'*azulejos* bleus et jaunes, située rua Franqueiros, 170, face à la rua da Victoria. Vous arrivez rua da Madalena. L'autre ascenseur est accessible depuis le largo A. Amaro da Costa, en sortant, à gauche, puis à droite (indiqué) puis le largo do Chao da Loureiro, à l'intérieur du supermarché *Pigo Doce* (mêmes horaires). Et vous voilà à 2 pas du château !

– ***Elevador de Santa Justa*** *(plan centre détachable, J8-9,* ***367****)* **:** *tlj 7h30-23h (21h nov-avr). Billet : 5,15 € ; réduc ; gratuit avec l'option « 1 jour » billet CARRIS/METRO de la carte* Viva Viagem / Sete Colinas *et avec la* Lisboa Card. *Supplément 1,50 € pour le point de vue.* Ne manquez pas ce monument insolite ! L'elevador de Santa Justa fut construit en 1900 pour faciliter l'accès à l'église du Carmo, dans le Chiado, depuis la ville basse. C'est un chef-d'œuvre d'architecture néogothique, et sa silhouette est une remarquable ciselure de fer forgé. Belvédère au-dessus. Point de vue magnifique, surtout la nuit. Voir aussi la rubrique « À voir. À faire » dans les quartiers du Carmo et du Chiado.

Le taxi

La plupart des taxis sont peints en vert et noir, et d'autres en beige clair. Bon marché, efficaces et en général de bonne compagnie, les taxis ont tous un compteur. Prévoir 5 à 7 € pour une petite course dans le centre-ville. Supplément bagages : 2 € minimum, quel que soit le nombre de valises. Plusieurs compagnies dont : ***Cooptaxis*** *(☎ 217-932-756),* ***Rádio Táxis de Lisboa*** *(☎ 218-119-000)* et ***Teletáxis*** *(☎ 218-111-100).*

Les trains de banlieue

Les trains sont gérés par la *CP (Comboios de Portugal).* Les tickets achetés aux distributeurs automatiques sont à utiliser dans les 2h (au guichet, pas de limite de temps). Voyage gratuit avec la *Lisboa Card.* Réduc avec la carte *Viva Viagem / Sete Colinas.* Achat dans les gares de Rossio, Cais do Sodré et Belém. Elle permet de prendre les trains et les bus pour visiter Lisbonne et ses environs. *Infos : ● cp.pt ● pour les trains et ● scotturb.com ● pour les bus.*

Pour faire simple, la ligne de train pour Sintra part de la gare de Rossio ; et celle de Cascais – via Belém – part de la gare de Cais do Sodré. Puis bus reliant Sintra à Cascais et au cabo da Roca.

Estação do Rossio *(plan d'ensemble détachable et plan centre détachable, I-J8)* **:** Ⓜ *Restauradores ou Rossio.* C'est le terminal des trains pour Sintra. Pratique. Billets en haut de l'escalator. Idéal pour visiter Queluz *(durée 15 mn, ttes les 30 mn)* et Sintra si vous ne voulez pas louer de voiture.

Estação de Sete Ríos *(plan d'ensemble détachable, D2)* **:** Ⓜ *Jardim Zoológico.* Départs et arrivées des trains de la compagnie *Fertagus,* reliant les villes au sud du Tage et la péninsule de Setúbal.

Estação de Entre Campos *(plan d'ensemble détachable, H1)* **:** Ⓜ *Entre Campos ou Campo Pequeno.* Départs et arrivées des trains de la compagnie *Fertagus,* reliant les villes au sud du Tage et la péninsule de Setúbal.

Estação de Roma-Areeiro *(plan d'ensemble détachable, J1) : Ⓜ Areeiro ou Roma (dans les 2 cas, gare assez loin du métro).* Ici également, départs et arrivées des trains de la compagnie *Fertagus*, reliant les villes au sud du Tage et la péninsule de Setúbal.

Estação de Cais do Sodré *(plan d'ensemble détachable et plan centre détachable, I10) : à 800 m à l'ouest de la praça do Comércio. Ⓜ Cais do Sodré. Trains 5h30-1h30. Pour Cascais, A/R env 5 €. Durée : 40 mn.* Terminal au départ duquel un train local dessert des hauts lieux de la nuit lisboète (Alcântara, Docas), avant de poursuivre jusqu'à Cascais en passant par Belém, Algés et Estoril. En journée, très pratique aussi pour rejoindre les plages.

Les gares fluviales

Pour se rendre sur l'autre rive du Tage (*Outra Banda* ou *Outro Lado*), où la plupart des Lisboètes ont leurs pénates (loyers moins chers), plusieurs embarcadères selon la destination (certains sont provisoires : bien se faire confirmer le lieu de départ à l'office de tourisme). Traversées moins nombreuses et horaires restreints le week-end. *Infos : ☎ 808-20-30-50. • transtejo.pt •*
Pour une minicroisière à prix modique :

Estação fluvial do Cais do Sodré *(plan centre détachable, I10) : caché derrière la gare ferroviaire.*
➢ **Cacilhas :** départs ttes les 10-40 mn, 5h35-1h40.
➢ **Seixal :** départs ttes les 20 mn-1h, 6h35-23h15 (moins nombreux le w-e).
➢ **Montijo :** départs ttes les 30 mn-1h, 6h30-23h15 (moins nombreux le w-e).

Estação fluvial do Terreiro do Paço *(plan centre détachable, K10) : à côté de la praça do Comércio.* Passagers exclusivement.
➢ **Barreiro** (joli hall décoré d'*azulejos*) **:** départs ttes les 10 mn-1h, 5h45-1h.

Estação fluvial de Belém *(plan détachable Belém).*
➢ **Trafaria et Porto Brandão :** env 1 départ/h, 7h-22h.

– **Bateaux touristiques :** *☎ 213-461-586. • cruzeirostejo.com • Différents circuits. Départ de l'estação fluvial do Terreiro do Paço (praça do Comércio). Réduc 6-12 ans et plus de 65 ans.* Du 1er avril au 31 octobre, des bateaux touristiques parcourent le fleuve en offrant des vues inédites sur Lisbonne et ses collines.

Le vélo

La topographie de la ville aux 7 collines ne se prête pas vraiment au cyclisme, sans compter que les pavés d'un grand nombre de rues rendent la circulation inconfortable, notamment s'il a plu. Cela dit, pour les adeptes du *mountain bike*, ça peut être sportif ! D'autre part, des pistes cyclables ont été aménagées le long du Tage à partir de Cais do Sodré, et dans le parque das Nações. Pour les locations de vélos, se renseigner auprès des offices de tourisme.

La voiture

Éviter de rouler en voiture en ville ! Sont fous, ces Lisboètes, mais ils savent où stationner sans avoir de PV. Gare à la fourrière, sinon, vous êtes bon pour le *reboque*. Pour les irréductibles, sachez que les horodateurs peuvent être approvisionnés pour 3h max. Et les parkings en centre-ville peuvent coûter jusqu'à 40 € pour 24h ! La voiture s'avère en revanche pratique pour sillonner les alentours, mais pas obligatoire.
Les principaux loueurs de voitures sont présents à l'intérieur de l'aéroport, après le hall d'arrivée.

■ **Hertz :** *☎ 219-426-300 (à l'aéroport). • hertz.com.pt •* Également une agence en ville.
■ **Europcar :** *☎ 218-401-176 (à l'aéroport). • europcar.pt •* Également 2 agences en ville.
■ **Avis :** *☎ 218-435-550 (à l'aéroport). • avis.com.pt •* Également plusieurs agences en ville.

Découvrir Lisbonne autrement

■ ***Lisbonne à pied :*** *📱 961-164-296. • info@lisbonneapied.com • lisbonneapied.com • Compter 110-120 € par famille (2 adultes + 3 enfants).* Cette association de jeunes guides français amoureux de Lisbonne propose des visites guidées individualisées dans les quartiers les plus intéressants de la ville : les ruelles pittoresques de l'Alfama, le quartier animé du Chiado et celui de Baixa. Ces visites hors des sentiers battus permettent de vous imprégner de l'ambiance lisboète. Visite de 3h environ, émaillée d'anecdotes surprenantes pour mieux connaître Lisbonne et les Portugais.

■ **Lisbon Walker** *(plan centre détachable, L8,* ***12****) : rua do Jardim do Tabaco, 126. ☎ 218-861-840. • info@lisbonwalker.com • lisbonwalker.com • Infos, dates et horaires sur leur site internet ou par tél. Tarif : 20 € ; réduc.* Une jeune association lisboète qui organise des visites guidées à pied et en français. Pour les francophones, nécessité de constituer un groupe de 6 personnes minimum et de réserver à l'avance. Thèmes très variés et promenades faciles (environ 2h). Rendez-vous et départs de la praça do Comércio en face de l'office de tourisme, près de la rua do Arsenal.

■ ***Lisbonne Âme Secrets :*** *résa nécessaire au 📱 963-967-967. • resa@lisbonne-ame-secrets.com • lisbonne-ame-secrets.com •* Promenades guidées (en français) de 3h30 *(20 €/pers)* dans les quartiers de l'Alfama et de Mouraria, ou de Graça, d'Intendente et de Sant'Anna. Groupes de 8 personnes maximum. Visite de l'Alfama très bien faite, pour apprécier et comprendre la vie du quartier.

■ ***En tuk-tuk :*** *☎ 213-478-103. 📱 910-161-637. • tuktuk.lisboa@gmail.com • tuk-tuk-lisboa.pt • Départ depuis l'esplanade du miradouro de Santa Luzia. Durée : de 30 mn à 3h. Compter 25-55 € (le prix est le même quel que soit le nombre de passagers).* À l'image des *tuk-tuk* d'Asie, le triporteur, équipé d'un moteur thermique ou électrique, peut contenir jusqu'à 6 passagers, et se propose ici en véhicule de promenade.

■ ***À Segway*** *(location ou visite guidée) :* **Lisbon by Segway** *(plan centre détachable, K9,* ***14****), rua dos Douradores, 16. 📱 910-802-000. • info@lisbonbysegway.com • lisbonbysegway.com • Visites guidées 40-65 € (durée : 1h-3h).* La mode des Segway est aussi arrivée à Lisbonne ! Plusieurs thématiques sont proposées.

LISBONNE QUARTIER PAR QUARTIER

C'est au cœur de la Ville blanche que commence la balade, par les quartiers les plus célèbres (Baixa, Rossio, Chiado, Bairro Alto), en attendant de reprendre des forces pour remonter l'avenida da Liberdade et grimper les rues de l'Alfama jusqu'au pied du *castelo* et voir Lisbonne d'en haut.

BAIXA ET ROSSIO

La Baixa, c'est un peu la vallée de Lisbonne, au pied des collines du Chiado, de l'Alfama et du *castelo.* Ce quartier constitue une pièce essentielle sur la carte de la ville. Limitée au nord par le Rossio et au sud par le Tage, fleuve mythique se jetant dans l'océan Atlantique, voici donc la partie la plus basse et plate de la capitale portugaise.
La Baixa forme un grand rectangle urbain, fruit de la reconstruction de la ville par le marquis de Pombal après le terrible tremblement de terre de 1755. Les rues se coupent à angle droit et présentent un côté fonctionnel, qui séduisit les francs-maçons du siècle des Lumières. Aujourd'hui, c'est un heureux mélange d'appartements et de bureaux, de petits commerces et de vie de quartier. Pour un voyageur, c'est aussi un quartier de choix pour poser son sac dans l'un des nombreux *hostels* et pensions bon marché.

Où dormir ?

De très bon marché à prix moyens

Certaines des adresses suivantes offrent 2 types d'hébergement : des lits en dortoir dans la catégorie « Très bon marché » à « Bon marché » et des chambres doubles de « Bon marché » à « Prix moyens ».

Auberges de jeunesse et hostels

☗ ***Yes Lisbon Hostel*** *(plan centre détachable, J9,* ***31****)* **:** *rua de São Julião, 148.* ☎ *213-427-171.* • *infolisbon@*

yeshostels.com • *yeshostels.com* • Ⓜ *Baixa-Chiado. Dortoirs (4-6 lits) 16-30 €/pers ; 1 double 50-120 €.* Proche du musée du Design et du Tage, cette AJ est une excellente adresse, arrangée de façon fonctionnelle et design. À l'entrée, grand bar en U avec réception. Plus de 110 lits répartis dans des dortoirs avec sanitaires privés, ou communs sur le palier. Et puis une seule double pour plus d'intimité. Repas possible sur place, cuisine à dispo, sorties organisées à Lisbonne ou dans les environs. Toujours beaucoup de monde, pensez donc à réserver. Accueil dynamique.

Living Lounge Hostel *(plan centre détachable, J9,* ***32****) : rua do Crucifixo, 116 ; 2°.* ☎ *213-461-078.* • *info@livingloungehostel.com* • *lisbonloungehostel.com* • Ⓜ *Baixa-Chiado. Dortoirs (2-8 lits) 12-26 €/pers ; doubles 50-74 €.* Un de nos coups de cœur ! Une petite centaine de lits dans des chambres et dortoirs, avec salle de bains à l'étage. Chacune avec une déco particulière : nos préférées ont de l'herbe artificielle sur les murs, les traces d'une scène de crime ou tous les ingrédients d'un(e) *fadista* convaincu(e). Salon commun sympa avec son mobilier de récup' et sa grande table pour le petit déj. Cuisine à dispo, repas fait maison (payant) tous les soirs. Bon accueil.

Lisbon Lounge Hostel *(plan centre détachable, J9,* ***33****) : rua de São Nicolau, 41 ; 1°.* ☎ *213-462-061.* • *info@lisbonloungehostel.com* • *lisbonloungehostel.com* • Ⓜ *Baixa-Chiado. Dortoirs (4-8 lits) 15-29 €/pers ; doubles 50-88 €.* Même proprio que le *Living Lounge Hostel.* Ambiance jeune et agréable. Grand salon pour surfer ou écouter de la musique lounge (ah, c'est ça le nom !). Sur plusieurs étages, une soixantaine de lits répartis dans des chambres et dortoirs – avec ou sans salle de bains – gentiment décorés, propres et fonctionnels. Cuisine à dispo. Repas (payant) mijoté tous les soirs par le cuisinier de la maison. On va vous chouchouter !

Travellers House *(plan centre détachable, J9,* ***34****) : rua Augusta, 89 ; 1°.* ☎ *210-115-922.* • *info@travellershouse.com* • *travellershouse.com* • Ⓜ *Baixa-Chiado. Dortoirs (4-6 lits) 14-32 €/pers ; doubles 50-100 €.* Une AJ privée centrale, pimpante à souhait avec ses parquets bien cirés, musique cool et salon avec poufs pour se reposer. Les dortoirs sont impeccables, tous équipés d'un petit coffre-fort. Aussi des doubles avec AC, toutes à la déco différente et soignée ; avec ou sans salle de bains. Petite terrasse sur le toit et jolie cuisine à dispo. Une adresse jeune qui ne manque pas de charme !

Lisbon Story Guesthouse *(plan centre détachable, J8,* ***35****) : largo São Domingos, 18 S/L ; 1°.* ☎ *218-879-392.* • *info@lisbonstoryguesthouse.com* • *lisbonstoryguesthouse.com* • Ⓜ *Rossio. Doubles 49-100 €.* Une dizaine de chambres toutes différentes, certaines plus petites que d'autres, avec ou sans salle de bains. Déco plaisante et chaleureuse, composée d'objets chinés et de motifs modernes et originaux. Salon commun assez cosy et élégant. Aussi 2 appartements (2-4 personnes) du même tonneau, avec cuisine. Une adresse avec un bon esprit.

Rossio Hostel *(plan centre détachable, J8,* ***36****) : calçada do Carmo, 6 ; 2°.* ☎ *213-426-004.* • *rossiohostel@hotmail.com* • *rossiohostel.com* • Ⓜ *Rossio. Dortoirs (4-6 lits) 17-23 €/pers ; doubles 40-80 €.* Hyper central – à 2 pas de l'arrêt Rossio de l'Aero-Bus –, et ce n'est qu'un des atouts d'une adresse qui les collectionne ! Parquetés, les dortoirs et les chambres sont de tailles modestes mais toujours clairs et coquets, avec parfois vue sur la place. Salles de bains partagées. Salon lumineux avec banquettes, poufs et écran ciné pour mater la télé, vraie salle à manger et cuisine où rien ne manque, pas même les boissons chaudes gratuites. Bon accueil.

Home Lisbon Hostel *(plan centre détachable, K9,* ***37****) : rua de São Nicolau, 13 ; 2°.* ☎ *218-885-312.* • *info@homelisbonhostel.com* • *homelisbonhostel.com* • Ⓜ *Baixa-Chiado. Dortoirs (4-8 lits) 14-32 €/pers ; doubles 90-110 €.* Ambiance définitivement routarde pour cette adresse qui cumule sympathie et décontraction. En tout 120 lits répartis dans des dortoirs avec sanitaires communs. Aussi des chambres – récemment rénovées – avec salle de bains privée. Nickel ! Cuisine à dispo (chaque soir, le patron se met aux fourneaux pour ses hôtes). Accueil sympa. Bref, une autre belle adresse à vivre.

We Love F. Tourists *(plan centre détachable, J8, **30**) : rua dos Fanqueiros, 267. ☎ 218-871-327. • info@weloveftourists.com • weloveftourists.com • Ⓜ Rossio. Dortoirs (4-6 lits) 16-32 €/pers ; doubles 65-95 €.* Des murs blancs et du parquet en sapin pour une ambiance bien dans son temps. Cette petite AJ privée dispose d'une cinquantaine de lits distribués entre chambres et dortoirs ; tous avec salle de bains impec' sur le palier. Salon et cuisine dans les communs. Accueil jeune et sympa.

Hôtels et pensions

Pensão Praça da Figueira *(plan centre détachable, J8, **39**) : travessa nova de São Domingos, 9 ; 2°. ☎ 213-424-323. • geral@pensaopracafigueira.com • pensaopracadafigueira.com • Ⓜ Rossio. Doubles 61-93 € ; familiales (5 pers) 140-155 €. Apéritif ou petit déj offert sur présentation de ce guide.* Confortable pension (AC ou ventilo, TV) à la déco simple. Une grosse trentaine de chambres avec ou sans salle de bains. On peut choisir l'une de celles du 2ᵉ étage, avec la vue sur la praça da Figueira ou sur la rue piétonne à l'arrière (moins lumineux mais plus calme). Accueil charmant.

De plus chic à très chic

Ne boudez pas certaines des adresses de cette catégorie, qui peuvent offrir des prix doux en basse saison.

Shiadu Tesouro da Baixa Guesthouse *(plan centre détachable, J8, **41**) : rua Dom Duarte, 3. ☎ 914-176-969. • info@shiadu.com • shiadu.com • Ⓜ Rossio. Doubles 77-266 €.* On a un gros faible pour cette *guesthouse* de charme, installée dans une bâtisse du XIXᵉ s de style pombalin, avec balcons en fer forgé. Une trentaine de belles chambres tout confort, de taille différentes et toutes décorées avec des meubles et des objets vintage. Certaines ont un balcon avec belles vues sur la ville. Dans le style général, immense salle commune pour le petit déj, avec canapés Chesterfield et le parquet qui craque juste ce qu'il faut. Ambiance cosy. Accueil francophone, attentif et sympa. C'est sûr, on reviendra !

My Story Hotel Tejo *(plan centre détachable, J8, **45**) : rua Condes de Monsanto, 2. ☎ 218-866-182. • tejo@mystoryhotels.com • mystoryhotels.com • ♿ Ⓜ Rossio. Doubles 77-137 €.* Installé dans une bâtisse ancienne avec des voûtes en pierre, c'est un bel hôtel récemment rénové sur une note design chaleureuse. Près de 135 chambres spacieuses et confortables, à la déco soignée. Vue sur le château, la place ou la rue ; à vous de choisir ! Très bon rapport qualité-prix-accueil (adorable et disponible).

Lisboa Prata Boutique-Hôtel *(plan centre détachable, J9, **42**) : rua da Prata, 116. ☎ 218-805-020. • reservations@lpboutiquehotel.com • lpboutiquehotel.com • Ⓜ Baixa-Chiado. Doubles 90-160 €.* Dans une belle bâtisse du XVIIIᵉ s, voici des chambres à l'allure sobre et raffinée, dont certaines – les plus chères – avec balcon. Les moins onéreuses sont un peu petites, mais toutes offrent un confort parfait. Petit salon cosy, avec sol vitré sur les fortifications romaines. On l'apprécie aussi pour son emplacement stratégique et pour son personnel avenant. Une bonne adresse dont les prix restent raisonnables.

158 Lisbon Short Stay *(plan centre détachable, J9, **43**) : rua dos Sapateiros, 158. ☎ 211-931-646. • info@lisbonshortstay.com • lisbonshortstay.com • Ⓜ Baixa-Chiado. Studios (2 pers) 60-130 € ; apparts (2-4 pers) 140-190 € ; pers en plus 25 €.* En plein centre, un immeuble à la façade bardée de plantes vertes. Dans les étages, on est séduit par les studios et appartements indépendants à la déco contemporaine : béton ciré pour certains, couleurs pétaradantes, peintures d'artistes... Kitchenette simple mais bien aménagée. Terrasse sur le toit avec vue sur l'*elevador,* le château et le Tage. Une belle adresse dans une rue calme.

My Story Hotel Rossio *(plan centre détachable, J8,* ***36****) : praça Dom Pedro IV, 59. ☎ 213-400-380. • rossio@mystoryhotels.com • mystoryhotels.com • Ⓜ Rossio. Doubles 97-267 €.* On entre dans un tout petit *lobby,* mais les chambres – une grosse quarantaine – sont hyper confortables et bien insonorisées ; plus ou moins grandes et dotées d'une déco – bois et métal – moderne, chaleureuse et bien dans l'air du temps. Excellent accueil.

The 7 Hotel *(plan centre détachable, J9,* ***44****) : rua Áurea, 133. ☎ 217-996-360. • info@the7hotel.com • the7hotel.com • Ⓜ Baixa-Chiado. Doubles 75-130 €.* Dans la rue centrale de la Baixa, cette façade rouge cache une quarantaine de chambres confortables et bien insonorisées. Déco moderne soignée et un rien kitsch. Accueil adorable. Rapport qualité-prix intéressant.

Internacional Design Hotel *(plan centre détachable, J8,* ***46****) : rua da Betesga, 3. ☎ 213-240-990. • info@idesignhotel.com • idesignhotel.com • ♿ Ⓜ Rossio. Doubles 133-300 €.* Plusieurs ambiances pour cet hôtel design : *urban,* zen, tribal, pop, avec déco, sons et odeurs adaptés à chaque étage ! Lignes épurées, jeux des matières et tout le confort nécessaire. Belle vue sur la place du Figuier pour certaines (avec double vitrage).

Où manger ?

Très bon marché

Sacolinha *(plan centre détachable, I9,* ***122****) : rua Paiva de Andrada, 8-12. ☎ 213-420-415. • geral@sacolinha.pt • Tlj 8h-20h. Plats 4-10 €.* En plein cœur de Lisbonne, une antenne de cette fameuse boulangerie-pâtisserie-snack de Cascais. Quelques tables pour se poser dans une salle moderne et admirer les nombreuses et alléchantes pâtisseries. La spécialité de la maison, c'est le *Bolas de Berlim,* un gâteau fourré à la crème, hmmm ! Salades, sandwichs, toasts, burgers, etc., tout aussi appétissants. Bon rapport qualité-prix.

Buffet do Leão *(plan centre détachable, J8,* ***123****) : rua I° de Dezembro, 95. ☎ 213-426-195. • leao_douro@sapo.pt • Tlj 12h-23h. Menu 7,90-8,90 €.* « Mangez autant que vous voulez », tel est le slogan de ce resto-buffet à volonté ; annexe *low-cost* de la célèbre brasserie chic attenante. La cuisine y est de qualité, et c'est bien là le point fort de cette adresse ! Les légumes sont frais, les grillades savoureuses et le buffet se montre insolant.

Casa das Bifanas *(plan centre détachable, J8,* ***125****) : praça da Figueira, 7 A. ☎ 213-421-637. Tlj sauf dim 6h-minuit. Plats 6-9 €.* Pas de la grande cuisine, mais des plats simples et roboratifs : viandes, poissons, omelettes... Très bien aussi pour boire un verre ou prendre le petit déj sur la terrasse au soleil. Serveurs efficaces, et tout aussi sympas avec les touristes qu'avec les habitués.

Nicolau *(plan centre détachable, K9,* ***37****) : rua de São Nicolau, 17. ☎ 218-860-312. • info@ilovenicolau.com • Tlj 9h-21h. Plats 4-9 € ; brunch 15 €.* Un café couvert de céramiques vert d'eau proposant un brunch toute la journée, des petits déj bien costauds (toasts épais, jus *healthy*), mais aussi salades, toasts, burgers, omelettes, tartes... Petite terrasse vite prise d'assaut. Ne désemplit pas !

A Merendinha do Arco *(plan centre détachable, J8,* ***127****) : rua dos Sapateiros, 230-232. ☎ 213-425-135. • merendinha.arco@gmail.com • Tlj sauf dim 8h-20h (15h sam). Plats 9-14 €.* À quelques pas de la praça da Figueira, face à un *peep show* et juste au pied de l'arc, un resto traditionnel dans son jus et sans chichis, où l'on mange à touche-touche avec les habitués. Poissons en vedette, mais aussi quelques viandes grillées, omelettes et soupes ; tout y est ! Bon accueil. Une adresse authentique.

De bon marché à prix moyens

🍽 **Pizzaria Lisboa** *(plan centre détachable, I9,* ***129****) : rua dos Duques de Bragança, 5 H. ☎ 211-554-945. • grupos@joseavillez.pt • Lun-sam 12h30-15h, 19h-minuit (sans interruption sam) ; dim et j. fériés 12h30-23h. Résa conseillée. Pizzas 11-16 €.* Il s'agit de l'une des tables du célèbre chef José Avillez, valeur montante de la gastronomie portugaise chic. Mais ici les prix sont plus démocratiques ! Voici donc une petite table de grand chef à prix doux. Dans une salle voûtée gentiment décorée, on déguste de savoureuses pizzas et des plats italiens, genre *pasta* et risottos.

🍽 **Leão d'Ouro** *(plan centre détachable, J8,* ***132****) : rua 1º de Dezembro, 105. ☎ 213-426-195. • leao_douro@sapo.pt • Tlj 12h-23h. Plats 12-25 €.* Ouverte en 1842, cette grande brasserie – bien connue des Lisboètes – mitonne de délicieuses spécialités de poissons et de fruits de mer, à choisir sur la glace ou dans le vivier à l'entrée. Aussi d'excellentes charcuteries pour les aficionados. À dévorer dans une grande salle haute de plafond, avec tables en bois et *azulejos* sur les murs. Service brasserie agréable et stylé. Soirée fado le mercredi à 20h.

🍽 **O Arco** *(plan centre détachable, J9,* ***124****) : rua do Sapateiros, 163. ☎ 213-463-280. Tlj sauf mer 11h-23h30.* Plaisante salle chaleureuse où le bois remplace les azulejos sur les murs. Dans l'assiette, spécialités de marmites – souvent pour 2 personnes – mijotant avec goût fruits de mer ou viandes, pour le plus grand plaisir de nos papilles. On se régale dans un gentil brouhaha touristique. Accueil qui se déride vite.

Pâtisseries, cafés et salons de thé

☕ **Confeitaria Nacional** *(plan centre détachable, J8,* ***250****) : praça da Figueira, 18 B. ☎ 213-424-470. • info@confeitarianacional.com • Tlj 8h (9h dim)-20h.* Fondée en 1829, cette vieille institution lisboète s'affiche comme une jolie bonbonnière « à l'ancienne » en laque crème, avec des formes arrondies, des miroirs courbes et des serveuses en tenue classique. Toutes sortes de délicieuses pâtisseries, à engloutir dès le petit déj. Demander aussi les *torradas,* ces grosses tranches de pain de mie servies grillées et tartinées au beurre salé, qu'on mange à 16h avec un chocolat chaud ou un thé. Également des repas à midi. Accueil : peut mieux faire !

☕ **Casa Chinesa** *(plan centre détachable, J8,* ***251****) : rua Áurea, 274-278. ☎ 213-423-680. Tlj sauf dim 7h-minuit.* Depuis 1866, cette pâtisserie torréfie les meilleurs cafés d'Afrique et du Brésil, qu'on vient déguster debout, accoudé au zinc rutilant, ou acheter par kilos entiers ! Ici, on boit suavement son *carioca* de café qu'on agrémente, bien sûr, d'un *bolo de mel da Madeira,* et d'autres alléchantes pâtisseries. Petits snacks (spécialités de *folar* de Chaves, fourré à la viande), toasts, sandwichs et possibilité d'y prendre le petit déj.

Où boire un verre ?

Ginjinhas, buvettes

Pour avaler prestement une liqueur aux cerises macérées ou une infusion de plantes, petits remontants indispensables à la vie des Lisboètes, rendez-vous selon votre humeur ***largo São Domingos*** *(plan centre détachable, J8),* ***rua das Portas de Santo Antão*** *(plan centre détachable, I7-J8),* ou même ***rua Barros Queirós*** *(plan centre détachable, J8)* et ***rua da Mouraria*** *(plan centre détachable, K8).* On y boit debout dans les buvettes ou sur le trottoir. À la façon d'une station-service, on y recharge les batteries. Et en route pour de folles enjambées en direction de la *ginjinha* suivante !

A Ginjinha *(plan centre détachable, J8, **270**)* **:** *largo São Domingos, 8. Tlj 9h-22h.* Admirez en entrant les peintures sur les contrevents de la buvette, dans le style savoureux de la Belle Époque : homme à panama, femme en crinoline, le verre à la main. Pas la peine de parler portugais, le geste suffit pour se faire remplir un peu plus qu'un dé à coudre de liqueur, avec 1 ou 2 petites cerises. À boire sur le trottoir (qui colle !) avec les habitués.

Bars design

Rooftop Bar de l'Hotel Mundial *(plan centre détachable, J8, **291**)* **:** *praça Martim Moniz, 2. ☎ 218-842-000. • info@hotel-mundial.pt • Tlj 18h-0h30.* Sur le toit de l'*Hotel Mundial*, on boit des canons devant un panorama d'exception ! Bons cocktails pas donnés sur fond de musique *lounge*. Petite carte – tapas et burgers – histoire de mettre un peu de solide dans le liquide.

A Outra Face da Lua *(plan centre détachable, J8-9, **271**)* **:** *rua da Assunção, 22. ☎ 218-863-430. • baixa@aoutrafacedalua.com • Tlj sauf dim 10h-19h30.* « L'autre face de la Lune » n'est pas dans l'ombre mais dans la lumière de la créativité ! C'est un bar-boutique doublement à la mode, où l'on peut boire un verre parmi des collections de vêtements anciens redessinés par Carla Belchior, une créatrice tendance. Terrasse aux beaux jours dans la rue piétonne. Pour plus de détails, voir plus loin la rubrique « Achats ».

Ministerium *(plan centre détachable, K9, **272**)* **:** *praça do Comércio, 72. ☎ 218-888-454. • commercial@ministerium.pt • facebook.com/MinisteriumClub •* Pourquoi *Ministerium* ? Parce qu'il y avait et il y a encore des bureaux des ministères dans les bâtiments au-dessus des arcades de cette belle praça do Comércio. La salle intérieure de ce bar-club est définitivement design, la terrasse agréable et les jus de fruits sont naturels. À l'arrière, club musical branché *(le w-e seulement).*

Cafés historiques

Martinho da Arcada *(plan centre détachable, K9, **273**)* **:** *praça do Comércio, 3. ☎ 218-879-259. • martinhodaarcada@sapo.pt • Tlj sauf dim 8h-23h.* Véritable monument historique datant de 1782. C'est ici que l'écrivain Fernando Pessoa avait ses habitudes en sortant du bureau où il travaillait. Une petite salle de bar-cantine où l'on peut manger au comptoir et une grande salle aux boiseries anciennes, tables de marbre, nappes blanches et photos de Pessoa et de plusieurs écrivains sur les murs. Le Prix Nobel José Saramago et l'écrivain brésilien Jorge Amado y sont aussi venus pour des causeries littéraires ; et même des politiques comme Mário Soares ou Álvaro Cunhal. Terrasse sous les arcades.

Café Nicola *(plan centre détachable, J8, **274**)* **:** *praça Dom Pedro IV, 24-25. ☎ 213-460-579. • restaurante.cafenicola@gmail.com • Tlj 8h-minuit.* Ouvert au XVIIe s, ce grand café fut l'un des tout premiers de Lisbonne, connu alors sous le nom de *Nicola's Tavern*. En 1929, la façade a été refaite dans le style Art nouveau, alors que les intérieurs sont Art déco. Aujourd'hui, *Nicola* reste un monument culturel, avec, dans sa salle du fond, la statue de Barbosa du Bocage, un poète portugais d'origine française, habitué des lieux. Cuisine pas toujours à la hauteur, dommage.

Achats

À boire et à manger

Portologia *(la maison des Porto ; plan centre détachable, K9, **319**)* **:** *rua São Julião, 34-36. ☎ 210-179-313. • portologia.pt • Tlj 11h-minuit.* Belle boutique voutée tenue par une petite équipe francophone (la maison mère est à Paris). C'est aussi un bar de dégustations commentées des vins de Porto. Le choix est énorme – près de 200 étiquettes, dont certaines bio – toutes issues de petits producteurs indépendants et non des grandes et célèbres compagnies. Petite carte de tapas (charcuterie et fromages essentiellement) pour accompagner les verres. Bref, une adresse unique fonctionnant sur un excellent concept ! Fado le vendredi soir.

Napoleão *(plan centre détachable, K9,* ***330****) : rua dos Fanqueiros, 70. ☎ 218-872-042. • wine@napoleao.eu • Tlj 9h30-20h (dim 15h-19h).* Non, ce n'est pas un musée à la gloire de Napoléon mais bien 2 belles boutiques-œnothèques qui se font face de part et d'autre de la rue, à la limite de la Baixa et de l'Alfama. Spécialisée dans les vins du Portugal, cette enseigne propose une très grande variété de crus. Les prix sont bien affichés et l'accueil est dynamique. Demandez donc conseil !

Manuel Tavares *(plan centre détachable, J8,* ***331****) : rua da Betesga, 1 A-B. ☎ 213-424-209. • info@manueltavares.com • Tlj sauf dim 9h30-19h30.* Une charcuterie de la Baixa qui a fêté ses 150 ans en 2010 ! Sorte de caverne d'Ali Baba où vous trouverez aussi bien du chorizo de l'Alentejo que du jambon, des fromages de pays, sans oublier les vins, la fameuse gelée de coings et même des dragées maison...

Mundo Fantastico da Sardinha Portuguesa *(plan centre détachable, J8,* ***322****) : praça Dom Pedro IV, 39. ☎ 211-349-044. • store@comut.com • Tlj 9h30-21h30.* Des sardines en boîte par milliers dans un cadre de fête foraine avec grande roue miniature, théâtre et manège ! Le must : repartir avec la boîte de son année de naissance... cher quand même !

De la tête aux pieds

A Outra Face da Lua *(plan centre détachable, J8-9,* ***271****) : rua da Assunção, 22. ☎ 218-863-430. • baixa@aoutrafacedalua.com • Tlj sauf dim 10h-19h30.* L'idée de base de ce magasin de *vintage clothing* (vêtements anciens et rétro) est maligne : repenser, revoir et améliorer des vestes, des chemises, des gilets des années 1960-1970. Grâce à la baguette magique de Carla Belchior, styliste lisboète inspirée !

Typographia *(plan centre détachable, J9,* ***332****) : rua Augusta, 93. ☎ 213-463-156. Tlj 10h-21h.* La crème des designers portugais s'est amusée à créer de beaux tee-shirts. Pour moins de 20 €, un souvenir unique, coloré et à porter illico !

Chapelaria Azevedo *(plan centre détachable, J8,* ***333****) : praça do Rossio, 72-73. ☎ 213-427-511. Tlj sauf dim 9h-19h (10h-13h sam).* Depuis 1886, toutes les têtes bien nées ou bien faites de Lisbonne sont passées par là ! Du borsalino au panama en passant par la voilette ou le chapeau à plumes, il y en a pour tous les goûts.

Antiquités, artisanat, art

Santos Ofícios *(plan centre détachable, K9,* ***334****) : rua da Madalena, 87. ☎ 218-872-031. • santosoficios@santosoficios-artesanato.pt • Tlj sauf dim 10h-20h.* Le rendez-vous des amateurs d'art populaire, fidèle au poste autant qu'à lui-même depuis des années déjà. On aime bien ces objets de la vie quotidienne du nord du pays... et toutes ces plaques émaillées du *Routard* !

À voir. À faire

Praça Dom Pedro IV *(plan centre détachable, J8) :* plus communément appelée le ***Rossio,*** c'était déjà le cœur de la ville au Moyen Âge, l'endroit des fêtes et des autodafés. Bordée de grands cafés à terrasses et du Théâtre national, elle reste aujourd'hui le cœur battant de la vie lisboète et le point de ralliement des manifestations politiques. C'est sur cette place qu'un fleuriste aurait offert un bouquet d'œillets à un soldat, le 25 avril 1974, en signe de victoire contre la dictature. Ce geste s'est vite répété dans la foule en liesse, donnant son nom à la révolution des Œillets.

– ***Teatro nacional Dona Maria II*** *(théâtre national Dona Maria II ; plan centre détachable, J8) : sur la place. ☎ 800-213-250 (billetterie). • teatro-dmaria.pt •* Inauguré en 1846, à l'emplacement d'un ancien palais royal, dans le but « d'élever et d'améliorer la moralité de la nation » ! Petit café *Garrett* au rez-de-chaussée à la déco minimaliste mais agréable, et sympathique terrasse.

– Au nº 24, le *Café Nicola,* l'un des cafés historiques de Lisbonne, avec sa terrasse aux beaux jours (voir plus haut la rubrique « Où boire un verre ? »).

– Au nº 73, vieux magasin de chapeaux, la *Chapelaria Azevedo* (voir plus haut la rubrique « Achats »).

ATTENTION, UN ROI PEUT EN CACHER UN AUTRE !

Admirez la statue de Dom Pedro IV qui est au cœur du Rossio. En fait, l'artiste français chargé de sculpter le roi en bronze s'est contenté d'envoyer à sa place une statue de Maximilien, l'empereur du Mexique, qui devait traîner dans son atelier. Il faut dire que le règne de Maximilien fut court. On le fusilla au bout d'à peine 3 ans. De toute façon, si on ne vous l'avait pas dit, vous ne l'auriez même pas remarqué !

***Igreja do convento de São Domingos** (église Saint-Dominique ; plan centre détachable, J8) :* largo São Domingos. ● isdomingos.com ● *Tlj 8h-19h.*

Son histoire agitée est plus intéressante que son intérieur. São Domingos aurait pu disparaître plusieurs fois, mais elle a survécu, « par miracle ». Fondée en 1242 par dom Sancho II, cette église fut celle des dominicains. Les plus grandes cérémonies officielles y avaient lieu : mariages, baptêmes, couronnements et enterrements royaux. L'Inquisition y a tenu aussi plusieurs de ses sinistres autodafés et pogroms. Sur le parvis de l'église, un petit monument marqué de l'étoile de David commémore le massacre des juifs portugais en 1506. Si vous n'avez pas emporté avec vous *Le Dernier Kabbaliste de Lisbonne* (voir la rubrique « Livres de route » dans « Portugal utile »), faites confiance à Fernando Pessoa pour résumer la situation : « En 1506, après le service divin, de nombreux juifs ont été mis en pièces par la populace fanatisée, puis le massacre s'est étendu à d'autres parties de la ville. » L'église a été détruite en 1531, puis à nouveau anéantie par le grand tremblement de terre de 1755. Une fois reconstruite, la voilà derechef ravagée par le grand incendie de 1959. Rouverte en 1997, elle présente un intérieur plutôt sombre, avec des piliers grignotés par les stigmates de l'Histoire. Les historiens assurent que le pouvoir avait interdit aux Africains de Lisbonne de danser en public, de se réunir, de participer à des manifestations, mais qu'il autorisa l'existence d'une confrérie réservée aux Noirs : la confrérie de Notre-Dame-du-Rosaire-des-Hommes-Noirs *(Nossa Senhora do Rosario dos Homens Pretos).* Ses membres pouvaient se rassembler dans l'église São Domingos. On sait qu'un prêtre africain y officia au temps jadis, ce qui expliquerait pourquoi la place São Domingos est devenue le lieu de rendez-vous de nombreux Africains, des anciennes colonies d'Angola, du Mozambique, de São Tomé et du Cap-Vert.

***Praça da Figueira** (place du Figuier ; plan centre détachable, J8) :* moins élégante que sa voisine, on y trouve une statue de dom João I. Au bord de cette place, la vieille *Confeitaria Nacional,* une de nos bonnes pâtisseries (voir plus haut la rubrique « Pâtisseries, cafés et salons de thé ») et une étrange boutique (voir ci-après).

Hospital das Bonecas *(hôpital des Poupées ; plan centre détachable, J8,* ***360****) :* *praça da Figueira, 7.* ☎ *213-428-574.* Au rez-de-chaussée, la boutique *(tlj sauf dim 10h-19h – 18h sam),* et à l'étage, l'hôpital-musée *(tlj sauf dim 10h30-12h30, 15h30-17h ; entrée 2 €).* Un endroit surréaliste, tout petit, où l'on vient déposer ses joujoux abîmés. Numéro de lit, chirurgie esthétique, salle des traumatisés... comme dans un « vrai » hôpital !

***Le quartier de la Baixa** (plan centre détachable, J-K8-9) :* au sud du Rossio, curieux quartier au plan régulier avec rues bordées d'immeubles uniformes, se coupant à angle droit. C'est dans la Baixa que le tremblement de terre de 1755 frappa le plus violemment Lisbonne. Le marquis de Pombal, en avance sur son temps, fit reconstruire ce quartier avec des normes antisismiques : la Baixa repose ainsi sur une structure de bois debout.

Le grand magasin Pollux *(plan centre détachable, J8,* ***361****) : rue dos Fanqueiros, 276. ● pollux.pt ● Tlj sauf dim 10h-20h.* Envie d'une jolie vue sur Lisbonne ? Vous l'aurez en grimpant au 8e étage de ce petit *BHV* local qui abrite un bar-resto avec terrasse et vue sur les toits de la ville. Juste en face, l'*elevador* de Santa Justa...

DES SIGNES BIEN MYSTÉRIEUX

Dans le plan de la Baixa, le chiffre 3, symbole de la Raison chez les francs-maçons, se retrouve un peu partout : 3 grandes rues relient la praça do Comércio au Rossio. D'est en ouest, 9 rues parallèles coupent le quartier... Chacune porte le nom de métaux précieux ou de corporations d'artisans : Áurea (ou d'Ouro, « de l'Or »), da Prata (« de l'Argent »), dos Correeiros (« des Selliers »), dos Sapateiros (« des Cordonniers »), etc. Serait-ce le début d'une énigme à la façon d'un « Da Baixa Code » ?!

Núcleo arqueológico da rua dos Correeiros *(base archéologique de la rua dos Correeiros ; plan centre détachable, J9,* ***362****) : rua dos Correeiros, 9 ou 21. ☎ 211-131-004. Tlj sauf dim 10h-12h, 14h-17h. Visite guidée gratuite sur résa (par tél ou sur place). GRATUIT.* Dans le sous-sol d'une agence bancaire, on peut observer des vestiges (pans de mur) de la période romaine, du temps où Lisbonne s'appelait *Olisippo Felicitas Julia.* Rien de grandiose, mais ce qui a été trouvé là est bien conservé et soigneusement mis en valeur. Et on voit déjà pas mal de choses de l'extérieur.

MUDE – museu do Design e da Moda *(plan centre détachable, J9,* ***363****) : rua Augusta, 24. ☎ 218-171-892. ● mude.pt ● En travaux lors de notre passage ; réouverture prévue en sept 2018, se renseigner.* Installé dans une ancienne banque, ce musée est consacré au design et à la mode. Les collections riches et précieuses – des années 1914 à nos jours – méritent certainement une visite...

Arco da rua Augusta *(plan centre détachable, J9) : rua Augusta, 2. Tlj 9h-20h (dernière entrée 15 mn avt). Entrée : 2,50 € ; billet combiné avec le Lisboa Story Centre 8 € ; gratuit moins de 5 ans et avec la* Lisboa Card. Si vous voulez prendre de l'altitude pour admirer la Baixa et toute la praça do Comércio, direction le sommet de cet arc de triomphe, à plus de 30 m (par ascenseur, ouf !), construit pour commémorer le tremblement de terre de 1755. Vue panoramique spectaculaire. Au passage, on apprécie le fonctionnement de l'horloge fabriquée en 1941 au Portugal.

Praça do Comércio *(place du Commerce ; Terreiro do Paço ; plan centre détachable, J-K9-10) :* l'une des plus belles places d'Europe. Les Lisboètes l'appellent aussi Terreiro do Paço. Bordée d'harmonieux édifices avec galeries à arcades, d'un arc de triomphe et d'un ponton monumental sur le Tage, elle est actuellement le siège des principaux ministères. Après avoir fait office de parking, puis de place vide, la mairie a choisi de la rendre aux promeneurs. Aujourd'hui, l'office de tourisme de Lisbonne y est installé, près de l'endroit où le roi Carlos et son fils aîné furent assassinés en 1908... C'est ici que se croisent nombre de trams et de bus vers toutes les directions de la capitale lisboète.

– Sur le flanc oriental de la place, on peut visiter le Lisboa Story Centre et, plus loin, le museu da Cerveja, puis s'arrêter, en allant vers la mer, sur le même trottoir, dans « les toilettes les plus sexy du monde » *(tlj 10h-20h)* : des toilettes publiques hyper design (à 1 € quand même !) où l'on choisit la couleur de son papier toilette tout en surfant (gratuitement) en wifi ou en reluquant les photos d'artistes !

Lisboa Story Centre *(Memorias da Cidade ; plan centre détachable, K10,* ***364****) :* *praça do Comércio, 78-81. ☎ 211-941-027. • lisboastorycentre.pt • Tlj 10h-20h (dernière entrée à 19h). Billet : 7 € ; billet combiné avec l'Arco da rua Augusta 8 € ; réduc ; billet famille (2 adultes + 2 enfants) 18 € ; gratuit moins de 5 ans et avec la* Lisboa Card.
Un musée qui raconte brillamment l'histoire de Lisbonne dans un prestigieux bâtiment ancien, restauré, sous les arcades (aile est, *Ala Nascente*) du vaste Terreiro do Paço, c'est-à-dire à un endroit qui fut le centre névralgique de la capitale pendant des siècles.
La 1re chose qui frappe dans ce musée, c'est la modernité de la présentation. Les audioguides se déclenchent automatiquement en passant devant les pièces et les panneaux, comme des GPS. L'audiovisuel, les techniques digitales (3D), la musique et le cinéma sont des arts et des techniques utilisés avec beaucoup d'adresse et de pédagogie. Ils réactivent l'histoire de Lisbonne et la rendent attrayante aux familles et aux jeunes en particulier. Dans la salle 8, par exemple, une sorte d'oiseau gigantesque suspendu au plafond emporte le père Gusmão dans les airs... ce serait la 1re tentative de vol faite en 1709 sur le Terreiro do Paço. Dans la salle 11, c'est le clou du spectacle : un superbe film (digne d'Hollywood) retrace en une vingtaine de minutes le tremblement de terre à Lisbonne de 1755. Suivi d'un tsunami, ce séisme détruisit le centre de Lisbonne en faisant 6 000 à 8 000 morts et d'innombrables blessés.

Museu da Cerveja *(plan centre détachable, K9,* ***365****) : praça do Comércio, 62-65. ☎ 210-987-656. • museudacerveja.pt • Tlj 12h-22h. Entrée : 5 € ; réduc.*
Ce musée a été financé par de grandes marques de fabricants de bière comme *Super Bock, Sagres, Cuca, Brahma, Laurentina* et d'autres encore, tous unis par leur identité lusophone. On entre au rez-de-chaussée dans une grande brasserie à la déco recherchée (bonne cuisine, prix raisonnables). Si l'on y mange, l'entrée du musée est gratuite. On compte 4 parties distinctes qui suivent l'histoire de la bière au Portugal, depuis les origines jusqu'aujourd'hui.
On suit bien l'évolution des méthodes et des techniques, de la petite brasserie artisanale tenue par des moines scrupuleux jusqu'aux grosses cuves en cuivre des brasseurs industriels du XXe s. Malgré le progrès, la méthode reste la même depuis des siècles : au départ, il faut de l'orge (et de la bonne !), de l'eau (et de la pure !) et du houblon (une curieuse plante grimpante dont on utilise les feuilles) ; éléments de base sinon la bière ne peut être élaborée. À noter que le whisky commence de la même manière que la bière (orge et eau, sans le houblon) mais finit différemment...

Viniportugal *(plan centre détachable, J10,* ***366****) : praça do Comércio. ☎ 213-420-690. • viniportugal.pt • Mar-sam 11h-19h, plus dim avr-oct (dernière dégustation à 18h30).* Les curieux, gourmands, œnologues en herbe ou confirmés peuvent venir découvrir ici les vins du Portugal, encore injustement méconnus. Tous les mois, 3 régions sont à l'honneur. Des passionnés vous font déguster vins blancs ou rouges (payant). N'hésitez pas à remplir le questionnaire avec vos impressions sur le goût, la couleur, l'odeur. Rassurez-vous, il est inutile d'être un professionnel. Quelques vins sont disponibles à l'achat. Accueil extra !

À proximité se trouve la ***praça do Município*** *(place de la Mairie ; plan centre détachable, J9-10).* Une colonne coiffée d'une sphère armillaire symbolise le pouvoir municipal face à la mairie, édifiée au XIXe s.

Promenade piétonne le long du Tage *(plan centre détachable, J10) :* entre la praça do Comércio et la station de Cais do Sodré, les berges du Tage ont été aménagées en promenade piétonne. Au niveau de Ribeira das Naus – là même où accostaient autrefois les caravelles des découvertes – s'étend aujourd'hui cette longue promenade bordée par une pente douce aménagée ; endroit très agréable pour se reposer, bronzer comme sur une plage, en contemplant cette mer de Paille étincelante. De nombreux joggeurs, cyclistes et piétons l'empruntent aux beaux jours.

Croisières sur le Tage *(cruzeiros Tejo ; plan centre détachable, K10)* : *terminal fluvial do Terreiro do Paço, à côté de la praça do Comércio. ☎ 213-461-586. • cruzeirostejo.com • Avr-oct. Plusieurs circuits entre 1h et 2h30, plusieurs fois/j., souvent en fin de matinée. Tarif env 20 € ; réduc.* La balade sur le fleuve décrit une boucle entre le centre de Lisbonne, le quartier du parc des Nations et Belém pour la plus longue. La plus courte vous mène seulement à Belém. Voir aussi plus haut « Infos pratiques sur place. Comment se déplacer ? Les gares fluviales ».

BAIRRO ALTO, CHIADO ET CAIS DO SODRÉ

Au cœur de la vieille ville, le Bairro Alto est l'un des quartiers les plus intéressants à visiter, un vrai caméléon qui change de peau et d'humeur selon les heures de la journée et l'endroit où l'on se trouve. Assoupi en matinée, il s'éveille doucement dans l'après-midi. Il y règne alors comme une ambiance de village paisible, où le flâneur s'égare dans les ruelles, découvrant avec un peu de chance, si les portes sont déjà ouvertes, nombre de petites boutiques originales. Des cigales qui ne durent parfois que le temps d'un été, telle boutique de chaussures complètement déjantée étant remplacée à votre nouveau passage, quelques mois après, par un salon de coiffure encore plus décalé ou par une boutique de fringues.

Mais attention, quand le soleil décline, les façades lézardées, couvertes de tags, s'ouvrent et dévoilent une multitude de restos tendance, donc éphémères eux aussi ; et de cafés, de bars, dont on ne soupçonnait même pas l'existence quelques heures auparavant. Les couche-tôt devront revoir leurs habitudes ! Ici, on papillonne d'un lieu à un autre, dans une ambiance interlope où se retrouvent touristes et fêtards de tout poil.

Du haut du Bairro Alto, on oublie trop souvent que Lisbonne est un port, un vrai, avec sa mythologie de marins en goguette, soiffards et bagarreurs. Les ruas de São Paulo et Nova de Carvalho, qui se glissent honteusement sous le pont de la rua do Alecrim, à moins de 800 m de la praça Luís de Camões, leur appartiennent. Mais on ne peut décidément lutter contre la mode qui veut que les anciens lieux « chauds » ne soient plus aujourd'hui que des lieux « shows » : *Jamaïca,* la cathédrale lisboète du reggae, *Music Box* et autres bars plus lounge que louches, désormais ! Un espace de liberté unique au Portugal, où toutes les tendances, toutes les nationalités et tous les appétits osent s'afficher sans complexe et se mélanger aussi bien sur les sonorités des années 1970 que sur du heavy metal...

Où dormir ?

De très bon marché à prix moyens

Old Town Lisbon Hostel *(plan centre détachable, I9, **51**)* : *rua do Ataíde, 26 A. ☎ 213-465-248. • lisbonoldtownhostel@gmail.com • lisbonoldtownhostel.com • Ⓜ Baixa-Chiado ou Cais do Sodré. Dortoirs (4-10 lits) 15-25 €/pers ; doubles 44-70 €.* Installé dans ce qui fut une annexe « très discrète » de l'ambassade britannique, en somme un rendez-vous d'espions pendant la Seconde Guerre mondiale. Une cinquantaine de lits répartis dans plusieurs dortoirs et 2 doubles ; mon tout avec salles de bains communes propres. Cuisine à dispo (dîner certains soirs). Une excellente adresse sans chichis, à l'ambiance simple et amicale. Accueil francophone adorable.

Destination Sunset Hostel *(plan centre détachable, I10,* ***40****) : praça do Duque de Terceira, à l'intérieur de la gare de Cais do Sodré ; 1°. ☎ 210-997-735. • sunset@followyourdestination.com • followyourdestination.com • Ⓜ Cais do Sodré. Accès par la porte à gauche de l'entrée principale de la gare. Dortoirs (4-10 pers) 15-34 €/pers ; doubles 65-120 €.* Chambres décorées de bric et de broc, assez confortables. Très grande terrasse avec vue sur le Tage, et même un hamac ! Bar à chicha, espace massages et yoga, petite piscine, bar, BBQ et cuisine (dîner possible) ! Atmosphère un rien bohème.

Shiado Hostel *(plan centre détachable, J9,* ***47****) : rua Anchieta, 5 ; 3°. ☎ 213-429-227. • shiado.hostel@gmail.com • shiadohostel.com • Ⓜ Baixa-Chiado. Dortoirs (4-8 lits) 18-26 €/pers ; doubles 55-65 €. Café offert sur présentation de ce guide.* Une belle AJ, dont la déco mêle ancien et moderne. Une grosse trentaine de lits répartis dans des dortoirs impeccables et plusieurs doubles ; salle de bains commune. Salon TV avec des canapés confortables et une bibliothèque. Grande cuisine bien aménagée accessible à tous. Propose des tours gratuits de la ville. Bon accueil.

Lisb'on Hostel *(plan centre détachable, I9,* ***48****) : rua do Ataíde, 7 A. ☎ 213-467-413. • info@lisb-onhostel.com • lisb-onhostel.com • ♿ Ⓜ Baixa-Chiado ou Cais do Sodré. Dortoirs (4-10 lits) 17-30 €/pers ; doubles 60-75 €.* Installé dans un palais du XIXe s, cet *hostel* d'une centaine de lits propose des chambres avec TV et des dortoirs fonctionnels et confortables (AC), accessibles par ascenseur. Vue formidable sur le Tage pour certains. Étonnantes pièces communes installées dans les anciens salons de réception hauts de plafonds (moulurés), avec TV, billard... Gigantesque terrasse avec vue époustouflante sur le Tage. Grand jardin pour flemmarder dans des hamacs. Cuisine au top de l'équipement à dispo. Ça va être dur de décoller ! Une bonne adresse à 2 pas de l'animation. Excellent accueil.

The Independente Hostel *(plan centre détachable, I8,* ***49****) : rua de São Pedro de Alcântara, 81. ☎ 213-461-381. • reservations@theindependente.pt • theindependente.pt • Ⓜ Baixa-Chiado. Dortoirs (6-12 lits) 11-30 €/pers ; doubles 95-130 €.* Une AJ privée installée dans l'ancienne résidence de l'ambassadeur de Suisse, rien que ça ! Un palace pour routards, où l'on accède au dortoir par un fastueux escalier d'apparat. Belle déco avec objets et mobilier vintage. Dortoirs avec sanitaires à l'étage et lits superposés à 3 étages : fêtards de retour tardif, attention à la chute ! D'ailleurs, c'est un peu bruyant... Aussi de jolies doubles tout confort dont l'allure laisse deviner les fastes du passé. Bon resto au rez-de-chaussée et bar sur le toit (*L'Insolito* ; voir « Où boire un verre ? Où sortir ? Bars branchés »). Accueil courtois et pro.

Lisbon Calling Hostel *(plan centre détachable, I9,* ***102****) : rua de São Paulo, 126 ; 3°. ☎ 213-432-381. • info@lisboncalling.net • lisboncalling.net • Ⓜ Cais do Sodré. Dortoirs (4-10 lits) 12-24 €/pers ; doubles 41-78 €.* Ambiance de petite pension de famille cool, détendue et conviviale, avec ascenseur. Canapés pour papoter autour d'une baignoire transformée en table basse, cuisine à dispo avec jolies voûtes en pierre, dortoirs et chambres à la déco alpine, très boisée. Rutilant et confortable, mais certaines chambres n'ont pas de vue. Accueil sympa. Une autre adresse si celle-ci est complète : *Lisbon Calling Suites* (av. da Liberdade). Y a qu'à demander !

Stay Inn Hostel *(plan centre détachable, I9,* ***54****) : rua Luz Soriano, 19 ; 1°. ☎ 213-425-149. • stayinnlisbonhostel@gmail.com • stayinnlisbonhostel.com • Ⓜ Baixa-Chiado ou Cais do Sodré. Congés : déc. Doubles 65-90 €. Sur présentation de ce guide, un café offert.* Dans cette vieille bâtisse, une dizaine de chambres spacieuses et confortables (AC) ; avec ou sans salles de bains (belles et élégantes). Déco dans l'air du temps, un rien pop et acidulée, avec vieux parquets. Sans oublier la salle de petit déj et le salon, avec sa TV et son canapé. Cuisine à dispo. Bref, un plaisant petit ensemble cosy.

Pensão Pérola da Baixa (plan centre détachable, I7, **55**) : *rua da Glória, 10 ; 2°. ☎ 213-462-875. 961-515-082. • pensaoperoladabaixa@gmail.com • pensaoperoladabaixa.com • Ⓜ Restauradores. Doubles 30-50 € ; pas de petit déj.* Petite pension d'une dizaine de chambres ventilées simples, pratiques et propres ; avec ou sans sanitaires privés. Certaines n'ont pas de fenêtre sur l'extérieur. Évitez celles donnant sur la petite entrée. Accueil souriant.

Pensão Estação Central (plan centre détachable, J8, **56**) : *calçada do Carmo, 17 ; 2-3°. ☎ 213-423-308. • pensaoestacaocentral@clix.pt • Ⓜ Restauradores. Doubles 60-90 € ; pas de petit déj.* Au cœur d'un quartier animé et, pourtant, une fois entré, l'agitation semble bien lointaine. Une bonne trentaine de chambres propres et fonctionnelles, au confort et aux styles différents : du patiné par le temps au moderne (tout confort et plus chères). Pas le charme du grand soir, mais un lieu entretenu et qui se rénove petit à petit. Accueil sympa.

Lisbon Destination Hostel (plan centre détachable, I-J8, **57**) : *largo Duque do Cadaval, 17 ; estação do Rossio ; 2°. ☎ 213-466-457. • lisbon@followyourdestination.com • followyourdestination.com • Ⓜ Restauradores. Au 2e étage de la gare. Dortoirs (4-10 lits) 12-45 €/pers ; doubles 65-95 €.* Les chambres et les dortoirs – tous avec salles de bains partagées – sont répartis autour d'un grand patio sous une verrière baignée de soleil à midi. Lieu de convivialité et d'échanges, on y trouve quelques hamacs et poufs pour se prélasser, une table de ping-pong et même un piano. Cuisine à l'allure new-yorkaise pour se préparer un frichti (dîner certains soirs). Sorties et visites de la ville (payantes). Accueil aimable.

Residencial Camões (plan centre détachable, I8, **58**) : *travessa do Poço da Cidade, 38 ; 1°. ☎ 213-466-361. • reservas@pensaoresidencialcamoes.com • pensaoresidencialcamoes.com • Ⓜ Baixa-Chiado. Doubles 50-70 €.* Une vingtaine de chambres, petites, simples et fonctionnelles, mais propres ; certaines avec salle de bains. Si vous aimez le calme et le charme, en revanche, vous risquez d'être déçu. Mais vous serez au cœur de la vie nocturne de Lisbonne !

Pensão Globo (plan centre détachable, I8, **59**) : *rua do Teixeira, 37. ☎ 213-462-279. • pensaoglobo@gmail.com • pensaoglobo.com • Ⓜ Restauradores. Doubles 50-90 €. Réduc de 10 % sur le prix de la chambre sur présentation de ce guide.* Dans une rue calme et bien située, voici des chambres, vraiment petites, mais toutes proprettes et agréables, avec ventilo et TV. N'hésitez pas à en visiter plusieurs afin de choisir. Les nos 202 et 401 sont plus spacieuses et disposent d'un petit balcon. Bon accueil. Une adresse simple.

Hotel Anjo Azul (plan centre détachable, I8, **60**) : *rua Luz Soriano, 75. ☎ 213-478-069. • lxhotel@gmail.com • anjoazul.com • Ⓜ Restauradores. Doubles 52-87 €.* L'« Ange Bleu » est en plein cœur du quartier gay. Une vingtaine de chambres très propres et de bon confort ; les moins chères se trouvant au rez-de-chaussée, vraiment exiguës. Dans les étages, déco moderne pimpante. Petite terrasse privée pour certaines. Accueil sympa. Clientèle gay mais pas exclusivement.

Grapes & Bites Hostel & Wines (plan centre détachable, I8, **50**) : *rua do Norte, 83-85. ☎ 213-460-912. • info@grapesandbites.com • grapesandbites.com • Ⓜ Baixa-Chiado. Dortoirs (10 lits) 14 €/pers ; doubles 50-80 €.* Cette vieille maison de caractère livre de belles chambres, simplement aménagées en magnifiant l'architecture des lieux. Avec ou sans salle de bains, selon votre budget. Aussi un dortoir avec sanitaires à l'étage. Cuisine, terrasse et salon. Au rez-de-chaussée, bar à vins à la déco tendance moderne, où des petits plats goûteux accompagnent les ballons. Bon rapport qualité-prix-accueil (souriant et pro).

Lost Inn Hostel (plan centre détachable, I9, **52**) : *beco dos Apóstos, 6. ☎ 213-470-755. • info@lostinnlisbon.com • lostinnlisbon.com • Ⓜ Cais *do Sodré. Dortoirs (4-10 lits) 18-32 €/pers ; doubles 64-85 €.* Situé dans une paisible impasse à 2 pas de l'animation du quartier, cette charmante maison ancienne – avec voûtes en pierre et azulejos – renferme plus de 90 lits distribués dans des dortoirs et aussi quelques doubles. Mon tout avec salle de bains à l'étage. Cuisine à dispo (dîners payants) et joli salon en mezzanine, sous les voûtes, juste au-dessus de la réception.

Plus chic

Shiadu Casa do Jasmin Guesthouse *(plan centre détachable, H8, **103**) : rua do Jasmin, 19. 914-176-969. • info@shiadu.com • shiadu.com • Ⓜ Restauradores. Doubles 79-120 €.* Une de nos adresses fétiches, dans une rue calme en surplomb de la ville, un peu à l'écart. Déco simple et chaleureusement vintage avec ses objets chinés, pour une vingtaine de chambres confortables et pleines de charme. Notre préférée se trouve au dernier étage, avec petit balcon et vue sur le Tage et le Christ en croix ; on aime moins celles au sous-sol. Également une dizaine de studios du même tonneau dans 2 maisons mitoyennes, avec kitchenette. Excellent petit déj maison et accueil au top.

Shiadu Ribeira Tejo Guesthouse *(plan centre détachable, I10, **61**) : travessa de São Paulo, 5. 914-176-969. • info@shiadu.com • shiadu.com • Ⓜ Cais do Sodré. Doubles 95-130 €.* Une charmante petite *guesthouse* aux derniers étages d'un immeuble, juste derrière le Mercado Ribeira. Une quinzaine de belles chambres à la déco vintage, tout confort et bien tenues. Certaines avec vue sur le Tage, les plus chères. Jolie salle de petit déj sous les toits, dont les tables sont tapissées de B.D. Accueil dévoué et sympa.

Pensão Londres *(plan centre détachable, I8, **62**) : rua Dom Pedro V, 53 ; 2°. ☎ 213-462-203. • pensaolondres@pensaolondres.com.pt • pensaolondres.com.pt • Ⓜ Restauradores. Doubles 55-125 €.* Une trentaine de chambres réparties dans les étages (ascenseur) d'un immeuble bourgeois cossu, avec grande hauteur sous plafond, frises et moulures. Prix selon la taille et le confort, avec ou sans salle de bains ; mais toutes avec AC et double vitrage. Certaines ont vue sur le *castelo*. Une adresse correcte, mais un poil vieillissante quand même.

Hotel Botânico *(plan centre détachable, H7, **64**) : rua Mãe de Água, 16-20. ☎ 213-420-392. • hotelbotanico@netcabo.pt • hotelbotanico.pt • ♿ Ⓜ Restauradores. En haut de la rua da Alegria. Doubles 50-110 €.* Dans un bâtiment moderne, une adresse au calme pour qui privilégie le confort au charme. Les chambres sont fonctionnelles, propres et tout confort (AC, accès ascenseur), dotées d'un mobilier standardisé. Accueil sympa en français.

De beaucoup plus chic à très chic

Casa das Janelas com Vista *(plan centre détachable, H8, **63**) : rua Nova do Loureiro, 35. ☎ 213-429-110. • info@casadasjanelascomvista.com • casadasjanelascomvista.com • Ⓜ Restauradores. Doubles 90-200 €.* Dans une ruelle calme et pourtant au cœur de la ville, on débarque dans un grand *lobby* spectaculaire, aux allures de boutique de déco tendance, industrielle et vintage ! Une douzaine de chambres confortables, au mobilier sobre, pour une ambiance presque monacale. La plus petite chambre – au sommet de l'édifice – a une vue splendide ! Terrasse aux beaux jours pour le petit déj. Cuisine à dispo. Accueil charmant.

LX Boutique Hotel *(plan centre détachable, I10, **66**) : rua do Alecrim, 12. ☎ 213-474-394. • book@lxboutiquehotel.com • lxboutiquehotel.com • Ⓜ Cais do Sodré. Doubles 90-300 €.* Hôtel cosy d'une soixantaine de chambres, avec vieilles photos et papiers peints à ramages. On a presque l'impression d'arriver chez des amis ! Chambres plus modernes, confortables et aux tonalités bleutées. Un thème par étage : les 7 collines, Pessoa, le fado, etc., qu'on retrouve au niveau des têtes de lit... Évitez celles sur la rue passante. Les plus chères avec vue sur le Tage. Bon accueil pro.

9Hotel Mercy *(plan centre*

*détachable, I8, **106**) : rua da Misericórdia, 76. ☎ 212-481-480. • info@le9hotel-mercy.com • 9-hotel-mercy-lisbon.pt • Ⓜ Baixa-Chiado. Doubles 99-209 €.* Dans un bel immeuble ancien, un hôtel plein de charme qui joue à fond la carte contemporaine. Tonalités sombres et sobres, avec jeux de verre, de carrelages et de miroirs. Élégant ! Préférez celles à l'arrière, moins bruyantes. Bar *rooftop* au 6e étage avec vue sur le château pour finir la soirée et petit déj-buffet dans une salle tout aussi surprenante avec son immense banquette en cuir. Bon accueil.

Coup de folie

Hotel Memmo Príncipe Real *(plan centre détachable, I8, **65**) : rua Dom Pedro V, 56. ☎ 219-016-800. • preal@memmohotels.com • memmohotels.com • Dans une petite rue un peu à l'écart de la route, derrière et en contrebas du* Lost'In. *Doubles 250-400 €.* Bel écrin contemporain de verre, de pierre et de bois, perché sur la colline face au château. Superbe hall d'accueil, avec tapis, canapés et luminaires spectaculaires. Une quarantaine de chambres tout confort avec des vues splendides. Nos préférées ont même une terrasse privée. Attention, certaines chambres donnant sur les côtés sont moins intéressantes, bien qu'elles soient tout aussi élégantes et sobres. Bien demander ! Plein de petites attentions sympas. Resto-bar à cocktails et piscinette.

Où manger ?

La ***rua da Atalaia*** *(plan centre détachable, I8-9)* et les rues transversales, épine dorsale du Bairro Alto touristique, concentrent un maximum de petits restos populaires, troquets de tous les genres pour tous les goûts.

De très bon marché à bon marché

A Mercearia *(plan centre détachable, I9, **133**) : rua Vitor Cordon, 40. ☎ 213-471-116. • geral@amercearia.net • Tlj 10h-17h. Plats 6-13 €.* Adorable épicerie à l'ancienne où l'on déjeune sur des tables en bois peint et chaises vintage dépareillées, dans une ambiance tirant sur l'indus'. Idéal pour un sandwich, une salade ou un bon petit plat simple, sain et soigné ; avant d'attaquer la montée vers le largo do Chiado. Mon tout mitonné avec des produits essentiellement bio. Accueil gentil.

El Rei D'Frango *(plan centre détachable, J8, **121**) : calçada do Duque, 5. ☎ 215-817-942. • elreidomfrango@gmail.com • Tlj 7h-23h. Plats 4-10 €.* Grande comme un mouchoir de poche, avec cuisine ouverte, cette adresse ne désemplit pas, et on comprend pourquoi ! Prix plancher pour plats sans chichis, du genre poulet-frites, burgers, etc. ; histoire de vite se repaître, au coude à coude avec son voisin de tablée.

Casa da India *(plan centre détachable, I9, **136**) : rua do Loreto, 49-51. ☎ 213-423-661. Tlj sauf dim 9h-2h. Plats 8-19 €.* Une grande salle blindée – tout en longueur et bordée d'azulejos – où on bâfre aussi bien au bar qu'à table. Cuisine simple – spécialisée dans les viandes et poissons – cuits au grill et servis copieusement (½ portion possible). Parfait pour se rassasier, moins pour un dîner en amoureux ! Bon rapport qualité-prix.

Alto Minho *(plan centre détachable, H-I9, **140**) : rua da Bica Duarte Belo, 61. ☎ 213-468-183. Dans la rue du funiculaire da Bica. Tlj sauf sam 9h-22h. Congés : juil. Plats 6-7 €. Apéritif maison offert sur présentation de ce guide.* Les habitués de la Bica le connaissent sous le nom de son propriétaire : *Chez João.* Car depuis longtemps João réussit le tour de force de concocter de bons petits plats traditionnels copieux – étalés sur l'ardoise – à des prix populaires. Toute la faune de ce quartier bigarré s'y donne rendez-vous à midi. Le soir, il redevient plus paisible avec des célibataires hypnotisés par l'inévitable télé. Accueil adorable.

Quermesse (plan centre détachable, I7, **141**) : rua da Glória, 85. ☎ 211-507-901. • reservas@quermesse-restaurante.com • Tlj 12h-15h, 19h-minuit. Plats 9-13 €. Grand bar à l'entrée, mêlant l'acier et le bois. Et en enfilade, une petite salle mignonne dans les mêmes tonalités vintage. Dans l'assiette, cuisine portugaise revisitée juste ce qu'il faut, pour un risotto de morue, des poireaux braisés pour les végétariens et d'agréables surprises côté viandes. On est loin de la kermesse ! Bref, une bonne petite halte !

Glória (plan centre détachable, I7, **142**) : rua da Glória, 39. ☎ 213-427-585. Tlj sauf dim 9h-22h. Plats 5-6 €. Une petite adresse de quartier sans prétention, où on vous sert rapidement et avec le sourire de copieux plats de cuisine familiale sur des nappes à carreaux : côtelettes de porc, morue au four... Simple et roboratif. Mon tout dans une salle fraîche, aux murs enrobés d'azulejos. Les employés du coin viennent en habitués et les conversations vont bon train avec le patron. Une adresse très couleur locale.

Alfaia Garrafeira (plan centre détachable, I8, **143**) : rua Diário de Notícias, 125. ☎ 213-433-079. • garrafeira.alfaia@clix.pt • Tlj 13h-1h. Tapas et plats 2-13 €. C'est un bar à vins installé dans une vieille maison du XIXe s, avec belle façade tout en *azulejos*. On y trouve à acheter toutes sortes de *vinho verde* et autres vins portugais, mais aussi des portos. On peut s'asseoir à l'intérieur ou en terrasse dans la ruelle pour goûter les vins, accompagnés de charcuteries, de fromages ou même de petites salades. Fait aussi resto en face.

Jardim das Cerejas (plan centre détachable, J9, **144**) : calçada do Sacramento, 36. ☎ 213-469-308. Tlj 12h-15h30, 19h-22h30. Buffet : 7,50-9,50 €, boissons en sus. Petit resto mitonnant une bonne cuisine végétarienne à prix doux ; servie dans une salle voutée proprette. Accueil aimable. Venir tôt car il y a foule !

A Primavera do Jerónimo (plan centre détachable, I9, **139**) : travessa da Espera, 34. ☎ 213-420-477. • primaverabairroalto@gmail.com • Tlj 12h-23h. Plats 10-12 €. Petite taverne toute simple, avec *azulejos* et nappes bien mises, que les routards apprécient. Spécialités de grillades (côtelettes, poissons) et de *bacalhau à Brás*, soigneusement mijotées. Une adresse simple mais efficace.

Vertigo Café (plan centre détachable, I-J9, **146**) : travessa do Carmo, 4. ☎ 213-433-112. Tlj sauf dim 8h-22h. Plats 5-7 €. De vieilles chaises dépareillées, des tables qui ont pris leur pied en dépouillant de vieilles machines à coudre, un faux plafond en verre Art nouveau, un sol d'origine... Un lieu où on se sent bien à toute heure, du café du matin au cocktail du soir, que l'on prend en regardant de vieilles photos aux murs ; en papotant avec une clientèle d'habitués sur fond musical d'époque. À la carte, sandwichs, salades, toasts, omelettes et de bonnes tartes et autres pâtisseries sucrées maison.

Le Petit Prince (plan centre détachable, H8, **145**) : rua Cecílio de Sousa, 1 A. ☎ 213-471-607. Tlj 9h-20h. Tartines env 6 €. Une petite boutique-échoppe-café hétéroclite dans une rue en pente, avec banc de métro parisien des années 1920, vieux pupitres d'école, etc., pour une chaleureuse atmosphère vintage. Impec' à toute heure de la journée. Muesli, jus de légumes et de fruits, tartines froides ou chaudes aux noms poétiques tirés de l'œuvre de Saint-Exupéry, telles la « Vol de nuit » (tapenade, roquette, jambon cru, mozzarella) ou la « Terre des hommes » (houmous, betteraves, etc.). Quelques livres de Saint-Ex à dispo. On aime !

Prix moyens

Bairro do Avillez (plan centre détachable, I8, **321**) : rua Nova da Trindade, 18. ☎ 215-830-290. • grupos@joseavillez.pt • Taverne tlj 12h-minuit ; plats 5-17 €. Patio tlj 12h30-15h, 19h-minuit ; plats 28-40 €. Notre adresse préférée dans le quartier. Le chef José Avillez, l'un de nos chouchous à Lisbonne, a encore sévi ! 2 ambiances : la taverne, autour du bar, avec ses jambons appétissants suspendus pour partager quelques assiettes de légumes grillés, viandes, charcuteries, salades, fromages... On aime tout, même les desserts ! Et à l'arrière, charmant grand patio sous verrière lumineuse, avec des plats plus élaborés et tout aussi savoureux, orientés vers la mer. Également un cabaret burlesque *(shows mer et ven-sam 20h-22h ; résa indispensable).*

|●| ***Taberna da rua das Flores*** *(plan centre détachable, I9,* ***135****) : rua das Flores, 103. ☎ 213-479-418. • tabernadasflores@gmail.com • Tlj sauf dim 12h (18h sam)-minuit. Plats 9-14 €.* Modeste et discret dans sa petite rue, un peu à l'écart, ce resto à la déco chaleureusement vintage et tenu par des jeunes gens sympas, propose de délicieuses tapas et des plats végétariens. Choisir sur l'ardoise, comme la belle sélection de vin. C'est frais, naturel et bien goûteux ! Le tout sur fond de musique jazzy. Parfait en amoureux le soir avec ses lumières tamisées et son ambiance cosy. Bref, notre coup de cœur dans cette catégorie !

|●| ***Vicente by Canarlentejana*** *(plan centre détachable, I9-10,* ***147****) : rua das Flores, 6. ☎ 218-066-142. • flores@c4you.pt • Tlj 11h30-23h. Résa conseillée. Plats 11-22 €.* Avis à tous les carnivores : voici votre temple à Lisbonne ! La maison fait partie d'une coopérative des viandes et vins de l'Alentejo. Cadre rustique sympa, murs en pierre, voûtes, banquettes en cuir, sans oublier les petites bougies sur les épaisses tables en bois le soir. Bonnes bouteilles, bons fromages et plein de conseils judicieux. Et s'il vous reste un peu de place, la tarte au chocolat est un régal !

|●| ***Tapisco*** *(plan centre détachable, H8,* ***279****) : rua Dom Pedro V, 81. ☎ 213-420-681. • tapisco@tapisco.pt • Tlj 12h-minuit. Résa conseillée. Plats 8-22 €.* Une brasserie moderne dans une longue salle lumineuse, flanquée d'un bar en marbre. Parfait pour s'y accouder ! L'une des adresses les plus en vue du quartier. On vient ici déguster un tartare de thon, une salade, une omelette ou encore une entrecôte (plus cher). Service pro et stylé.

|●| 🧺 ***Mercearia do Século*** *(plan centre détachable, H8,* ***198****) : rua de O. Século, 145. ☎ 216-062-070. Tlj sauf dim 7h-23h30. Congés : début janv et 2e sem de juin. Résa conseillée. Tapas 6-8,50 € ; plats 13-15,50 €. CB refusées.* Petit resto-épicerie où l'on peut déguster une cuisine « faite maison », inspirée des anciennes recettes portugaises. La carte change en fonction du marché. Plats de poisson, de viande, végétariens ; et même un super gâteau au chocolat sans gluten ! On peut aussi y faire ses emplettes de produits portugais, conserves, vins, charcuteries et pâtisseries. Accueil chaleureux et francophone.

|●| 🧺 ***Arco da Velha*** *(plan centre détachable, I9,* ***203****) : rua de São Paulo, 184-186. 📱 966-788-171. • arcodavelha2014@gmail.com • Tlj 12h-minuit. Plats 9-10 €.* Autrefois une brocante ouverte par Antonio, cet antre hétéroclite – très bric-à-brac – est devenu un repaire d'amateurs de cuisine portugaise. À l'ardoise, potages, plats de viande ou de poisson ; tout est frais (marché à 2 pas) et fait maison. On peut même y faire ses emplettes et ramener quelques souvenirs vintage !

|●| ***Há Pitéu*** *(plan centre détachable, I8,* ***192****) : rua da Atalaia, 70. ☎ 212-451-801. 📱 913-431-118. Tlj sauf mar 19h-2h. Congés : 2e et 3e sem de juin et de nov. Tapas et plats 4-17 €. CB refusées. Sur présentation de ce guide, un digestif offert.* Un petit resto plutôt élégant, avec ses tables bien mises, ses nombreux verres et sa belle carte des vins. Côté menu, carte réduite, mais que des produits frais déclinés sous forme de tapas et autres bons petits plats, pour accompagner les godets. Excellent accueil.

|●| ***Atalho Real*** *(plan centre détachable, H7,* ***148****) : calçada do Patriarcal, 40. ☎ 213-460-311. • infos@grupoatalho.pt • Tlj 12h-minuit. Plats 8-20 €.* Dans cet ancien palais d'inspiration mauresque, on s'installe au choix sur une grande table d'hôtes, dans la cuisine, ou plus intimement sur des tables individuelles dans les autres grandes salles. L'un des meilleurs restos de la ville pour les carnivores, et pour cause : ouvert par la meilleure boucherie de Lisbonne (au Mercado de Campo Ourique). La spécialité, c'est la viande de bœuf. On choisit son morceau (à la carte ou à la cuisine), accompagné de

délicieuses frites. Également quelques salades. Immense et agréable terrasse, à l'orée du Jardin botanique.

|●| *Mercado da Ribeira* *(plan centre détachable, H-I10)* **:** *av. 24 de Julho. ☎ 213-462-966. ● mercado.ribeira@cm-lisboa.pt ● Tlj 10h-minuit (2h jeu-sam).* Il faut entrer dans les halls. Imaginez un projet un peu fou de réunir en un seul lieu toute la fine fleur de la gastronomie portugaise. Eh bien, c'est chose faite ! On retrouve sous cette somptueuse halle de verre et d'acier de nombreux stands où tous les chefs prodigieux de Lisbonne se sont réunis. À vous de faire votre choix entre un plat d'Henrique Sá Pessoa, ou un plat d'Alexandre Silva, Marlène Vieira ou Kiko Martins... Plus besoin de courir ! Ils sont tous ici représentés, proposant des plats entre 7 et 12 €. Un vrai challenge ! Viande, fruits de mer, charcuteries, fromages, pâtisseries, tout y passe. Les enfants s'amuseront de leurs burgers gourmets, les becs sucrés passeront la tête au goûter, et les amateurs de vin s'arracheront les bouteilles sélectionnées. Après, on s'installe sur les grandes tablées et on déguste dans un joyeux brouhaha. Possibilité aussi de rapporter quelques victuailles (voir la rubrique « Achats ») et même des livres. L'un de nos endroits préférés pour manger à Lisbonne !

|●| *Palácio Chiado* *(plan centre détachable, I9,* ***215****)* **:** *rua do Alecrim, 70. ☎ 210-101-184. ● geral@palaciochiado.pt ● Tlj 12h-minuit (2h ven-sam).* L'ancien palais Quintela, somptueux édifice du XVIIIe s avec peintures et vitraux, a fait peau neuve. Il retrouve l'esprit de fête qui y régnait autrefois. Désormais, plusieurs restos et bars se partagent l'espace. Comment ça marche ? On prend une carte magnétique en entrant, on la crédite à chaque resto ou bar du palais et on paie en sortant. Au choix, plats simples, pour les *veggies* ou les fans de viande, ou encore italiens. Sur le même principe, des bars très courus (voir « Où boire un verre ? Où sortir ? »)...

|●| *Oficina do Duque* *(plan centre détachable, I8,* ***131****)* **:** *calçada do Duque, 43 A. ☎ 210-996-354. ● info@oficinadoduque.pt ● Tlj 12h-23h. Plats 10-13 €.* En haut des marches, un grand resto d'angle. Intérieur design et contemporain ; et dans la ruelle : tables en terrasse au calme. Cuisine portugaise moderne, originale et savoureuse. Le chef a fait ses classes dans de nombreux restos au Brésil et même chez des chocolatiers. Il en a ramené l'amour du produit brut ! Bon accueil.

|●| *Faca & Garfo* *(plan centre détachable, J8,* ***149****)* **:** *rua da Condessa, 2. ☎ 213-468-068. Tlj sauf dim 11h-23h. Congés : 2de quinzaine de janv. Plats 7-12 €.* Une petite salle aux murs ocre tapissés d'azulejos et une minuscule terrasse triangulaire. Carte courte, mais produits frais (viande ou poisson). Pas de la grande cuistance, mais des plats traditionnels simples et copieux. Accueil discret.

|●| *Artis Wine Bar* *(plan centre détachable, I8,* ***150****)* **:** *rua do Diário de Notícias, 95. ☎ 213-424-795. ● artiswinebar@gmail.com ● Tlj sauf lun 17h30-2h (3h ven-sam). Résa conseillée. Repas 12-18 €.* Spécialité de saucisses de viande flambées. La cuisine est de bonne facture, servie sous forme de tapas plutôt consistantes. Petite salle cosy, décorée d'objets choisis où trône une télé diffusant du foot. Service efficace.

|●| *Fidalgo* *(plan centre détachable, I9,* ***152****)* **:** *rua da Barroca, 27. ☎ 213-422-900. Tlj sauf dim 12h-15h, 19h-23h. Plats 11-17 €.* L'atmosphère se veut à la bonne franquette, avec un mur garni de bouteilles ; mais point de populaire, ce n'est qu'un décor de théâtre qui attire plutôt une clientèle un rien chic. On y savoure une cuisine de la mer plutôt inventive, mais les viandards y trouveront aussi leur compte. Une poignée de tables, ambiance calme et détendue.

|●| *O Cantinho do Bem Estar* *(plan centre détachable, I9,* ***153****)* **:** *rua do Norte, 46. ☎ 213-464-265. Tlj sauf lun. Plats 9-12 €.* Un tout petit resto pour goûter la cuisine de l'Alentejo. Juste quelques tables serrées comme des sardines dans une gentille salle blanche décorée d'azulejos. Même en semaine, on fait la queue sur le trottoir, et du coup, on commande avant même de s'asseoir. Vite fait, bien fait !

Plus chic

|●| *O Asiático* *(plan centre détachable, H-I8,* ***154****)* **:** *rua da Rosa, 317.*

☎ 211-319-369. • oasiatico@comeromundo.com • Ouv ven-dim 12h-17h, tlj 19h-minuit. Résa conseillée. Plats 9-16 € ; repas env 40 €. Ici, le spectacle se joue derrière le rideau rouge ! Le chef Kiko Martins – star de la télé portugaise – a ouvert cette table chic et tendance pour revisiter ses plats asiatiques préférés. Et c'est réussi ! Viande, poisson, légumes ; tout est transformé pour une explosion de saveurs, de couleurs et d'odeurs, qui croustille, qui fond et qui croque ! Juste quelques plats à la carte. À déguster dans une grande salle néo-indus' ouverte sur les cuisines – lumineuse en journée et intime le soir – et flanquée d'un charmant patio verdoyant. Service au top.

Mesón Andaluz *(plan centre détachable, I9-10,* ***155****) : travessa do Alecrim, 4. ☎ 214-600-659. • geral@mesonandaluzlisboa.com • Tlj sauf dim midi. Résa conseillée. Tapas et plats 4-22 €.* Entre 2 escaliers, une petite terrasse avec des tonneaux transformés en tables. Cuisine espagnole recherchée mais sans chichis, réalisée avec des produits de qualité. Belle salle voûtée en brique aux accents baroques un peu clinquants. Mais l'essentiel est dans l'assiette, vraiment. Impec' aussi pour boire un verre accompagné de quelques tapas. Bon accueil.

Café Buenos Aires *(plan centre détachable, I8,* ***156****) : calçada do Duque, 31B. ☎ 213-420-739. Tlj 12h-1h. Résa conseillée. Plats 9-23 €.* À la carte, cuisine argentine aux viandes délicieuses ! Également des salades, tartines et autres tapas pour les fauchés. À dévorer dans une petite salle un peu de guingois, à l'éclairage intimiste et aux murs patinés. Bref, une tranche de tango au pays du fado ! Annexe dans la rue à gauche (rua do Duque), où l'ambiance est un doux mélange de Buenos Aires et de Paris. Accueil sympa.

De plus chic à beaucoup plus chic

A Cevicheria *(plan centre détachable, H8,* ***160****) : rua Dom Pedro V, 129. ☎ 218-038-815. • acevicheria@comeromundo.pt • Tlj 12h-minuit. Menu dégustation (6 plats) 44 € ; plats 7-15 €.* Avec son sol en azulejos bleus et son bar en U surmonté d'un lustre-poulpe géant, on ne peut pas se tromper, c'est bien ici que le chef talentueux Kiko Martins vous régale de ses ceviches ! Pas de réservation, il faut donc arriver tôt pour pouvoir s'asseoir sur les quelques tables ou au comptoir en marbre, car la salle n'est pas bien grande. Poisson super frais et ceviche délicieux, qu'on prépare sous vos yeux si vous êtes aux 1res loges, au comptoir. Accompagné d'un bon verre de vin blanc ou d'un *pisco sour.* Le tout pour un rapport qualité-prix incontestable. Accueil un rien obséquieux, dommage.

100maneiras *(plan centre détachable, I8,* ***161****) : rua do Teixeira, 35. 📱 910-307-575. • info@restaurante100maneiras.com • Tlj 20h-minuit. Résa conseillée. Menu dégustation (choix unique : 10 plats !) 60 €.* Une belle découverte, dans une toute petite salle blanche qui pourrait être plus joyeuse. Ici, le talentueux chef Ljubomir Stanisic s'amuse à réinventer la cuisine portugaise en s'invitant dans des contrées plus lointaines, au gré du marché. Et rien que l'intitulé des plats – annoncé par une escouade de serveurs – fait sourire ! C'est original et délicieux ; et le tout s'accorde merveilleusement bien, grâce aux vins sélectionnés par le sommelier.

Mini Bar Teatro *(plan centre détachable, I9,* ***162****) : rua António Maria Cardoso, 58. ☎ 211-305-393. • grupos@joseavillez.pt • Tlj 19h-1h (2h pour le bar). Résa conseillée. Menus 45-55 € ; carte 35-50 €.* Le chef superstar José Avillez (passé entre autres chez Ducasse, Troisgros et Ferran Adrià) a ouvert ce bar-gastro dans un ancien théâtre. Grande salle à la déco sophistiquée – aux accents vintage – avec lumière tamisée et musique à la mode ; offrant plusieurs espaces distincts, plus ou moins séparés les uns des autres. Le 1er menu, décliné en « 5 actes » (on cite !) plus l'« *isolated act* » (le dessert), permet de goûter 11 plats différents en portion dégustation ! Bref, une très jolie balade gustative, surprenante car le chef n'a pas oublié son passage chez Ferran Adrià *(El Bulli)* et sa cuisine moléculaire !

***Pharmacia** (plan centre détachable, H9, **164**) : rua Marechal Saldanha, 1. ☎ 213-462-146. • pharmacia@chef-felicidade.pt • Tlj 12h30-1h. Plats 9-16 €.* Une adresse insolite ! Ce magnifique bâtiment du XVIIIe s, en fait un ancien hôpital bordé d'une pelouse synthétique, cache un secret. Poussons la grille ! C'est une adresse idéale pour un tête-à-tête entre le docteur Frankenstein et Morticia Adams. Bienvenue dans l'étrange resto du musée de la Pharmacie, où le mobilier vintage et dépareillé sort tout droit d'un vieux labo. Dans l'assiette, façon tapas, de bons petits plats portugais ; des laborantins apportent ces po(r)tions magiques avec le sourire ! Cuisine finalement classique, mais ambiance très sympa avec des enfants. Agréable terrasse aux beaux jours, avec vue sur le miradouro de Santa Catarina, impec' aussi pour boire un verre.

Pâtisseries, glaces, cafés et salons de thé

***Manteigaria** (plan centre détachable, I9, **254**) : rua do Loreto. ☎ 213-471-492. • info@mantegaria.com • Tlj 8h-minuit.* Tout simplement les meilleurs *pastéis de nata* de la ville ; et Dieu sait qu'on en a testé pas mal ! À déguster debout sur un étroit et long comptoir, avec un café.

***Confeitaria Cister** (plan centre détachable, G-H7, **253**) : rua da Escola Politécnica, 101-107. ☎ 213-962-423. Tlj sauf dim 6h-23h.* Fréquenté en 1838 par l'écrivain Eça de Queiróz, qui y avait ses habitudes (son portrait trône dans la salle). Délicieuses pâtisseries à engloutir, sans compter, dès le petit déj. Aussi des sandwichs et toasts pas chers. On peut y déjeuner et profiter également d'une bonne cuisine portugaise, préparée avec grand soin. Une bonne adresse d'habitués.

***Padaria do Bairro** (plan centre détachable, I9, **257**) : rua da Misericórdia, 13-17. Tlj 7h-20h.* Grande salle lumineuse et confortable pour cette boulangerie-cafét' qui appartient à une chaîne. Parfait pour un petit déj ou un repas rapide. Appétissantes pâtisseries. Plusieurs autres adresses dans la ville.

***Pastelaria Benard** (plan centre détachable, I9, **276**) : rua Garrett, 104. ☎ 213-473-133. Tlj sauf dim 8h-23h.* Très bons croissants, pâtisseries et glaces. Le lieu idéal pour une pause gourmande à toute heure, tant sucrée que salée. Accueil pas terrible, dommage. Voir aussi « Où boire un verre ? Où sortir ? Beaux bars et vrais cafés » plus loin.

***Doce Real** (plan centre détachable, H8, **255**) : rua Dom Pedro V, 121. Tlj sauf dim 7h30-19h (sam 8h-13h).* Lieu minuscule mais grande adresse ! *Pastéis de nata* tièdes et cakes chauds toute la journée, ainsi que des en-cas à emporter pour piqueniquer dans le jardin du Príncipe Real tout proche.

***Mesa com Pão** (plan centre détachable, I-J9, **263**) : rua da Trindade, 7. ☎ 210-196-586. • lisboadoce2015@gmail.com • Tlj 8h-20h30.* Une halte bienvenue pour casser une graine, prendre un petit déj ou déguster des *pastéis de nata* au goûter. On peut même se faire un burger *vegan*, un sandwich, des toasts, une salade... Grandes tablées, belles voûtes de pierre, le tout au frais. Bon accueil.

***Chiado Café** (plan centre détachable, I9, **136**) : rua do Loreto, 45-47. ☎ 213-460-828. Tlj sauf dim 7h-20h.* Pour un bon café, un jus d'orange ou des feuilletés salés, tartes et gâteaux. Quelques tables pour se poser dans une longue salle moderne. Bon service.

***Pastelaria Flor do Mundo** (plan centre détachable, I8-9, **258**) : rua da Misericórdia, 87. ☎ 213-469-589. Tlj sauf dim 7h-minuit.* Une pâtisserie simple mais accueillante avec des tables pour se poser un peu. Bons jus de fruits frais et pâtisseries (excellents *pastéis de nata*) à prix raisonnables. Aussi quelques plats du jour servis en continu. Accueil sympa en français.

***Gelados Santini** (plan centre détachable, J9, **259**) : rua do Carmo, 9. ☎ 213-468-431. Tlj 11h-minuit.* Il y a toujours la queue chez ce glacier vêtu de rayures rouges et blanches, car ses glaces sont bonnes et le service rapide ! Quelques tables et banquettes à l'intérieur.

Où boire un verre ? Où sortir ?

Jusqu'au début des années 1990, la ***rua da Atalaia*** et ses voisines avaient le monopole de la vie nocturne lisboète : une des plus fortes concentrations d'Europe ! Au début du XXIe s, ce sont les entrepôts transformés en mégaboîtes chic et technologiques de l'***avenida 24 de Julho,*** le long du Tage, qui ont eu la cote, fortement concurrencés par la zone des ***Docas,*** près des bassins à flot de l'Alcântara et de Santo Amaro. Aujourd'hui, on redescend sur ***Bica*** pour se retrouver dans la célèbre rue en pente (le funiculaire ne fonctionne plus la nuit !) ou dans les anciennes venelles chaudes de ***Cais do Sodré.*** Qu'importe, le parcours noctambule commence toujours ici par un cabotage de bar en bar. Du populaire bistrot bien crasseux au plus snob. Le rappeur, le galeriste en vue, le néobaba, l'étudiant fauché... y cohabitent dans l'intelligence du petit prix des consommations. *Attention,* les lieux restent étrangement déserts avant 23h.

Beaux bars et vrais cafés

Pastelaria Benard *(plan centre détachable, I9,* ***276****) : rua Garrett, 104. ☎ 213-473-133. Tlj sauf dim 8h-23h.* Juste à côté d'*A Brasileira,* bel établissement ancien avec une jolie salle intérieure et une grande terrasse aux beaux jours. Petite restauration, très bons cafés, mais aussi pâtisseries, glaces.... Parfait pour un verre. Accueil : peut mieux faire ! Voir aussi « Pâtisseries, glaces, cafés et salons de thé » plus haut.

Enoteca Chafariz do Vinho *(plan centre détachable, H7,* ***277****) : rua da Mãe d'Água à Praça da Alegria. ☎ 213-422-079. • clientes@chafarizdovinho.com • Accès au pied de l'escalier. Tlj sauf lun 18h-1h.* Ce bâtiment étonnant et atypique appartenait au système de distribution d'eau de Lisbonne. Haute salle en pierre avec citerne et fontaine, galerie mystérieuse... Aujourd'hui devenu un bar à vins proposant – sur fond jazzy – un large choix de nectars portugais et de portos de tous âges, qu'on accompagne volontiers de quelques tapas honnêtes.

Pavilhão Chinês Bar *(plan centre détachable, H8,* ***279****) : rua Dom Pedro V, 89-91. ☎ 213-424-729. • barpavilhaochines@gmail.com • Tlj 18h (21h dim)-2h.* Hallucinante création d'un célèbre architecte d'intérieur. Imaginez un collectionneur fou à qui l'on aurait confié les salons douillets d'un club anglais pour y exposer ses objets. Pas un centimètre carré de mur qui ne soit exploité dans l'enfilade des salles ! Le tout avec la méthodologie d'un Muséum d'histoire naturelle : les poupées en céramique, les soldats de plomb, les maquettes de bombardiers, les grenouilles en faïence, les statues de Chinois... Le lieu lui-même est bizarre, comme si les fauteuils 1900, la moquette rouge, les lampes tamisées et le billard ancien avaient appartenu à un baron excentrique ! Carte des délicieux cocktails longue comme le bras. Fado (payant) le mardi à 19h. Plus qu'un bar, c'est une institution !

Mojito Compay Tasca Cubana *(plan centre détachable, I8,* ***310****) : travessa da Queimada, 4. ☎ 213-465-792. • mojito_compay01@hotmail.com • Tlj sauf 18h-2h.* Un petit bar qui ne paie pas de mine, avec ses voûtes et son vieux comptoir. Mais Fonseca, le patron, sait mettre l'ambiance avec des mojitos bien servis et une musique endiablée. Et surtout, chaque client doit dessiner Fonseca, qui prend la pose, pour refaire sa déco !

Sol e Pesca *(plan centre détachable, I10,* ***280****) : rua Nova do Carvalho, 44. ☎ 213-467-203. • solepesca@gmail.com • Tlj sauf dim 12h-2h (4h jeu-sam).* Dans cette rue bien connue des fêtards, c'est un minuscule bar décoré de filets de pêche, d'hameçons, de cannes et de conserves de sardines. Chaises et tables chinées. Bonne ambiance. Passé 23h, l'animation est surtout dans la rue, dont le sol a été peint... en rose !

Lost'In Bar *(plan centre détachable, I8,* ***281****) : rua Dom Pedro V, 56 D. 📱 917-759-282. • lostin.esplanada@gmail.com • Tlj sauf dim 12h30 (16h lun)-minuit. Jazz sessions jeu 20h30-23h30.* D'abord une boutique d'articles indiens (tissus, coussins, etc.). Mais le principal se situe à l'arrière : immense terrasse – couverte ou en plein air – surplombant la ville. Mon tout dans l'ambiance très colorée de la maison. Fait aussi resto.

British Bar *(plan centre détachable, I10, **283**)* **:** *rua Bernardino Costa, 52-54. ☎ 213-432-367. Tlj sauf dim 12h-4h.* Un vrai beau bar lambrissé, avec un grand choix de mousses et de whiskies. Au plafond, le ventilo fait son office de rafraîchisseur d'ambiance. Attire un grand nombre de Lisboètes à la sortie des bureaux.

Esplanada Café *(plan centre détachable, H7, **138**)* **:** *praça do Príncipe Real, 23. ☎ 213-470-087. Tlj 9h-minuit (2h jeu-sam).* Gentil pavillon-verrière en demi-lune sous les cyprès du square verdoyant, avec tables et chaises à l'ombre des arbres ; agréable à toute heure pour boire sagement un café, un verre...

Bars branchés

Park *(plan centre détachable, H9, **301**)* **:** *calçada do Combro, 58 ; 7º. ☎ 215-914-011. Tlj sauf dim 13h-2h.* Une de nos adresses les mieux cachées... sur le toit d'un parking urbain ! Ne pas avoir peur d'entrer et de prendre l'ascenseur recouvert de graffitis à l'intérieur du parking. Là-haut, vue superbe sur les toits de la ville, l'église Santa Catarina et le Tage au loin. DJs, quelques coins salons noyés dans la verdure, belle carte de cocktails et de burgers à grignoter. Parfait pour *chiller* tranquille. On recommande !

Madame Petisca *(plan centre détachable, H9, **278**)* **:** *rua de Santa Catarina, 17 ; 3º. ☎ 214-060-345. • lisboa@madamepetisca.pt • Sur le toit du* Shiadu Monte Belvedere Hotel. *Tlj 16h-minuit.* Un de nos spots préférés pour apprécier le coucher du soleil sur Lisbonne ! Parfait pour boire un verre (cocktails, vins, bières...) en musique, dans une ambiance tirant sur l'indus'. Vite pris d'assaut.

The Insolito *(plan centre détachable, I8, **49**)* **:** *rua de São Pedro de Alcântara, 83. ☎ 211-30-33-06. • reservas@theinsolito.pt • Tlj sauf lun 18h-23h (minuit ven-sam).* C'est le *rooftop* bar de l'AJ privée *The Independente Hostel,* bien connue pour sa superbe vue sur toute la ville et son ambiance jeunes branchés.

By the Wine *(plan centre détachable, I9, **275**)* **:** *rua das Flores, 41-43. ☎ 213-420-319. • bythewine@jmfonseca.pt • Tlj 12h (18h lun)-minuit.* Bar monumental dont le plafond voûté est recouvert d'une foule de bouteilles de vin du sol au plafond ! Immense comptoir, idéal pour grignoter du jambon bellota, quelques fromages ou des plats plus typiques. Et boire un verre de vin, bien sûr !

Pensão Amor *(plan centre détachable, I10, **285**)* **:** *rua do Alecrim, 19 (autre entrée rua Nova do Carvalho, 38). ☎ 213-143-399. • pensaoamor@mainside.pt • Tlj 14h-3h (4h jeu-sam).* Installé dans un ancien bordel ! Le boudoir semble intact et les tentures rouges écarlate émoustilleraient le 1er taureau échappé d'une *tourada* (corrida portugaise). Eh bien non ! L'atmosphère demeure au raffinement et à la tranquillité, on sirote bien sagement thé ou fins breuvages alcoolisés, les fesses dans un petit fauteuil crapaud. Puis on se balade médusé dans les étages pour découvrir – au gré des salons – des murs recouverts de fresques de femmes dénudées (façon pop art), une piste de danse, des spectacles d'effeuillages soft et de *pole dance* certains soirs, une boutique de gadgets extatiques... Bref, un lieu étonnant, à voir et à boire. Foncez !

Palácio Chiado *(plan centre détachable, I9, **215**)* **:** *rua do Alecrim, 70. ☎ 210-101-184. • geral@palaciochiado.pt • Tlj 12h-minuit (2h ven-sam).* L'ancien palais Quintela, somptueux édifice du XVIIIe s, a retrouvé l'esprit de fête qui y régnait autrefois. Comment ça marche ? On prend une carte magnétique en entrant, on la crédite à chaque resto ou bar du palais, et on paie en sortant. Cadre somptueux, clientèle un peu chic. Cocktails extra.

Bar à *ginjinha*

Ginginha do Carmo *(plan centre détachable, J8, **121**)* **:** *calçada do Carmo, 37 A. ☎ 211-911-898. Au pied des marches de l'escalier du largo do Carmo. Tlj 12h-minuit (plus tard le w-e).* De quoi se donner du cœur avant ou après l'escalier : un petit verre de cet alcool de cerise si typique du Portugal ! À siroter debout au comptoir de ce micro local.

Bars de nuit

Il y en a à tous les coins de rue, ou presque. Pour faire des rencontres, ne cherchez plus, c'est ici ! Faites attention quand même : près des bars de nuit, on vous proposera pas mal de drogues. Passez tranquillement votre chemin ! Les dealers ne sont pas particulièrement agressifs, mais un routard averti en vaut 2.

O Bom O Mau e O Vilão *(Le bon, la brute et le truand ; plan centre détachable, I10, **285**)* **:** *rua do Alecrim, 21. 964-231-631. • obomomauovilao@hotmail.com • Tlj 19h-2h (3h ven-sam).* Cadre spacieux, genre galerie d'art, morcelé de plusieurs salons avec fauteuils colorés vintage. Toute la panoplie des cocktails traditionnels, et surtout « The Good, the Bad & the Ugly » (rhum, gingembre, basilic et jus d'orange) ! Sets de DJs et programmation d'invités pointue...

A Bicaense *(plan centre détachable, I9, **286**)* **:** *rua da Bica de Duarte Belo, 42. 965-791-724. • bicaense22@gmail.com • Tlj sauf dim-lun 19h-2h.* C'est dans les bars de cette pittoresque rue en pente – où circule en journée le funiculaire de Bica – que la jeunesse fêtarde de Lisbonne se retrouve en soirée. Parmi d'autres, ce bar pas bien grand, offre un comptoir métal et noir, des projections de films expérimentaux et de la musique tendance distillée par des DJs à la pointe. Et, surtout, la rue rien que pour vous !

Portas Largas *(plan centre détachable, I8, **287**)* **:** *rua da Atalaia, 105. ☎ 213-466-379. Tlj 19h-2h.* Un repaire d'oiseaux de nuit au plumage arc-en-ciel. Plus de garçons que de filles, vous comprendrez vite pourquoi ! C'est toujours plein à craquer et, le samedi soir, ça déborde allègrement sur le trottoir. Belle atmosphère entre les murs à damiers de ce bar à la déco oscillant entre rustique et rétro.

Clandestino Bar *(plan centre détachable, I8, **300**)* **:** *rua da Barroca, 99 (pas d'enseigne). Tlj sauf dim 18h-4h.* Minuscule petit bar de nuit, dont les 2 petites salles en enfilade sont décorées de tags par les clients, du sol au plafond. Sympa, bonne musique et bonne ambiance. Accueil jovial.

Où écouter du fado ?

Ne demandez pas où l'on peut encore trouver des adresses qui ne soient pas touristiques, ça fait rire même ceux qui sont en pleine *saudade party* !

Tasca do Chico *(plan centre détachable, I9, **139**)* **:** *rua do Diário de Notícias, 39. 961-339-696. • tascadochico56@hotmail.com • Tlj 19h-1h30.* Dans une toute petite échoppe avec photos de Chico d'hier et d'aujourd'hui. Clientèle mélangée d'habitués et de touristes. Bonne cuisine, bons vins et chanteurs au top. Pour une soirée fado chaleureuse !

Café Luso *(plan centre détachable, I8, **310**)* **:** *travessa da Queimada, 10. ☎ 213-422-281. • cafeluso@cafelusofood.pt • Tlj 19h-2h. Conso min 27 € à partir de 19h, 17 € après 21h30 ; menu 46 € ; plats 12-35 €.* Sous des voûtes en pierre du XIIe s, dans les anciennes écuries et caves du palais São Roque. On vient ici pour écouter du fado, plus que pour la qualité de la cuisine. Et vous ne serez pas seul dans ce lieu hyper touristique !

Où écouter de la musique ? Où danser ?

Quelques boîtes ont bien survécu, mais le Bairro Alto, c'est avant tout des bars, et il y en pas mal dans un rayon restreint. Pour les boîtes, on ira plutôt dans le coin des Docas (voir plus loin).

LISBONNE QUARTIER PAR QUARTIER

♪ ***ZDB*** *(Zé Dos Bois ; plan centre détachable, I9,* ***311****) : rua da Barroca, 59. ☎ 213-430-205. • prazeres@zedosbois.org • Tlj sauf dim 18h (22h lun-mer)-2h (3h ven-sam).* Petit lieu alternatif dynamique pour les 18-30 ans. D'abord consacré à l'art contemporain, notamment aux arts visuels, il abrite aussi une petite salle proposant presque tous les soirs des concerts à prix raisonnables. Programmation éclectique.

♪ ***Music Box*** *(plan centre détachable, I10,* ***313****) : rua Nova do Carvalho, 24 (entrée sous l'arche). ☎ 213-430-107. • office@musicboxlisboa.com • Tlj à partir de minuit. Entrée : 7-20 € selon programme.* Au cœur de l'ancien quartier chaud qui naguère offrait un peu de joie terrestre au marin de passage. Quand les bars ferment, c'est la boîte 3e partie de soirée de Cais do Sodré !

Achats

À boire et à manger

Mercado da Ribeira *(plan centre détachable, H-I10) : av. 24 de Julho. ☎ 213-462-966. • mercado.ribeira@cm-lisboa.pt • Marché tlj sauf dim 6h-14h ; restos tlj 10h-minuit (2h jeu-sam).* Un marché traditionnel (fruits, fleurs et légumes) doublé d'une halle entièrement dédiée à la fine fleur de la gastronomie portugaise, voire lisboète. Conserves de poisson, vins, chocolats, de quoi faire ses emplettes. Aussi des restos (voir « Où manger ? ») !

Chocolataria Equador *(plan centre détachable, I8,* ***106****) : rua da Misericórdia, 72. ☎ 213-471-229. • equadorlisboa@chocolatariaequador.com • Tlj 11h-20h.* Une chocolaterie pour faire le plein de ces fèves des anciennes colonies portugaises, comme São Tomé. Emballages élégants et délicieusement rétro. À déguster sans modération, ou presque !

Garrafeira Internacional *(plan centre détachable, H7,* ***336****) : rua da Escola Politécnica, 15-17. ☎ 212-476-292. • geral@garrafeirainternacional.com • Tlj sauf dim 10h-20h.* Bon choix de vins portugais, parfois de régions trop peu connues. Une bonne occasion de les découvrir ! Dégustation gratuite de vin de table et de porto. Bons conseils (et bons emballages pour le retour).

De la tête aux pieds

Paris em Lisboa *(plan centre détachable, I9,* ***337****) : rua Garrett, 77. ☎ 213-424-329. • parisemlisboa@mail.telepac.pt • Tlj sauf dim 10h-19h.* Du beau linge, en vitrine comme sur les rayons, on peut le dire ! C'est à Torres Novas (100 km) qu'on fabrique les *turcos* (tissu éponge) les plus réputés du pays. Serviettes de toilette douces au toucher dans une gamme de coloris variée.

El Dorado *(plan centre détachable, I9,* ***338****) : rua do Norte, 25. 📱 944-792-275. Tlj 17h-23h (minuit ven-sam, 22h dim).* Les fringues vintage déjantées côtoient des 33-tours collectors. Pour les fouineurs branchés ou les nostalgiques. Et la proprio est sympa !

Les ruas Dom Pedro V et da Escola Politécnica rivalisent à chaque numéro ou presque en termes de *concept stores* de fringues, bijoux, objets design, meubles, gadgets, chaussures, etc. Le plus spectaculaire est ***Embaixada*** *(plan centre détachable, H7,* ***339****)*, en face de la praça do Príncipe Real, au n° 26, installé dans un ancien palais mauresque superbe du XIXe s *(tlj 12h-20h)*. Dispose aussi d'un joli jardin et d'une salle à colonnades pour déjeuner entre 2 séances shopping.

Artisanat, art

Dans la ***rua da Rosa*** *(plan centre détachable, I8-9)*, de nombreuses **galeries d'art** (*Arquivo 237*, au n° 237 ; *Galeria Tereza Seabra*, aux nos 158-160...), mais aussi des ***créateurs de vêtements et d'accessoires*** (*Poise*, au n° 197 ; *Jans*, au n° 212...). Bref, un vent d'air frais sur la création contemporaine portugaise !

A Vida Portuguesa *(plan centre détachable, J9,* ***340****) : rua Anchieta, 11. ☎ 213-465-073. • lojachiado@avidaportuguesa.com • Tlj 10h (11h dim)-20h.*

Installée dans une ancienne fabrique de cosmétiques préservée de la démolition, cette vieille boutique vend « l'âme portugaise » ! Belle sélection de produits fabriqués localement et qui ont marqué la mémoire nationale : cosmétiques, crèmes pour les mains, parfums, shampoings, eaux de Cologne, savons, bougies, huile d'olive, conserves de sardines, jouets pour enfants, bibelots, petits souvenirs de qualité et rares. D'autres boutiques en ville (voir la rubrique « Achats » dans le quartier de Graça).

Vista Alegre *(plan centre détachable, I9,* ***341****) : largo do Chiado, 20-23. ☎ 213-461-401. • geral@vistaalegre.com • Tlj 10h-20h.* La plus réputée des fabriques de porcelaine portugaises, fondée en 1824 (peut se visiter près d'Aveiro). Du classique tendance chic. On n'est plus obligé d'acheter un service complet.

Cerâmicas na Linha *(plan centre détachable, J9,* ***335****) : rua Capelo, 16. ☎ 215-984-813. • lojachiado@ceramicasnalinha.pt • Tlj 10h (12h dim)-20h.* Dans une petite ruelle au calme, des étagères de céramique colorées, aux formes variées, qu'on achète au poids. Super !

Pau Brasil *(plan centre détachable, H7,* ***336****) : rua da Escola Politécnica, 42. ☎ 213-420-954. • info@paubrasil.com • Tlj 12h-20h (18h dim).* Un *concept store* autour du design portugais, mis en scène par Joanna Astolfi, une des pointures du genre ! Chaises, canapés, vaisselle... de quoi s'inspirer ou ramener des objets.

Sant'Anna *(plan centre détachable, I9,* ***342****) : rua do Alecrim, 95. ☎ 213-422-537. • info@santanna.com.pt • Tlj sauf dim 9h30-19h (10h-14h sam).* Très belle boutique d'*azulejos*, mais aussi toutes sortes de céramiques, vaisselle, etc.

Claus Porto *(plan centre détachable, I8,* ***323****) : rua da Misericórdia, 135. 917-215-855. • support@clausporto.com • Tlj 10h-21h.* Une marque mythique de savons et de soins germano-portugaise, née en 1887. Superbes emballages vintage qui s'inspirent de la Belle Époque française !

Luvaria Ulisses *(plan centre détachable, J8,* ***356****) : rua do Carmo, 87 A. ☎ 213-420-295. • info@luvariaulisses.com • Tlj sauf dim 10h-19h.* Une toute petite boutique de 1925 avec son mobilier Empire et sa façade néoclassique qui ne vend que des gants en cuir. Rien ne semble avoir changé depuis l'ouverture !

Azulejos

Solar *(plan centre détachable, H-I8,* ***343****) : rua Dom Pedro V, 68-70. ☎ 213-465-522. • solar@mail.telepac.pt • Tlj sauf dim 10h-19h (13h sam). Fermé sam en juil-août.* Cet antiquaire est spécialisé dans la vente d'*azulejos* anciens (XVIe-XXe s). Les prix sont corrects, compte tenu de la qualité, et il est inutile de discuter.

Linge de maison, broderie, layette

Teresa Alecrim *(plan centre détachable, J9,* ***344****) : rua Nova do Almada, 76. ☎ 213-421-831. • mail@teresaalecrim.com • Tlj 10h-19h.* Magnifique boutique de linge de maison brodé, serviettes de toilette... Tout ou presque est fait main. Pas donné, mais bon rapport qualité-prix vu le travail que tout cela représente !

Disques

Louie Louie *(plan centre détachable, J9,* ***324****) : escadinhas do Santo Espírito da Pedreira, 3. ☎ 213-472-232. • louielouie.lisboa@gmail.com • Tlj 11h (15h dim)-19h30.* Plus de 3 000 disques, du premier d'Amalia Rodrigues *(75 € !)* à Ana Moura.

À voir. À faire

Les quartiers du Carmo et du Chiado

Le 25 août 1988, le cœur de Lisbonne brûle : un incendie s'est déclaré dans le grand magasin *Grandela,* au bas de la place du Rossio. Le feu se propage très vite, les pompiers accèdent difficilement aux immeubles. Les rues do Carmo, Nova do

LISBONNE QUARTIER PAR QUARTIER

Almada, Assunção et do Crucifixo sont les plus touchées. Cet incendie a infligé à ce quartier historique l'un des plus graves dommages depuis le tremblement de terre de 1755. Pour la reconstruction, l'architecte Álvaro Siza Vieira a tenu à préserver le style du quartier au charme années 1930.
Aujourd'hui, boutiques de luxe et immeubles de standing donnent le ton. Le soir venu, l'animation quitte peu à peu le Chiado pour se glisser dans les ruelles du Bairro Alto voisin. Pour accéder au quartier du Carmo, emprunter l'âpre calçada do Carmo.
Le saviez-vous ? António Ribeira Chiado était un moine poète du XVIe s. Trop bon vivant, il préféra abandonner son froc. Si on le vénère moins pour ses vers gouailleurs que Pessoa, qui est assis pour l'éternité à quelques pas de lui devant le café *A Brasileira,* c'est quand même lui qui a eu le dernier mot : un quartier à son nom, si vivant que tout Lisbonne passe et repasse.

Pour commencer, faites un tour (d'horizon) en empruntant le fameux ***elevador de Santa Justa*** *(plan centre détachable, J8-9,* ***367****)* : *payant – voir plus haut « Infos pratiques sur place. Comment se déplacer ? Les funiculaires* (ascensores) *et les ascenseurs* (elevadores) *».* Du haut de l'édifice, outre la machinerie, on a une vue sur la colline du *castelo* et sur les alignements de la Baixa. À faire en début de matinée de préférence, car il y a moins de monde. ***Astuce :*** il est possible d'accéder gratuitement au belvédère situé au 1er étage de l'elevador de Santa Justa en passant par le largo do Carmo, juste à côté du Museu arqueológico do Carmo, et en empruntant la passerelle qui passe au-dessus de la rua do Carmo ; on a déjà une très belle vue !

UNE MACHINE À VISITER LA LUNE

Jusqu'en 1907, l'elevador de Santa Justa fonctionnait grâce à la vapeur, puis il fut électrifié. On imagine bien les nuages de vapeur jaillissant de cette mécanique julesvernesque. « Une machine à visiter la Lune », comme le disait l'écrivain Valery Larbaud ! Et ne dites pas qu'il fut construit par Eiffel : ce fut l'un de ses élèves – Raoul Mesnier du Ponsard – qui s'attela à la tâche !

Convento-museu do Carmo – Museu arqueológico do Carmo *(****MAC*** *; plan centre détachable, J8,* ***368****)* ***:*** *largo do Carmo. ☎ 213-478-629. • museuarqueologicodocarmo.pt • Tlj sauf dim 10h-18h (19h juin-sept). Fermé 1er janv, 1er mai et 25 déc. Entrée : 4 € ; réduc, notamment avec la* Lisboa Card.
Cette église du XIVe s, l'une des plus grandes de la ville, avec sa nef à ciel ouvert, est restée dans l'état où l'a laissée le tremblement de terre de 1755. Une atmosphère étrange et romantique règne dans ce lieu qui mérite la visite. On découvre tout d'abord la grande nef en ruine où sont exposés des pierres tombales et les blasons sculptés de plusieurs personnages de la bourgeoisie et de la noblesse portugaises (au sol et sur les murs). Remarquer la solitaire stèle funéraire de 1814 avec ses caractères hébreux.
Au fond, dans le chœur, abrité par un toit, voici le remarquable petit Musée archéologique avec de beaux tombeaux en pierre, dont la sépulture de dom Nuno Alvares Pereira (1360-1431), 2d connétable du Portugal qui fonda cette église. Voir aussi le tombeau de la reine Maria Ana de Austria (son style rappelle celui des tombeaux des Habsbourg à Vienne). Plus loin, des vestiges romains, wisigothiques et précolombiens (statuettes aztèques et chimu), un bas-relief hindou... Une des pièces les plus étonnantes demeure ce sarcophage égyptien (avec sa momie) de l'époque ptolémaïque ; sans oublier les momies incas du Pérou (XVe-XVIe s). Ce sont des restes desséchés et ficelés de jeunes filles qui portent encore des cheveux longs, fragiles comme des fils...

Museu et igreja São Roque *(plan centre détachable, I8,* ***369****)* ***:*** *largo Trindade Coelho. ☎ 213-235-444. • museu-saoroque.com • ♿ Lun 14h-18h (19h avr-sept),*

mar-dim 10h-18h (19h avr-sept ; 20h jeu avr-sept). Fermé 1er janv, Pâques, 1er mai et 25 déc. Entrée : 2,50 € ; réduc, notamment avec la Lisboa Card. *Petite brochure en français.*
Le musée abrite une collection d'art sacré remarquable, allant du XVIe au XVIIIe s, en provenance de plusieurs pays d'Europe. Très beau christ crucifié de Ceylan du XVIe s, en ivoire finement travaillé. Reliquaires richement ouvragés, dont un délicat du Japon (fin XVIe s) en bois laqué, nacre, poudre d'or et d'argent, d'autres en écaille de tortue, mais surtout le reliquaire du fameux saint Valentin. Aussi quelques belles huiles sur bois, des tapis, des chandeliers dont un qui pèse plus de 350 kg... d'or !
La visite se termine par ***l'église*** qui date du XVIe s, mais dont la façade fut reconstruite après la catastrophe de 1755. Voir l'immense plafond en bois peint et surtout la très riche chapelle *São João Baptista* (4e à gauche), témoignage des caprices insensés des rois de l'époque. Celle-ci fut construite à Rome avec tous les matériaux précieux existants, puis transportée par bateau pour être remontée ici. Cafétéria dans le cloître du musée.

A Vida Portuguesa *(plan centre détachable, J9,* ***340****)* **:** *rua Anchieta, 11. Voir plus haut la rubrique « Achats. Artisanat, art ». Également Largo do Intendente, 23, dans Graça (plan centre détachable, K6,* ***353****).*

LES HIRONDELLES DE PINHEIRO FONT LE PRINTEMPS LISBOÈTE !

Accrochées au mur du magasin A Vida Portuguesa, *elles ne risquent pas de s'envoler. En retrouvant le dessin original de Pinheiro, Catarina Portas ne pensait pas qu'elle allait donner un nouveau symbole au peuple portugais. Un peuple en noir et blanc, voyageur, courageux, qui s'est retrouvé dans ces hirondelles en terre cuite. Ils faisaient autrefois la fierté des maisons dans les quartiers populaires et devenues aujourd'hui cultes.*

Museu nacional de Arte contemporânea do Chiado (MNAC *; plan centre détachable, J9,* ***370****)* **:** *rua Capelo, 13. ☎ 213-432-148. ● museuarte contemporanea.pt ● Tlj sauf lun 10h-18h (dernière entrée 30 mn avt). Fermé 1er janv, Pâques, 1er mai, 13 juin et 25 déc. Entrée : 4,50 € ; réduc.*
Le musée d'Art contemporain du Chiado présente des œuvres de son fonds permanent lors d'expos temporaires qui tournent tous les ans. Beaucoup d'installations, ainsi que des œuvres exclusivement portugaises. C'est l'architecte français Jean-Michel Wilmotte qui supervisa la rénovation du bâtiment. L'espace intérieur mérite à lui seul une visite pour sa conception et la mise en valeur du site autant que des œuvres.
Jardin-terrasse surélevé avec ***cafétéria*** pour grignoter des petits plats au beau milieu des statues *(tlj sauf lun ; plats du jour 9-10 € ; brunch le w-e 15 €).*

Largo de São Carlos *(plan centre détachable, I9)* **:** sur cette petite place ensoleillée se dresse un immeuble couleur pastel (au rez-de-chaussée, magasin *Godiva*) où est né l'écrivain Fernando Pessoa (1888-1935). Au pied, une sculpture surréaliste de l'auteur avec un livre à la place de la tête.

Le Bairro Alto

Ce vieux quartier aux façades usées avec ses balcons fleuris est un brassage sans heurts du vieux tissu populaire, de l'émigration originaire des anciennes colonies africaines et des jeunes gens branchés colonisant doucement les lieux. Nous le décrivons dans l'introduction comme un quartier caméléon, qui change de façade et d'humeur selon les heures. Dans l'après-midi, on arpente ses ruelles calmes à la recherche de boutiques dans le vent ou rigolotes, dont la rua do Norte, notamment, est très friande. En soirée, les « boîtes à fado » touristiques et de nombreux petits restos drainent les foules, qu'ils déversent, la nuit tombée, dans les nombreux bars du quartier, largement concentrés dans la rua da Atalaia et ses voisines proches, dans lesquelles il devient difficile de circuler à partir de 23h.

À l'est, le ***miradouro São Pedro de Alcântara*** *(belvédère São Pedro de Alcântara ; plan centre détachable, I8),* qui surplombe un très beau petit jardin, livre une magnifique échappée sur la ville basse, la colline du castelo de São Jorge et le Tage. Un lieu qui a retrouvé tout son charme après une sérieuse rénovation.

Convento de São Pedro de Alcântara *(plan centre détachable, I8,* ***371****)* ***:*** *rua Luisa Todi, 1. ☎ 213-243-930. Avr-sept, tlj 10h (14h lun)-19h (20h jeu) ; oct-mars, tlj 10h (14h lun)-18h. Fermé 1er janv, Pâques, 1er mai et 25 déc. GRATUIT ; visite guidée ven à 11h30 en français et à 15h en anglais (2,50 €).* Ce couvent du XVIIe s renferme un joyau : sa chapelle des Lencastres, en marbre marqueté inspiré du style italien. Dans l'église, magnifiques autels en boiserie dorée avec une iconographie franciscaine et peintures du XVIIIe s, comme le *Couronnement de la Vierge.* Plafond peint en trompe l'œil par un artiste français. Les murs de la nef sont recouverts d'*azulejos* de l'époque baroque, représentant des scènes de la vie de saint Pierre d'Alcântara.

Dans l'ouest et le sud du quartier, loin de l'agitation touristique, sommeillent des rues de village où le linge sèche aux fenêtres. À partir de la petite ***praça das Flores*** *(plan centre détachable, G8),* le Bairro Alto offre aux promeneurs un réseau d'adorables ruelles pour flâner.

Ne manquez pas d'aller faire un tour en haut du ***miradouro de Santa Catarina*** *(plan centre détachable, H9,* ***372****).* Un lieu qui incite à la flânerie et au repos des sens au milieu des touristes et des jeunes qui se prélassent au soleil. Au centre du petit parterre, la statue du monstre Adamastor, personnage mythique des *Lusiades* de Camões. On peut y rêver tout en regardant au loin le ponte 25 de Abril. Un lieu bien vivant en journée, avec ses bistrots en terrasse, mais qui craint un peu une fois la nuit tombée.

Le populaire ***funiculaire da Bica*** *(plan centre détachable, H-I9)* : *payant – voir plus haut « Infos pratiques sur place. Comment se déplacer ? Les funiculaires (ascensores) et les ascenseurs (elevadores) ».* Ouvert en 1892, puis électrifié en 1914, il vous rapproche du *mercado* coiffé d'un curieux dôme à bulbe, tout en bas à Cais do Sodré. Il est traditionnel d'y voir, dès 5h, marchands, ouvriers, bourgeois en goguette et étudiants déguster le réputé chocolat chaud des troquets du coin. Parfois, le dimanche, s'y tient un bal populaire animé. Le soir, si vous remontez par le funiculaire, l'ambiance aura peut-être déjà changé, avec l'ouverture d'un bar-salon de thé ou du dernier resto à la mode dans les rues voisines, attirant une clientèle différente. À partir de 23h-minuit, bien sûr, car avant, c'est toujours très calme. C'est le nouveau quartier tendance, celui où il fait bon se retrouver près d'un bar à vins ou d'une cave à jazz, à 2 pas mais déjà si loin, semble-t-il, du haut du Bairro Alto et de sa frénésie.

Le square de la praça do Príncipe Real *(plan centre détachable, H7-8,* ***373****)* ***:*** lieu de promenade apprécié des enfants le dimanche, tandis que les plus âgés préfèrent l'ombre prodiguée par le parasol naturel d'un gigantesque cyprès. Sous la fontaine se cache un réservoir souterrain octogonal (abusivement appelé « musée de l'Eau »), avec des voûtes d'une dizaine de mètres de hauteur. Il n'est ouvert qu'à l'occasion d'expos temporaires à l'intérêt très relatif. Le samedi matin, marché bio.

MADRAGOA, LAPA, CAMPO DE OURIQUE, SANTOS, DOCAS (LES DOCKS) ET LX FACTORY

Un quartier éclectique qui est loin d'avoir terminé sa mue, à découvrir en remontant depuis Santos et les docks, nouveau lieu de vie de jour (presque) comme de nuit, jusqu'à Madragoa, Lapa et Campo de Ourique, où la bourgeoisie portugaise a fait son nid. Un endroit où résideront, côté colline, les amoureux et les touristes plus argentés, dans l'une des 2 demeures de charme de la rua das Janelas Verdes.
Comme ce coin est baigné par les eaux du Tage, en descendant les ruelles et les escaliers, on arrive au port. Qui dit port dit mers lointaines et voyages maritimes, ces expéditions qui ont fait la fortune et la gloire du Portugal au XVIe s. Dès lors, il est compréhensible que 2 grands musées de Lisbonne soient installés là : le museu de Arte antigua (étatique) et le museu do Oriente (privé), 2 hauts lieux de la culture qu'il ne faut pas manquer.
On peut aussi venir dans ce secteur de la capitale pour faire la fête, côté docks, ou plus loin vers l'Alcântara, à la nuit tombée, en allant surtout vers LX Factory, encore plus loin (train direction Cascais, arrêt Alcântara Mar, ou taxi). Restos à la mode dans des décors de récupération, cafés branchés, boîtes bondées : couche-tard, fêtards, braillards, rigolards et routards se filent un rancard pour boire un verre de pinard ou danser dans les bars, d'autres fument le cigare en costard, le soir, tintamarre garanti sur les trottoirs !

Où dormir ?

De plus chic à beaucoup plus chic

Casa do Bairro B & B *(plan centre détachable, H9, **70**) : beco do Caldeira, 1. 914-176-969. • info@shiadu.com • shiadu.com • Depuis Boavista, prendre la rua das Gaivotas, puis à droite la rua Fernande Tomás. Doubles env 90-140 € selon confort et saison, petit déj inclus.* Accueil en portugais et en français. Les propriétaires appellent leurs pensions des *Boutiques Guest House*. Ce sont en fait des maisons d'hôtes de charme, parmi les plus belles de la capitale. Celle-ci se trouve dans un étroit passage accessible à pied (attention, ça grimpe pour arriver !). La maison ancienne et bien restaurée abrite une dizaine de grandes chambres superbes, aménagées avec soin (douche/w-c, AC). Tout est décoré avec recherche et imagination. Demandez une chambre avec vue sur le côté sud (les toits, le fleuve). Petit déj servi dans le patio. *Shiadu* possède 3 autres maisons d'hôtes de charme à Lisbonne, celle de la travessa do Caldeira (voir ci-après), la maison *Ribeira Tejo* (voir la rubrique « Où dormir ? » dans le Bairro Alto) et la maison *Monte Belvedere* (rua Santa

Catarina, toute proche, avec une plus belle vue encore). Elles sont toutes aussi charmantes. Vraiment d'excellentes adresses !

Casa do Patio B & B *(plan centre détachable, H9, **71**) : travessa do Caldeira, 19. 914-176-969. • info@shiadu.com • shiadu.com • Doubles env 70-120 € selon confort et saison.* Notre coup de cœur dans le quartier ! À 3 mn à pied de la *Casa do Bairro*, dans le quartier de Santa Catarina, voici une pension de charme très originale. On y accède par un passage discret (patio das Parreiras), et on arrive dans une grande cour intérieure, calme et ensoleillée, décorée par du mobilier design aux couleurs vives. Chambres doubles, suites familiales et appartements (de 2 à 4 personnes), tous confortables, avec accès direct au patio où se prend le petit déj le matin. Les chambres sont installées dans des maisonnettes blanches adorables, toutes restaurées et aménagées avec le même charme, et d'un très bon goût. Pour les appartements, pas de petit déj mais cuisine à dispo. Et surtout, vue sur le Tage ! Accueil adorable et sensation agréable de partager une tranche de vie lisboète.

Très chic

York House *(plan centre détachable, F10, **72**) : rua das Janelas Verdes, 32. ☎ 213-962-435. • reservations@yorkhouselisboa.com • yorkhouselisboa.com • À 2 pas du museu nacional de Arte antiga. De Cais do Sodré, Ⓣ n°s 25 ou 15 et bus n° 714. Doubles 160-300 € selon saison ; petit déj 15 €. Promos sur Internet.* En surplomb de la rue, un ancien monastère du XVIe s transformé en hôtel de charme, que l'on découvre en haut d'une volée de marches. Graham Greene et John Le Carré y séjournèrent, Catherine Deneuve et Marcello Mastroianni également. Délicieux jardin intérieur avec palmiers et bougainvillées pour prendre un verre au calme. Escaliers sculptés, dallages d'origine en terre cuite, plafonds à caissons et mobilier ancien d'un côté, chambres design de l'autre. Certaines chambres viennent d'être entièrement refaites, sobres et élégantes. Salles de bains tout en marbre. Un peu sombre. Apprécié pour son calme (en revanche, évitez le côté rue) et sa douceur toute monacale. Salle à manger dans l'ancien réfectoire des moines. En été, on dîne (ou on prend le petit déjeuner) à des prix qui sont certes à la hauteur du reste, dans le joli patio intérieur.

As Janelas Verdes *(plan centre détachable, F10, **73**) : rua das Janelas Verdes, 47. ☎ 213-968-143. • janelas.verdes@heritage.pt • heritage.pt • Doubles 157-300 € selon saison ; petit déj 14 €. Promos sur Internet. Parking payant.* À proximité du museu nacional de Arte antiga, une petite maison bourgeoise du XVIIIe s tout droit sortie d'un roman, où la gouvernante vous accueille avec le sourire et en français. Atmosphère romantique aussi bien dans les salons que dans la trentaine de chambres, délicieusement désuètes (mais avec des éléments de confort tout à fait modernes). Objets d'art, livres, tableaux, souvenirs évoquent déjà un autre temps, et la vue sur le Tage depuis la belle bibliothèque-terrasse laisse rêveur. Petite cuisine attenante où se préparer un thé. Cour très verdoyante pour prendre le petit déj en saison. En plus, l'accueil est délicieux et les conseils excellents.

Où manger ?

Pour grignoter le soir ou même au cœur de la nuit, voir aussi la rubrique « Où sortir ? Où danser ? », car, sur les Docas, c'est au moment où passe le marchand de sable que la vie s'éveille.

De bon marché à prix moyens

Mercado de Campo Ourique *(plan d'ensemble détachable, D7-8) :*

rua Coelho da Rocha, 106. Ⓣ n°s 25 et 28. Marché ouv tlj dès 6h, kiosques 10h-23h (1h ven-sam). Super pour manger bon marché des produits frais cuisinés sous vos yeux. Viande, poisson, soupes, fruits, pâtisseries (aux œufs, miam !). Tables au centre pour s'installer. Ambiance sympa. Un de nos spots préférés.

Raffi's Bagel *(plan d'ensemble détachable, E7, **158**) : rua Saraiva de Carvalho, 120A. ☎ 214-055-099. • raffisbagels.com • Lun-ven 9h30-18h30, sam 10h-18h30. Congés : 2e et 3e sem de sept. Env 7-9 €. Un café offert sur présentation de ce guide.* Des Français ont importé le bagel américain à Lisbonne. Excellents petits sandwichs avec pain fait maison, ou une variante, le *challah,* sans lait, avec ou sans sésame, qu'on remplit au choix de jambon, fromage, légumes, etc.

Cervejaria O Zapata *(plan centre détachable, H9, **165**) : rua do Poço dos Negros, 47/9. ☎ 213-908-942. Tlj sauf mar 11h-2h. Carte 7-12 € ; soupes moins de 3 €.* Derrière une bien jolie façade d'*azulejos,* une institution du quartier. Grand comptoir pour les habitués, et tables en arrière-salle, dont une creusée dans la roche ! Ici, tout est frais dans les vitrines réfrigérées. Plats affichés à l'entrée. La carte fait la part belle aux produits de la mer (crabes, poissons, calamars, etc.), et il y a même des petits escargots *(caracoletas)* à gober ! Accueil rustique et sincère.

La Boulangerie *(plan centre détachable, F10, **163**) : rua do Olival, 42. ☎ 213-951-208. • laboulangerielisboa@gmail.com • Tlj 8h-20h (18h lun). Sandwichs 3-7 € ; petits déj 7,50-13 € ; assiettes de fromages et charcuterie 14-23 €.* En surplomb d'une fontaine, au calme. Terrasse. À l'intérieur, ambiance maison de campagne chic. Parfait pour un petit déj ou une pause simple, avec tarte, salade ou pizza. Les becs sucrés ne seront pas en reste pour le goûter.

Heim Café *(plan centre détachable, F10, **166**) : rua de Santos-O-Velho, 2-4. ☎ 212-480-763. Tlj 9h-18h (15h lun). Brunch au choix 13-14,50 €.* Petit café simple, avec béton brut au sol et mobilier vintage scandinave. Très fréquenté par les étudiants et touristes en goguette. Spécialités de tartines (thon, fromage, viande). Terrasse.

O Tachadas *(plan centre détachable, F10, **166**) : rua da Esperança, 176. ☎ 213-976-689. Tlj sauf lun. Plats du jour à partir de 5,50 € ; plats 5-16 €.* Difficile de trouver moins cher pour cette qualité ! Situé près du consulat de France, en plein quartier de Santos, il s'agit d'un modeste restaurant portugais, sans prétention, sans tralala. Accueil jovial et cuisine traditionnelle sincère : *frango no churrasco, arroz de tamboril...*

Varina da Madragoa *(plan centre détachable, G9, **167**) : rua das Madres, 34-36. ☎ 213-965-533. 📱 917-613-282. • brunobarbosa42@gmail.com • Dans une ruelle vivante de Madragoa. Tlj sauf lun et sam midi. Repas 15-20 €.* Le décor est résolument ancien et chaleureux : murs couverts d'*azulejos* patinés, de poèmes et de photos de prestigieux convives (Amália Rodrigues, l'actuel président Marcelo Rebelo da Sousa, l'écrivain Saramago...), tables et chaises en bois. Bonne cuisine traditionnelle, et patron jovial. Assurément un lieu plaisant où venir dîner avant de découvrir les mystères de la nuit lisboète en grignotant quelques *petiscos.*

Osteria *(plan centre détachable, G9, **167**) : rua das Madres, 52-54. ☎ 213-960-584. • osteria.pt • Tlj sauf lun midi. Repas complet 18-25 €.* Un petit resto discret, aménagé dans une ancienne épicerie et qui sert une « cuisine d'amis ». La carte fait la part belle aux produits italiens (risottos, lasagnes, tiramisù). Tout est préparé à la minute et copieusement servi. Cadre génial de brocante, avec chaises dépareillées, tables en formica et vieilles affiches des héros italiens d'autrefois. Ajoutez un service jovial et de bon conseil. Une *Osteria* où l'on se sent bien.

Picanha *(plan centre détachable, F10, **169**) : rua das Janelas Verdes, 96. ☎ 213-975-401. Derrière le museu nacional de Arte antiga. Tlj sauf lun et sam midi, jusqu'à 23h30. Menu déj 8 € ; carte env 25 €.* La rencontre d'une vieille épicerie patinée et du Brésil. Murs décorés d'*azulejos* d'où émerge la figure bienveillante de santo Antão. Beau comme une boutique oubliée des colonies.

I●I *Madragoa Café* *(plan centre détachable, G9,* ***170****) : rua da Esperança, 136. ☎ 214-005-447. Tlj sauf mar 19h30-minuit. Plats env 15-20 €.* Petit resto de quartier qui propose une cuisine familiale traditionnelle portugaise et méditerranéenne. Goûter aux pâtes à la *cataplana* de poisson et fruits de mer. Garder une petite place pour le gâteau au chocolat. Mention spéciale pour l'accueil.

I●I *Tasca da Esquina* *(plan d'ensemble détachable, E8,* ***171****) : rua Domingos Sequeira, 41 C. 📱 919-837-255. • info@tascadaesquina.com • Tlj sauf dim et lun midi. Résa vivement conseillée. Compter 15-20 € le repas.* Le chef portugais Vitor Sobral a ouvert cette petite table discrète mais riche de ses trouvailles. De la cuisine gastronomique portugaise à petits prix ! 2 salles, l'une avec ses chaises hautes et vue directe sur la cuisine ouverte, l'autre plus cosy sous la verrière. Le chef choisit à votre place 4, 5, 6 ou 7 miniplats (style tapas) selon votre appétit, et vous voilà embarqué dans l'histoire de la cuisine portugaise. Saveurs exceptionnelles. Service jeune et dynamique. Vin au verre possible (sommelier parfait).

Plus chic

I●I *Peixaria da Esquina* *(plan d'ensemble détachable, D7,* ***172****) : rua Correia Teles, 56. 📱 912-946-155. Tlj sauf lun 13h-15h30, 19h30-23h30. Compter 30-40 €.* Vitor Sobral a ouvert une autre table, dédiée cette fois aux produits de la mer. Déco de bois brut, grand comptoir et tables hautes avec tabourets pour spécialités de poissons ou fruits de mer. Une expérience pour les papilles, où saveurs, condiments, aromates et épices se télescopent. Service sympa et simple. Terrasse aux beaux jours.

I●I *Espaço Lisboa* *(plan d'ensemble détachable, C10,* ***173****) : rua da Cozinha Económica, 16. ☎ 213-610-212. Tlj 19h30-minuit. Repas 30-35 €.* Ce resto a investi une ancienne fonderie. Superbe espace cuisine où grillent les spécialités de cabri et de cochon de lait dans les étonnants fours d'origine, et espace lounge avec fauteuils club côté bar. Également un coin épicerie fine joliment aménagé autour de la table de présentation des desserts. Sans oublier fontaine et oliviers à l'entrée, et une hauteur sous plafond conférant à l'espace une dimension aérienne. Le volume n'a certes rien d'intimiste au départ (plus de 200 couverts...), mais le résultat est néanmoins moderne et très chaleureux. Cuisine tout à fait correcte. Personnel charmant.

I●I *Alcântara Café* *(plan d'ensemble détachable, B10-11,* ***174****) : rua Maria Luisa Holstein, 15. ☎ 917-568-554. • info@alcantaracafe.com • Tlj 9h-17h. Repas env 40 €.* L'un des temples du design et de la cuisine de bistrot esthétiquement présentée. Gigantesque barresto à l'architecture métallique 1900, hérissé de moulages de statues antiques, dont la *Victoire de Samothrace*. Vous l'avez deviné, le spectacle n'est pas vraiment dans l'assiette mais dans la salle.

I●I *Restaurante A Travessa* *(plan centre détachable, F-G9,* ***175****) : travessa do Convento das Bernardas, 12. ☎ 213-902-034 ou 213-940-800. • info@atravessa.com • En face du 21, rua das Trinas ; accès par la calçada Castelo Pacão et la rua Vicente Borga. Ts les soirs sauf dim, mais mieux vaut appeler pour réserver. Carte 30-45 €, sans la boisson.* Dans les anciennes cuisines d'un somptueux couvent du XVIIIe s, restauré comme il se doit, à quelques pas du museu da Marioneta. Viviane, belge de naissance et portugaise d'adoption, accueille ses convives avec professionnalisme. Belle clientèle et beau mobilier Art nouveau, les 2 créant une atmosphère certaine. Cuisine et prix à la hauteur.

I●I *Kais Restaurant Bar* *(plan centre détachable, F-G10,* ***168****) : rua da Cintura, Santos (1200-109). ☎ 213-932-930. Sur le quai. En venant de la gare de Santos, compter 3 mn à pied ; arrivé à la sculpture représentant un grand K rouillé au pied de l'entrepôt, faire 20 m sur la gauche ; l'entrée du resto est à l'angle du bâtiment, au sous-sol. Mar-sam 20h-2h. Compter env 50 €.* Immense salle genre table d'hôtes, au sous-sol d'un entrepôt en brique qui abrite à l'étage le restaurant *Kais*, chic et branché, et un bar lounge. Ambiance chaleureuse mais pas très intime, malgré les éclairages à la bougie. Pas de carte, mais un menu unique, avec une longue série de plats de la cuisine typique portugaise. C'est rustique, frais et très copieux. À chaque passage, le serveur propose au client un peu de ceci, un peu de cela... De l'entrée au dessert en passant par viandes et poissons, on vous sert 5 plats différents pour chaque catégorie. Autant dire que le rapport qualité-quantité-prix est assez exceptionnel ! Souvent complet le week-end, pensez à réserver.

Où manger les meilleures glaces de la ville ?

Nanarella *(plan centre détachable, G8,* ***262****) : rua Nova da Piedade, 68. 926-878-553. Tlj 12h-22h.* La file d'attente aux beaux jours ne trompe pas. Glaces maison aux parfums classiques ou plus exotiques (sabayon au porto, basilic, etc.). Un régal ! Et un parc juste en face pour les déguster tranquille.

Où boire un verre ? Où grignoter ?

Le Chat *(plan d'ensemble détachable, E10,* ***288****) : jardim 9 de Abril, 18/20. ☎ 213-963-668. • booking@lechatlisboa.com • À la sortie du museu nacional de Arte antiga. Sandwichs, salades 8-9 €.* Resto-bar lounge aux allures de cube de verre, avec vue extra sur le Tage.

Où sortir ? Où danser ?

La communauté capverdienne s'est installée dans le quartier autour de la rua São Bento et dans celui de Madragoa. Notes de musique langoureuse et douces odeurs d'épices s'échappent des boutiques et des fenêtres. C'est un coin d'Afrique à Lisbonne. L'occasion aussi de tester les *vinhos* des anciennes *tascas* (tavernes) du quartier.
Quant à l'avenida 24 de Julho, elle est devenue l'un des pôles de la nuit lisboète. Le gros de l'animation se concentre autour de la station ferroviaire de Santos (trains jusqu'à 2h30). On poussera aussi jusqu'à LX Factory (voir plus loin).

Alcântara Café *(plan d'ensemble détachable, B10-11,* ***174****) : rua Maria Luisa Holstein, 15. ☎ 213-621-226. • info@alcantaracafe.com • Tlj, seulement le soir, 20h-3h.* Superbe décor pour ce resto-bar branché-chic (voir « Où manger ? »). À côté, le ***W*** pour danser jusqu'au lever du soleil sur une musique électronique.

A Barraca *(plan centre détachable, G10,* ***289****) : largo de Santos, 2. ☎ 213-965-360. • abarraca.com • Au 1er étage d'un ancien cinéma à l'architecture paquebot. Tlj sauf mar 12h-15h, 19h-22h.* Un café-théâtre (petit centre culturel, en fait) qui propose aussi des concerts de très bonne qualité (jazz, musique latino, impros...), et parfois des spectacles de mime. Ancien entrepôt de bananes et de morue, c'est aujourd'hui un tremplin pour artistes débutants. Tous les dimanches soir, on danse le tango à 21h15 *(compter 5 € de participation).* Le décor est basique, l'équipe très sympa, et on s'y amuse bien.

A Lontra *(plan centre détachable, G9,* ***315****) : rua de São Bento, 157. ☎ 968-479-435. Jeu-sam, à partir de 23h. Entrée (chère) donnant droit à 2 consos.* Une boîte à ne pas rater. Bonne ambiance. Clientèle mélangée : dominante capverdienne, quelques Blancs cravatés, étudiants et amoureux de la musique du Cap-Vert... Pas d'angoisse, pas de tensions, plutôt cool. Y venir après minuit.

Plateau *(plan centre détachable, F10,* ***316****) : escadinhas da Praia, 7. ☎ 213-965-116. Mer et ven-sam 23h30-6h.* La 1re boîte du quartier. Décor rococo-baroque avec des fresques de Pompéi. Atmosphère musicale de style pop-rock, acide et house.

K Urban Beach *(plan centre détachable, F-G10,* ***168****)* **:** *rua da Cintura Santos. ☎ 213-932-930. • comercial@kais.co.pt • Sur le quai. Tlj sauf dim.* Bar de nuit branché. Même maison que le *Kais Restaurant Bar* (voir la rubrique « Où manger ? »), juste en face. Un vrai cas, cette affaire !

– Si vous avez épuisé ce florilège d'adresses et que vous êtes en manque de nouveaux lieux, il existe une façon simple de l'actualiser : acheter l'édition du vendredi du *Diário de Notícias,* qui publie un supplément sur tout ce qui bouge à Lisbonne, Porto et dans quelques autres grandes villes.

Achats

Depósito da Marinha Grande *(plan centre détachable, G8,* ***345****)* **:** *rua de São Bento, 234-242 et 418-420. Tlj sauf sam ap-m et dim.* La *Real Fábrica de Vidros da Marinha Grande* existe depuis 1769, et fut créée à l'initiative du marquis de Pombal. Au premier de ces magasins, vous trouverez tout ce qu'on peut imaginer qui soit en verre, décliné dans toutes les tailles : verres, bouteilles, flacons, fioles, carafes, bougeoirs, vases, verres de lampes, bocaux... Plus haut dans la rue, la 2de boutique est davantage axée sur la décoration intérieure, et le design se fait plus audacieux. Un festival de transparence et de reflets.

Companhia do Chá *(plan centre détachable, G9,* ***357****)* **:** *rua Poça dos Negros, 105. ☎ 213-951-614. Lun-sam 10h30-19h30.* Un temple pour les amateurs de thé dans un décor de pharmacie d'antan. Le proprio, Sebastian Filgueiras, saura vous conseiller et transmettre sa passion des feuilles rares dénichées à travers le monde.

Mercado de Campo Ourique *(plan d'ensemble détachable, D7-8)* **:** *rua Coelho da Rocha, 106. T nos 25 et 28. Marché ouv tlj dès 6h, kiosques 10h-23h (1h ven-sam).* Un des plus vieux marchés traditionnels de Lisbonne. Dès l'aube, les habitants de ce quartier résidentiel et populaire s'affairent pour choisir fruits, fleurs, légumes, viandes, poissons... Beaucoup moins touristique que Cais do Sodré (Mercado da Ribeira), mais depuis sa rénovation, on peut, en plus d'y faire son marché, y manger au comptoir de l'un des nombreux kiosques, et y goûter les produits, cuisinés ou non.

À voir. À faire

Les quartiers de Lapa, Madragoa, Campo de Ourique et Santos

Au-delà du palais de São Bento (qui abrite l'Assemblée nationale), à l'ouest de l'avenida D. Carlos, les marcheurs urbains impénitents découvriront un autre quartier propice à la balade romantique. Dans le lacis de venelles autour des ruas Vicente Borga, das Trinas, do Meio da Lapa, vous trouverez l'empreinte d'un vrai quartier populaire, sans fard ni artifices. Et puis, au bout de votre quête de sensations et de sourires, le merveilleux musée d'Art ancien... Petit détour, en attendant, par la maison de la reine du fado.

Casa-museu Amália Rodrigues *(plan centre détachable, G8,* ***374****)* **:** *rua de São Bento, 193. ☎ 213-971-896. • amaliarodrigues.pt • Tlj 10h-18h. Visite guidée (chère) : 6,50 €. Durée : 20 mn.* Amália Rodrigues (1920-1999), la chanteuse portugaise de fado la plus célèbre de tous les temps, a vécu 44 ans dans cette maison. On visite ses appartements meublés à l'ancienne, ornés d'objets, meubles, tableaux, etc. des XVIIIe-XIXe s, sa chambre à coucher et son salon. Nombreuses tenues de scène, bijoux, accessoires et de beaux portraits d'elle à tous les âges. Elle fut bardée de décorations, dont la Légion d'honneur, qui lui a été remise par François Mitterrand. Ses cendres reposent depuis 2001 au Panthéon national.

Jardim et basílica da Estrela *(plan centre détachable, F8,* ***375****)* ***:*** *av. Infante Santo. Bus nos 9, 20, 22 et 38 ou* Ⓣ *n° 28.* Un gros gâteau néoclassique de la fin du XVIIIe s, grandiloquent et réfrigérant, qui mérite bien un détour pour son parc romantique. Lisbonne a toujours été soucieuse de la beauté de ses jardins. Celui-ci, avec ses grottes artificielles, ses arbres exotiques et son café, fournit aussi l'occasion d'observer les Lisboètes au quotidien. Remarquez, près de l'entrée nord-est, l'arbre sculpté qui jette comme un défi au ciel les diverses représentations narrant l'histoire de Lisbonne. Sur le sol, les armes de la Cité (bateau et corbeaux) en mosaïque de pierre particulièrement travaillée. On peut grimper jusqu'au dôme de l'église, d'où la vue est superbe (entrée par la tour ouest). On trouve aussi la Bibliotheca Jardim, lieu de lecture en plein air.

Casa Fernando Pessoa *(plan d'ensemble détachable, E7,* ***376****)* ***:*** *rua Coelho da Rocha, 16. ☎ 213-913-270. • casafernandopessoa.cm-lisboa.pt •* Ⓣ *nos 25 et 28. De la basilique da Estrela, remonter la rua D. Sequeira. Tlj sauf dim 10h-18h. Fermé 1er janv, 1er mai et 25 déc. Entrée : 3 € ; réduc ; gratuit avec la* Lisboa Card *et avec la carte* CARRIS. L'auteur du *Livre de l'intranquillité* y louait une chambre pourtant bien paisible. Il y passa les 15 dernières années de sa vie. La maison a été transformée en centre d'études de son œuvre, mais on apprécie toujours le mobilier d'époque. La bibliothèque personnelle de Pessoa contient 1 200 livres annotés par l'écrivain. Cafétéria.

Cemitério dos Prazeres *(cimetière des Plaisirs ; plan d'ensemble détachable, C-D8-9,* ***377****)* ***:*** Ⓣ *nos 25 et 28 (terminus). Ferme à 18h (17h en hiver).* Plan à la réception du cimetière avec emplacement des tombes des personnalités ayant marqué l'histoire du pays. Au Portugal, la mort n'inquiète pas ; on la respecte et on la côtoie. Certains caveaux montrent ostensiblement les cercueils à travers les vitres et leurs petits rideaux. Dans les cimetières, c'est l'occasion pour chacun de flâner entre les petites résidences, manière étonnante d'aménager l'ultime séjour. Vaste, propre, avec des allées ombragées par des pins. Très peu de tombes abandonnées. Essentiellement des caveaux familiaux et de petites chapelles, parfois insolites. La tombe la plus aristocratique (et la plus grande) est un énorme mausolée dédié aux ducs de Palmela au nord (pyramide et fronton de temple grec). La plus « révolutionnaire » est la sépulture du capitaine Galvão, juste à droite en entrant dans le cimetière. On la remarque à sa colonne torsadée et à la paroi de Plexiglas qui abrite un caveau orné du drapeau national. Dans la partie sud du cimetière, très belle vue sur le Tage et le ponte 25 de Abril. Petite buvette sur la place centrale devant l'entrée.

Museu nacional de Arte antiga *(plan centre détachable, F10)* ***:*** *rua das Janelas Verdes ; mais entrée principale par le porche, au-dessus des escaliers. ☎ 213-912-800. • museudearteantiga.pt • Bus nos 28, 714, 713, 727, 732 et 760 ;* Ⓣ *nos 15 et 18 (arrêt Cais da Rocha). Tlj sauf lun et j. fériés 10h-18h. Entrée : 6 € ; réduc ; gratuit avec la* Lisboa Card*, et moins de 12 ans. Demandez un plan à l'entrée, très pratique !*

Installé dans un palais du XVIIe s acheté par le marquis de Pombal au comte d'Alvor. Celui-ci, suspecté d'avoir participé à une tentative d'assassinat contre le roi, fut contraint de vendre ses biens. Le musée réunit une collection européenne unique de toiles inspirées ou non par les voyages, et bien sûr la collection d'art portugais la plus complète. Un fabuleux voyage dans le temps, du Moyen Âge au début du XIXe s. La plupart des œuvres sont exposées aux 1er et 2e étages (*2° et 3° pisos*).

– *Au rez-de-chaussée (piso 1, officiellement) :* de la salle 48 à 70. C'est la grande galerie. Les primitifs portugais côtoient des œuvres de Gérard David, Vélasquez, Van Dyck, Bruegel (le Jeune), Zurbarán, Ribera et Poussin. D'autres œuvres de grande qualité des écoles allemande, hollandaise et espagnole : une *Vierge* de Hans Memling, un triptyque exquis de Jan Gossaert dit « Mabuse », *La Sainte Famille* (richesse des vêtements, douceur du paysage), une *Salomé* très déterminée de Lucas Cranach.

– *Dans la salle 61 :* un chef-d'œuvre de ***Jérôme Bosch,*** *La Tentation de saint Antoine,* réalisé vers 1500. L'anachorète zélé combat en lui toutes les pulsions humaines et se protège par l'ascèse des sombres œuvres sataniques. L'artiste a représenté les tentations sous forme de scènes hallucinatoires et cauchemardesques. L'imagination de Jérôme Bosch est ici sans limites pour illustrer les visions les plus farfelues, grotesques, horribles, diaboliques. Voir aussi le *Saint Jérôme en prière* de **Dürer.** On dit que Dürer aurait offert sa toile à un Portugais (beau cadeau !).

– *Au 1er étage (piso 2, officiellement) :* les sections les plus intéressantes concernent l'***art indo-portugais.*** On y voit du mobilier remarquable (en teck, ébène et ivoire) venant de Goa et des objets religieux (orfèvrerie). L'***art afro-portugais*** est représenté par des trompettes de chasse notamment. À côté, l'***art namban*** (issu de la rencontre entre le Portugal et le Japon) avec des œuvres superbes comme ces grands paravents *(biombos)* peints et laqués (dominante de couleurs noir et or) représentant l'arrivée des Portugais au XVIe s dans le sud du Japon, en costume bouffant, portant la moustache et affublés d'un long nez. Un vrai choc des cultures pour les Japonais, qui rencontraient des Blancs et des Noirs pour la 1re fois de leur histoire.

– Au 1er étage toujours, impressionnante collection de faïences portugaises de diverses époques (du XVIIe s jusqu'à aujourd'hui).

– La collection d'art religieux est elle aussi très importante, du fait que tous les ordres religieux ont été chassés du pays et leurs biens confisqués en 1834. Dans les salles consacrées à l'Ourivesaria (orfèvrerie religieuse en or et argent), le ***joyau du musée*** est ce magnifique ostensoir ***(Custodia de Belém)*** commandé par Manuel Ier. Richement ornementé (or massif ou en feuilles, pierres précieuses), avec les armes royales, l'ostensoir symbolise le monde céleste et le monde terrestre. Les minuscules escargots (sphères armillaires) sculptés sur le pied sont les symboles du roi Manuel. Les 12 apôtres en prière forment un cercle autour d'une petite boîte en verre destinée à exposer l'hostie sacrée.

– *Au 2e étage (piso 3) :* sculptures du Portugal. Sur fond rouge, étonnant polyptyque, ***L'Adoration de saint Vincent.*** Peint vers 1470 par Nuno Gonçalves (peintre du roi Afonso V), il livre un témoignage exceptionnel sur la société de l'époque. Près de 60 personnages y sont représentés autour de la figure de saint Vincent : le roi, les grands personnages, les religieux, les chevaliers, le peuple, les artisans du peuple. Inspirateur de la conquête militaire du Maghreb sous la dynastie des Avis, le vénéré saint Vincent est 2 fois présent sur les panneaux. Sur celui de gauche, il tient un livre ouvert. Sur celui de droite, il porte un sceptre. Si vous observez la toile avec attention, sur la droite de saint Vincent (il porte un chapeau rouge), l'homme au visage austère coiffé d'une sorte de grand couvre-chef noir serait le roi Henri le Navigateur. Un tableau d'autant plus important qu'il s'agit du premier portrait collectif de l'histoire de l'art européen.

🍷 🍽 Resto-cafétéria *Le Chat,* avec belvédère donnant sur le port (voir la rubrique « Où boire un verre ? Où grignoter ? »). Petit jardin très agréable devant le musée.

🚶 👪 ***Museu da Marioneta*** *(musée de la Marionnette ; plan centre détachable, G9,* ***378****) : rua da Esperança, 146. ☎ 213-942-810. • museudamarioneta.pt • Dans l'ancien convento das Bernardas. Tlj sauf lun et j. fériés 10h-18h (dernière entrée 30 mn avt). Entrée : 5 € ; réduc avec la Lisboa Card ; 1,50 € moins de 5 ans. Petit support de visite en français.* Des marionnettes aux têtes d'argile, immobiles, vous sourient derrière des vitrines. L'idée de la toute première vitrine (juste avant de passer le rideau de velours) est d'ailleurs amusante puisqu'elle présente des marionnettes réalisées par chacun de ceux qui travaillent dans le musée... On entre dans un univers de rêve, assez unique, où le Portugal éternel se reflète dans

ses plus belles pièces, mais où le monde entier est aussi représenté. Quelques écrans de-ci de-là présentent des marionnettes en mouvement ou en cours de fabrication ; ailleurs, on peut s'essayer aux ombres chinoises ou découvrir quelques trucages. Et même un vrai théâtre pour s'entraîner ! Un petit spectacle est parfois présenté aux jeunes visiteurs pendant les vacances.
|●| Et dans la cour qui vous mène à la sortie, resto ouvert midi et soir du lundi au samedi, où vous pouvez faire une halte.

Docas (les docks)

Accès avec le Ⓣ nº 15. Départ praça de Figueira ; arrêt à la station Alcântara Mar (passage souterrain pour les piétons). Ou prendre un taxi.
N'attendez pas forcément la nuit (voir plus haut « Où sortir ? Où danser ? ») pour aller dans les anciens docks de Santo Amaro, sur les berges piétonnes : cafés-boîtes branchés et restos s'alignent, modernes, dans une succession d'entrepôts en bois et brique rouge restaurés, face à un ancien bassin à flot converti en port de plaisance.
Dans la journée, on vient y prendre l'air du temps autant que le soleil, en terrasse, le week-end surtout. Balade assez belle en fin d'après-midi, quand le soleil déclinant embrase les piles du ponte 25 de Abril.

Museu do Oriente *(musée de l'Orient ; plan d'ensemble détachable, C-D11,* ***379****) : doca de Alcântara (Norte), av. Brasília, 1350. ☎ 213-585-200. • museudooriente.pt • Bus nºs 12, 28, 714, 738 et 742 ; Ⓣ nºs 15 et 18 ; train Lisbonne-Cascais, station Alcântara Mar. Tlj sauf lun et j. fériés 10h-18h (22h ven). Entrée : 6 € ; réduc avec la Lisboa Card ; gratuit ven 18h-22h. Parking à proximité. Comprend 3 niveaux : le rdc est réservé aux expos temporaires, les niveaux 1 et 2 abritent des collections permanentes.*
Proche de Belém sur les bords du Tage, dans le secteur du port et des docks. Un vaste entrepôt frigorifique a été spécialement reconverti pour abriter le *musée de l'Orient* (de l'Extrême-Orient, en fait). Financé par la fondation privée Espirito Santo (grosse banque), destiné à offrir un témoignage de la présence portugaise en Asie, il présente les trésors issus des arts traditionnels asiatiques. L'activité muséologique est enrichie par une série d'autres activités culturelles liées aux secteurs de la recherche, de la formation et des spectacles. Le centre de documentation (bibliothèque) est ouvert au public et très complet.

Portugal-Japon : le choc des cultures
Les Portugais ont été les premiers Européens à découvrir le Japon et à essayer de l'évangéliser au XVIᵉ s. L'apothicaire et diplomate ***Tome Pires*** mentionne en 1513 pour la 1ʳᵉ fois le nom « Jampon » dans un récit de voyage *(Suma oriental),* mais il n'y a pas mis les pieds. Les premiers Portugais débarquent sur l'île de Tanegashima (sud de Kuyshu) en 1543 (ou 1542) ; ce sont des marins et des pères jésuites venus de Macao : Antonio da Mota, Antonio Peixoto et Francisco Zeimoto... Ils sont sidérés par ce qu'ils découvrent : la culture japonaise est si différente de la Chine, encore plus du Portugal et du reste du monde ! C'est la planète Mars ! Ils utilisent le mot « Jampon »,

UNE AUTRE PLANÈTE

Premier « japonologue » européen, le jésuite portugais Luís Fróis raconte que les Japonais avaient l'habitude, au XVIᵉ s, de broyer les perles pour en faire des médicaments, d'arracher les dents avec un arc et une flèche attachée à la dent du patient, de manger des singes, des chats, des chiens, et du goémon cru... Les Japonaises étaient plus libres et alphabétisées que « chez nous ». Les enfants portaient un sabre dès 12 ans, et on tuait pour un oui pour un non... Ça fout la trouille !

LISBONNE QUARTIER PAR QUARTIER

qui est d'origine malaise et signifie « pays du Soleil levant ». Depuis Marco Polo, les Européens ne connaissaient que le mot « Cipangu » pour désigner le Japon. C'est une déformation du mot chinois *Ji-Pen-Kouo* (qui signifie aussi « pays du Soleil levant »). En 1547, ***Jorge Alvarez*** voyage dans l'archipel nippon et rédige à la demande de ***François Xavier*** (1506-1552 ; le fameux saint y a prêché) un rapport sur ce pays méconnu des Européens. Alvarez est le premier à décrire une cérémonie shinto. Son récit est fiable et unique. La 1re carte géographique sur le Japon est aussi l'œuvre d'un Portugais. Publiée vers 1550, elle est conservée en Italie à la bibliothèque Vallicelliana.

En 1563, le jésuite portugais ***Luís Fróis*** atteint le Japon, où il restera jusqu'à sa mort, en 1598. Il apprend le japonais, et le parle couramment pour mieux diffuser le christianisme. Fin observateur, il prend des notes sur les mœurs nippones. Son récit *Traité de Luís Fróis sur les contradictions de mœurs entre Européens et Japonais* est publié en 1585. Claude Lévi-Strauss (père de l'ethnologie moderne) admira ce chef-d'œuvre qui consacra Luís Fróis comme le premier « japonologue » de l'Histoire ! Cet homme génial meurt à Nagasaki en 1598, au moment où commencent les persécutions contre les chrétiens.

Le « siècle chrétien » du Japon correspond à la période 1543-1640, au cours de laquelle les jésuites portugais ont eu le monopole de l'évangélisation. En 1640, le shogun (autorité suprême) ferme le Japon aux étrangers et met tout le monde dehors, sauf quelques marchands hollandais autorisés à faire du commerce à Deshima (Nagasaki), seul et unique port ouvert aux Européens *(gaijin)*. Le Japon se referme ensuite sur lui-même comme une huître ; après avoir ouvert ses portes à l'Europe, il restera fermé pendant 268 ans... jusqu'en 1868.

Visite du musée

– *1er étage (« Présence portugaise en Asie ») :* les plus belles pièces sont d'abord les ***biombos,*** merveilleux témoignages de l'***art namban*** (art né de la rencontre entre le Portugal et le Japon au XVIe s). Les *biombos* sont de grands paravents (composés de plusieurs panneaux pliants) peints, laqués, parfois incrustés d'or et d'argent. Y ont été peintes avec finesse des scènes illustrant la rencontre entre les Portugais et les Japonais. Ces remarquables paravents ont été réalisés par des artistes portugais et avaient une fonction pratique. Les maisons n'ayant pas de vrais murs, on dépliait ces paravents dans les pièces.

Par ailleurs, comme des dessinateurs de bandes dessinées, les artistes s'amusaient à peindre la vie de tous les jours, avec des détails drôles : arrivée des galions (les *kurofune* ou « bateaux noirs ») dans les ports de Kyushu, équipage composé d'esclaves noirs faisant des farces et des acrobaties, débarquement des marchandises, parades, cérémonies et réceptions des officiels, des marins et des pères jésuites portugais par les samouraïs, les daimyo (seigneurs) et le shogun.

Collection de meubles, commodes-secrétaires, cabinets portatifs, peintures sur rouleaux, éventails *(leques),* tuniques de femme du XVIIe s, oratoires portables (bois laqué à la feuille d'or). Superbe collection d'*inro* (petites boîtes portatives japonaises qui remplaçaient les poches que les kimonos n'avaient pas), de *netsuke* et de *tsuba*. Plus loin, la ***collection Manuel Teixera Gomes*** (il fut président de la république du Portugal en 1923) dévoile une très rare série de 165 flacons à tabac *(snuff bottles).* En verre ou en porcelaine, ces flacons contenaient du tabac que l'on inhalait... pour se soigner (médecine naturelle). Même l'empereur de Chine avait cette habitude...

L'ÉVENTAIL ARRIVE PAR LA MER

La reine Catherine du Portugal (épouse de João III) est à l'origine de l'introduction des éventails en Europe. En 1564, elle fait faire 178 éventails à Goa (Inde). Le mot « éventail » en portugais se dit leque, *qui vient d'une altération du mot chinois* liu-chiu. *La reine les offre aux femmes de la Cour.*

Salle « Bouddhisme et taoïsme » et bouddhisme tibétain : quelques belles pièces. *Sections consacrées à l'Inde et à l'art indo-portugais* (grands piliers en bois sculptés, maquette de la cathédrale de Goa), vitrines sur Macao (vaisselle, céramiques, jonque en argent, pipe à opium), Timor Est (parures, statuettes, portes sculptées), et même Birmanie.
Japão (Japon) : outre les 2 paravents *(biombos),* voir les 3 belles armures de samouraïs, les guerriers japonais de l'ancien temps. Comparées aux armures occidentales toutes métalliques, ce sont des chefs-d'œuvre de raffinement et de technicité. Une armure de samouraï est faite d'une bonne douzaine de matériaux (fer, cuivre, laque, corne, bois, cuir, laine, soie...).
– Au *2e étage,* une expo dédiée à l'opéra chinois avec le rôle des différents personnages, des hommes aux femmes, en passant par les sages et les fous. Costumes, instruments et films.
I●I Cafétéria (bon marché, mais pas de vue) au 1er niveau, et resto au 5e étage (prix sages, et vue superbe sur le port et le Tage).

***LX Factory** (plan d'ensemble détachable, B10-11, **314**)*

Juste en dessous du ponte 25 de Abril, dans d'anciennes usines de vêtements, des graphistes, créatifs, designers ont investi les lieux aujourd'hui surnommés « Lisbon Art District ». Boutiques, bars, restos, galeries et une immense librairie s'offrent à vous.
➢ Pour y aller, train au départ de Cais do Sodré (3-6 trains/h 5h30-1h30, 5 mn de trajet), arrêt Alcântara Mar, puis marche ; en bus, prendre le nº 714 depuis la praça da Figueira, arrêt Calvário. Sinon taxi.

The Dorm : *rua Rodrigues Faria, 103. ☎ 211-346-746. • thedorm.pt • Juste à l'entrée de LX Factory, sur la gauche, au 1er étage du bâtiment G. Selon saison, dortoirs 20-30 €, doubles 50-70 €.* Parfait pour faire la fête et aller dormir après ! 3 dortoirs, pour 6, 10 et 12 personnes, dans d'étranges caissons boisés, à l'ambiance industrielle. Salles de bains communes, lampe de chantier, AC partout et *lockers* à disposition. Le plus grand des dortoirs a même vue sur le ponte 25 de Abril ! 2 chambres doubles sur les thèmes musique et lecture, déco très originale et salle de bains à partager également. Grande salle commune bien décorée, avec toutes ses planches de skate, canapés, cuisine et petit déj sympa.

Rio Maravilha : *rua Rodrigues Faria, 103. 966-028-229. • email@riomaravilha.pt • riomaravilha.pt • Dans l'enceinte de LX Factory, entrée 3, 4e étage. Mar 18h-2h, mer-sam 12h30-2h, dim 12h-20h.* Déco de bric et de broc dans un cadre industriel. On vient ici pour le bar avec terrasse et pour ses cocktails sympas. Quelques plats exotiques bien tournés pour jouer les prolongations.

À priori, un drôle d'endroit pour une balade. Et pourtant, voici l'un des projets culturels, artistiques et de vie le plus vivifiant de Lisbonne. Le long d'un chemin pavé, une ancienne friche industrielle autrefois dédiée au textile, et désormais colonisée par des galeries d'art, des expos, des boutiques rigolotes, des librairies, des cantines chic et des bars-boîtes underground dédiés aux musiques électroniques (ou autres). Comme *Bairro Arte (lun-jeu 9h-minuit, ven 9h-1h, sam 10h-13h, dim 10h-23h),* avec ses innombrables objets en tout genre, plus ou moins chers, plus ou moins utiles, idéal si on est en panne d'idées de petits cadeaux à rapporter. Ou *Impossibly Funky,* l'une des boîtes les plus rigolotes du moment, avec des mélanges jazz et funk ; DJs et artistes invités de renom (programmes sur le site internet). Pour info : LX, c'est l'abréviation branchée pour dire Lisbonne.

RATO, L'AVENIDA DA LIBERDADE ET SANT'ANA

L'avenida da Liberdade, grande avenue partant au nord du Rossio et menant aux quartiers modernes, est bordée de compagnies d'assurances, de banques et de sièges sociaux, de magasins et d'hôtels-restaurants très chic jusqu'à la place Marquês de Pombal. Percée en 1882, large de 90 m et longue de 1,5 km, elle est, dit-on, aux Lisboètes ce que les Champs-Élysées sont aux Parisiens ! Fontaines, cascades, sculptures se cachent sous les arbres et, dans les contre-allées, plusieurs terrasses pour boire un verre. Si une ambiance chic règne sur l'*avenida* et les quartiers qui la bordent à l'ouest, celle-ci redevient populaire dans les petites rues et les quartiers plus à l'est, comme celui de Sant'Ana, autour de l'hospital de São José.

Où dormir ?

Quelques adresses chic (voire très chic !) dans cette partie de la ville, mais aussi des petits hôtels ou des pensions d'un excellent rapport qualité-prix.

De bon marché à prix moyens

Lisboa Central Hostel *(plan centre détachable, H6, **75**) : rua Rodrigues Sampaio, 160. ☎ 309-881-038. • global@lisboacentralhostel.com • lisboacentralhostel.com • Ⓜ Marquès de Pombal. Dortoirs (4-10 lits) 13-28 € ; doubles 60-80 €.* Au cœur d'un quartier résidentiel paisible et un peu excentré, près de 80 lits répartis dans des dortoirs avec salles de bains sur le palier. Également de petites doubles aménagées simplement mais propres, avec ou sans sanitaires. Cuisine à dispo. Accueil jeune et souriant. Bref, une bonne adresse sans esbroufe.

Chez nous Guesthouse *(plan centre détachable, G6, **104**) : rua Vale do Pereiro, 17. ☎ 214-058-078. 📱 912-580-276. • chez.nous.lisboa@gmail.com • cheznous.pt • Ⓜ Rato. Doubles 40-80 € ; pas de petit déj.* Une dizaine de chambres spacieuses avec salles de bains à partager ; seule la triple dispose de sanitaires privés. Hyper propre. Déco simple, parquet, et accueil jovial et souriant d'Ana et Gaëlle (la Française !). Un balcon donne sur une cour intérieure. Un de nos coups de cœur dans le coin ! Bon rapport qualité-prix.

Lisbon Dreams Guesthouse *(plan centre détachable, G6, **74**) : rua Rodrigo da Fonseca, 29 ; 1°. ☎ 213-872-393. • reservations@lisbondreams.com • lisbondreamsguesthouse.com • Ⓜ Rato. Doubles 45-108 €.* Dans un coin calme proche de tout, petit immeuble et chambres joliment décorées. Délicate attention d'un peignoir pour se promener dans les couloirs à l'heure des ablutions, car une seule chambre possède sa propre salle de bains. Chambres plus petites à l'arrière, mais plus calmes car donnant sur le gentil patio. Cuisine à dispo. Grand soin dans la déco : tout est clair, gai, nickel et accueillant. Une excellente adresse. Propose aussi des suites et des appartements tout équipés dans le voisinage.

Residencial Florescente *(plan*

*centre détachable, J7, **38**) : rua Portas de Antão, 99. ☎ 213-426-609. • geral@residencialflorescente.com • residencialflorescente.com • Ⓜ Restauradores. Doubles 57-130 €.* Dans une rue piétonne à 2 mn du métro, un établissement bien tenu aux chambres confortables (TV et AC), propres et spacieuses. Petit déj-buffet copieux et frais. Bon accueil.

De plus chic à très chic

Hotel Portuense *(plan centre détachable, I7, **79**) : rua das Portas de Santo Antão, 149-157. ☎ 213-464-197. • info@hotelportuense.com • hotelportuense.com • Ⓜ Avenida ou Restauradores. Doubles 89-200 €.* Petit hôtel situé dans une rue bien étroite et animée mais peu bruyante la nuit. Une trentaine de chambres fonctionnelles et nickel, récemment rénovées avec confort (ascenseur) et sobriété. Excellent accueil.

Shiadu Quinta Colina Guesthouse *(plan centre détachable, J7, **78**) : calçada de Santana, 200. ☎ 216-089-529 ou 📱 914-176-969. • quintacolina@shiadu.com • shiadu.com • Ⓜ Avenida ou Restauradores, puis ascensor do Lavra. Doubles 79-279 €.* Au cœur d'un quartier authentique et hors du flux touristique, cet ancien palais-monastère livre une trentaine de chambres confortables, accessibles par un dédale d'escaliers et de couloirs. Les *standard* sont petites mais joliment arrangées sur une note sobre et vintage, bien dans l'air du temps. Les plus chères sont spacieuses et dotées de balcons ou de fenêtres avec vue pour certaines. Agréable terrasse panoramique. Accueil francophone pro et sympa.

Flores Guesthouse *(plan centre détachable, G8, **76**) : Praça das Flores, 18. ☎ 218-288-001. • welcome@floresguesthouse.com • floresguesthouse.com • Ⓜ Rato. Doubles 70-130 €.* De part et d'autre de la romantique praça das Flores, ces 2 bâtisses noyées sous les fleurs et les azulejos (escaliers raides !) abritent une vingtaine de chambres tout confort, charmantes et élégantes. De vrais petits nids douillets ! Les plus chères ont même un balcon. Accueil gentil. Parfait pour une escapade en amoureux !

Casa Amora *(plan centre détachable, G6, **80**) : rua João Penha, 13. 📱 911-151-576 (Juan) ou 919-300-317 (Luís). • reservas@solisbon.com • casaamora.com • Ⓜ Rato. Doubles et studios 125-190 €. Sur présentation de ce guide, un apéritif maison et un café sont offerts.* Adorable maison transformée en petit hôtel de charme. Les quelques chambres magnifiquement décorées rendent chacune hommage à un artiste différent. Également des studios tout aussi jolis ; on a bien aimé ceux en duplex dans la petite maison indépendante. On prend le petit déj sur une charmante terrasse dans la cour-jardin. Excellent accueil. Un vrai coup de cœur !

Casa de São Mamede Hotel *(plan centre détachable, G7, **81**) : rua da Escola Politécnica, 159. ☎ 213-963-166. • casadesaomamede@hotmail.com • casadesaomamede.pt • Ⓜ Rato. Doubles 90-110 €.* Dans une pittoresque maison patricienne de 1758, une grosse vingtaine de chambres toutes différentes, plutôt spacieuses et à la déco très classique ; certaines avec du mobilier années 1930. Préférer celles du 1er étage, plus claires. Entrée et couloirs avec de beaux azulejos du XVIIIe s et, partout, une épaisse moquette qui donne une atmosphère feutrée et cosy à l'ensemble. Accueil aimable et pro. Excellent rapport qualité-prix.

The House Boutique B & B *(plan centre détachable, F8, **82**) : travessa do Pinheiro, 11 ; 4º. ☎ 215-947-949. • thehouselisboa@gmail.com • thehouse.pt • Ⓜ Rato. Doubles 75-140 €.* Dans un quartier résidentiel paisible, une petite dizaine de chambres confortables, sobres et soignées. Et, cerise sur le gâteau : toit-terrasse avec vue sur Lisbonne et le Tage ! Accueil aimable.

Hotel Gat Rossio *(plan centre détachable, J8, **83**) : rua do Jardim do Regedor, 27-35. ☎ 213-478-300. • hotelgatrossio@gatrooms.com • gatrooms.com • Ⓜ Restauradores. Doubles 85-167 €.* Une adresse acidulée, vert pomme, blanc et noir. Chambres fonctionnelles, confortables et très gaies, avec de petits détails de déco amusants et ludiques. Les moins chères, bruyantes, ne sont pas bien grandes ; préférez les « suites » si vous êtes en fonds. Grandes tablées pour le généreux petit déj.

Aparthotel Vip Éden *(plan centre détachable, I8, **84**) : praça dos Restauradores, 24. ☎ 213-216-600. • aparthoteleden@viphotels.com • viphotels.com • Ⓜ Restauradores. Entrée en bas à droite de l'*Eden Teatro*. Studios (2-3 pers) 66-129 € ; apparts (2-5 pers) 99-189 €.* Bon, l'intérieur n'a rien conservé de son passé Art déco, mais tout ici est fait pour que votre séjour se passe le mieux du monde. Studios et appartements plus pratiques que romantiques avec kitchenette et calme garanti. Grande terrasse sur le toit avec petite piscine. Accueil pro.

Inspira Santa Marta Hotel *(plan centre détachable, I6, **87**) : rua de Santa Marta, 48. ☎ 210-440-900. • reservas.ismh@inspirahotels.com • inspirahotels.com • ♿ Ⓜ Marquès de Pombal. Doubles 109-179 €.* Une adresse d'inspiration feng shui. Chaque chambre est décorée selon ce principe. De grands puits de lumière inondent le haut et vaste hall central sur lequel donnent les couloirs aux parois de verre accédant aux chambres. Grand confort et calme garanti. 2 chambres ont même un jacuzzi ! Spa, salle de jeux avec billard. Resto prodiguant une cuisine aux influences méditerranéennes. Accueil sympa et pro.

Coup de folie

Torel Palace *(plan centre détachable, J7, **107**) : rua Cãmara Pestana, 23. ☎ 218-290-810. • info@torelpalace.com • torelpalace.com • Ⓜ Avenida ou Restauradores, puis ascensor do Lavra. Doubles standard 140-300 €.* Dans 2 palais lisboètes rose et bleu de 1902, transformés en hôtel et surplombant la ville. Pas d'inquiétude, les lieux ont su rester simples, avec même des allures de pension de famille chic. Chambres tout confort, spacieuses et pleines de charme ; toutes différentes, aux couleurs chaleureuses, inspirées des rois et reines portugais. Jolie terrasse avec arbres odoriférants, piscine et bar extérieur. Plein de petites attentions. Excellent petit déj. Accueil pro et sympa en français.

Altis Avenida Liberdade *(plan centre détachable, J8, **108**) : rua 1° de Dezembro, 120. ☎ 210-440-000. • reservationsavenida@altishotels.com • altishotels.com • Ⓜ Restauradores. Doubles 225-270 €.* Un hôtel qui surplombe la place. Élégante déco années 1940 – du *lobby* aux chambres – avec mobilier aux touches sombres et métalliques. Près de 70 chambres tout confort, *in style*. Salle du petit déjeuner avec vue plongeante sur l'animation de la praça dos Restauradores, spa. Bon accueil.

Hotel Britânia *(plan centre détachable, I6, **85**) : rua Rodrigues Sampaio, 17. ☎ 213-155-016. • britania.hotel@heritage.pt • heritage.pt • Ⓜ Avenida. Doubles 143-255 €.* Dans une rue paisible parallèle à l'avenida da Liberdade, un refuge discret, calme et luxueux. Cet hôtel des années 1940, restauré dans son style d'origine, abrite une trentaine de chambres élégantes, spacieuses et confortables. Les plus belles demeurent celles du 6e étage (désolés, ce sont aussi les plus chères !) : plus design dans la déco, ces petits nids d'amour jouissent d'une jolie terrasse. Attenant à la réception, beau salon-bar, ainsi que l'ancienne boutique du coiffeur conservée en l'état, du temps où l'hôtel s'appelait encore l'*Hotel do Imperio*, en 1942. Original !

Heritage Av Liberdade Hotel *(plan centre détachable, I7, **86**) : av. da Liberdade, 28. ☎ 213-404-040. • avliberdade@heritage.pt • heritage.pt • ♿ Ⓜ Avenida. Doubles 164-325 €.* Adresse design, car c'est Miguel Câncio Martins, l'architecte portugais, qui s'est amusé à lui donner vie. D'abord, l'espace réception-salle de petit déjeuner donne le ton : atmosphère sereine, couleurs du temps, fauteuils cosy. Élégantes et confortables, certaines chambres ont 2 fenêtres ; d'autres, plus sombres, donnent sur une petite cour. Ascenseur étonnant, coin salon-bibliothèque en mezzanine. Piscinette. Bref, une très belle adresse !

Où manger ?

De très bon marché à prix moyens

Ι●Ι **Solar 31** (plan centre détachable, J8, **177**) : calçada de Garcia, 31. ☐ 925-491-807. ● novageracaosolar31@gmail.com ● Tlj sauf dim 11h (17h lun)-23h. Résa impérative. Plats 12-30 €. Apéritif maison offert sur présentation de ce guide. Le resto ne paie pas de mine avec sa porte vitrée et ses petites salles sans charme particulier, mais on ne regrette vraiment pas d'y être entré pour déguster du poisson ultra frais, que vous présente le patron avant de le cuisiner avec soin. Spécialité de poulpe à l'ail et aux crevettes (1 pour 2 suffit !). Également des huîtres et des viandes pour les irréductibles.

Ι●Ι **Chimera** (plan centre détachable, H7, **178**) : rua Salitre, 131 B. ☐ 918-717-050. ● chimera@chimera.kitchen ● Tlj sauf sam midi et dim 12h-15h, plus 19h30-23h jeu-lun. Plats (midi) 8 € ; menu (soir) 20 €. Une cuisine locale bonne et à prix imbattables ! Mon tout servi dans une déco originale, plafonds recouverts de cagettes et de vieilles fenêtres, tout comme le bar avec azulejos sur les tables !

Ι●Ι **Honorato** (plan centre détachable, I6, **179**) : rua de Santa Marta, 35. ☎ 213-150-425. ● honorato@honorato.pt ● Tlj 12h-minuit (2h ven-sam). Burgers 5-10 €. Considérés par beaucoup comme les meilleurs burgers de la ville ! Du plus simple au plus complexe en passant par le plus original, une quinzaine de burgers à la carte et rien d'autre. Pas de couverts, on se pourlèche les babines ! Le *Pimenta* est relevé ; le *Vegeteriano*, avec soja, comblera les végétariens ; quant à l'*Honorato*, il satisfera les affamés. Cadre tout noir, assez design, industriel. Grandes tablées, étage surplombant la salle. Petite terrasse.

Ι●Ι **Terras Gerais** (plan centre détachable, J8, **120**) : calçada Santana, 70-72. ☎ 218-007-429. ● terrasgeraisbistrolda@hotmail.com ● Tlj sauf dim 13h-15h30, 19h30-22h. Congés : dernière semaine de déc. Plats 10-11 €. Un petit resto brésilien d'à peine 5 tables, avec nappes à fleurs. Accueil chaleureux du patron, originaire du Minas Gerais. Un vrai régal à prix raisonnables, caïpirinhas de légende, *kibes* en entrée (pâtés au boulgour) et délicieuse *moqueca* cuisinée avec finesse. Juste quelques plats à la carte. Plus une accolade à la sortie !

Ι●Ι **Floresta do Salitre** (plan centre détachable, H7, **216**) : rua do Salitre, 42 D. ☎ 213-547-605. Tlj sauf sam midi et dim 12h-15h, 19h-22h15. Plats 9-18 €. Grande salle tout en longueur, nappes sur les tables, et plats traditionnels de poissons grillés avec crudités et pommes de terre. Également des viandes pour les amateurs. Simple et rapide. Bons desserts.

Ι●Ι **Brooklyn** (plan centre détachable, I7, **111**) : praça da Alegria, 35-37. ☎ 213-460-201. ● brooklyn.lisboa@gmail.com ● Tlj sauf dim 9h-20h. Plats 5-9 € ; brunch 12-15 €. Petit resto bon marché où les habitués du quartier se retrouvent. Déco éclectique avec toiles de jute transformées en coussins, vélo suspendu et tables en bois. Grand comptoir avec pâtisseries du jour. Et puis quelques places en terrasse. Pour engloutir salades, soupes, burgers, sandwichs, toasts... Service sympa.

Ι●Ι **O Cantinho de São José** (plan centre détachable, I7, **182**) : rua de São José, 94. ☎ 213-427-866. Tlj sauf ven soir-sam. Congés : 2de quinzaine d'août. Plats 6,50-11 €. Digestif offert sur présentation de ce guide. Dans la lignée de ces cantines d'où l'on ressort non pas déçu mais repu, avec des plats du jour à oublier son régime ! Déco froide de carreaux blancs, mais endroit plein comme un œuf le midi avec menu écrit à la main sur les nappes en papier. Ici palpite le cœur populaire de Lisbonne ! Service sans chichis et super accueil.

Ι●Ι **Casa do Alentejo** (plan centre détachable, J8, **183**) : rua das Portas de Santo Antão, 58. ☎ 213-405-140. ● comercial@casadoalentejo.pt ● Tlj 10h-23h (arriver tôt). Plats 5-6 € (taverne) et 9-15 € (resto). C'est la maison régionale de l'Alentejo (littéralement, « au-delà du Tage »). Passé le porche anonyme, on monte un escalier et on pénètre dans un palais mauresque reconstruit à l'identique de celui qui se tenait là avant le séisme de 1755. Au rez-de-chaussée, vaste patio sous une verrière à plus de 10 m de haut. Au 1er étage se trouvent une salle de bal avec un minuscule théâtre baroque et des salles de resto décorées d'azulejos dédiés aux travaux des champs. Taverne sympa, avec tables dans un petit patio au rez-de-chaussée. Une adresse aussi surannée que bien connue, patinée par le temps, où l'on vient plus pour le cadre (visite libre) que pour la cuisine, traditionnelle, qu'un vin maison fait très bien passer !

|●| ***Devagar Devagarinho*** *(plan centre détachable, I6,* ***181****) : travessa Larga, 15. ☎ 210-137-982. ● rest.devagardevagarinho@gmail.com ● Tlj sauf le w-e 12h-22h30 (1h mer, 2h ven). Plats 6-8 €.* Ambiance familiale, une pincée de coquetterie et un bonus d'attention dans le service. À la carte, beaucoup de grillades. Soirée fado le vendredi *(à partir de 21h30 ; résa conseillée).* Authentique et plus fréquenté par les Lisboètes que les touristes.

Plus chic

|●| ***K.O.B by Olivier*** *(plan centre détachable, G7,* ***217****) : rua do Salitre, 169. 📱 934-000-949. ● kob@olivier.pt ● Tlj sauf sam-dim midi 12h30-15h30, 19h30-minuit. Plats 16-42 €. K.O.B* est le spécialiste de la viande maturée. On y trouve le fameux Black Angus version portugaise et le *wagyu* du Japon, le meilleur mais aussi le plus cher ! Cadre élégant, avec le cuivre et les miroirs du décor, le béton brut des sols et le bleu pétrole des murs. Petite musique jazzy. Parfait pour un dîner en amoureux.

Entre Lavra et la colline de Graça

De prix moyens à plus chic

|●| ***Cervejaria Ramiro*** *(plan centre détachable, K7,* ***184****) : av. Almirante Reis, 1 H. ☎ 218-851-024. ● geral@cervejariaramiro.pt ● Tlj sauf lun 12h-0h30. Repas 20-35 €.* De l'avis de beaucoup de Lisboètes, c'est l'un des meilleurs restos de mer de la ville. Fondée en 1956, cette brasserie à la déco marine propose poissons, coquillages, crustacés, mollusques, tous pêchés sur les côtes portugaises. Voir les langoustines géantes de l'Atlantique et les gambas d'Algarve. Grande fraîcheur, service impeccable, accueil jovial, carte des vins à la hauteur du lieu. Venir tôt pour éviter l'attente, succès oblige !

Où boire un bon café ?

☕ ***Fabrica Coffee Rosters*** *(plan centre détachable, I7,* ***256****) : rua das Portas de Santo Antão, 136. ☎ 211-399-261. ● info@fabricacoffeeroasters.com ● Tlj 8h-20h.* Une brûlerie de café pour déguster son breuvage préféré, accompagné d'une pâtisserie, dans une grande salle tout en longueur à la déco industrielle. Quelques sofas pour se reposer. Musique tendance.

Où boire un verre ?

Ginjinha

🍷 ***Ginjinha Sem Rival*** *(plan centre détachable, J8,* ***290****) : rua das Portas de Santo Antão, 7. ☎ 213-468-231. Tlj sauf dim 7h-minuit.* Notre petite *ginjinha* préférée consiste en quelques étagères remplies de bouteilles, un bar en bois et un homme jovial qui sert à boire derrière son comptoir. Clientèle masculine, parfois haute en couleur ! On sirote debout (dehors ou dedans) la liqueur *Eduardino,* faite à base de plantes, ou la liqueur de cerise (sorte de guignolet local).

Bar à vins, bar à bières

Procópio Bar *(plan centre détachable, G6,* ***292****) : alto de São Francisco, 21 A. ☎ 213-852-851. • info@procopio.com • Tlj sauf dim 18h (21h sam)-3h.* Ce serait le plus vieux bar de Lisbonne ! Pour vivre heureux, vivons cachés : le *Procópio* est si secret, si discret, au fond de sa petite impasse patinée par le temps, à l'ombre de la maison-studio de la grande artiste Vieira da Silva... L'ambiance aristocratique de velours rouge et de bois ancien attire une clientèle sage et respectable. Musique douce, propre à favoriser les échanges intimes autour d'une bière étrangère ou d'un cocktail. Assez chic mais accueillant.

Achats

Mistura de Estilos *(plan centre détachable, I7,* ***346****) : rua de São José, 21. • misturaestilos@gmail.com • Tlj sauf le w-e 15h30-20h.* Grand choix d'azulejos fabriqués à la main. Propose aussi des cours, pour ceux qui veulent fabriquer eux-mêmes leurs carreaux... et surtout qui en ont le temps !

À voir. À faire

Museu da Ciência et museu da História natural *(musée de la Science et musée d'Histoire naturelle ; plan centre détachable, H7,* ***380****) : rua da Escola Politécnica, 56-58. ☎ 213-921-808. • museus.ulisboa.pt • Tlj sauf lun 10h-17h (le w-e 11h-18h). Entrée : 5 € ; billet jumelé par le Jardim Botánico (tlj 9h-20h – 17h oct-mars) 6 € ; réduc notamment avec la Lisboa Card ; billet famille (2 adultes + 2 enfants) 12,50 € ; gratuit moins de 10 ans.* Squelettes de dinosaures, fossiles et minéraux assez bien classés, mais les explications sont en portugais et la présentation est un peu tristounette. Dans le *musée de la Science* (explications en anglais), quelques expériences pour comprendre la loi de la gravité, l'inertie, le principe du vide, la force centrifuge, les ondes, le pendule, le magnétisme, les éclipses, l'électricité et l'optique dans un cadre de laboratoire désaffecté. Pas le plus impressionnant dans son genre mais toujours intéressant pour les enfants. Le *Jardim Botánico (2 €/pers, réduc, mêmes horaires)* à côté s'est refait une beauté et présente à nouveau ses trésors.

Praça das Amoreiras *(place des Mûriers ; plan centre détachable, F-G6) :* adorable place ombragée, calme, loin de l'agitation urbaine. Elle ne conserve malheureusement plus aucune trace des centaines d'arbres plantés au XVIIIe s pour alimenter la fabrique royale de soie, mais elle demeure un délicieux espace de verdure, longé par l'aqueduc.

Mãe d'Água e aqueduto das Águas Livres *(plan centre détachable, G6,* ***381****) : praça das Amoreiras, 10. ☎ 218-100-215. • epal.pt • La citerne (Mãe d'Água) se visite. Entrée par la praça das Amoreiras (angle calçada Bento da Rocha Cabral). Tlj sauf lun 10h-12h30, 13h30-17h30. Entrée : 3 € ; réduc, notamment avec la Lisboa Card. Billet couplé avec l'aqueduc (situé à env 500 m de là, près du centre commercial Amoreiras, à partir de la calçada da Quintinha, alto de Campolide ; plan d'ensemble détachable, D-E5) : 5 €.* Construit entre 1732 et 1748, l'*aqueduc* était destiné à alimenter en eau les fontaines de Lisbonne par une conduite tracée dans la campagne sur près de 60 km et ponctuée de tourelles caractéristiques : les « sources ». L'aqueduc enjambe ensuite la vallée de l'Alcântara grâce à 35 arcs d'une longueur totale de 940 m : le plus haut culmine à 65 m. L'eau arrive ensuite dans la *Mãe d'Água,* citerne des Amoreiras construite au début du XVIe s, où elle est stockée sous d'imposantes voûtes en pierre. Elle s'écoule le long d'une cascade de mousse et de calcaire dans un bassin de 7 m de profondeur. Mis en valeur par un éclairage subtil, ce lieu distille à juste titre une atmosphère particulièrement paisible et rafraîchissante. On peut grimper au sommet sur une terrasse splendide qui donne sur l'aqueduc et la place voisine.

Fundação Arpad Szenes – Vieira da Silva (plan centre détachable, G6, **381**) : *praça das Amoreiras, 56. ☎ 213-880-044. • fasvs.pt • ♿ Tlj sauf lun 10h-18h. Entrée : 5 € ; réduc, notamment avec la Lisboa Card ; gratuit moins de 14 ans. Ts les trimestres, des expos sont consacrées à des artistes qui ont influencé l'œuvre du couple ou qui s'en sont inspirés. Une partie du musée abrite et expose en permanence leurs peintures. Petit café sur place.*

Dans une annexe de l'ancienne manufacture de soieries, le musée présente des peintures des années 1930 aux années 1970 du célèbre couple d'artistes de la mouvance cubiste, appartenant à l'école de Paris. Fille unique d'un diplomate et journaliste renommé, Maria Helena Vieira da Silva (1908-1992) suit des cours privés. À Paris, elle rencontre Arpad Szenes, un jeune Hongrois (1897-1985), élève de l'atelier de la Grande Chaumière à Montparnasse. Les 2 artistes se marient l'année suivante. Ils mènent une vie d'apatrides bohèmes et de sans-papiers. Née portugaise, elle perd sa nationalité d'origine en épousant un Hongrois. Arpad Szenes demande au dictateur Salazar la citoyenneté portugaise et pour l'obtenir il se convertit même au catholicisme. Le Portugal refuse. Les voilà sans papiers ! La guerre éclate. Le couple s'exile à Rio de Janeiro, où il vit pauvrement de 1940 à 1947. Retour en France où, en 1956, grâce à André Malraux, ils obtiennent la nationalité française.

Après 1956, Arpad et Maria Helena passent presque toute leur vie dans l'Hexagone (ce qui explique le titre des tableaux), entre leur appartement du 34, rue de l'Abbé-Carton, dans le 14e arrondissement de Paris, et leur maison d'Yèvre-le-Châtel (où ils sont enterrés). Quand elle vient à Lisbonne, Maria Helena loge à l'hôtel *Tivoli*, avenue da Liberdade, bien qu'elle ait une maison-studio (celle avec une balustrade sur le toit) juste à côté de l'actuelle fondation, à l'angle de la rua da Penha et de l'escalier qui mène au bar *Procópio*.

L'œuvre de Maria Helena Vieira da Silva, aujourd'hui très cotée sur le marché de l'art, est emplie de lignes qui s'enchevêtrent, se nouent et se dénouent, créant aussitôt des espaces : labyrinthes, quadrillages, échiquiers aux multiples points de fuite... Elle est considérée comme une des plus grandes peintres modernes d'origine portugaise. À sa mort, n'ayant pas d'enfants, elle a légué une grande partie de ses œuvres à la galerie Bucher, à Paris, à qui elle devait tant. Elle avait également demandé qu'une fondation soit créée à Lisbonne.

– Prolonger par la visite de la ***station de métro Cidade Universitária*** (près de l'université, ligne de métro orange), entièrement et magnifiquement décorée par Maria Helena Vieira da Silva.

– À proximité du largo do Rato, ***rua Alexandre Herculano,*** jetez un regard aux immeubles des ***nos 57 et 65,*** superbes édifices Art nouveau, en particulier le ***garage Auto-Palace.***

ART NOUVEAU EN SOUS-SOL

Savez-vous qu'on trouve à Lisbonne une bouche de métro parisien 1900 signée Hector Guimard ? Ce témoignage de l'Art nouveau se situe à la station Picoas (angle avenida Fontes Pereira de Melo et rua Andrade Corvo). Elle a été offerte en 1995 par la RATP ! En échange symbolique, un artiste portugais a décoré la station Champs-Élysées-Clemenceau de Paris.

Casa-museu da Fundação Medeiros e Almeida (plan centre détachable, H6) : *rua Rosa Araújo, 41. ☎ 213-547-892. • casa-museumedeirosealmeida.pt • Tlj sauf dim 10h-17h (dernière entrée à 16h30). Fermé 1er janv, Pâques, 1er mai et 24-25 déc. Entrée : 5 € ; réduc, notamment avec la Lisboa Card ; gratuit moins de 18 ans. Infos en français dans chaque salle.*

Fondation créée par l'homme d'affaires António Medeiros e Almeida (1895-1986) pour assurer la conservation de sa collection d'art décoratif. Musée installé dans

sa propre maison, demeurée telle quelle, et dans l'ancien jardin qu'il a aménagé dans ce but. Quantité impressionnante d'objets achetés au Portugal et à l'étranger, notamment dans des ventes aux enchères en Europe et aux États-Unis. Excellente mise en valeur, dans une succession de salles à admirer du sol au plafond.
- ***Au rez-de-chaussée,*** spectaculaire *chapelle* au retable en *talha dourada* et au chœur garni d'azulejos.
- ***Au 1er étage,*** mobilier portugais, indo-portugais, anglais et français (meubles style Boulle, cartonniers à tiroirs secrets, fauteuils recouverts des fables de La Fontaine). Intéressante salle Louis XIV. Tapisseries flamandes et françaises (les Gobelins). Tableaux d'artistes portugais (Mestre da Lourinhã, José Veloso Salgado) et puis des Boucher, Rubens, Delacroix, Van Goyen, Huysmans ! Dans une chambre à coucher, près d'un lit à baldaquin (satin et damas), voir l'insolite bidet en porcelaine de Chine aux armes royales de France (une rareté !) et le pot de voyage anglais du XIXe s (une autre rareté !). Dans le corredor D. Catarina de Bragança, ne pas rater cette remarquable et unique ***horloge de nuit*** du XVIIe s en état de marche ! Éclairé par de l'huile, ce type d'horloge pouvait s'enflammer facilement, d'où son abandon par la suite. Service à thé portugais ayant appartenu à Napoléon et collection insolite de *paliteiros* (porte cure-dents) dans la salle réservée à l'argenterie *(sala de Pratas).*
- Magnifique ***sala do lago*** – disponible pour vos réceptions – avec ses plafonds peints représentant les 4 continents, ses murs couverts d'*azulejos* et sa monumentale fontaine en marbre au centre. Les vitrines autour contiennent une collection de bijoux, de pierres précieuses et de tabatières en porcelaine.
- ***Au 2e étage,*** appartements privés de Margarida et António, restés en l'état. Immense salle de bains pourvue d'un appareil de musculation, un des premiers appareils de fitness importé au Portugal (vous ne trouvez pas que ça a des allures d'appareil de torture ?!). Ne manquez pas la superbe collection d'éventails de style Empire, caractérisée par les broderies. Regardez : certains ont même des trous pour les yeux ! De quoi apprendre en même temps le langage de l'éventail.
- De retour au rez-de-chaussée, on admire la fabuleuse ***collection de montres et d'horloges (sala dos relógios)*** de styles et d'origines variés (c'était la grande passion d'António Medeiros) : réveil à bougie, horloge japonaise à cadran vertical (XVIIIe s, les aiguilles se déplacent de haut en bas !), montre maçonnique, montre érotique, etc. Vitrine consacrée aux montres Breguet. Voir aussi l'étonnante horloge à billes d'acier *(rolling ball clock),* le grand sablier du XVIIIe s fabriqué à Gdansk et l'horloge de l'impératrice Sissi d'Autriche, en cristal de roche et argent, incrustée de lapis-lazuli. Porcelaine chinoise également : quelques pièces rares et bien conservées.
|●| Cafét' avec terrasse couverte.

Praça dos Restauradores *(place des Restaurateurs ; plan centre détachable, I-J7-8)* **:** au centre de cette place se dresse le monument commémorant la guerre de Restauration qui débuta en 1640. L'obélisque a été érigé en 1886.

En descendant de la praça dos Restauradores vers la praça Rossio, sur le côté droit, la ***gare du Rossio,*** aux allures de palais, offre une curieuse façade, avec 2 portes en forme de fer à cheval, pastiche du style manuélin.

À l'est de l'avenida da Liberdade

Rua das Portas de Santo Antão *(plan centre détachable, I-J7-8)* **:** piétonne dans sa partie proche du Rossio, cette rue animée, très touristique (avec le bon et le moins bon), est bordée de quelques monuments importants.
- ***Du nº 92 au nº 100,*** le très grand ***Coliseu dos Recreios,*** ouvert en 1890, sur les plans des ingénieurs français Goulard et Bauer. Opéra comique jusque dans les années 1980, c'est aujourd'hui une grande salle de concerts *(infos : ● coliseulisboa.com ●).*

– À gauche de cet édifice, la ***Sociedade de geografia de Lisboa,*** fondée en 1875 *(● socgeografialisboa.pt ● ; musée ouv lun-ven 10h-12h45, 14h-16h45).* Jetez un coup d'œil, dans le hall d'entrée, sur le grand tableau (Veloso Salgado, 1898) représentant Vasco de Gama devant le *samorin* de Calicut. L'une des statues représente Cabral, le découvreur du Brésil.
– ***Au nº 113,*** voici le ***Teatro Politeama,*** avec une façade aux frises sculptées et une grande verrière en anse de panier.
– ***Au nº 110,*** on admire l'***Atheneu,*** grand gymnase de 1880, doté de 3 belles portes au fronton sculpté. L'intérieur de l'*Atheneu* a retrouvé sa vocation primitive et abrite aujourd'hui un complexe sportif (gymnase, piscine, salle de basket, cours de yoga, de karaté, de danse...).

Jardim do Torel *(plan centre détachable, I-J7,* ***382****)* **:** *accès par la rua Júlio Andrade, en haut du funiculaire de Lavra.* Ignoré même sur certains plans de ville, il offre au promeneur éreinté un lieu de repos inespéré. Minuscule parc très goudronné surplombant l'avenida da Liberdade, il brille sous le soleil du soir. Mais c'est la nuit qu'il est le plus beau et le plus mystérieux, avec son éclairage intimiste et, surtout, ses escaliers qui vous ramènent peu à peu vers la civilisation.

Le quartier de Sant'Ana *(plan centre détachable, J7-8)* **:** perché entre les 2 avenues convergeant vers la Baixa, il s'étend de part et d'autre de la *calçada* du même nom. À 2 pas du centre, c'est un véritable quartier populaire avec ses gargotes, ses ruelles, ses cris et ses senteurs. Il permet de monter au *campo dos Mártires da Pátria* ; encore un petit parc avec ses coqs, ses cygnes et aussi sa statue étonnamment vénérée d'un brave docteur. *O senhor doutor Sousa Martins* a dû et doit encore soigner beaucoup de monde ! Mais, est-ce un hasard, tout près se trouvent la morgue, l'institut médico-légal et la plus grande concentration d'entreprises de pompes funèbres de la ville...

ALFAMA, CASTELO DE SÃO JORGE, MOURARIA ET GRAÇA

● Pour le plan de l'Alfama, se reporter au plan détachable en fin de guide.

Si, ailleurs, il suffit parfois de passer un pont, ici, il suffit de gravir une colline (grâce notamment aux ascenseurs modernes à prendre dans la Baixa ; voir plus loin « Visiter l'Alfama ») pour se retrouver au cœur d'un quartier cher aux trekkeurs urbains. Sur les pentes de la colline médiévale du castelo de

São Jorge s'étagent les plus vieux quartiers de Lisbonne – Alfama, Graça et Mouraria – aux ruelles tortueuses et venelles étroites, formant un dédale qui ravira le promeneur !

UN ALLER SIMPLE POUR L'ALFAMA

Prenez place dans le fameux ***tramway n° 28,*** il vous emporte, tout bringuebalant – par-delà le temps – le long des rues pentues, jusqu'au cœur de l'Alfama. Le seul quartier populaire de Lisbonne ayant survécu au tremblement de terre de 1755 comme à l'Expo universelle de 1998. Quelques petits malins ne montent pas mais s'accrochent à l'arrière du tram...
Lorsque le wattman actionne la cloche, commence alors un voyage mémorable. La mécanique filant droit sur ses rails avant d'aborder des virages en épingle spectaculaires et de frôler à quelques centimètres les étals des magasins et les piétons qui doivent jouer aux toreros entre les voitures stationnées !
Et profitez des arrêts forcés, destinés à laisser un livreur décharger sa marchandise, pour admirer les devantures des pâtisseries et des épiceries fines débordant de gâteaux, de fruits confits, de pots remplis de *marmelada,* de jambon fumé, de fromages et vins de pays.

L'ÂME DE LISBONNE

Ce quartier, c'est ***l'âme de Lisbonne !*** Longtemps habité par les pêcheurs et les marins, il est resté populaire, avec ses personnages bien typés : truculentes matrones, artisans, commerçants ambulants, gamins frondeurs, vieillards malicieux prenant le frais... L'Alfama est le quartier le plus ancien et le plus connu de la capitale, emblème du Lisbonne éternel.
Les Wisigoths l'habitèrent avant les Arabes, qui lui donnèrent d'ailleurs son nom : Alfama, déformation d'*alhama,* mot évoquant d'anciennes fontaines sur la colline. Il consiste en un réseau inextricable de ruelles tortueuses, volées de marches *(calçadas),* culs-de-sac, passages voûtés, cours intérieures, patios minuscules fleuris et venelles ne menant nulle part (les *becos*), bordées de mille maisons enchevêtrées, agglutinées, présentant autant de styles différents.
Le flâneur s'y déplace à pied. Il peut y admirer de belles façades en encorbellement, délavées par les pluies, des balcons en fer forgé ou sculptés, dissimulés par les draps qui claquent au vent. Au fil de la promenade, de temps en temps apparaît le Tage, cette mer de Paille qui surgit tel un miroir bleu étincelant au débouché d'une ruelle, entre 2 vieux immeubles presque collés ou entre 2 échafaudages.

SAUDADE PARTY

Le soir, il se dégage de l'Alfama une atmosphère presque moyen-orientale, qui tient de la casbah et du théâtre de rue. C'est ici qu'on vient pour découvrir le vrai fado, cet art de la rue autour duquel les hommes et les femmes du quartier se retrouvent encore pour chanter leur ville, leur vie, leur souffrance, leur pauvreté. C'est un fado des amateurs, à entendre dans une *tasca* plutôt que dans un resto à touristes... Il faut simplement accepter de venir tard, de rester debout, un verre d'alcool à la main...

LA FÊTE DE SANTO ANTÓNIO (SAINT ANTOINE)

Chaque année, le 13 juin, l'Alfama célèbre António, le saint patron de la Sé et du quartier, qui a eu l'idée malheureuse d'aller finir ses jours à Padoue. Pour beaucoup, saint Antoine est souvent considéré comme le saint patron de Lisbonne et serait donc en concurrence avec São Vicente (saint Vincent). En réalité, saint

Antoine est seulement le saint patron de la Sé, la cathédrale, laquelle est située dans l'Alfama. Il est devenu par extension le saint patron de l'Alfama.
C'est lui qui mène la procession dans les ruelles et sur les places. Un grand moment de vie collective à partager. Profitez-en pour offrir à l'élu(e) de votre cœur un petit pot de basilic porte-bonheur ! Lors de cette fête religieuse très populaire, chaque rue, dans un fiévreux esprit de compétition, tente d'être plus colorée, plus lumineuse que celle d'à côté. Les cuisines, les tables sont de sortie, on grille des sardines un peu partout, le *vinho verde* coule à flots ; l'Alfama vit entièrement dans la rue, dans une atmosphère de kermesse indescriptible.

Visiter l'Alfama

➢ ***Pour gagner l'Alfama,*** prendre bien sûr le ***tram nº 28ᴱ*** depuis la *rua da Conceição,* dans la Baixa ; ou le ***tram nº 12ᴱ,*** qui fait la boucle depuis *la praça da Figueira* en passant par la Sé (cathédrale) ; ou encore le ***bus nº 737*** depuis le Rossio, qui vous conduit au *castelo de São Jorge.* ***Attention :*** on vous le redit, ne laissez pas vos sacs ni vos affaires sans surveillance, le pittoresque du tram nº 28 est souvent gâché par les pickpockets qui montent depuis la Baixa ou la station Martim Moniz... Vous pouvez aussi prendre l'un des ***2 ascenseurs modernes*** *(plan centre détachable, K9 ; tlj 7h-21h – 9h-20h le w-e ; GRATUIT)* qui permettent de grimper directement au sommet de l'Alfama, au pied du château (voir plus haut « Infos pratiques sur place. Comment se déplacer ? Les funiculaires *(ascensores)* et les ascenseurs *(elevadores)* ».

– ***Les miradouros*** (ou belvédères) **:** s'y rendre au coucher du soleil pour la beauté du paysage. Le ***miradouro de Santa Luzia*** *(plan centre détachable, L9 et zoom détachable Alfama,* ***409****)* possède une petite buvette où l'on peut siroter un verre en admirant le panorama, avec le Tage au loin.

➢ ***Visites guidées :*** voir plus haut « Infos pratiques sur place. Comment se déplacer ? Découvrir Lisbonne autrement » pour des idées de balades à pied dans le quartier. Les *tuk-tuk* semblent avoir le vent en poupe !

Où dormir ?

De bon marché à prix moyens

■ ***This is Lisbon*** *(plan centre détachable, K8,* ***92****)* **:** *escadinhas Marquês de Ponte de Lima, 1. ☎ 218-014-549. • info@thisislisbonhostel.com • thisislisbonhostel.com • Ⓜ Martim-Moniz. L'escalier d'accès se trouve entre les nºˢ 63 et 65 de la rua da Costa do Castelo. Dortoirs (4-8 lits) 17-24 €/pers ; doubles 50-70 €.* Cet *hostel* occupe le rez-de-chaussée d'une jolie maison rose. Intérieurs soignés avec parquets d'antan. Voici des dortoirs et quelques doubles, avec ou sans salles de bains rutilantes. Certains donnent sur la terrasse commune verdoyante avec vue sur Lisbonne, nos préférés. Cuisine à dispo. Bon accueil pro. Une excellente adresse.

■ ***Inn Possible Lisbon Hostel*** *(plan centre détachable, K8,* ***93****)* **:** *rua do Regedor, 3. ☎ 218-861-465. • booking@innpossible.pt • innpossiblelisbon.com • Ⓜ Baixa-Chiado. Dortoirs (4-10 lits) 17-23 €/pers ; doubles 88-95 €.* Dans un quartier en plein renouveau, à 2 pas d'une place charmante, entre les 2 ascenseurs qui montent de Baixa vers le château. Cette grande bâtisse ancienne à la façade rouge abrite une quarantaine de lits répartis dans des dortoirs avec sanitaires extérieurs pour la plupart. Également quelques doubles avec salle de bains, mais aux tarifs surestimés. Déco moderne, blanche et grise, avec vieux parquets et photos d'artistes contemporains aux murs. Sous les toits, cuisine et chaleureuse salle télé.

Hostel Petit Lusa *(zoom détachable Alfama,* ***105****) : largo do Chafariz de Dentro, 24. ☎ 218-872-773. 969-894-951. • info@hostelpetitlusa.com • hostelpetitlusa.com • Ⓜ Terreiro do Paço. Dortoir (10 lits) env 25 €/pers ; doubles 79-124 €.* En plein cœur de l'Alfama, une dizaine de petites doubles confortables et décorées avec couleur par des artistes locaux, selon différents thèmes (musique, littérature, etc.). Également un grand dortoir. Accueil souriant.

Pensão São João da Praça *(plan centre détachable, K9,* ***95****) : rua de São João da Praça, 97 ; 2° et 3°. ☎ 218-862-591. • 21886259@sapo.pt • Ⓜ Terreiro do Paço. Doubles 35-65 €.* Juste derrière la cathédrale, cette maison ancienne aux parquets patinés abrite une modeste pension sans charme et un rien vieillotte, mais très propre et pas chère. Chambres toutes différentes, avec ou sans salle de bains. Une adresse honnête.

De plus chic à beaucoup plus chic

Tings Lisbon Hotel *(plan centre détachable, K7,* ***109****) : rua da Senhora do Monte, 37-43. ☎ 218-860-160. • tingslisbon@gmail.com • tingslisbon.com • Ⓜ Martim-Moniz ; Ⓣ n° 28. Doubles 85-155 €.* Nichée au cœur d'un quartier résidentiel tranquille, cette maison ancienne livre – dans ses étages (escaliers raides) – une quinzaine de belles chambres, toutes différentes et bien équipées. Mobilier et déco exotiques, clin d'œil à l'autre hôtel que les gentils proprios danois tiennent aussi à Katmandou ! Terrasse privée pour les plus chères. Cuisine à dispo, salon avec cheminée, joli jardin-terrasse semé de verdure. Bref, une belle adresse de charme. C'est sûr, on reviendra !

Hotel Convento do Salvador *(zoom détachable Alfama,* ***94****) : rua do Salvador, 2B. ☎ 218-872-565. • hotel@conventosalvador.pt • conventosalvador.pt • Ⓜ Terreiro do Paço ; Ⓣ n° 28. Doubles 100-160 €.* En plein Alfama, c'est un ancien couvent rénové dans un style contemporain bien trempé. Une quarantaine de chambres confortables et sobrement aménagées, dont l'essentiel donne sur le grand patio saupoudré de plantes vertes. Accueil pro. Une gentille adresse au calme.

Albergaria Senhora do Monte *(plan centre détachable, K7,* ***98****) : calçada do Monte, 39. ☎ 218-866-002. • senhoradomonte@hotmail.com • albergariasenhoradomonte.com • Ⓜ Martim-Moniz ; Ⓣ n° 28. Doubles 99-150 €. Petit déj offert sur présentation de ce guide.* Hôtel fonctionnel mais pas très déco, situé au miradouro da Nossa Senhora do Monte, dans un quartier résidentiel ancien et charmant. Bon niveau de confort (AC, ascenseur...), les chambres sont impeccables, la plupart avec vue panoramique superbe.

Très chic

Solar do Castelo *(plan centre détachable, K8,* ***100****) : rua das Cozinhas, 2. ☎ 218-806-050. • solar.castelo@heritage.pt • heritage.pt • Ⓜ Baixa-Chiado, puis ascenseur. Doubles standard 146-200 €.* Dans l'enceinte du castelo de São Jorge et sur le site auparavant occupé par les cuisines du palais d'Alcáçova, on découvre une belle demeure du XVIIIe s flanquée d'une annexe moderne à l'architecture fonctionnelle discutable. Belle entrée, charmant patio avec fontaine, décors arabisants sympas mêlant éléments de style pombalin, canapés en cuir et chaises en fer forgé... Chambres tout confort et très classiques dans leur allure. Au sous-sol, dans l'ancienne citerne, petit musée exposant *in situ* quelques vestiges archéologiques. Accueil charmant et pro.

Hotel Memmo Alfama *(zoom détachable Alfama,* ***101****) : travessa das Merceeiras, 27. ☎ 210-495-660. • alfama@memmohotels.com • memmohotels.com • Ⓜ Terreiro do Paço ; Ⓣ n° 28. Doubles standard 95-200 €.* Un boutique-hôtel design niché au bout d'une rue pavée, dans un ensemble de vieux bâtiments qui abritaient naguère une usine de cirage, un four de boulangerie et l'atelier d'un photographe ! Une quarantaine de chambres tout confort, à la déco sobre et soignée, dotée d'un mobilier aux lignes scandinaves. Vue panoramique ahurissante depuis la terrasse du bar, avec piscinette à débordement : vous aurez l'étrange impression de faire trempette au-dessus des toits de l'Alfama ; spectaculaire ! Accueil au top.

Hotel Santiago de Alfama *(zoom détachable Alfama,* ***96****) : rua de Santiago, 10-14. ☎ 213-921-616. • hotel@santiagodealfama.com • santiagodealfama.com • Ⓣ nº 28. Doubles à partir de 190 €.* Bordé par une rue tranquille, en plein Alfama, ce luxueux hôtel propose une vingtaine de chambres confortables et douillettes, aux aménagements sobres et un rien design. Certaines avec terrasse privée. *Beauty bar* et resto sur place. Accueil charmant et pro.

Où manger ?

Dans ces quartiers populaires, les petites tavernes sympas abondent ! Ici, on s'arrête plutôt au hasard, quand une bonne odeur vient vous titiller les narines. Idéal pour sentir battre le cœur fatigué de la vieille ville, de jour comme de nuit. N'écoutez pas les âmes bien-pensantes qui vous déconseilleront de venir rôder dans notre quartier préféré à la nuit tombée !

De très bon marché à bon marché

Dans l'Alfama

Lisboa Tu & Eu *(zoom détachable Alfama,* ***190****) : rua da Adiça, 58. 919-485-256. • restaurantetueeu@gmail.com • Tlj 12h-22h. Plats 4-10 €.* Hors des sentiers touristiques, un minuscule local aux murs couverts de graffitis, signés par des clients enthousiastes ! Le tout bordé d'une micro-terrasse dans la ruelle. À l'ardoise, de bons petits plats simples et goûteux, mitonnés – façon tapas – avec de bons produits frais par des jeunes gens sympas. Une excellente adresse, très abordable. On s'est régalés !

Maruto *(plan centre détachable, L9,* ***200****) : rua do Cais de Santarém, 30. ☎ 215-940-993. • marutoalfama@gmail.com • Tlj sauf mar 12h-minuit. Plats 5-7 €.* Face au parking, une longue salle chaleureuse et voûtée, avec la télé. À la carte, tapas, toasts, sandwichs et salades, réalisés avec de bons produits frais et servis avec gentillesse. Et pour accompagner le tout, de bons cocktails et toute une palanquée de bières du cru artisanales. Une bonne adresse pour ne pas se ruiner... et qui tourne !

Pateo 13 *(zoom détachable Alfama,* ***208****) : calçadinha de Santo Estevão. ☎ 218-882-325. • pateo13@outlook.pt • Tlj sauf lun 12h-14h30, 19h-22h30. Plats 8-9 €.* Une grande terrasse – aux tablées rugissantes – sur une belle placette ombragée par un arbre vénérable. Dans l'assiette, viandes et poissons frais cuits simplement sur le gril fumant. Venir tôt car beaucoup d'amateurs, tant locaux que touristes, s'y pressent. Une bonne adresse fraternelle.

Pois Café *(plan centre détachable, K9,* ***205****) : rua de São João da Praça, 93-95. ☎ 218-862-497. • pois@poiscafe.com • Tlj 10h-23h. Menu déj 9,50 € ; plats 8-10 €.* Une belle grande salle voûtée et décorée dans un style à la fois alternatif, écolo et design, pour ce café-salon-snack au nom intraduisible en français et tenu par une équipe austro-portugaise souriante et tonique. On peut s'y poser, grignoter en lisant un bouquin pioché sur les étagères, ou somnoler dans un canapé moelleux avec son jus posé sur une vieille malle de récup'. Bons gâteaux dans la pure tradition autrichienne : *apfelstrudel*, cake aux poires, etc. Mais aussi salades, sandwichs, toasts et petits plats du jour préparés dans la cuisine ouverte. Une excellente adresse à toute heure !

Dans la Mouraria

O Eurico *(plan centre détachable, K8,* ***191****) : largo de São Cristovão,*

3-4. ☎ 218-861-815. Tlj sauf dim 12h-16h, 19h-minuit. Plats 6-10 €. Derrière les murs de ce resto de quartier se retrouve le midi la ruche bourdonnante des employés de la chambre de commerce voisine. Et le soir, c'est le gentil bal des touristes ! Dans l'assiette, bonne cuisine familiale – simple, authentique et bien tournée – où poisson et viande arrivent ex æquo. Quel succès !

The Food Temple *(plan centre détachable, K8, **194**) : beco do Jasmin, 18. ☎ 218-874-397. • thefoodtemple@gmail.com • Tlj sauf lun-mar 19h30-minuit. Plats 3-12 €.* Quelle surprise de trouver cette cantine végétarienne tendance... cachée sur une placette au cœur de la Mouraria labyrinthique ! À la carte, un bon petit plat du jour et des tapas pour accompagner les canons. À engloutir dans la petite salle avec grosses tables en pin, ou assis sur les marches de l'escalier à l'extérieur.

Dans le bairro do castelo de São Jorge

Quase Café *(plan centre détachable, L8, **209**) : rua do Salvador, 14. 929-326-800. • quaseumcafe@gmail.com • Tlj sauf dim 9h-16h (18h sam). Petit déj, brunch et plats 4-14 €.* Gentil petit local tout simple au mobilier dépareillé. À la carte, bon choix de petits déj et de brunchs pour tous les goûts et à tous les prix ; le tout composé d'ingrédients sains et savoureux. Aussi quelques soupes, quiches et *bruschette* du jour. Sans compter les crêpes, gaufres et pancakes, histoire d'agrémenter une pause gourmande en journée. Une bonne adresse tenue par des filles sympas. On aime !

Café Pit *(plan centre détachable, K9, **195**) : rua Augusto Rosa, 19-21. ☎ 218-863-851. • cafepit3@hotmail.com • Tlj sauf lun 11h-20h (23h sam, 19h dim). Plats 8-15 €. Digestif offert sur présentation de ce guide.* Bar-resto à 2 pas de la cathédrale, dans une grande salle à la déco tirant sur le vintage. À l'ardoise, bons petits plats simples mais élaborés avec des produits frais : toasts, plats *veg'* et aussi les *tapas mixtas* pour goûter à toutes les saveurs du chef.

Cruzes Credo *(plan centre détachable, K9, **197**) : rua Cruzes da Sé, 29. ☎ 218-822-296. • cruzescredo.se@gmail.com • Tlj 10h-minuit. Plats 8-12 €.* Un petit café – voûté de briques – où l'on vient « bruncher », boire un verre ou se régaler d'un vrai repas tout au long de la journée. Délicieux jus de fruits frais, toasts sucrés ou salés, salades, burgers, plats de viande ou de poisson, simples mais bons. Gentille terrasse dans la ruelle. Une bonne adresse.

Mercearia Castelo *(plan centre détachable, K8, **199**) : rua dos Flores de Santa Cruz, 2. ☎ 218-876-111. • velhacarta@gmail.com • Tlj 10h-20h. Congés : janv. Plats 8-10 €. Un café offert sur présentation de ce guide.* Une pause s'impose ? Alors arrêtez-vous dans ce bistrot de poche à l'écart de l'agitation. Un p'tit plat (salades, toasts...), un café et une pâtisserie, et ça repart ! Bref, une dînette rapide que l'on prend en terrasse sur la charmante placette, avec vue sur l'arrière du château... et les cris des paons en fond sonore ! Bon accueil.

À Graça

Joséphine Bistrô & Bar *(plan centre détachable, K7, **176**) : largo do Intendente, 59. ☎ 218-208-044. • josephinebistro@gmail.com • Tlj 13h (11h le w-e)-minuit (2h ven-sam). Plats 4-10 €.* Bistrot sans prétention pour faire une pause au calme et en terrasse aux beaux jours, sur la place verdoyante. À la carte : burgers, sandwichs, omelettes, salades, etc.

Prix moyens

Dans l'Alfama

Canto da Vila *(zoom détachable Alfama, **202**) : largo do Limoeiro, 2. ☎ 218-864-081. Tlj sauf mer 12h-22h. Menu déj 15 € ; plats 8-18 €.* Très bonne adresse brésilienne à Lisbonne ! Bel emplacement, à 2 pas du cœur battant de l'Alfama, avec terrasse sur rue. Quelques tables dehors et une petite salle à la déco hétéroclite, avenante et soignée, où s'affairent des serveurs brésiliens et portugais, souriants et enthousiastes. Il y a un bon esprit dans cette maison et un bon chef aux fourneaux. Prix sages pour la qualité proposée. Outre les plats du Brésil, on y sert de la viande, du poisson et des *pasta* pour ceux qui ne veulent pas trop de dépaysement. Bien sûr, on peut boire une bonne caïpirinha !

O Barracão de Alfama *(zoom détachable Alfama, **204**) : rua de São Pedro, 16. ☎ 218-866-359. • barracaodealfama@gmail.com • Tlj sauf lun 12h30-15h, 19h30-22h. Plats 10-18 €.* Dans une ruelle de l'Alfama, ce resto familial sans prétention mijote une bonne cuisine portugaise copieuse, qui connaît ses classiques et ose parfois les revisiter. Et la cerise sur le gâteau, c'est l'agréable terrasse verdoyante à l'arrière, au calme. Accueil sympa.

Mesa Kreol *(plan centre détachable, K9, **210**) : arco Portas do Mar, 9. 920-366-271. • geral.mesakreol@gmail.com • Tlj sauf lun 12h-15h, 18h-23h. Plats 12-15 €.* Cuisine colorée, originale et goûteuse, inspirée par le Brésil, l'Angola, le Cap-Vert... À déguster dans une agréable salle moderne, dotée d'une petite scène musicale. Service aux petits soins. Une adresse sans esbroufe qui nous plaît !

Duetos da Sé *(plan centre détachable, K9, **206**) : travessa do Almargem, 1 B/C. ☎ 218-850-041. • geral@duetosdase.com • Tlj sauf mer 17h (16h ven-dim)-minuit. Plats 11-16 €. Entrée concert : 5 €.* Dans une ruelle en contrebas de la cathédrale (la Sé), ce café-resto est l'endroit idéal pour passer une soirée en musique tout en dînant. Art et bonne cuisine, tel est le crédo de la maison, tenue par le sympathique Carlos. Déco soignée et élégante avec un grand piano au centre. Cuisine portugaise savoureuse – avec quelques pointes d'originalité – et bonne carte des vins. Excellente programmation musicale (du fado, mais pas que !).

Dans la Mouraria

Tentações de Goa *(plan centre détachable, K8, **193**) : rua São Pedro Mártir, 23. ☎ 218-875-824. • tentacaodegoa@gmail.com • Tlj sauf dim et lun midi 12h-16h, 19h-22h. Plats 7-14 €.* Comme l'Angola, le Mozambique ou la Guinée, l'Inde a sa place dans la Mouraria ! C'est un petit resto coquet et discret, tenu par des dames aimables, qui connaissent Goa. Les murs sont roses, la couleur du bonheur là-bas, dis ! La cuisine – bien mijotée – fait revivre avec bonheur et une belle subtilité les saveurs douces (ou épicées) de Goa, avec quelques spécialités végétariennes. *Goa é boa !*

Cantinho do Aziz *(plan centre détachable, K8, **201**) : rua de São Lourenço, 5. ☎ 218-876-472. Tlj 12h-23h. Plats 8-17 €.* Une bonne adresse très prisée des locaux et désormais aussi des touristes. Chaque plat s'inspire de l'Afrique de l'Est car Aziz, le proprio, est originaire du Mozambique. À dévorer en terrasse à l'ombre des murs colorés, ou dans la salle proprette avec nappes en plastique. Bon rapport qualité-prix-accueil.

O Corvo *(plan centre détachable, K8, **201**) : largo dos Trigueiros, 15A-B. ☎ 218-860-545. • ocorvocafe@gmail.com • Tlj 9h-23h. Congés : 2 dernières sem de nov. Plats 7-17 €.* Un grand comptoir et plein de coins et de recoins pour ce chaleureux resto convivial, où l'on vient partager un moment entre amis ou en famille. En été, les quelques tables sur la place ensoleillée sont très prisées. Cuisine simple mais généreuse, tournant autour de la viande. Aussi des petits déj, des brunchs, des salades et des petits plats à partager. Service souriant.

Chapitô à Mesa *(plan centre détachable, K9, **211**) : rua Costa do Castelo, 7. ☎ 218-855-550. • chapitoamesareservas@gmail.com • Resto tlj 12h-2h. Sur résa. Plats 7-18 €.* Plusieurs terrasses à flanc de colline, dominant un paysage de toitures, avec une vue épatante sur le Tage ! Cet intéressant petit complexe culturel abrite – dans un dédale d'escaliers, de terrasses et de salles – une petite école de cirque, un resto servant tapas, viandes et poissons cuits au gril, un petit chapiteau pour des spectacles de cirque et, au sous-sol, un bar musical de nuit. À ne pas confondre en revanche avec le resto, plus tendance, au 1er étage de cette maison surplombant l'Alfama. Plusieurs menus au choix déclinant les saveurs portugaises, brésiliennes et s'aventurant dans la cuisine fusion. Service aimable et diligent.

Dans le bairro do castelo de São Jorge

|●| ***Velha Gaiteira*** *(plan centre détachable, K9,* ***196****) : rua das Pedras Negras, 17. ☎ 218-865-046. • velha gaiteira.reservas@gmail.com • Tlj sauf dim 13h-17h, 19h-2h. Plats 9-18 € ; menu 9 €. Digestif offert sur présentation de ce guide.* Cuisine généreuse à base de produits essentiellement locaux, comme le bon petit vin de la maison. À déguster installé dans un décor hétéroclite fait de mobilier chiné, pour une ambiance un rien bohème. Accueil souriant.

Plus chic

Dans l'Alfama

|●| ***Maria Catita*** *(plan centre détachable, K9,* ***207****) : rua dos Bacalhoeiros, 30. ☎ 211-331-313. • reservas@ mariacatita.pt • Tlj 12h-15h30, 19h-22h30. Plats 9-24 €.* Belle salle à la fois élégante et rustique : murs en pierre brute et tables avec nappes à carreaux, vite prises d'assaut. Au choix : soit on grignote plusieurs *petiscos* (amuse-gueules) de charcuterie, fruits de mer, fromages, préparés de façon originale ; soit on choisit un plat, avec quelques incursions de spécialités des Açores. Belle carte des vins, notamment au verre. Service au top. On recommande !

|●| ***Os Gazeteiros*** *(plan centre détachable, L8,* ***218****) : rua das Escolas Gerais, 114-116. ☎ 218-860-399. • davideyguesier@gmail.com • Tlj sauf dim-lun 19h-22h. Menu unique 35 €.* « Naturel », tel est le maître mot de la cuisine et des vins sélectionnés par David, musicien, jeune proprio zen et souriant. Cadre chaleureux et moderne de bois et de béton brut. Cuisine ouverte et menu affiché sur un grand tableau noir. Sur fond de musique jazzy, il explique ses plats en français et son attrait pour les vins bio de l'Hexagone et leurs équivalents portugais. Il s'amuse à travailler des légumes originaux ou oubliés, à créer des rencontres et des télescopages de saveurs uniques. Une bien belle découverte !

|●| ***Boi Cavalo*** *(plan centre détachable, L8,* ***214****) : rua do Vigário, 70. ☎ 218-871-653. • geral@boi-cavalo. pt • Tlj sauf lun 20h-2h. Menu unique (8-9 plats) 40 €.* Dans une ancienne boucherie, avec son frigo central et ses murs couverts de plaques de marbre. Le lieu idéal pour une découverte gustative. Poisson, viande, fruits, fromage, tout est revisité juste ce qu'il faut, dans des assiettes dressées comme des tableaux colorés. Le chef a fait ses classes dans différents restos du monde, et ça se sent. Un régal pour les papilles et les pupilles. Belle carte des vins et choix d'associations originales sympas. Service excellent.

À Graça

|●| ***Bica do Sapato*** *(plan d'ensemble détachable, N8,* ***212****) : av. Infante Dom Henrique, armazém B. ☎ 218-810-320. • info@bicadosapato.com • ♿ Face à la gare de Santa Apolónia. Lun-sam 12h (17h lun)-minuit, dim 12h30-16h. Menu déj 25 € ; plats 11-26 €.* Ancien entrepôt des docks, transformé en haut lieu high-tech branché. Superbes volumes, grandes baies vitrées s'ouvrant sur le Tage. On s'y régale d'une cuisine haut de gamme bien élaborée, doublée d'un *sushi bar (lun-sam 19h30-minuit seulement).* Et tout à côté, ces anciens docks reconditionnés abritent ***d'autres restos et cafés,*** ouvrant eux aussi leur terrasse sur la mer de Paille ; superbe !

Où manger une bonne glace ?
Où prendre un petit déj ?

Augusto Lisboa *(plan centre détachable, L8,* ***261****) : rua de Santa Marinha, 26. ☎ 218-860-271. • augusto-lisoboa@hotmail.com • Mar-sam 10h-19h (tlj en été). Congés : mi-déc à mi-janv.* Un petit café-galerie bien sympa, tenu par un couple franco-portugais, qui confectionne de délicieuses glaces artisanales. Petite restauration, plats cuisinés également. La bonne affaire !

Gelateiro d'Alfama *(plan centre*

*détachable, L8, **218**) : rua da Escolas Gerais, 124. ☎ 968-656-226. Tlj sauf dim 10h-18h (19h sam).* Pause glace bienvenue dans ce quartier. Également smoothies, milk-shakes, crêpes, gaufres et autres boissons glacées. Quelques tables et chaises pour poser une fesse, ouf !

Où boire un verre ?

🍷 ***Topo Terraco*** *(plan centre détachable, K7, **303**) : sur la place Martim Moniz, au pied du métro ; entrer par le supermarché et prendre l'ascenseur jusqu'au 6e étage. ☎ 215-881-322. • geral@topo-lisboa.pt • topo-lisboa.pt • Lun-mer et dim 12h45-minuit et jeu-sam 12h45-2h.* Vue imprenable sur le château et cocktails à se rouler par terre.

🍷 ***Café da Garagem*** *(plan centre détachable, K8, **302**) : dans l'enceinte du Teatro Taborda, Costa do Castelo, 75. ☎ 218-854-190. • geral@teatrodogaragem.com • Tlj sauf lun 17h (15h le w-e)-minuit.* N'hésitez pas à pousser la porte du théâtre ! Vue splendide sur la ville pour ce café sous verrière, un peu vintage et redécoré par la designer portugaise tendance Joana Astolfi. Musique jazzy, étudiants branchés et voyageurs de passage. Parfait pour une assiette de fromages ou de charcuterie, accompagnée d'un verre de vin.

🍷 ***Ginja d'Alfama*** *(zoom détachable Alfama, **204**) : rua de São Pedro, 12. ☎ 936-207-958. Tlj sauf mar 10h-minuit.* Échoppe grande comme un mouchoir de poche, devant laquelle on pourrait presque passer sans l'apercevoir. Idéal pour tester la *ginja,* alcool de cerise fait maison par le proprio sympa. Fréquenté par les habitués. Fromage et croquettes à grignoter.

🍷 ***Pois Café*** *(plan centre détachable, K9, **205**) : rua São João da Praça, 93-95. ☎ 218-862-497. Tlj 10h-23h.* À ne pas rater, car il s'agit d'un endroit rare dans l'Alfama (voir plus haut « Où manger ? »).

🍷 ***Quiosque Portas do Sol*** *(zoom détachable Alfama, **297**) : largo Portas do Sol. Tlj 10h-jusqu'au crépuscule et très tard en été (1h).* Un petit kiosque, quelques tables et chaises sur une terrasse donnant sur les toits et les clochers de l'Alfama et le Tage en bas. Un endroit agréable – surtout en fin d'après-midi – face à un envoûtant paysage !

🍷 ***Quiosque do largo de N. S. da Graça*** *(plan centre détachable, L7, **298**) : sur le belvédère qui jouxte l'église Nossa Senhora da Graça.* Charmante terrasse panoramique sous les pins, pour une vue extraordinaire au crépuscule ! Idéal pour boire un verre en regardant Lisbonne illuminée par le couchant. Rendez-vous des jeunes et des amoureux, des flâneurs et des promeneurs solitaires, des artistes et des poètes ; tous inspirés par Lisbonne.

🍷 ***Wine Bar do Castelo*** *(plan centre détachable, K9, **299**) : rua Bartolomeu de Gusmão, 11-13. ☎ 218-879-093. • winebardocastelo@gmail.com • Tlj 12h-22h.* Après la visite du château, rien de tel qu'un petit verre de porto pour se requinquer ! Les proprios, 2 fins connaisseurs parlant français, sauront vous conseiller. Et aussi une foule de vins portugais à accompagner de charcuteries et de fromages. Bonne ambiance.

Où sortir ? Où danser ? Où écouter de la musique ?

🍷 ♪ ***Boutique Taberna*** *(plan centre détachable, K8, **294**) : escadinhas de São Cristóvão, 8. ☎ 926-866-052. • tropicwelcome@gmail.com • Tlj 10h (14h dim)-2h.* Petit bar sympa, accueillant – en soirée – des groupes de musique qui mettent le feu ! Ambiance formidable autant à l'intérieur – où ça guinche – que sur les marches de l'escalier, à l'extérieur, où ça lèche des verres. Un bon moment fraternel et même confidentiel, suspendu du temps.

🍷 ♪ ∞ ***Chapitô à Mesa*** *(plan centre*

LISBONNE QUARTIER PAR QUARTIER

détachable, K9, ***211****) : rua Costa do Castelo, 7. ☎ 218-855-550. • chapito.org • Voir plus haut « Où manger ? ».* En plus de 2 restos, ce lieu atypique abrite aussi un bar et un ***chapiteau de cirque*** sous lequel se produisent chaque semaine élèves et troupes extérieures. Au bar, de la musique *live* tous les soirs.

LuxFrágil *(hors plan d'ensemble détachable par N7,* ***296****) : av. Infante Dom Henrique, armazém 1, Cais da Pedra à Santa Apolónia. ☎ 218-820-890. • lux@luxfragil.com • luxfragil.com • Jeu-sam 22h-6h. Entrée libre (très sélective, hélas) mais verres hors de prix !* Grande boîte de 2 000 m² sur plusieurs niveaux, ouverte là par ce même Manuel Reis qui a « fait » le Bairro Alto autour du *Frágil.* Y gravite la fine fleur de la nuit et du spectacle. Un ensemble plein de promesses et de folie. C'est à 4-5h du matin qu'on voit la queue se former à l'entrée ! Ici passent les plus grands DJs internationaux pour mixer dans un décor assez hallucinant de vidéos graphiques, de metal (hurlant) et de lasers.

Bica do Sapato *(plan d'ensemble détachable, N8,* ***212****) : av. Infante Dom Henrique, armazém B. ☎ 218-810-320. Voir plus haut « Où manger ? ».* Un resto-bar à la mode lisboète où on en prend plein la vue, surtout quand on regarde du côté du Tage... et plein le verre si on se laisse aller à quelques folies. Et tout à côté, ces anciens docks reconditionnés abritent ***d'autres cafés,*** ouvrant eux aussi leur terrasse sur la mer de Paille ; superbe !

Les maisons de fado *(casas de fado)*

Le fado est né ici, dans les tavernes miteuses de l'Alfama, au cours du XIXe s (voir un peu plus loin : le museu do Fado). Rien à voir avec les usines à touristes que les tour-opérateurs recommandent aujourd'hui. Alors, fuyez si vous ne « sentez » pas les lieux ! Vous y perdriez de précieux euros et, surtout, vous rateriez votre rencontre avec ce blues portugais. D'authentiques lieux existent encore, mais on hésite à les livrer, car ceux qu'on aimait bien il y a peu tendent très vite à se laisser aller à la facilité : une participation est demandée si vous ne dînez pas, et même si vous ne buvez qu'un verre, vous ne vous en sortirez pas pour moins de 15-30 €...

A Pulga *(zoom détachable Alfama,* ***208****) : rua Regueira, 4-4A. 933-279-486. Tlj sauf mar 20h-23h. Plats 15-17 € ; min 20 €/pers.* On aime bien ce tout petit local carrelé où des artistes amateurs vous concoctent un excellent fado artisanal et authentique ; pendant que vous dînez de délicieux petits plats du jour griffonnés sur une feuille de papier. Le tout sous la tendre férule d'Isabel, la pittoresque et sémillante patronne. Une adresse qui ne fait pas d'accroc au porte-monnaie, pour se réconcilier avec le genre. C'est sûr, on reviendra !

Esquina de Alfama Casa de Fado *(zoom détachable Alfama,* ***312****) : rua São Pedro, 4. ☎ 218-870-590. • esquina.de.alfama@gmail.com • Tlj 20h-minuit. Plats 16-19 € (1 plat/pers exigé).* Resto familial, où l'on mange à touche-touche des spécialités régionales copieuses et sans chichis. On vient surtout ici pour entendre chaque soir de la semaine à 20h30 les chanteurs de fado qui se relaient sous les voûtes de pierre...

Parreirinha de Alfama *(zoom détachable Alfama,* ***213****) : beco do Espirito Santo, 1. ☎ 218-868-209. • booking@parreirinhadealfama.com • Tlj sauf lun 20h-2h. Plats 23-30 € (min exigé : 30 €/pers).* Au fond d'une courette, on descend quelques marches pour entrer dans une salle basse décorée d'azulejos. C'est une *casa de fado* du quartier de l'Alfama devenue touristique, mais d'excellents guitaristes et chanteuses y passent encore.

Clube de Fado *(plan centre détachable, L9,* ***317****) : rua São João da Praça, 94. ☎ 218-852-704. • info@clube-de-fado.com • Tlj 20h-2h. Plats 23-30 €.* Une des maisons de fado les plus réputées de Lisbonne, située à l'ombre de l'église São João da Praça, à moins de 300 m de la cathédrale (Sé). Déco classique et salle plutôt petite. Artistes professionnels de haut niveau. Prestations un peu courtes toutefois et cuisine au rapport qualité-prix décevant. Peut-être vivent-ils sur leur réputation ?!

|●| ♩ ***Casa de Linhares*** *(plan centre détachable, L9,* ***318****)* **:** *beco dos Armazéns do Linho, 2.* 📱 *910-188-118.* ● *info.casadelinhares@gmail.com* ● *Tlj 20h-2h. Menus 65 € ; plats 14-29 € (min exigé : 15 €/pers).* Dans un décor plutôt chic et soigné, grande salle voûtée et haute de plafond du XVIIe s, au rez-de-chaussée d'un vieil immeuble. Spectacles de fado traditionnel de qualité dans une ambiance tamisée. Fine cuisine portugaise qui se tient bien, mais surévaluée.

Achats

Épicerie fine

Sister's Gourmet *(plan centre détachable, K9,* ***348****)* **:** *rua da Madalena, 80 A.* ☎ *218-879-278.* ● *geral@sistersgourmet.pt* ● *Tlj 10h30-20h.* Une petite boutique-épicerie qui ne vend que des produits portugais. Impec' pour trouver un bon porto (que l'on peut goûter avant l'achat), mais aussi de délicieux biscuits (au porto), de l'huile d'olive... AOP Portugal et tout un tas d'autres spécialités à rapporter. Bon accueil.

Artisanat, art

A Vida Portuguesa *(plan centre détachable, K6,* ***353****)* **:** *largo do Intendente, 23.* ☎ *211-974-512.* ● *lojaintendente@avidaportuguesa.com* ● *Tlj 10h30-19h30.* Dans une ancienne fabrique de céramiques à la superbe façade. Une belle sélection de produits fabriqués au Portugal et qui ont marqué la mémoire nationale. De la vaisselle à l'épicerie fine en passant par le linge de maison, les jouets, les bijoux, les céramiques... Une véritable caverne d'Ali Baba ! D'autres boutiques en ville (voir la rubrique « Achats » dans le quartier de Bairro Alto).

Écocommerce

Garbags *(plan centre détachable, L8,* ***350****)* **:** *calçada da Graça, 16A.* 📱 *937-981-772.* ● *info@garbags.eu* ● *Tlj 10h-20h.* Voici la 1re écoboutique de Lisbonne qui récupère des déchets urbains pour en faire des objets utiles (sacs à main, trousses, porte-monnaie...). La dynamique et sympathique Tania Anselmo (francophone) est ingénieur en environnement. Elle est pionnière dans ce domaine et parvient à sensibiliser les gens du quartier à la collecte intelligente et au recyclage des emballages usagés. En les transformant, elle crée de nouveaux produits qu'elle vend, et les bénéfices sont réinvestis dans le processus écologique. Une très belle initiative à soutenir : bravo, Tania !

Conserverie de poissons

Conserveira de Lisboa *(plan centre détachable, K9,* ***351****)* **:** *rua dos Bacalhoeiros, 34.* ☎ *218-864-009.* ● *info@conserveiradelisboa.pt* ● *Tlj sauf dim 9h-19h.* Depuis 1930 que ça dure ! Du sol au plafond – dans les vieux rayonnages en bois – s'alignent des boîtes de conserve à l'ancienne, vendues dans un emballage rétro qui plaira beaucoup à vos amis ou à votre famille. Dedans, produits raffinés de qualité.

Azulejos

Santa Rúfina Azulejos *(plan centre détachable, K9,* ***352****)* **:** *calçada do Conde de Penafiel, 9A.* ☎ *218-876-018.* ● *santarufina@hotmail.com* ● *Ruelle en pente qui monte de la rua de São Mamede à la Costa do Castelo. Lun-ven.* Cette petite fabrique ne met guère d'éclat dans son souci d'attirer le chaland. C'est davantage au curieux qu'elle ouvre sa vieille porte vitrée pour lui permettre de découvrir un panneau en cours de réalisation ou un passionné courbé sur son pinceau, occupé à peindre une céramique. Ici, tout est réalisé de A à Z, de la fabrication du biscuit – le carreau de terre de 14 x 14 cm – à la cuisson de l'azulejo, en passant par le savant geste qui consiste à enduire une face de poudre de verre liquide. Pour voir, pour acheter, pour apprendre aussi.

Céramique

Caulino (*plan centre détachable, K9,* ***354****) : rua de São Mamede, 28 (déménagement prévu à l'été 2019 : largo das Olarias, 49). 917-296-439. • caulinoceramics@gmail.com • Tlj sauf le w-e 11h-18h.* Une escale à ne pas manquer pour les amateurs d'artisanat contemporain. Ce lumineux atelier-boutique abrite la créativité de 3 jeunes céramistes. Objets utilitaires ou purement décoratifs, les formes et les couleurs se côtoient sur les étagères, au gré de l'inspiration de l'une ou de l'autre. On peut même prendre des cours si on reste quelques jours !

A Arte da Terra (*plan centre détachable, K9,* ***355****) : rua Augusto Rosa, 40. ☎ 212-745-975. • arte@net.sapo.pt • Tlj 11h-20h.* Dans une ancienne écurie élégamment voûtée, on trouve artisanat local, cadeaux souvenirs, sculptures et céramiques décoratives. Mais également vente de vins locaux, confitures, boîtes de sardines, vêtements...

À voir. À faire

LISBONNE QUARTIER PAR QUARTIER

Igreja da Conceição Velha (*église de la Vieille-Conception ; plan centre détachable, K9,* ***403****) : rua dos Bacalhoeiros, 123 A. Tlj 8h-13h, 15h-19h.* La façade manuéline provient d'une église détruite par le tremblement de terre de 1755. Voilà pourquoi les styles sont si différents entre l'intérieur et l'extérieur. Le pilier central de ce portail supporte une curieuse statue de saint Michel, qui tient une épée dans une main et une balance dans l'autre. Le plus étrange réside dans sa tenue, car il porte un vêtement de femme ; autrement dit il s'expose comme un travesti ! En outre, il a une calotte sur la tête... Ces détails ont été interprétés par les historiens, qui signifient que l'église a été bâtie à l'emplacement d'une ancienne synagogue. Le catholicisme a donc remplacé le judaïsme. Cette statue de saint travesti signifierait le « travestissement » de la religion juive en religion chrétienne (ouf, on respire !).

Casa dos Bicos (*plan centre détachable, K9,* ***404****) : rua dos Bacalhoeiros, 10. ☎ 218-802-040. • josesaramago.org • Tlj sauf dim 10h-18h (dernière entrée à 17h30). Entrée : 3 € ; réduc, notamment avec la* Lisboa Card.
Inspirée par le palais des Diamants à Ferrare (Italie), la casa dos Bicos fut construite en 1523 pour le vice-roi des Indes portugaises, le puissant Afonso de Albuquerque. Il s'agit de l'un des rares monuments de la Baixa rescapé du tremblement de terre de 1755. Sa façade sud est hérissée de dizaines de pierres taillées en forme de pointes de diamant, symboles de luxe et de richesse. Il existe une autre maison avec une façade de ce type à Ségovie (Espagne). Selon la rumeur historique, Albuquerque voulait incruster un vrai diamant dans chaque pierre, mais le roi Manuel ne voulait pas d'un palais plus somptueux que le sien ; il s'y opposa ! Une légende raconte par ailleurs qu'une reine africaine y aurait caché un trésor de diamants...
Aujourd'hui, cette superbe demeure princière abrite au rez-de-chaussée des ***fondations et découvertes archéologiques,*** et dans les étages la ***Fondation José-Saramago*** (1922-2010), le 1er auteur portugais ayant obtenu le prix Nobel de littérature (1998). À l'intérieur, souvenirs, objets, livres évoquant la vie et l'œuvre de Saramago. Des expos temporaires y sont organisées de temps en temps. Bibliothèque au calme et boutique.

Museu do Fado (*musée du Fado ; plan centre détachable, L9 et zoom détachable Alfama,* ***405****) : largo do Chafariz de Dentro, 1. ☎ 218-823-470. • museudofado.pt • Tlj sauf lun 10h-18h (dernière entrée à 17h30). Fermé 1er janv, 1er mai et 25 déc. Entrée : 5 € ; réduc, notamment avec la* Lisboa Card. *Audioguide en français inclus (1h).*
Ce musée remarquable occupe une vieille station de pompage et de distribution de l'eau recueillie autrefois au *chafariz* (fontaine) d'en face. Si la façade rose porte

encore la marque fonctionnelle, l'intérieur – fort agréable – adopte le style lyrique et mélancolique du fado ; des fados, devrait-on dire. L'audioguide distille des explications et des musiques chantées à mesure qu'on se déplace devant les grands murs d'images et de photos de la grande famille des fadistes du Portugal. C'est le cœur du musée ! Tout commence là, face à cette histoire et à ces visages expressifs et émouvants...

LE FADO CENSURÉ

Sous la dictature, selon un décret de mars 1927, toutes les chansons de fado devaient être soumises à un service de censure. Les plus révoltées ou audacieuses étaient interdites, et aucune improvisation n'était possible ! La censure imposait aussi aux artistes d'avoir une carte professionnelle et une tenue spéciale...

Au fil des salles, on découvre le fado sous différents aspects. Voir cette maquette d'une maison close de la Belle Époque *(casa da Mariquinhas)*, réalisée par Alfred Marceneiro, un chanteur de fado. Comme le tango argentin, le fado est né dans les bas-fonds et les bordels de la capitale. C'est un chant populaire qui parle du quotidien des gens. Puis il s'est élargi au reste de la société.
Une collection de pochettes de disques rappelle que le 1er disque de fado fut gravé en 1904. On découvre aussi la guitare portugaise (belle collection) à 6 cordes doubles, aux formes plus arrondies que la classique. Les plus grands guitaristes y sont à l'honneur, compagnons indispensables des fadistes. Ne pas rater ces intéressantes vitrines évoquant le fado et la censure ; la désaffection des années qui suivit la révolution des Œillets (1974). Le fado représentait alors un art de l'ancien régime et les révolutionnaires n'en voulaient plus ! Cela dura peu de temps. Grâce à l'influence de Carlos de Carmo, le fado a été réhabilité en 1977. Une salle d'écoute très agréable est à la disposition des visiteurs. Et plusieurs films sont projetés au cours de la visite, où l'on voit de célèbres chanteurs et chanteuses... Expos temporaires au sous-sol.
La ***boutique*** du musée dispose d'un large choix de disques, dont on peut en écouter certains avant d'acheter.

Sé Patriarcal *(cathédrale ; plan centre détachable, K9,* ***406****)* **:** *largo da Sé.* ☎ *218-866-752. Cathédrale tlj 9h-19h (17h dim-lun) ;* tesouro *et* claustro *tlj sauf dim 10h-18h30. Entrée* tesouro *: 2,50 € ;* claustro *2,50 € ; billet combiné* tesouro + claustro *: 4 €.*
De son vrai nom « igreja Santa de Maria Maior », elle fut construite au XIIe s à la place de la grande mosquée maure pour signifier le triomphe de la Reconquête. Malgré de nombreuses restaurations, elle a gardé une allure de forteresse romane. Des fouilles ont montré qu'il existait avant la mosquée un temple wisigothique et un forum romain. À l'intérieur, styles roman et gothique s'entremêlent sans heurt. Nef sombre aux ouvertures étroites. Belle grille romane fermant une chapelle du déambulatoire du XIVe s. Quelques beaux sarcophages comme celui de Bartolomeu de Joanes (1324), de Lopo Fernandes Pacheco (1349) avec son chien à ses pieds (pierre patinée par les caresses !) et de son épouse D. Maria Vilalobos, qui lit un livre de prières (moins caressé, c'est sûr !).
– ***Tesouro*** *(musée du Trésor de la Sé)* **:** *en entrant dans la cathédrale, accès tt de suite par la droite de la nef.* Quelques pièces étonnantes comme ces reliques de la main de São Vicente (le vrai saint patron de Lisbonne) contenues dans une boîte en argent et ce curieux bras reliquaire de saint Grégoire de Nazianze, père de l'Église grecque, qui vécut au IVe s de notre ère. À travers 2 petites vitres percées dans le métal doré, on voit les os pétrifiés des doigts du saint ; le reste de ses reliques étant conservé à Rome. Dans la salle du chapitre, superbe vue sur le Tage. Là, un trône liturgique du XVIIIe s semble attendre l'arrivée d'un prince de l'Église. La pièce la plus précieuse du trésor est enfermée dans un solide coffre métallique, lui-même protégé par une robuste vitre incassable, d'épaisses grilles en fer et 2 très larges volets en bois. Il s'agit du joyau du Trésor : un ostensoir en

or de 17 kg, haut de 94 cm et incrusté de 4 120 pierres précieuses ! Offert à la Sé par le roi dom João I, il a une valeur inestimable. Divisé en 7 parties, il contient de nombreux et beaux symboles de la religion catholique, notamment un pélican qui surgit parmi 4 anges pour nourrir ses petits. Si vous adorez cet ostensoir, c'est pour l'éternité !

- ***Claustro*** *(cloître)* **:** *accès par le fond de la nef, par la galerie de droite.* Construit au XIIIe s avec des colonnes ornées de beaux chapiteaux romans. Au centre, un chantier de fouilles archéologiques a révélé des pans de mur, des restes d'une ruelle romaine (Ier s apr. J.-C.), une citerne médiévale et des vestiges de maisons d'époque maure.

★★ ***Museu do Aljube Resistencîa e Liberdade*** *(plan centre détachable, K9,* ***408****)* **:** *rua de Augusto Rosa, 42. ☎ 215-818-535. • museudoaljube.pt • Tlj sauf lun 10h-18h. Fermé 1er janv, 1er mai et 25 déc. Entrée : 3 € ; réduc.* « Sans mémoire, pas de futur. » Ce musée est installé dans l'ancienne prison politique de la PIDE de Salazar pour justement ne jamais oublier. Expo permanente qui tente de faire comprendre (hélas, pas en français) les ravages du nationalisme en général – et portugais en particulier –, avec l'exemple du régime salazariste aussi bien au Portugal que dans ses anciennes colonies. C'est ici qu'étaient torturés les opposants au régime. On découvre encore leurs cellules et la muséographie permet de se rendre compte en image et en son des horreurs et des souffrances.

★ ***Igreja Santo António*** *(église Saint-Antoine ; plan centre détachable, K9,* ***407****)* **:** *largo de Santo António da Sé. ☎ 218-869-145. Tlj 8h-19h (20h le w-e).* Élevée au XVIIIe s à l'emplacement de la maison natale de saint Antoine de Padoue, un Portugais du XIIIe s devenu le saint patron de la Sé et de l'Alfama. Intérieur dans les tons saumon et de style baroque. La crypte serait ce qu'il reste du lieu de naissance de saint Antoine. Fragment de relique dudit saint. Cette église est le point de départ, le 13 juin (jour de la fête de Santo António), de grandes processions dans l'Alfama. Lieu de prière de tous ceux qui ont perdu un objet, mais aussi des femmes en quête d'un mari qui y allument un cierge... électrique !

LA FIN DES INDULGENCES

Sur l'église, face à la cathédrale, une plaque rappelle la proclamation de la reine Marie Ire et du pape Pie VI annonçant la fin des indulgences. Désormais, pour absoudre les péchés mortels, plus besoin d'argent (qui fit la fortune du Vatican). Il suffit d'être baptisé et de pénétrer dans l'église Santo António, et toc !

★ ***Museu de Lisboa – Santo António*** *(plan centre détachable, K9,* ***407****)* **:** *largo de Santo António da Sé, 22. ☎ 218-860-447. • museudelisboa.pt • Sur la gauche du porche de l'église Santo António. Tlj sauf lun 10h-18h. Entrée : 3 €.* Né en 1195 à Lisbonne, Fernando de Bulhões entre en religion sous le nom de Frei António. En 1222, il rencontre saint François à Assise, puis il combat l'hérésie albigeoise dans le sud de la France. Théologien, il enseigne à Montpellier, Toulouse, Le Puy et Limoges, puis retourne en Italie où il meurt en 1231, à l'âge de 36 ans. L'année suivante, il est canonisé par le pape Grégoire IX. Ce petit musée présente le destin foudroyant d'un homme réputé pour ses sermons. Statuettes, médailles, objets de culte, peintures et livres : avec le temps, un culte « antoniste » et une « industrie des images » sont nés et se sont popularisés à Lisbonne.

★ ***Museu de Lisboa – Teatro romano*** *(plan centre détachable, K9,* ***408****)* **:** *rua de São Mamede, 3A. ☎ 215-818-530. • museudelisboa.pt • ♿ Tlj sauf lun 10h-18h (dernière entrée à 17h30). Entrée : 3 € ; réduc. Dépliant-plan en français.* Grand bâtiment naturellement éclairé par une verrière, qui donne le sentiment de pénétrer dans une galerie d'art contemporain. ***Quelques vestiges romains*** (éléments architecturaux, céramiques et statues) et, à l'étage, belle vue sur le Tage, fleuve que Pline l'Ancien mentionnait déjà dans son *Historia Naturalis*...

De l'autre côté de la rue se cachent les vestiges du ***théâtre romain d'Olissipo.*** Dédié à l'empereur Néron, il fut construit près du forum, entre 14 et 27 apr. J.-C. Longtemps enfoui, redécouvert en 1798 à l'occasion des travaux de reconstruction qui ont suivi le grand tremblement de terre de 1755, les archéologues ne l'ont vraiment fouillé qu'à partir de 1964. Un grand hangar métallique au design affligeant abrite ce qu'il en reste (*orchestra* de forme semi-sphérique). Les mordus d'histoire romaine apprécieront.

Miradouro de Santa Luzia *(belvédère de Santa Luzia ; plan centre détachable, L9 et zoom détachable Alfama,* ***409****)* **:** *largo de Santa Luzia. Ascenseur pour monter gratuitement rua Norberto de Araujo (7h-21h – le w-e 9h-20h) ; sinon, à pied, par la rua Augusto Rosa.* Lieu cher à tous les amoureux de la ville, dédié à l'ordre de Malte. À l'ombre (toute relative) de l'église se cache un charmant petit jardin explosant de bougainvilliers. Sous les arcades se retrouvent les joueurs de cartes, les amoureux, les familles en promenade ; tous indifférents aux touristes venus s'en mettre plein les mirettes ! Depuis la terrasse s'appuyant sur d'anciennes murailles arabes, on bénéficie en effet d'un très beau point de vue sur les toits de l'Alfama et sur le Tage. Sur l'esplanade, entre les 2 terrasses du jardin, petit bar pour prendre un verre et l'air du temps.

Museu de Artes decorativas portuguesas – Fundação Ricardo Espírito Santo Silva *(musée et école des Arts décoratifs ; zoom détachable Alfama,* ***410****)* **:** *largo das Portas do Sol, 2. ☎ 218-814-600. • fress.pt • Tlj sauf mar 10h-17h. Fermé 1er janv, 1er mai et 25 déc. Entrée : 4 € ; visite des ateliers (sur résa) : 10 € ; visite ateliers + musée : 15 € ; réduc, notamment avec la* Lisboa Card.
On le classe dans la catégorie des musées d'arts décoratifs, mais c'est bien plus qu'un musée ! Installé dans le palais Azurara, une ancienne demeure du XVIIe s, non loin de l'église Santa Luzia, il appartient à la Fondation Espírito Santo, dédiée à la protection du patrimoine et des arts. Malgré son nom, qui évoque une œuvre religieuse charitable, il s'agit en fait d'une fondation privée portugaise, créée par Ricardo Espírito Santo (1900-1954), le bien nommé, riche banquier, collectionneur et mécène de la 1re moitié du XXe s. Ses descendants dirigent aujourd'hui l'une des plus grandes banques du Portugal, dans le même esprit, espérons-le.
Au rez-de-chaussée du musée, beau carrosse à l'entrée, intéressantes collections de mobilier portugais et colonial des XVIIe-XVIIIe s, argenterie, tapis d'Arraiolos, peinture ancienne, faïence, *azulejos*, etc., recréant l'atmosphère d'une jolie demeure aristocratique de l'époque. Observez les meubles de style indo-portugais, les porcelaines de Chine, les meubles en bois tropical du Brésil (salle XVIIIe s) et les étonnants caparaçons en velours et argent. ***À l'étage,*** oratoire portable, peinture sur cuivre très rare, représentant la Sainte Famille dans le style luso-japonais, dit « art namban ». Belle collection de meubles miniatures.
Quant aux locaux attenants au bâtiment principal, ils abritent ***18 ateliers*** d'ébénisterie, de travail du métal, de peinture décorative et de reliure de livres, etc. Des ateliers d'arts et métiers où les maîtres fabriquent de remarquables copies de meubles anciens, si réputées que la Maison-Blanche achète ici son mobilier d'État !
La fondation gère en outre, dans Lisbonne, l'École supérieure des arts décoratifs et l'Institut des arts et métiers.
Cafétéria du musée : dans le patio où il fait bon se poser au calme, près de la margelle d'un vieux puits. Peu de choix, mais produits frais. Très sympa. Accès possible même en dehors de la visite du musée.

Castelo de São Jorge *(château Saint-Georges ; plan centre détachable, K8)* **:** *rua de Santa Cruz do Castelo. ☎ 218-800-620. • castelodesaojorge.pt • Tlj 9h-21h (18h nov-fév ; dernière entrée 30 mn avt). Fermé 1er janv, 1er mai et 25 déc. Entrée : 8,50 € ; billet famille (2 adultes + 2 enfants de moins de 18 ans) : 20 € ; réduc, notamment avec la Lisboa Card ; gratuit moins de 10 ans. Attention, surveillez bien les jeunes enfants quand vous montez car les garde-corps sont quasi inexistants ou très rudimentaires.*

On arrive au château en remontant le largo Chão de Feira. Construit sur la plus haute colline de Lisbonne et sur les vestiges de la 1re forteresse connue (datée de 138 av. J.-C.), le *castelo* domine le vieux quartier de l'Alfama, telle une sentinelle aux murs crénelés, entouré d'une belle ceinture d'arbres et de paisibles jardins. Phéniciens, Romains et Maures l'ont occupé au fil des siècles. On retrouve ainsi des vestiges de la période wisigothique dans les parties les plus anciennes, et des éléments arabes. Après la reconquête de Lisbonne par les croisés et l'expulsion des Maures en 1147, les rois chrétiens rebaptisèrent le château du nom de saint Georges, martyr et guerrier de Cappadoce, vénéré par les croisés.
Le secteur médiéval de Santa Cruz, englobé dans l'enceinte extérieure, autour du château, constitue le plus vieux quartier de Lisbonne. Possibilité de se balader sur le chemin de ronde en escalier. Le panorama sur la ville et le Tage est magnifique ! Ne manquez pas non plus la *tour d'Ulysse,* fondateur de la cité selon des légendes, pour une découverte en images de Lisbonne à 360° (ouverte uniquement quand la lumière du jour est suffisante, son principal moyen de fonctionnement – donc jours gris, tombée de la nuit, etc., à éviter).
– ***Camera obscura*** *(chambre noire)* **:** *10h-17h30.* Instrument d'optique formé de lentilles pour observer la ville en détail.
– ***Jardins et belvédère :*** la promenade côté ouest est plantée de vieux oliviers. On y trouve un resto chic et cher, mais qui peut mériter une escale rien que pour la beauté de la vue.
Dommage quand même qu'aucun panneau de reconstitution ou d'explication ne permette de s'imaginer l'activité qui a régné dans ce château. Un peu décevant, donc...

LISBONNE QUARTIER PAR QUARTIER

👁👁 ***Mosteiro e claustro de São Vicente de Fora*** *(monastère et cloître de Saint-Vincent-hors-les-Murs ; plan centre détachable, L8,* ***412****)* **:** *largo de São Vicente. ☎ 218-810-500. Tlj sauf lun 10h-18h (dernière entrée à 17h30). Entrée : 5 € ; réduc ; gratuit moins de 12 ans.*
Ce monastère domine la colline de l'Alfama depuis des siècles. On doit sa construction à Afonso Henriques, qui avait fait vœu d'élever un monastère s'il parvenait à reprendre Lisbonne aux Maures. Fondé en 1147, il a été remanié au XVIe s. Façade classique et austère. À l'intérieur, autel à baldaquin d'une lourdeur baroque incroyable. Au sol, magnifique plancher en bois du Brésil.
Plus intéressante est la visite du ***cloître*** du monastère (claustro da Portaria), qui date de l'époque de João III (1502-1557). Juste après l'entrée (billetterie), on peut admirer la citerne souterraine qui date de l'époque des Maures (avant le XIIe s). Plus loin, la sacristie (on n'y entre pas) où les archéologues ont découvert des tombes de croisés (des chevaliers Teutoniques) qui étaient venus aider dom Afonso Henriques pour la reconquête de Lisbonne. Superbes azulejos du XVIIIe s, représentant la prise de Lisbonne aux Arabes et, clou de la visite, une ***collection unique d'azulejos illustrant 38 fables de La Fontaine !*** Livre sur les *Fables* de La Fontaine en vente en français à la librairie, superbe ! Pendant longtemps ces panneaux, peu conformes aux canons de l'Église, furent cachés sous des couches de plâtre et de peinture. Après leur redécouverte et leur restauration (qui fut longue), les voilà restitués dans toute leur splendeur sous le signe de leur humour cocasse. La présentation est réussie et les explications en français bien faites. Ainsi découvre-t-on des fables oubliées et peu connues comme *Le Gland et la Citrouille, Le Pot de terre et le Pot de fer, Le Loup et la Cigogne, La Poule aux œufs d'or...* À chaque fois, la fable

INDIEN... VAUT MIEUX QUE 2 TU L'AURAS !

Jean de La Fontaine le reconnaissait : c'est dans Khalila et Dimna *(Albin Michel, 2006), un recueil de fables indiennes du VIe s où évoluaient des animaux, qu'il puisa pour créer ses fameuses fables. Vous en reconnaîtrez certaines !*

délivre sa leçon de sagesse chère au fabuliste du Grand Siècle. Par exemple, cet astrologue qui avance la tête dans les étoiles, oubliant le sol où il marche. Il finit par tomber dans un puits...
Toujours dans le cloître, un peu plus loin, le ***mausolée de la dynastie des Bragance*** se trouve dans l'ancien réfectoire du couvent. Il renferme 44 tombes. La plus vieille date du début du XVIIe s. Au centre de la salle se trouvent 4 tombeaux, dont celui de la *reine Amélie* (dona Amelia d'Orléans e Bragança), qui était française de naissance. Son époux, le roi Carlos I^ro, fut assassiné en 1908. Amélie a survécu à l'attentat. Elle fut la dernière reine du Portugal. Elle est morte en exil au Chesnay près de Versailles, comme le rappelle la plaque commémorative posée près de sa tombe.
Et s'il vous reste encore un peu de forces, n'hésitez pas à grimper au sommet pour apprécier Lisbonne depuis les ***terrasses.*** Vue à 360° à couper le souffle (au sens propre comme au figuré !).

Feira da Ladra *(foire de la Voleuse, appelée couramment marché aux puces ; plan d'ensemble détachable, M7-8,* ***413****) : le marché aux puces de Lisbonne se tient sur le campo de Santa Clara, mar et sam jusqu'à 17h. Passer sous l'arche à gauche de São Vicente da Fora. Belle vue sur le Tage.* Le paradis des chineurs. Beaucoup de fripes, bibelots, vieux jouets... Mais on y vient plutôt pour l'ambiance, surtout si le soleil est de la partie. Ne manquez pas, aux n°s 124-126, une superbe façade réalisée par le célèbre céramiste de la fin du XIXe s, Luís Ferreira das Tabuletas.

Igreja de Santa Engrácia – Panteão nacional *(église Santa Engrácia – Panthéon national ; plan d'ensemble détachable, M8,* ***414****) : campo de Santa Clara. ☎ 218-854-820. Tlj sauf lun 10h-17h. Fermé 1er janv, Pâques, 1er mai et 25 déc. Entrée : 4 € ; réduc ; gratuit moins de 14 ans et avec la* Lisboa Card. C'est le monument imposant tout à côté de l'église São Vicente, qui rappelle à tout un chacun que « tout vient à point à qui sait attendre ». Traduction non littérale de la formule « *obra de Santa de Santa Engrácia* » : c'est l'expression utilisée en effet à Lisbonne quand on commence une chose et qu'on ne la finit pas ! Cette étonnante église figure au *Guinness Book des records* : commencée au XVIIe s, elle a été achevée seulement en 1966. C'est alors qu'on y a installé le Panthéon national des grands hommes de l'histoire portugaise. Au travers de cénotaphes, les mémoires de Vasco de Gama, d'Henri le Navigateur ou de la chanteuse de fado Amália Rodrigues y sont honorées. D'en haut (ascenseur), la vue est encore une fois très belle !

Museu militar *(Musée militaire ; plan d'ensemble détachable, M8,* ***415****) : largo do Museu de Artilharia. ☎ 218-842-569. ● geira.pt/mmilitar ● En face de la gare Santa Apolónia. Tlj sauf lun 10h-17h. Entrée : 3 € ; réduc, notamment avec la* Lisboa Card. Installé dans l'ancien arsenal royal de l'armée datant du XVIIIe s, avec des murs revêtus d'azulejos et ornés de peintures, riches témoins de leur temps. Toute l'histoire du pays racontée à travers ces collections d'armes présentées dans un cadre qui ne craint pas les télescopages historiques. Remarquable collection de canons.

Le quartier de Graça

Pour ceux qui aiment la marche, la flânerie, la découverte hors des sentiers battus, le quartier de Graça mérite d'être exploré au rythme lent du promeneur. On y accède à pied depuis la colline du *castelo* ou par la rua Voz do Operário avec le tram n° 28. Là aussi, vieux quartier populaire sympathique. Si les maisons ne présentent pas d'intérêt architectural particulier, en revanche vie locale intéressante, rues animées, boutiques pittoresques.

Largo da Graça (plan centre détachable, L7) : à 2 pas du miradouro de Graça et du charmant escalier descendant dans la Mouraria et qui répond au doux nom de *caracol* (escargot). Ne manquez pas, tout à côté, un bel exemple de *calçada portuguesa* dans l'escalier du square. *Au nº 18*, le vieux ***palais Tavora*** avec sa belle porte (blason). Il n'appartient plus à la famille Tavora, mais a été transformé en appartements privés. Pour qui voudrait découvrir ces ancêtres de nos HLM qu'étaient les villas plurifamiliales, prenez le temps de voir la ***Villa Sousa*** au *nº 82 du largo da Graça* (face à l'église). C'est un grand immeuble en U, couvert de céramiques bleues. Allez aussi flâner *rua do Sol, aux nºs 57-59.* Vous pourrez traverser à pied la ***Villa Berta,*** étonnante rue de village avec des jardinets, devant ce qui était certainement, à la fin du XIXe s, un bel ensemble de villas ouvrières avec terrasses suspendues.

Igreja da Graça *(plan centre détachable, L7-8)* : *largo da Graça. Tlj 9h30-12h30, 14h (17h dim)-18h (17h30 sam, 20h dim). Accès libre.*
Pour l'écrivain Fernando Pessoa, c'était l'une des plus belles églises de la ville. Elle borde la jolie place verdoyante (largo da Graça) qui se termine par un belvédère *(miradouro)*. Après la reconquête de Lisbonne en 1147 par dom Afonso Henriques, une partie de l'armée campa sur cette colline. Des moines s'y installèrent et y construisirent un 1er petit oratoire. L'église fut édifiée en 1556, détruite par le tremblement de terre de 1755, puis reconstruite dans le style baroque du XVIIIe s. Très belle nef richement décorée, surplombée par des loges nobles dignes de celles d'un théâtre royal. Sur le côté gauche après la porte d'entrée, une salle abrite les ***sarcophages*** de 4 vice-rois des Indes, dont le célèbre conquistador Afonso de Albuquerque (1453-1515). Après sa mort, sa dépouille fut ramenée de Goa (Inde) à Lisbonne. Ne manquez pas non plus le ***petit cloître*** et sa galerie soutenue par des colonnes massives, ni la ***salle capitulaire*** flanquée d'azulejos bleus superbes !

Rua da Graça *(plan centre détachable, L6-7)* : quelques tavernes avec vins au tonneau. *Au nº 98*, un vieux cinéma Art déco abrite un supermarché. Par la *rua Josefa Maria*, on accède à une autre petite cité ouvrière, la ***rua Virgínia Rosalina,*** dédale de ruelles pavées bordées de maisonnettes à balcons avec des escaliers métalliques extérieurs. C'est le ***bairro Estrela d'Ouro,*** édifié en 1908, comme en témoigne le grand panneau en azulejos rua Rosalinas.

Miradouro da Nossa Senhora do Monte *(plan centre détachable, K7)* : l'un des plus charmants belvédères de Lisbonne. Il livre, en plus des autres belvédères, une vue très étendue sur les quartiers nord de la ville et, au sud, sur le miradouro da Nossa Senhora da Graça, le *castelo* et la colline de l'Alfama avec, au loin, le Tage et le ponte 25 de Abril. Un endroit très agréable au coucher du soleil, pour voir la Ville blanche rosir de plaisir ! Au bord de la placette ombragée se tient la chapelle Nossa Senhora do Monte, modeste et mignonne, avec ses murs blancs.

FEMMES ENCEINTES, NE PAS S'ABSTENIR

À droite de l'entrée de la chapelle de Nossa Senhora do Monte, demandez (si possible) à ouvrir la petite porte « Cadeira de São Gens ». Elle renferme un étrange siège en marbre poli par le temps. La mère de São Gens, évêque de Lisbonne vers 300 apr. J.-C., serait morte en couches. Les femmes qui voulaient avoir une grossesse sereine venaient donc s'asseoir sur le fameux siège de São Gens le miraculé.

Le quartier de la Mouraria
(plan d'ensemble détachable, K8)

Étendu sur le versant sud-ouest de la colline du castelo de São Jorge, prolongation en fait de l'Alfama vers le nord, ce quartier dévale jusqu'à la Baixa dans un lacis de ruelles tortueuses. La Mouraria commence à la place Martim Moniz (les Lisboètes l'ont longtemps appelé « le trou »), tout en bas de la colline du castelo de São Jorge, et elle grimpe jusqu'à la rua do Capelão (beaucoup plus en hauteur vers le nord de la colline).

Vu d'en haut, on dirait que le quartier s'enroule en écharpe autour de la colline. Une forme de turban ? Un clin d'œil de ses premiers habitants : les Maures ? Refuge des Maures persécutés au Moyen Âge en effet, berceau du fado magnifique et maudit au XIXe s, comme l'Alfama, la Mouraria fut longtemps le quartier des bas-fonds aux ruelles étroites, aux escaliers sinueux *(becos, escadinhas, calçadas...),* un obscur et étrange labyrinthe urbain aux impasses sombres bordées de pauvres maisons habitées par la misère et la tristesse.

LE CROISSANT ET L'ÉTOILE

Au Moyen Âge, les Maures de la Mouraria devaient porter un signe distinctif : un croissant (symbole de l'islam). Le pouvoir royal les obligeait à s'habiller avec un turban et un burnous, à la façon nord-africaine. Dans la Judiaria, plus au sud, les juifs portaient une étoile rouge. Déjà !

Pendant longtemps, la Mouraria ne vivait plus que du souvenir de ses cabarets bourrés de marins ivres, de ses hôtels borgnes, abritant des amours à la petite semaine, des rixes parfois sanglantes. Aujourd'hui, 38 nationalités différentes (Angola, Mozambique, Goa, Cap-Vert, São Tomé, Macao, Bangladesh...) y vivent et se débrouillent. Pour arrêter la paupérisation de la Mouraria, la Mairie de Lisbonne, entourée de plusieurs associations, a lancé depuis les années 2010 un ambitieux programme de réhabilitation de ce quartier situé au cœur de la capitale, à 5 mn de marche seulement du Rossio et de la Baixa.

Un peu d'histoire

Après la reconquête de Lisbonne en 1147 et l'expulsion des Maures, les chrétiens (et les croisés) se livrent à des massacres. Les évêques n'arrivent pas à calmer cette violence aveugle. Même l'évêque mozarabe de Lisbonne est tué. Ceux qui s'enfuient dans les campagnes des environs sont rattrapés, les vaincus réduits en esclavage. Les rescapés de la tuerie sont alors regroupés avec les musulmans dans un quartier réservé (hors les murs à cette époque) sur le versant de la colline du château *(castelo).* C'est ce quartier qui deviendra la Mouraria (le quartier maure). Dans ce périmètre fermé par 3 portes, les habitants sont surveillés, soumis à des règles strictes, victimes d'une ségrégation raciale et religieuse à la fois. Ils ne peuvent pas se déplacer comme ils le souhaitent. Malgré ces turpitudes, ils conservèrent longtemps leur religion, leurs coutumes et, bien sûr, leurs commerces.

Selon une légende, ce serait devant la porte de la Mouraria (dite « de São Vicente ») que la caravelle contenant la dépouille de saint Vincent, gardée par son fidèle corbeau, aurait échoué. Croâ, croâ !

Au XIXe s, pour connaître les bas-fonds de Lisbonne, il suffisait de pénétrer dans la

LES ANGES NOIRS DE SAINT VINCENT

São Vicente, représenté un peu partout avec une palme dans une main et une caravelle dans l'autre, est aussi accompagné de 2 corbeaux qui ont permis (au XIIe s) de rapporter sa dépouille en bateau jusqu'ici. Depuis, ces adorables volatiles sont devenus les anges protecteurs de tout un peuple. Bateau et corbeaux sont les armes de la ville. Il faut être un chat impie pour oser chasser un de leurs descendants.

Mouraria, refuge des pauvres gens, des bars louches, des mauvais garçons, des prostituées et des ivrognes, mais aussi des artistes inspirés. Est-ce un hasard si la Mouraria fut aussi un quartier destiné au fado ? La célèbre chanteuse Maria Severa Onofriana, dite « la Severa » (voir plus loin), y avait sa maison. Aboutissement d'une longue période de déclin, dans les années 1960 la basse Mouraria ressemblait à un quartier saccagé, délabré, négligé, abandonné par les pouvoirs publics.

Le renouveau d'un quartier oublié

« *A Mouraria vai mudar para melhor* » (la Mouraria va changer pour le meilleur), tel est le slogan du grand projet de requalification de la Mouraria, décidé par la municipalité de Lisbonne, et de son maire socialiste António Costa surnommé « le Gandhi de Lisbonne » (il a des origines indiennes de Goa). Pour donner l'exemple, celui-ci a installé en 2012 son bureau et ses équipes au cœur de ce quartier défavorisé qui connaît les mêmes maux que nos banlieues. L'objectif municipal est de réhabiliter la Mouraria, de la sortir de la paupérisation au profit de ses habitants, de rénover les maisons et les monuments, de créer des équipements sociaux et éducatifs, d'attirer les jeunes, de nouveaux commerçants et des investisseurs.
La Mairie souhaite aussi limiter la délinquance (drogue), et permettre aux minorités ethniques de se développer, en ouvrant des boutiques et des restos (c'est déjà le cas). L'ambition est grande, les moyens existent, vont-ils arriver à faire renaître la Mouraria ? On le souhaite de tout cœur. • *aimouraria.cm-lisboa.pt* •

🔭 ***Largo dos Trigueiros*** *(plan centre détachable, K8)* **:** avec ses pavés patinés par le temps, son arbre solitaire, sa fontaine, son lampadaire, ses façades anciennes et fanées (dont certaines couvertes de céramiques), cette petite et charmante place de la Mouraria est bien révélatrice de la métamorphose du quartier. D'ailleurs, de nouvelles adresses pour manger ont fleuri ici (voir « Où manger ? »). Une de ses maisons (au nº 16 A du largo dos Trigueiros) abrite l'atelier de ***Camilla Watson,*** une photographe installée dans le secteur pour travailler en mettant son savoir-faire au service des habitants. Ainsi a-t-elle eu l'idée géniale de prendre en photo les vieux habitants du quartier, de les agrandir et de les fixer sur les murs des immeubles et des rues (notamment dans le beco das Farinhas). • *camillawatsonphotography.net* •

🔭 ***Rua de São Pedro Mártir* :** dans la partie basse de la Mouraria, une vieille rue reliée à la rua São Lourenço par plusieurs petits escaliers. *Au nº 23,* un resto de cuisine indienne (*Tentações de Goa* ; voir plus haut « Où manger ? »). Un peu plus haut, *aux nºs 3-5 de la rua de São Lourenço,* autre petit resto de cuisine indo-africaine *(Cantinho do Aziz)...*

🔭 Vieille ***rua do Capelão, beco do Forno.*** C'est une longue rue en pente qui décrit une courbe au nord de la Mouraria. Nous sommes plus que jamais dans le Lisbonne populaire et multiethnique. Au Moyen Âge, la grande mosquée de Lisbonne se situait au sommet de l'actuelle rua do Capelão (*capelão* signifie en fait « imam »). *Au nº 32,* petit bar *Tasca Amigos da Severa.* Au-dessus de cette voie qui grimpe vers le château s'élèvent de luxuriants jardins en terrasses avec palmiers.

🔭 ***Largo da Severa* :** *au nº 2,* une plaque sur le mur d'une maison blanche (fenêtres à l'anglaise) rappelle la mémoire de Maria Severa Onofriana, la « Severa », légendaire chanteuse de fado, morte à 26 ans (1846). Elle y vécut une partie de sa brève vie romantique que nous évoquons dans la rubrique « Fado » du chapitre « Hommes, culture, environnement » en fin de guide. En face, *au n° 1 B,* la maison où vécut un grand interprète du fado : Fernando Maurício, né en 1933.

À l'est de l'Alfama, au bord du Tage

Museu nacional do Azulejo - convento de Madre da Deus *(hors plan d'ensemble détachable par N7,* ***416****) : rua Madre de Deus, 4. ☎ 218-100-340. • museudoazulejo.gov.pt • À l'est de l'Alfama, au bord du Tage, dans le quartier de Xabregas. Bus n*os *718, 728, 742, 794 ou 759. Tlj sauf lun 10h-18h (dernière entrée à 17h30). Fermé 1er janv, Pâques, 1er mai, 13 juin et 25 déc. Entrée : 5 € ; réduc ; gratuit moins de 12 ans et avec la* Lisboa Card.

Ce musée occupe un ancien couvent construit entre le XVIe et le XIXe s.

- ***Au rez-de-chaussée,*** la visite débute autour du grand cloître du XVIe s. Commence alors un voyage onirique dans l'univers de ces carreaux de faïence, depuis leur apparition au XVe s jusqu'à aujourd'hui. Ils ont servi de support à tous les thèmes : guerre, chasse, portraits, végétaux, navires, animaux, légendes... Nombreuses explications relatives aux azulejos, aussi intéressantes que pédagogiques : matières premières, cuisson, découpe, dessin des motifs... On se souvient que le mot « azulejo » vient de *al zulaicha,* qui signifie « pierre polie » en arabe. Dans la ***salle 5,*** grand panneau italo-flamand du XVIIe s, évoquant le dessin d'une tapisserie. ***Salle 7,*** rares azulejos des Indes (Goa).
- L'***église,*** toujours au rez-de-chaussée, est un bel exemple de l'art religieux de la fin du XVIIIe s. Voir la capela de D. Leonor (à droite avant d'entrée dans l'église). Cette reine Leonor (1458-1525), surnommée « la parfaite reine », est la fondatrice du couvent en 1509... Dans l'immense nef de l'église, les murs sont couverts de panneaux d'azulejos hollandais bleus et blancs du XVIIe s, de peintures encadrées et de magnifiques *talhas douradas* (bois sculptés dorés), ce qui donne une dominante bleu et or à cette église. Le *coro alto* (en fait, le chœur de la galerie supérieure) propose la même orgie de dorures. Tableaux portugais. Superbe plancher en jacaranda (bois précieux du Brésil).
- Une volée d'escalier mène alors au fameux ***claustrim,*** charmant cloître manuélin du XVIe s, bordé d'azulejos du XVIIe s et dont la galerie est soutenue par de fines et élégantes colonnes...
- ***Au 1er étage :*** sont exposés des azulejos dans les tons verts *(salle 8)* et des azulejos de style baroque, puis néoclassiques, et des XIXe et XXe s. Ne manquez pas le panneau satirique et burlesque *(salle 10)* intitulé *Macacaria, casamento da Galinha,* « la singerie, noces d'une poule »..., où des animaux à l'air stupide remplacent les humains non moins stupides... Puis la *Salle F,* dite « Coro », avec des stalles en bois et une vingtaine de vitrines dorées abritant des reliques. En passant par cette salle, on arrive à une balustrade qui domine l'église et sa nef.
- ***Au 2e étage :*** la pièce la plus remarquable du musée s'y trouve ! C'est la ***Vista panorâmica de Lisboa,*** immense panneau d'azulejos montrant Lisbonne avant le tremblement de terre de 1755. Il provient de l'ancien palais dos Condes de Tentúgal et mesure 23 m sur 1,15 m de large. Réalisé vers 1700, il révèle le caractère maritime et religieux de la ville. Comme avec une caméra ou un pinceau, l'artiste a fixé l'image de Lisbonne dans la superbe céramique blanc et bleu du XVIIIe s. C'est un miracle d'avoir conservé cette œuvre étonnante ! On a compté 23 couvents, 15 églises, 5 chapelles, 8 palais et 4 *quintas* (domaines des familles riches à la campagne). On voit nettement la tour de Belém (à son emplacement d'origine jusqu'au tremblement de terre, soit au milieu du fleuve), le monastère dos Jerónimos, la colline du *castelo...*

Cafétéria du musée : elle donne sur le vaste patio qui abrite un jardin intérieur (et quelques tables). Fond de décor d'azulejos d'une cuisine de fumerie de poissons et de viandes. Quiches, salades, plat du jour, salade de fruits frais, gâteaux ; tout ça à prix aussi sages que le lieu.

Museu da Água *(musée de l'Eau ; plan d'ensemble détachable, N7,* ***417****) : rua do Alviela, 12. ☎ 218-100-215. • epal.pt • Tlj 10h-17h30. Entrée : 4 € ; billet combiné avec le* reservatório da Patriarcal, *le* reservatório Mãe d'Água *et l'*aqueduto Águas Livres *(voir la rubrique « À voir. À faire » dans les quartiers de Rato, de l'avenida da Liberdade et de Sant'Ana) : 10 € ; réduc, notamment avec la* Lisboa Card. Installé dans une ancienne station de pompage, ce musée raconte l'histoire de l'eau courante à Lisbonne... en portugais. Une vidéo d'une quinzaine de minutes (en français sur demande) permet de découvrir, entre autres, l'aqueduc et la Mãe d'Água, vue de l'intérieur. Le bâtiment voisin abrite la gigantesque pompe à vapeur de la fin du XIXe s, qui servait à acheminer l'eau vers les différentes parties de la ville. Cette salle des machines a été remarquablement restaurée : manomètres en laiton, pompes et conduites diverses constituent un superbe témoignage d'archéologie industrielle du XIXe s. Pour les mordus du sujet...

LISBONNE, TOUJOURS PLUS LOIN

À L'EST, LE PARQUE DAS NAÇÕES (PARC DES NATIONS)

• Plan *p. 143*

On quitte définitivement les quartiers du centre-ville (au sens le plus large du terme) pour aborder le nouveau visage que Lisbonne a voulu se donner à l'orée du XXᵉ s : le fameux parc des Nations, quartier futuriste s'il en est. Pour y aller, plutôt que la voiture ou le bus, prendre de préférence le métro jusqu'à la station Oriente. Vous y êtes !
Après avoir accueilli l'Expo universelle de 1998, le parc des Nations reste le cœur du vaste projet de réhabilitation urbaine de cette zone de Cabo Ruivo, qui n'était qu'un ramassis de raffineries désaffectées, d'aires de stockage de matériel militaire rapporté des colonies et d'entrepôts abandonnés.
Sur ces 300 ha et ces 5 km de rive sont prévus bureaux, zones commerciales, logements et aires de loisirs. Ainsi est né un nouvel espace de vie autour de ce parc conçu comme un pôle commercial et culturel. Le site accueille des familles de promeneurs qui trouvent ici enfin un terrain plat pour laisser leurs enfants s'essayer aux patins à roulettes, mais aussi des joggeurs, des amoureux... L'ouverture de la galerie commerciale *Vasco da Gama,* idéalement placée, semble effectivement avoir insufflé une dynamique à défaut d'une âme. Infos générales sur • *portaldasnacoes.pt* •

Où dormir ?

Une poignée d'hôtels haut de gamme ont fleuri dans un quartier trop récent pour accueillir des adresses comme on les aime. L'auberge de jeunesse reçoit jeunes et moins jeunes, ainsi que les familles.

Auberge de jeunesse

⌂ ***Pousada da juventude*** *(hors plan Parque das Nações,* ***10****)* **:** *rua de Moscavide, 47.* ☎ *218-920-890. Résas :* • *lisboaparque@movijovem.pt* • ♿ Ⓜ *Moscavide ; puis 1 km à pied. À 100 m à l'est de la gare de Moscavide, à l'angle avec l'av. Dom João II (entrée par l'Instituto português da juventude). Métro ou bus nº 44 depuis l'aéroport ou le centre. Résa conseillée. Selon saison, lits en dortoir 15-18 €, doubles (avec douche *et w-c) 40-50 €, petit déj compris. Parking à proximité (gratuit).* AJ soutenue par le gouvernement, excentrée mais sympa, très colorée, vaste et bien tenue. 96 lits répartis en petits dortoirs (de 2 ou 4 lits) avec douches à partager ou chambres *twin*. Bar, resto self-service, petite cuisine à disposition avec lave-linge, consigne (prévoir son cadenas).

Où manger ?

Grand choix de restos et de snacks de toutes sortes dans la rua da Pimenta transformée en terrasse géante (au nord du Pavilhão Atlântico). Plus calme et complètement au sud du parc des Nations, le passeio de Neptuno abrite également une série d'établissements avec esplanade. Au milieu, entre le centre commercial et le fleuve, tendance chic. Cuisine souvent internationale, parfois brésilienne... ou portugaise !

Très bon marché

|●| ***Mestre Doce*** *(hors plan Parque das Nações,* ***20****)* **:** *passeio de Neptuno, loja 11, zona sul.* ☎ *218-946-043.* ● *mestredoce@netcabo.pt* ● *Au bord de la marina. Tlj 9h-23h. Repas 12-15 €. Verre de vin 1 €. Apéritif ou café offert sur présentation de ce guide.* Quelques tables et une terrasse avec vue sur la serra da Arrábida composent le décor. Au menu, cuisine portugaise et bonne humeur. Quand la patronne vient s'enquérir de la satisfaction des clients, on a déjà l'impression de faire partie des habitués. Viandes et poissons grillés. Service un peu lent, mais on est en vacances !

À voir. À faire

Parque das Nações : un espace reconstruit de toutes pièces, une préfiguration de ce que devrait être la ville idéale du futur ! Apparaissent ici les règles essentielles de l'aménagement urbain : espace vaste et ventilé, ouverture sur le fleuve retrouvée, priorité accordée aux piétons et aux transports « propres », importance réservée aux espaces verts et aux jardins, omniprésence de l'art dans le paysage. Il faut ajouter la proximité d'un nœud de communication qui associe transports ferroviaire et routier (le pont, les autoroutes), ainsi que l'objectif délibéré (sociologiquement et économiquement parlant) de partager le parc entre logements, bureaux, centres commerciaux, espaces culturels et de loisirs. L'aspect écologique, enfin, avec une alimentation du site entier en eau chaude à partir d'une même centrale, ainsi qu'une collecte pneumatique des déchets domestiques. Prouesse architecturale, ce nouveau quartier, avec sa gestion parcimonieuse des ressources, est aussi un laboratoire et le symbole d'une réflexion sur les enjeux futurs de l'urbanisation à Lisbonne. À défaut d'une âme, l'animation ne manque pas dès que le soleil se fait généreux. Un bel exemple à suivre en matière de ville nouvelle, même si tout n'est pas pour le mieux dans le meilleur des mondes.
Le parc lui-même s'organise autour des attractions nées de l'Expo 1998, à commencer par l'*Océanorium*. Venez tôt, même en semaine, si vous voulez profiter du silence, car la direction semble avoir du mal à gérer le succès.
C'est devenu, bien sûr, la balade des week-ends en famille, avec arrêt dans les jardins ou en terrasse. Boutiques, restos et même un casino sont là, comme on peut l'imaginer, pour attirer le chaland ou les flâneurs autour de musées et de programmes culturels.
– ***Télécabine*** *(plan Parque das Nações)* **:** pour qui voudrait survoler les lieux – environ 1 km – sans perdre trop de temps (12 mn de trajet) ou d'énergie. *Fonctionne de mi-sept à début juin, tlj 11h-19h (18h de fin oct à mi-mars) ; de début juin à mi-sept, lun-ven 10h30-20h. Attention, 1er janv et 25 déc 15h30-18h, 24 déc 11h-15h et 31 déc 11h-17h. A/R 5,95 € (3,95 € aller simple) ; réduc ; gratuit moins de 6 ans.*
– **Parking payant** (parque) **:** *av. de Berlim, dans la 1re rue à droite après la station-service pour qui vient de la 2a circular.*

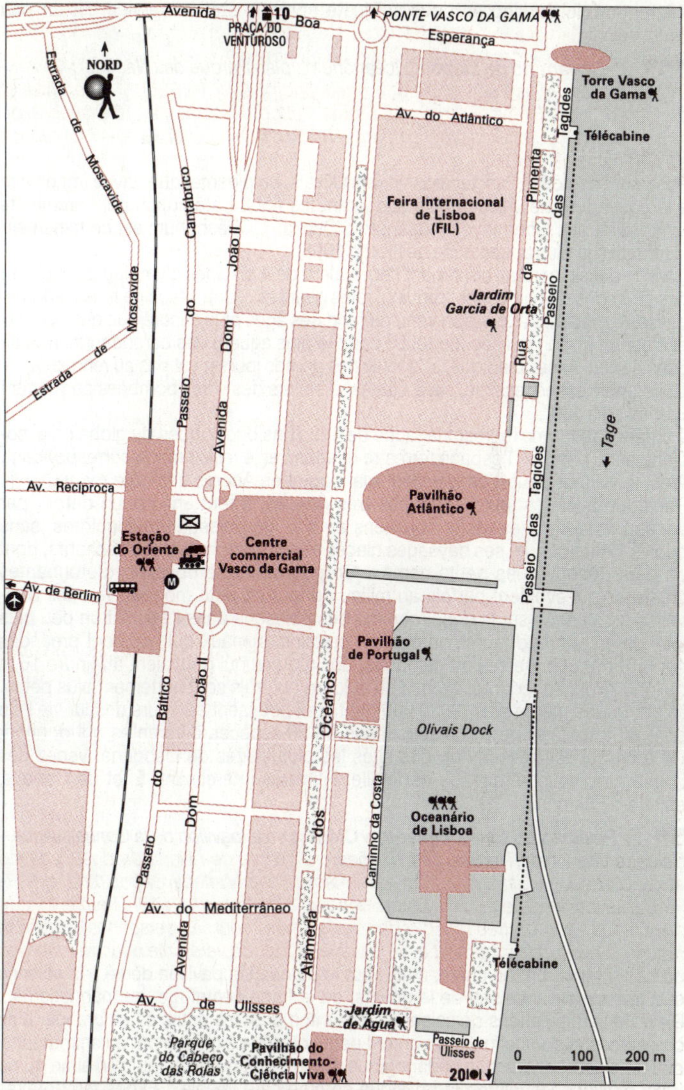

PARQUE DAS NAÇÕES (Parc des Nations)

Où dormir ?	Où manger ?
10 Pousada da juventude (hors plan)	**20** Mestre Doce (hors plan)

– Attention, le parking en sous-sol juste après la station-service est un peu plus cher.

Oceanário de Lisboa *(Océanorium ; plan Parque das Nações) : ☎ 218-917-000. • reservas@oceanario.pt • oceanario.pt • Tlj 10h-20h (19h en hiver) ; dernière entrée 1h avt. Entrée : 15 € pour l'expo permanente, 18 € avec expo temporaire ; billet famille (avec 2 enfants de moins de 12 ans) 39 ou 47 € ; réduc ; gratuit moins de 4 ans.*
Posé sur l'eau dans l'ancien bassin des Olivais, ce gigantesque navire imaginaire à la couverture de verre ondulé suggérant les flots a été conçu par l'architecte américain Peter Chermayeff (aquarium d'Osaka). L'Océanorium est certainement la tentative la plus audacieuse de l'Expo 1998.
Dans le bassin central, contenant l'équivalent de 4 piscines olympiques, évoluent des poissons de haute mer : requins, raies géantes... Une « face de lune » énorme passe, le mola-mola, poisson venu du fond des âges plus encore que des océans, et c'est un frisson qui secoue tout à coup le plus aguerri des baroudeurs en visite dans ce lieu. Assez magique, si la foule des grands jours n'est pas au rendez-vous. L'ensemble est accessible, sur 2 étages, à travers des vitres bombées permettant une vision à 180°.
4 autres aquariums recréent la faune de 4 régions océaniques du globe en associant, sur 2 niveaux, l'espace terrestre et aérien et le milieu marin correspondant. Ainsi le visiteur peut-il passer de l'Atlantique des Açores à la côte rocheuse du Pacifique avec les loutres marines très prisées. Il fera ensuite un détour par l'océan Indien et ses récifs coralliens animés de poissons multicolores, sans oublier l'Antarctique, ses paysages glacés et ses manchots très attachants, dont on peut découvrir les petits noms... On pourra même observer d'étonnantes créatures qui évoluent parfois au milieu de tout ce petit monde avec des bouteilles de plongée sur le dos... comme des poissons dans l'eau ! Et un peu plus loin, on en apprend même un peu sur certains animaux qui nous ont précédés sur la Terre, comme ces mégalodons, des requins qui pouvaient atteindre 16 m de long ! Pour l'anecdote, sachez qu'aujourd'hui, s'ils sont nettement plus petits, ils ont quand même plus de 20 000 dents qui poussent au cours de leur vie ! Ce sont au total près de 8 000 spécimens de 50 espèces différentes qui donnent vie à ce qui est devenu l'un des sites les plus visités de Lisbonne. Venez dès l'ouverture, vous serez plus tranquille. Film très intéressant. Effet de Coriolis, spirale d'Eckman...

Pavilhão do Conhecimento – Ciência viva *(pavillon de la Connaissance – Science vive ; plan Parque das Nações) : à l'angle de l'alameda dos Oceanos et du passeio de Ulisses (entrée par le largo José Mariana Gago). ☎ 218-917-100. • pavconhecimento.pt • Lun-ven 10h-18h, le w-e 11h-19h. Fermé 1er janv, 24, 25 et 31 déc. Entrée : 9 € ; réduc, notamment pour les personnes à mobilité réduite, avec la carte Jeune et avec la* Lisboa Card. *Casiers à clé pour déposer vos petites affaires.* Entrée chère, mais vaut le détour. Un pavillon dédié à la science et à la connaissance : loi de la gravité, de la force centrifuge, du magnétisme... Plein de manipulations de science amusantes pour les petits et les grands, bien présentées et dont le fonctionnement peut vous être expliqué par un animateur si besoin. Aussi ludique que pédagogique. Et on se dit qu'on aurait bien aimé qu'on nous explique les lois de la physique comme ça à l'école... Expos temporaires intéressantes (affluence en fin de journée et le week-end).

Pavilhão Atlântico *(plan Parque das Nações) :* gigantesque coquillage retourné face au Tage, le pavillon Atlantique est devenu la salle de spectacle polyvalente de Lisbonne et accueille concerts, événements sportifs et autres manifestations d'envergure.

Pavilhão de Portugal *(plan Parque das Nações) :* du plus bel effet architectural avec sa dalle en béton incurvée (65 m de long sur 50 m de large). C'est Álvaro de Siza Vieira (auteur de la reconstruction du Chiado) qui en est le concepteur.

Les jardins : au bord du Tage ont été aménagés des espaces verts racontant l'aventure botanique des découvertes, avec ce que l'Europe doit aux plantes rapportées des voyages d'exploration. Le ***jardim de Água*** *(plan Parque das Nações)* met en scène l'élément liquide, si essentiel à l'équilibre écologique de la planète. Quant au ***jardim Garcia de Orta*** *(plan Parque das Nações)*, il donne au parc une couleur verte bienvenue. Mais leur entretien régulier n'est pas toujours assuré, dommage. Plus au nord, le ***parque do Tejo*** étend ses pelouses depuis la tour Vasco da Gama jusqu'au-delà du pont.

L'***estação do Oriente*** *(gare d'Orient ; plan Parque das Nações)*, à la conception futuriste, est due à l'architecte espagnol Santiago Calatrava. Elle dessert l'ensemble du pays et l'Europe en complément de la gare de Santa Apolónia. Ses entrailles abritent aussi un vaste centre commercial (ouvert même le dimanche...), qui relie la station de métro Oriente et le parc des Nations. Le métro s'est doté d'une ligne desservant la gare d'Orient : elle compte 6 stations à partir d'Alameda, dont la décoration, toujours en *azulejos*, est l'œuvre de céramistes de renom. De petites merveilles !

Torre Vasco da Gama *(plan Parque das Nações)* **:** *dans la partie nord du parc.* La construction la plus haute du Portugal (145 m). Devenue un hôtel de luxe.

Ponte Vasco da Gama *(hors plan Parque das Nações)* **:** il a battu des records avec ses 13 km, dont 8 km au-dessus des flots – une jolie prouesse technique. Mais ça a eu un coût : près d'une dizaine de vies humaines. Reste l'admirable tablier haubané brillant le soir sous les feux du soleil couchant. Conçu pour résister aux tremblements de terre, le pont est construit en plusieurs parties, ce qui lui procure une flexibilité maximale. Autrement dit, en cas de secousses prolongées, le tablier suspendu par les haubans bougera aussi bien en longueur qu'en largeur (imaginez la balançoire !), mais avec un astucieux système de sécurité pour éviter le télescopage des autres parties.

AU NORD DE L'AVENIDA DA LIBERDADE, AUTOUR DU MUSÉE GULBENKIAN ET CAMPO GRANDE

Et au nord de Lisbonne, que trouve-t-on ? En venant de l'actuel aéroport, qui devrait continuer d'accueillir les visiteurs encore quelques années, on se fait une petite idée des faubourgs actuels. Un quartier d'affaires, certes un peu à l'écart du centre touristique, mais qui a l'avantage du calme sitôt l'activité retombée. Quelques parcs publics et jardins privés ont su résister à l'urbanisation. Bien desservi par le métro, les bus et le train.
Touristiquement parlant, vous aurez 3 bonnes raisons d'aller jouer les hirondelles des faubourgs, oiseaux chers aux Lisboètes, comme chacun sait. Tout d'abord, la visite du musée Gulbenkian, qui vous occupera une bonne demi-journée, surtout si vous décidez ensuite de rejoindre la place Marquês

de Pombal, en traversant le parc Eduardo VII, après un passage dans les serres et jardins de l'Estufa Fria. À moins que vous ne préfériez prendre le métro pour rejoindre Campo Grande, quartier vivant abritant quelques curieux musées. Une autre ligne de métro, depuis la même place Marquês de Pombal, vous permettra d'aller visiter le Jardin zoologique et, si vous avez encore du temps et aimez marcher, l'étonnant palácio Fronteira, autre vestige d'une gloire passée perdu aux portes d'un quartier qui a aujourd'hui un stade et des grandes surfaces pour le faire passer à la postérité : Benfica.

Où dormir ?

Parmi les nombreux hôtels pour hommes et femmes d'affaires, une offre hétéroclite bien plus abordable : camping, auberge de jeunesse, petits *residenciais...* et aussi le seul lieu de tourisme d'habitation de la ville.

Camping

Lisboa Camping & Bungalows de Monsanto *(hors plan d'ensemble détachable par A5) : dans l'immense parc de Monsanto, à l'ouest de la ville, à 5 km du centre. ☎ 217-628-200. • info@lisboacamping.com • lisboacamping.com • ♿ Bus n° 714 de la praça da Figueira (qui passe par Cais do Sodré et Belém) et n° 750 de la gare d'Oriente ; demander au chauffeur « parque de campismo ». Bus de nuit n° 202 (depuis Cais do Sodré, Rato ou Sete Ríos). Entrée par l'estrada da Circunvalação, sur le bord ouest du parc. Nuit 25-36 € pour 2 selon période avec petite tente et voiture ; loc de bungalows 2-6 pers 45-121 €/nuit selon période et nombre de pers (3 nuits min en hte saison).* Un vaste camping joliment aménagé, en terrasses, sous les pins, mais très fréquenté en haute saison ; et, surtout, pensez aux boules Quiès pour oublier le bruit de fond des voitures sur les autoroutes environnantes ! Épicerie, distributeur automatique, journaux, piscines, minigolf et resto. Si vous n'avez pas de voiture et ne vous déplacez pas en camping-car ou avec une tripotée d'enfants, préférez plutôt une petite adresse dans le centre de Lisbonne. En effet, les quelques économies réalisées sur l'hébergement seront vite grignotées par le coût et la durée des transports (comptez une bonne demi-heure pour rejoindre le centre).

Auberge de jeunesse

Pousada da juventude Lisboa *(plan d'ensemble détachable, H4,* ***88****) : rua Andrade Corvo, 46. ☎ 213-532-696. • lisboa@movijovem.pt • Ⓜ Picoas (sortie Poente). Bus nos 91, 44 et 45 de l'aéroport, n° 90 depuis la gare Santa Apolónia (arrêt Picoas) ou n° 746 (arrêt Marquês de Pombal). ♿ Dortoirs 4-6 lits 15-18 €/pers, doubles avec sdb 45-55 €, petit déj compris. Repas 7 €. Carte des AJ indispensable.* Propre, fonctionnel et des chambres d'un bon standing, même si l'AJ dans son ensemble n'a pas le charme des AJ privées du centre. Self-service et bar. Réserver à l'avance et apporter son cadenas.

Bon marché

Residencial Beirã *(plan d'ensemble détachable, E2,* ***89****) : rua Professor Lima Basto, 97. ☎ 217-274-717. Fax : 217-270-265. Ⓜ Jardim Zoológico ou Praça de Espanha. 🚆 Sete Ríos. Dans une rue calme, en face de l'hospital de Oncologia et de son parc. Double avec douche et w-c 27 €, triple 37 €, petit déj compris. CB refusées.* Taillé sur mesure pour ceux qui prennent le car ou le train tôt le matin, vu la proximité des gares routière et ferroviaire. Petite pension très modeste et pas toujours très propre, à la déco dépourvue de fantaisie. Chambres un peu étriquées ; celles donnant sur la cour sont sombres et sans vue. Mais accueil prévenant et prix « petits budgets » défiant toute concurrence dans ce quartier d'hôtels chic. En dépannage uniquement.

Plus chic

Whatever Art B & B *(plan d'ensemble détachable, I1-2,* ***110****) : av. dos Defendores de Chaves, 58 R/C, esq. av. Novas. 914-808-481. • info@whaterverbb.com • whateverabb.com • Ⓜ Campo Pequeno. Double 89 €.* Carlos, francophone, vous accueille dans ses 5 chambres d'hôtes, toutes différentes, décorées avec les luminaires créés par l'artiste lui-même. Cosy, tout confort, avec parquet, tapis épais, linges de maison élégants. Petit déj maison, terrasse et jardinet pour respirer. Atelier et boutique de l'artiste sur place. Pas rare d'avoir la visite des paons du palais Galveias voisin ! Bon accueil.

Où manger ? Où boire un verre ?

De bon marché à prix moyens

Linha d'Água *(plan d'ensemble détachable, G4,* ***185****) : rua Marquês de Fronteira – Parque Eduardo VII. ☎ 213-814-327. En haut du parque Eduardo VII et à droite dans le jardim Amália Rodrigues. Tlj 10h-20h (plus tard en été). Repas 10-15 €.* Dans son îlot de verdure planté au milieu de la ville, cette cafét' tout en vitre propose une cuisine variant peu de celle d'autres self-services, tout en restant acceptable (soupe, plats du jour, buffet de garnitures, quiches, salades, desserts, jus de fruits maison). Les employés du coin ne s'y trompent pas et viennent surtout pour le cadre : la terrasse, au bord d'un petit lac artificiel, est très prisée par beau temps. Et le week-end, c'est en famille que l'on vient profiter de la pelouse. Très plaisant.

À voir. À faire

Autour du musée Gulbenkian

Parque Eduardo VII *(plan d'ensemble détachable, F-G-H3-4-5) : Ⓜ São Sebastião ou Parque.* En haut de l'avenida da Liberdade, un parc qui doit son nom au roi d'Angleterre Edouard VII, venu à Lisbonne en visite au début du XXe s. Le plus vaste espace vert à 2 pas du centre, avec 26 ha de jardin à la française ; idéal pour un pique-nique en famille ou un somme au soleil sur les talus latéraux. Dans sa partie nord-ouest, un petit lac avec ses canards et des jeux pour enfants en font un espace de détente et de promenade. Tout en haut, belle vue plongeante sur l'avenida da Liberdade, la Baixa et le Tage. Perché au-delà du monument, le ***jardim Amália Rodrigues*** permet d'apercevoir les collines au nord de la ville. Côté parc, ses murs extérieurs sont couverts de scènes d'*azulejos* narrant les exploits de la nation portugaise contre ses ennemis maures et espagnols. À l'intérieur, scènes plus bucoliques de vie rurale traditionnelle.

Estufa Fria *(Serre froide ; plan d'ensemble détachable, F-G4 et plan centre détachable, G5,* ***383****) : dans le parque Eduardo VII. ☎ 218-170-996. • estufafria.cm-lisboa.pt • Ⓜ Marquês de Pombal ou Parque. Tlj 9h-17h (10h-19h en été). Entrée : 3,10 € ; réduc ; gratuit moins de 6 ans et avec la* Lisboa Card. Un lieu étonnant, hors du temps, celui qui passe comme celui qu'il fait. Idéal pour se réchauffer à la saison froide et se rafraîchir quand il fait chaud. Dépaysement total et balade agréable dans de petites allées ombragées, au milieu des plantes exotiques et des espèces rares, dans le chuintement des cascades, le clapotis des bassins et des fontaines. Les Lisboètes disent que celui qui n'a pas vu l'Estufa Fria aux 4 saisons ne connaît pas Lisbonne.

Museu Calouste Gulbenkian *(plan d'ensemble détachable, G2-3,* ***384****) : av. de Berna, 45 A. ☎ 217-823-000. • museu.gulbenkian.pt • Ⓜ São Sebastião ou Praça de Espanha (pas toujours bien fréquentée). Bus n°s 716, 756, 726 et 746.*

Tlj sauf mar 10h-18h. Fermé 1er janv, lundi de Pâques, 1er mai et 24-25 déc. Entrée : 14 € pour les 2 collections (« all inclusive ») et les expos temporaires ; billet possible pour les seules collections ; réduc, entre autres avec la Lisboa Card *; gratuit moins de 12 ans et dim à partir de 14h.*

|●| 3 cafétérias donnent sur le parc. Mieux vaut arriver tôt car souvent beaucoup de monde.

Construit au début des années 1960 selon les principes architecturaux de Frank Lloyd Wright, intégrant l'harmonie du bâti avec la nature et niché dans le magnifique parc de Palhavã, ce musée en 2 parties forme la Fondation Gulbenkian. On distingue la ***collection permanente du fondateur,*** avec tous ses chefs-d'œuvre, et, de l'autre côté du parc, la ***collection d'art moderne*** (moins intéressante).

Fondation Calouste-Gulbenkian

Le multimilliardaire arménien et collectionneur Calouste Gulbenkian a 73 ans quand il s'installe à Lisbonne en 1942. Il y arrive en Rolls Royce avec sa femme et sa suite, son cuisinier oriental, son masseur et sa douzaine de chats... Il ne quittera plus cette ville au bord du Tage qui lui rappelle le Bosphore de son enfance. Il loge dans un luxueux palace aujourd'hui remplacé par le *Sheraton,* sort peu, reçoit peu, et gère sa fortune à distance. Ses immenses collections d'œuvres d'art restées à Paris et à Londres intéressent les Américains, mais Gulbenkian préfère le Portugal. ***Il meurt à Lisbonne en 1955*** (ses cendres sont aujourd'hui à Londres). Dans son testament, il donna une partie de l'héritage à ses enfants (quelques disputes) et la majeure partie à l'État portugais, en demandant que ses collections soient réunies dans un seul et même lieu. Ce vœu a été exaucé. Le ***bâtiment moderne*** que nous voyons aujourd'hui a été construit dans ce sens après le décès du collectionneur. Il abrite le ***vaste musée,*** une ***salle de concerts,*** un ***centre de documentation (bibliothèque),*** mais aussi les nombreux bureaux de l'administration.

Créée en ***1956,*** il s'agit d'une fondation portugaise de droit privé, d'utilité publique, à vocation internationale. Elle possède à son actif près de 3 milliards d'euros et un budget annuel de 109 millions d'euros. C'est énorme. Cela en fait ***l'une des plus riches fondations en Europe.*** Environ un quart de sa fortune provient des intérêts pétroliers des concessions toujours actives au sultanat d'Oman et dans les Émirats arabes, plus des participations au Kazakhstan, au Brésil, en Angola et en Algérie. Les revenus que Gulbenkian avait autrefois en Irak ont été nationalisés en 1973. Le tout est aujourd'hui géré par la société Partex, qui alimente la trésorerie de la fondation. Aucun des fonds de la fondation Gulbenkian ne provient de sources étatiques ou publiques (hormis la billetterie). L'arrière-petit-fils de Calouste Gulbenkian, Martin Essayan, est actuellement administrateur de la fondation, son aïeul ayant demandé qu'il y ait toujours un membre arménien de la famille à la direction.

Pour beaucoup de Portugais encore aujourd'hui, la Fondation Gulbenkian apparaît comme le « ministère bis » de la Culture du Portugal ! La fondation fonctionne à l'américaine, employant environ 500 personnes. ***Science, art, éducation et bienfaisance, tels sont ses objectifs.*** Elle se positionne comme mécène numéro un au Portugal, organise de grandes expositions, des spectacles, des concerts, des manifestations culturelles comme « Jazz em Agosto » (tous les ans). Elle accorde aussi chaque année des bourses d'études. Le rôle remarquable que joue la Fondation Gulbenkian dans ce pays est indiscutable.

Calouste Gulbenkian

Le destin étonnant de Calouste Gulbenkian (1869-1955) mérite un livre à lui tout seul. Notre petit résumé dans la rubrique « Personnages » du chapitre « Hommes, culture, environnement » vous donnera un aperçu de cet homme exceptionnel qui a su utiliser sa fortune à bon escient et transmettre une grande partie de son patrimoine au Portugal, par affection pour ce petit pays du sud de l'Europe. Son père possédait déjà des concessions pétrolières dans l'Empire

ottoman. Très jeune, Calouste achetait des pièces de monnaie ancienne au marché et chez les antiquaires ; la ***numismatique*** fut sa 1re passion. Il fut citoyen de l'Empire ottoman jusqu'en 1919, et en même temps citoyen britannique (depuis 1902). Il avait aussi un passeport arménien et un autre de la Perse (Iran actuel).
« Seul le meilleur est assez bon pour moi », disait Calouste Gulbenkian. Par ailleurs, avec sa fortune, il aida généreusement les communautés arméniennes au Moyen-Orient, à Jérusalem, à Istanbul, en Arménie soviétique et à Londres. Il finança des hôpitaux arméniens, des écoles, des centres culturels, des églises, des œuvres sociales, en Syrie, en Jordanie, au Liban. Dans l'est de ce pays, il acheta des terres à Anjar, pour réinstaller les réfugiés arméniens du Sandjak d'Iskenderun. La majeure partie des œuvres arméniennes de sa collection a été léguée par Gulbenkian au patriarcat de Jérusalem.

Visite de la collection permanente
On notera l'élégant aménagement des salles avec des planchers de bois précieux. Les grandes salles s'ouvrent sur le parc par de larges baies vitrées. Peu d'objets exposés, mais chacun d'eux est digne d'intérêt.
- ***Arte egípcia*** *(art égyptien)* **:** 3 000 ans d'histoire égyptienne sont concentrés derrière les premières vitrines, juste à droite en entrant. Une vieille coupe à céréales en albâtre et, à côté, le bas-relief égyptien de la princesse Merytytes, en calcaire polychrome.
- ***Arte greco-romana*** *(art gréco-romain)* **:** de superbes bijoux gréco-romains en or ciselé. Belle collection de pièces de monnaie, présentées en alternance.
- ***Arte da Mesopotâmia*** *(art de Mésopotamie)* **:** la pièce maîtresse est ce bas-relief qui provient du palais d'Assurbanipal à Nimrud (IXe s av. J.-C.), avec une écriture cunéiforme sculptée dans l'albâtre qui barre le bas-relief en son milieu.
- ***Arte do Oriente islâmico*** *(art de l'Orient islamique)* **:** des vases syriens, des enluminures persanes, des faïences (toujours persanes) du XIIIe s, et surtout une belle collection de tapis des XVIIe et XVIIIe s pour lesquels Gulbenkian avait une affection particulière, peut-être parce que ses parents en faisaient le commerce à Istanbul. Noter aussi les étonnantes lampes de mosquée du XIVe s, dont une qui porte des fleurs de lys, choisie comme emblème par une grande famille musulmane (et non pas comme symbole du royaume de France). Ces lampes étaient offertes à la mosquée par de riches familles, et la flamme représentait une prière. Elles sont aujourd'hui exposées devant un petit jardin fermé. Dans la religion musulmane, le paradis est représenté par un jardin, en référence à l'aspect vital des oasis dans le désert.
- ***Arte arménia*** *(art arménien)* **:** belle collection. Parmi les pièces, voir le remarquable évangéliaire arménien.
- ***Arte do Extremo-Oriente*** *(art d'Extrême-Orient)* **:** dans cette section asiatique ont été rassemblés des objets en porcelaine chinoise et des vases dans les tons verts et noirs (du XVIIIe s). Une vitrine présente de fabuleuses boîtes laquées du Japon dont une qui servait de coffret à pique-nique, des tabatières et des boîtiers à médicaments. Ces boîtes – *inro* –, que l'on peut accrocher à la ceinture, étaient initialement utilisées par les médecins pour pallier l'absence de poches des kimonos, avant de devenir à la mode au milieu du XIXe s. Une autre très belle pièce est le « *biombo* de Coromandel », un grand paravent chinois de la fin du XVIIe s, probablement commandé par l'empereur de Chine.
- ***Arte europeia*** *(art européen)* **:** l'art des Flandres et du nord de l'Europe y est représenté par quelques très beaux tableaux de l'école hollandaise du XVIIe s. Impossible de tout énumérer : *Centaures* de Rubens, peintures de Franz Hals, de Van Dyck, et d'autres Rubens comme le *Portrait d'Hélène Fourment,* sa femme. *Portrait d'un vieillard* de Rembrandt, où seuls visage et mains sont éclairés pour mieux souligner le poids des ans. L'art d'Angleterre n'a pas été oublié. Citons un merveilleux Constable. Tapisseries, livres rares. *Portrait d'une jeune fille* de Ghirlandaio, d'une finesse extrême. On trouve aussi Hubert Robert.

– ***Artes decorativas*** *(arts décoratifs, France, XVIIIe s)* **:** cette salle abrite des pièces rares achetées par Gulbenkian au musée de l'Hermitage à Saint-Pétersbourg (Russie). Après la révolution de 1917, la situation économique de la Russie communiste est si désastreuse que la famine se déclare... Pour renflouer les caisses de l'État, Lénine aux abois permet à la Banque centrale de vendre des œuvres de leur plus prestigieux musée. Gulbenkian acheta la *Diane* de Houdon, 2 Rembrandt, un Watteau, un Rubens ainsi que l'argenterie française de François-Thomas Germain qui avait appartenu à Catherine II de Russie. Notez l'armoire aux panneaux noir et or, signée Boulle, un pastel de Quentin de La Tour et le portrait du maréchal de Richelieu. Intendant des menus plaisirs et proche du roi, celui-ci défraya la chronique française au Siècle des lumières. Par ses frasques, il aurait inspiré le personnage de Valmont dans *Les Liaisons dangereuses*. Ami de Voltaire, ne sachant qu'à peine lire et écrire, il a quand même fini à l'Académie française ! Voir aussi les meubles ayant appartenu à la reine Marie-Antoinette, notamment son fauteuil. C'est l'original, mais il en existe 2 répliques en France, offertes par la Fondation Gulbenkian.

« SEUL LE MEILLEUR EST ASSEZ BON POUR MOI ! »

Après la révolution de 1917, Gulbenkian avait prévenu la Banque centrale de l'URSS : « Ne vendez pas, gardez vos trésors mais si toutefois vous les vendez, j'insiste pour que vous me donniez la priorité... » Et le génial collectionneur arménien fut désigné. Certaines pièces portent toujours le blason de la famille impériale de Russie. Aujourd'hui, les visiteurs russes du musée ont la larme à l'œil...

– ***Ourivesaria*** *(orfèvrerie)* **:** pièces en vermeil réalisées par la famille Germain, laquelle est représentée sur une peinture, et œuvres de Biennais, l'orfèvre de Napoléon, dont un service à thé en argent doré de style Empire (gros samovar).

– ***Peinture et sculpture*** *(France, Angleterre et Italie, des XVIIIe et XIXe s)* **:** une salle est consacrée à la série des célèbres *Venise* de Francesco Guardi (Gulbenkian a toujours préféré Guardi à Canaletto) montrant Venise au XVIIIe s. Dans les autres salles, plusieurs Corot, Manet, Degas, Monet, et des bustes de nos plus grands sculpteurs. De Rodin, 2 anges d'une grâce stupéfiante. Une toile de 1887 d'un peintre peu connu, Dagnan-Bouveret : *Les Bretonnes au pardon* montre un visage de femme songeur et mélancolique ; la précision et la netteté du trait pourraient laisser penser qu'il s'agit d'une photographie. De Turner, célèbre peintre anglais, un splendide et violent *Naufrage d'un cargo*. On est au cœur de la tourmente et non loin d'elle : c'est le style Turner, qui partait en mer les jours de tempête, se faisant attacher au mât des bateaux pour mieux observer la mer déchaînée. Il a peint aussi un extraordinaire *Quillebeuf*. Quant à *La Tête* de Legros, elle fut achetée directement à Rodin par Gulbenkian en novembre 1910. Quand il aimait une œuvre, plus rien ne comptait pour lui.

– ***Œuvres de René Lalique*** **:** c'est ici que se trouve rassemblée la plus importante collection d'œuvres de Lalique. Le maître verrier inégalé de la fin du XIXe s était un ami proche de Gulbenkian. Celui-ci lui acheta un nombre important d'œuvres, des compositions élégantes, parfois étranges et souvent insolites. Lalique avait réalisé des bijoux de scène pour la comédienne Sarah Bernhardt à laquelle Gulbenkian aurait prêté une parure de femme-libellule.

FEMME-LIBELLULE

Dans une vitrine centrale de la collection Lalique, un bijou pectoral représente une femme au visage de déesse orientale sur un corps de libellule. Les ailes bougent vers le haut, ou vers le bas, selon le galbe de la femme.

– Un immense ***auditorium*** accueille, avec une belle programmation tout au long de l'année, des concerts de musique classique, des projections de films et un festival de jazz au mois d'août. Si vous restez un peu à Lisbonne, ça vaut vraiment le coup de s'offrir l'une de ces soirées ! Programme et réservations accessibles sur le site • *gulbenkian.pt* •

Centro de Arte moderna José de Azeredo Perdigão
De l'autre côté du parc de la Fondation (voir ci-après), le Centre d'art moderne de la Fondation Gulbenkian porte le nom de l'avocat et ami du grand collectionneur, qui fut le premier président de la fondation. Il abrite les œuvres majeures de la peinture portugaise moderne de 1910 à nos jours, ainsi qu'une collection d'art moderne britannique. Ces œuvres ont été achetées après la mort de Calouste Gulbenkian par l'administration du musée. Expos temporaires de bonne qualité.

Le parc de la Fondation Gulbenkian *(plan d'ensemble détachable, G3)* **:** à la fois jardin botanique, jardin public et annexe des 2 musées-collections qui l'entourent. On peut y déceler une lointaine inspiration japonaise. Le cadre luxuriant se dispute les faveurs des amoureux, des retraités, des étudiants, des jeunes mariés en quête de photos inoubliables et des touristes. Les multiples variétés végétales servent d'écrin aux sculptures contemporaines présentées ainsi dans un décor de choix.

Praça dos Touros *(plan d'ensemble détachable, I1,* ***386****)* **:** *à l'angle de l'av. da República.* Ⓜ *Campo Pequeno.* En brique rouge, avec des portes de style mauresque et des bulbes byzantins sur le toit, le monument est une réhabilitation des belles et curieuses arènes construites en 1892. Dans la galerie qui les entoure, plusieurs boutiques, cafés et restos.

Autour de Campo Grande

Pourquoi faut-il aller si loin pour en apprendre de belles sur la vie et sur la ville telle qu'elle était autrefois ? Si vous passez peu de temps à Lisbonne, vous n'irez pas jusqu'à Campo Grande, et encore moins jusqu'au métro Lumiar, où 2 autres musées hors du temps vous attendent, dans un cadre étonnant. Dommage... La visite de ces musées, perdus aujourd'hui au milieu de tours de béton et de routes à grande circulation, permet d'imaginer ce qu'a dû être autrefois la vie dans un *palácio,* ou du moins un ancien *retiro.*

Palácio Pimenta *(hors plan d'ensemble détachable par H1)* **:** *Campo Grande, 245.* ☎ *217-513-200.* • *museudelisboa.pt* • Ⓜ *Campo Grande. En sortant du métro, c'est en face (juste derrière le pont), le petit palais blanc qui fait l'angle. Bus nº 36 depuis le centre. Tlj sauf lun et j. fériés 10h-18h. Entrée : 3 € ; réduc ; gratuit avec la* Lisboa Card, *et 18 mai (Journée internationale des musées).*
Installé dans un beau palais du début du XVIIIe s, le palácio Pimenta est un ancien *retiro* royal flanqué d'un beau jardin fréquenté par les paons. Un nom très significatif, désignant une belle demeure, proche de la ville, où il faisait bon « se retirer » pour faire la fête.
Dommage que tout soit en portugais (et que la muséographie, très traditionnelle, n'éveille guère la curiosité). On peut y découvrir quelques cartes anciennes de Lisbonne, des dessins, des gravures du XVIe au XIXe s, des tableaux, maquettes et reconstitutions de la capitale. Également des photos, des céramiques, des sculptures... Bien observer les peintures et gravures de la ville d'avant le tremblement de terre (1755), ainsi que les plans du marquis de Pombal pour la reconstruction de la Baixa. Les détails y sont intéressants. Le musée renferme aussi quelques stèles et plaques funéraires provenant des fouilles archéologiques du castelo de São Jorge. De temps en temps, expositions temporaires dans les pavillons *Branco* et *Preto,* au fond du parc.

Museu Bordalo Pinheiro *(hors plan d'ensemble détachable par H1)* **:** *Campo Grande, 382.* ☎ *215-818-540.* • *museubordalopinheiro.cm-lisboa.pt* • Ⓜ *Campo Grande. En face du museu de Lisboa, de l'autre côté du parc-esplanade, dans* *une petite maison blanche. Bus n° 36 depuis le centre. Tlj sauf lun 10h-18h. Entrée : 3 € ; gratuit dim jusqu'à 13h, 18 mai et avec la* Lisboa Card. Une visite à recommander à tous ceux qui ont déjà pu découvrir, dans leurs précédentes visites, l'étonnant personnage que fut Rafael Bordalo Pinheiro, qui restera avant tout le grand caricaturiste de la société portugaise de la fin du XIXe s. Un Daumier lisboète. Créateur du personnage de Zé Povinho, allégorie du peuple *(povo)* portugais. Amusant, même si les caricatures sont moins percutantes quand on ne connaît pas le contexte ou les individus représentés (ça n'empêche pas d'admirer le coup de crayon). Le musée comprend également des pièces de céramique du même auteur (on a un faible pour les théières !), qui sont aujourd'hui très recherchées (et que vous trouverez en vente si la fabrique qui perpétue le nom du grand homme arrive à suivre, côté reproductions). Également une galerie pour les expositions temporaires.

Jardim do Campo Grande *(hors plan d'ensemble détachable par E1)* **:** encore un parc, tout en longueur, débordant de verdure. Les Lisboètes s'y ruent le dimanche pour faire des tours en barque sur un petit lac artificiel.

Museu nacional do Traje e da Moda *(musée national du Costume et de la Mode ; hors plan d'ensemble détachable par H1)* **:** *largo Júlio de Castilho, parque de Monteiro Mor, Lumiar. ☎ 217-567-620. • museudotraje.gov.pt • Ⓜ Lumiar (ligne jaune), puis 10 mn à pied jusqu'au musée (remonter en direction de la rua do Lumiar et traverser le grand bd à la sortie nord de la ville ; suivre les panneaux aux feux, sur la gauche). Tlj 10h-18h (dernière entrée à 17h30). Entrée : 4 € (6 € avec le musée national du Théâtre et le parc) ; réduc.*

À l'entrée du parc de Monteiro Mor, une survivance du passé, que l'on découvre avec un bonheur fou si l'on est un amoureux des vieilles demeures ayant su garder leur charme, leurs dépendances, leur jardin. Avec plus de 37 000 pièces dans les réserves, il y aurait de quoi monter nombre d'expositions autour du thème du costume (féminin surtout) si l'argent n'était pas ici, comme dans de nombreux petits musées portugais que l'on adore, quelque peu manquant. De la chapelle à la bibliothèque ayant conservé toute la collection de *Elle* depuis l'origine, en passant par les pièces de l'ancienne demeure, vous remonterez le temps, jusqu'en 1800. Imaginez, si vous ne pouvez pas les voir, les petites mains qui recousent, protègent des centaines de pièces, dans des chambres sous les toits qui mériteraient un jour un circuit spécial de visite.

Faites un tour ensuite dans le jardin et profitez du calme, de la beauté des lieux, avant de rejoindre le musée national du Théâtre, accessible depuis le parc (il suffit de suivre les flèches).

Restaurant sur place, assez cher (mais une cafétéria très sympathique vous attend à la sortie de l'autre musée).

Museu nacional do Teatro *(musée national du Théâtre ; hors plan d'ensemble détachable par H1)* **:** *estrada do Lumiar, 10. ☎ 217-567-410. • museudoteatroedanca.gov.pt • Même accès que le musée national du Costume depuis le centre. Mar-ven 10h-18h, 1er et 3e sam du mois (sauf juin-oct) 10h-14h. Même prix d'entrée que le musée national du Costume.*

Un autre musée intimiste, qui ne déplace pas les foules mais que les amoureux du théâtre adoreront, même sans comprendre un seul mot de portugais. Costumes, accessoires, maquettes, programmes, affiches, on se laisse porter par son imagination autant que par le thème de l'exposition du moment.

De l'ancien palais, l'actuel musée n'a gardé que le décor, l'intérieur ayant été entièrement reconstruit après l'incendie dont témoigne une vieille photo en noir et blanc. Allez faire un tour dans les jardins, qui n'occupent que 2 des 11 ha du parc de la propriété achetée en 1975 par l'État portugais.

Et posez-vous un instant en terrasse, à la cafétéria, où l'on vous proposera le midi un plat du jour tout à fait honorable.

Un peu plus à l'ouest, autour du Jardin zoologique

Jardim zoológico (plan d'ensemble détachable, C-D1, **387**) **:** *praça Marechal Humberto Delgado, estrada de Benfica, 158-160. ☎ 217-232-900. • zoo.pt • Ⓜ Jardim Zoológico. Tlj 10h-20h (18h en hiver). Entrée : 21,50 € ; 14,50 € 3-12 ans ; petite réduc avec la carte Jeune et la carte FNAC. Attention : billetterie au fond à gauche de la zone non payante, après les restos (ne pas confondre avec* Animax, *qui n'a rien à voir).* Dans le parc d'une ancienne *quinta,* où le chic kitsch du XIXe s s'estompe peu à peu. Tigre, ours, lynx, oiseaux, il y en a pour tous les goûts ! Spectacles de dauphins et d'oiseaux impressionnants plusieurs fois par jour. Le billet d'entrée permet l'accès à toutes les attractions (télécabine, reptilarium, delphinarium, spectacles d'oiseaux en vol libre, alimentation de certains animaux à heures fixes) ; seul le petit train n'est pas compris *(1 €).* L'endroit est vaste et on peut y passer une bonne partie de la journée. Y a même un McDo sur place !

Palácio Fronteira (plan d'ensemble détachable, B2, **388**) **:** *largo São Domingos de Benfica, 1. ☎ 217-782-023. • fronteira-alorna.pt • Ⓜ Jardim Zoológico. En taxi : le plus rapide ; donner au chauffeur l'adresse complète du palais, pour éviter les confusions. En métro et à pied, c'est faisable mais compliqué. En sortant du métro (station Jardim), longer le Jardin zoologique en laissant la grille sur la droite, tourner à droite et à gauche pour arriver dans la rua das Furnas ; remonter la rua das Furnas puis la rua São Domingos, dans son prolongement, traverser la grande passerelle qui enjambe la voie ferrée et l'autoroute ; on voit alors le palais rougeoyant à 500 m plus haut à flanc de colline. En bus : n° 770 depuis le terminal rodoviário Sete Ríos (1-2 bus/h), puis c'est la 7e station : arrêt Palácio Marqueses de Fronteira. Visites guidées seulement : juin-sept, tlj sauf dim et j. fériés à 10h30, 11h, 11h30 et 12h ; oct-mai, tlj sauf dim et j. fériés à 11h et 12h. Jardin ouv également tlj sauf sam ap-m, dim et j. fériés 14h30-16h30. Entrée : 9 € ; pour le jardin seulement : 4 € ; gratuit moins de 14 ans.*

« Cette maison ne m'appartient pas, j'appartiens à cette maison » : telle est la conception philosophique de dom Fernando de Mascarenhas, 12e marquis de Fronteira. Tout aristocrate qu'il fût, ce grand démocrate et humaniste participa à la révolution des Œillets en permettant des réunions d'opposants à la dictature dans sa propriété. Un marquis « rouge », en somme, professeur de philosophie et d'histoire, adepte selon certains d'un élégant et pacifique « marquisme-léninisme ». Grâce à lui, ce palais fut l'un des rares endroits à avoir échappé à une reconversion en administration après 1974. La direction en est assurée par une fondation privée *(fundação das Casas de Fronteira e Alorna),* modèle de conservation du patrimoine, souvent cité en exemple au Portugal et en Europe. La fondation a obtenu plusieurs récompenses et prix internationaux. Le palais organise aussi des expositions culturelles, des concerts et des rencontres.

Le palácio

Voici l'un des meilleurs exemples de palais portugais du XVIIe s. Il s'agit d'une *quinta,* c'est-à-dire d'une résidence à la campagne, sorte de « palais secondaire » d'une famille noble qui possédait son palais principal en ville. Cette campagne ayant été envahie par des banlieues hérissées d'immeubles et de tours modernes, il faut faire un effort d'imagination pour restituer le paysage bucolique de cette époque.

Une première vision : une grande partie des murs intérieurs et extérieurs de ce palais baroque est ornée d'*azulejos*. Ils devaient éblouir les invités du premier marquis.

– ***À l'intérieur,*** on visite le hall d'entrée orné d'une grande fontaine et la vaste salle de la bataille aux murs couverts de 8 grands panneaux d'*azulejos*. Ils

LISBONNE, TOUJOURS PLUS LOIN

représentent les grandes batailles de la guerre de Restauration (elle dura 27 ans) opposant le Portugal à l'Espagne. Les batailles se déroulèrent dans l'est du Portugal : Estremoz, Évora, Elvas, Castelo Rodrigo... C'est l'un des aïeux de dom Fernando, le Conde da Torre, qui mena cette guerre jusqu'à la victoire, face à don Juan d'Autriche (les Habsbourgs d'Espagne). Cette victoire permit au Portugal de retrouver son indépendance après 60 ans d'annexion du Portugal par l'Espagne (1580-1640). Remarquer que l'artiste a nommé de nombreux officiers présents sur le champ de bataille et les a inscrits sur les *azulejos*.
Plus loin, belle salle à manger avec ses *azulejos* de Delft (du XVIIIe s), les seuls du palais qui ne soient pas portugais. Un tableau montre un marquis de Alorna qui fut vice-roi des Indes. Plus richement meublés et vivants que les autres pièces, les salons abritent des commodes de style français du XVIIIe s, des tapisseries d'Inde et une peinture de la mère de dom Fernando (très belle femme). Dans le salon Junon, belle vaisselle chinoise. De la bibliothèque-véranda, très jolie vue sur le jardin, avec, en perspective, les quartiers modernes (et peu esthétiques) du nord de Lisbonne.

Le jardin
Organisé autour d'un grand bassin, surmonté par la galerie des Rois (statues, bustes) et surplombant un parterre de haies taillées au tracé géométrique. Le moindre recoin de ce charmant et mystérieux jardin a été décoré par des *azulejos* représentant aussi bien des scènes mythologiques, poétiques, historiques et allégoriques que des scènes de la vie quotidienne, parfois burlesques ou grotesques. Au printemps, avec les fleurs, c'est somptueux.
– Pour en savoir plus, lire le très bel ouvrage de Pascal Quignard : *La Frontière, azulejos du palais Fronteira,* aux éditions Chandeigne. Un ouvrage réédité avec les reproductions des fameuses scènes de la vie quotidienne qui ont fourni à l'imagination de l'auteur le point de départ pour cette brillante et amusante reconstitution.

Museu da Música *(hors plan d'ensemble détachable par C1)* **:** *rua João Freitas Branco. ☎ 217-710-990. • museudamusica.pt • Ⓜ Alto dos Moinhos. Tlj sauf dim et certains j. fériés 10h-18h. Entrée : 3 € ; réduc ; gratuit avec la* Lisboa Card. Installé au niveau de la billetterie, à l'intérieur de la station de métro (décorée par Júlio Pomar : avez-vous reconnu Fernando Pessoa et Luís de Camões ?). Dans une salle garnie de vitrines, le musée de la Musique présente une partie de sa collection d'instruments du XVIe s à nos jours – principalement européens, mais aussi d'Afrique et d'Asie – issus pour la plupart de collections privées. Au milieu des clavicordes trône le 1er piano à queue apparu au Portugal, apporté par Franz Liszt pour un concert au théâtre São Carlos. Toutes sortes de guitares et autres cithares. Un souffle de fantaisie côté vents, avec un cor en porcelaine et 2 trombones à tête de serpent, plutôt étonnants. Et aussi un *serpentão,* venu de l'époque où le tuba n'était pas encore enroulé sur lui-même. Également quelques peintures, photos et gravures. Dommage que le musée manque d'explications, ce qui le rendrait parlant aux non-avertis.

Parque florestal de Monsanto *(plan d'ensemble détachable, A5,* ***389****)* **:** *infos à l'Espaço Monsanto. ☎ 218-170-200 ou 201. Bus nos 711 (Baixa), 729 (Belém et Ajuda) et 70 (Sete Ríos).* Poumon vert de Lisbonne, cette ancienne carrière, dont les pierres ont recouvert bien des trottoirs de la ville, offre 900 ha de verdure aux marcheurs, patineurs, VTTistes, pique-niqueurs... En été, nombreux concerts gratuits en plein air dans le cadre de « Lisboa em Festa » (programme à l'office de tourisme). Organisation d'activités sportives et de découverte du parc de Monsanto, parfois payantes.
Aux premiers rayons de soleil, les familles profitent des jeux pour enfants et du point de vue sur la ville du ***parque recreativo do Alto da Serafina*** *(plan d'ensemble détachable, B3,* ***390*** *; tlj avr-sept 9h-20h, oct-mars 9h-18h ; entrée gratuite).*

BELÉM ET AJUDA

• Pour le plan de Belém, se reporter au plan détachable en fin de guide.

Belém, un nom qui chante à toutes les oreilles ! Le mot signifie « Bethléem » en portugais. C'est en appareillant d'ici, le 8 juillet 1497, que Vasco de Gama découvrit les Indes, ouvrant ainsi la route vers la Chine et le Japon. L'effervescence des découvertes y a laissé une concentration impressionnante de monuments, dont le plus beau de Lisbonne : le monastère dos Jerónimos. En 1940, Salazar a mis en scène, sur la vaste esplanade qui lui fait face, l'Exposition du monde portugais. Les jardins et le nom de *praça do Império* sont restés, alors que tous les bâtiments, construits à la hâte pour l'occasion, ont été démontés. Seul le monument des Découvertes conserve la mémoire de cette manifestation car il a été reconstruit, en dur cette fois-ci, en 1960. Au milieu de tout cela a surgi en 1992 l'énorme *Centro cultural de Belém,* qui dynamise le quartier avec des manifestations de prestige et abrite le fameux *museu Colecção Berardo,* superbe musée d'art moderne et contemporain en bord de Tage, l'un des plus visités du Portugal. Sans oublier le *MAAT* désormais dans une ancienne usine électrique.

UN DIMANCHE MATIN À BELÉM

Rien de tel qu'une petite balade dominicale dans Belém pour découvrir le quartier qui fut au départ de tous les rêves portugais. Venez tôt, car il y a beaucoup de monde aux beaux jours et pendant les vacances.

Les plus pressés commenceront par le mosteiro dos Jerónimos en achetant leur billet – coupe-file – juste en face, à l'office de tourisme Ask me Lisboa Belém ; malin ! Le tram nº 15, moderne et pratique mais sans grand charme, vous y mène directement depuis la *praça da Figueira,* au centre de Lisbonne.

Torre de Belém, quel joli nom pour un rêve ! Ici, tout le monde se souvient d'un temps où le Portugal était le maître du commerce le plus étendu du monde. Grâce à ses navigateurs ! Comment voudriez-vous que les anciens n'aient pas la nostalgie en regardant cette tour d'où partit Vasco de Gama pour son voyage aux Indes (1498-1499) ? On devrait parler aussi de Magellan, l'un des plus grands navigateurs portugais de l'Histoire. Malheureusement pour le roi du Portugal, celui-ci ne roulait pas pour Lisbonne mais pour Séville ! Magellan proposa ses services au roi d'Espagne et c'est sous cette bannière qu'il accomplit le 1er tour du monde en 1519-1522 (il est mort en route, aux Philippines, au cours d'une rixe ridicule).

Un dimanche à Belém, c'est tout un programme, avec quelques incontournables, évidemment : la messe à la cathédrale *(à 9h, 10h30, 12h et 19h),* qu'on aperçoit de l'autre côté des jardins et de la route, longue barre de pierres blanches du monastère-nécropole dos Jerónimos. Pour qui ne voudrait pas assister à la messe, une visite au ***musée de la Marine,*** mitoyen, est un régal. Avant la fin de la messe, filez ***rua de Belém,*** aux jolies petites maisons à étage, avant la ruée. Celle-ci s'arrête en fait devant l'***Antiga Confeitaria de Belém.*** Certains font la queue devant les comptoirs tandis que d'autres essaient de trouver une place assise pour goûter les fameux ***pastéis de nata*** qui ont fait la réputation de cette fameuse pâtisserie (voir la rubrique « Pâtisserie et salon de thé »).
Le 3e dimanche du mois, ne manquez pas la ***relève de la garde,*** à 11h tapantes, devant le palais présidentiel : du grand spectacle gratuit comme on n'en fait plus ! Et filez ensuite jusqu'au célèbre et étonnant ***musée des Carrosses.***
– ***Petits enquiquinements :*** redoublez de vigilance dans les files d'attente et dans le tram, des pickpockets œuvrent sans agressivité. *Mode opératoire :* petite bousculade suivie d'un sympathique sourire pour effacer les soupçons. Ils opèrent souvent à 2. Gardez vos sacs sur le ventre, attention aux poches pantalon et poches poitrine, ils sont très doués. Un routard averti en vaut 2.

Arriver – Quitter

➢ ***En tramway :*** n° 15E, au départ de la *praça de Figueira.* C'est le meilleur moyen pour aller à Belém. Durée : 30-40 mn. Compter 2,90 €. Nous vous conseillons de prendre le tram depuis son départ pour avoir une place assise et ainsi vous éviterez tout contact avec d'éventuels pickpockets. *Attention,* c'est un tram moderne sans le charme des vieilles guimbardes !

➢ ***En bus :*** nos 714, 760 ou 728 depuis *Cais do Sodré, praça da Figueira* ou *do Comércio.*

➢ ***En train :*** depuis la *gare Cais do Sodré.* Le moyen de transport le plus rapide ; et aussi le plus sympa, car le train (climatisé) longe le Tage. Compter 1,30 €.

Adresses utiles

Office de tourisme Ask me Lisboa Belém (plan détachable Belém) **:** *praça do Império. ☎ 910-517-981. • visitlisboa.com • Kiosque face du mosteiro dos Jerónimos. Tlj 10h-18h.* Vente de la *Lisboa Card*. Et, ***plan malin*** : vente de billets coupe-file pour visiter le mosteiro dos Jerónimos, foncez !

■ ***Polícia Belém*** *(plan détachable Belém,* ***8****)* **:** *praça Afonso de Albuquerque, juste avt le palais présidentiel. ☎ 213-619-626. Ouv 24h/24.* Ils vous aiguillent dans vos démarches en cas de pépin avec les pickpockets. À 2 pas se trouve aussi la ***poste,*** avec distributeur de timbres à l'extérieur.

Où dormir ?

Prix moyens

Pensão Residencial Setubalense *(plan détachable Belém,* ***90****)* **:** *rua de Belém, 28 ; 1°. ☎ 213-636-639. • reservas@setubalense.pt • setubalense.pt • Tram n° 15. Résa conseillée. Doubles 55-70 € ; pas de petit déj. Réduc de 10 % sur le prix des chambres sur présentation de ce guide.* C'est une façade ancienne au bord de la rue commerçante et animée de Belém. Derrière, un élégant escalier en colimaçon cerné d'azulejos, puis un dédale de couloirs mènent à une centaine de belles chambres fonctionnelles, confortables (AC et TV) et nickel, au mobilier standardisé. Choisir celles sur l'arrière, plus calmes. Une excellente adresse, doublé d'un bon rapport qualité-prix-accueil.

Où manger ?

Dans la rua Vieira Portuense (entre la rua de Belém et le Tage), une foule de restos avec terrasse donnant sur la verdure, en rang d'oignons et bondés le midi ! Néanmoins, l'endroit reste sympa et profite de la proximité d'un parc ombragé...

De bon marché à prix moyens

Loja-cafétaria do Museu de Marinha *(plan détachable Belém,* ***393****) : praça do Imperio. ☎ 210-977-387. • cafeteria.museudemarinha@gmail.com • Face à l'entrée du musée. Tlj 10h-18h. Menu 12,50 € ; plats 2-10 €.* Comme à la cantoche, on passe avec son plateau devant des plats simples aux saveurs méditerranéennes, des salades et autres douceurs sucrées. Portions copieuses. Et on dévore le tout au frais sur des tables recouvertes de cartes maritimes bien sûr ! Bon rapport qualité-prix et cadre plaisant.

Pao Pao Queijo Queijo *(plan détachable Belém,* ***186****) : rua de Belém, 124. ☎ 213-626-369. Tlj 10h-minuit (20h dim). Plats 4-5 € ; menu env 7 €.* Petit snack où sandwichs, salades, pitas et autres *pratos combinados* sont préparés à la commande avec des produits frais et qui ne désemplit pas de toute la journée ! Idéal pour grignoter sur le pouce entre 2 visites. Service sympa mais parfois un rien débordé. Et si vous n'avez pas la patience d'attendre, rendez-vous juste à côté chez **Honorato,** une petite chaîne qui mitonne de bons burgers artisanaux *(9-11 €),* avec des produits frais de qualité.

Belem 2 a 8 *(plan détachable Belém,* ***187****) : rua de Belém, 2-8. ☎ 213-639-055. • belem2a8@gmail.com • Tlj 12h-22h30 (15h lun). Snacks et plats 5-19 €.* Une bonne petite table concoctant une délicieuse cuisine traditionnelle un poil revisitée et servie à prix raisonnables. Aussi quelques snacks tout aussi goûteux, pour ne pas perdre un œil ! Terrasse sur rue avec le mouvement qui va avec !

Jerónimos *(plan détachable Belém,* ***188****) : rua de Belém, 74-78. ☎ 213-638-423. • restauranteosjeronimos@hotmail.com • Tlj sauf sam 12h-21h. Plats 14-16 €.* C'est un resto qui permet de déjeuner dans une ambiance joviale, cerné par des serveurs efficaces qui virevoltent entre les tables, jonglent avec brio de l'allemand à l'italien ou au français, et se fendent d'un petit numéro à l'occasion ! La clientèle compte autant d'habitués du quartier que de touristes de passage. Dans l'assiette, on est séduit par les bons plats portugais, copieux et bien frais : viandes, poissons et fruits de mer. Une de nos adresses préférées à Belém !

O Prado *(plan détachable Belém,* ***320****) : rua da Junqueira, 474. ☎ 213-642-412. • restauranteoprado@gmail.com • Tlj sauf lun 12h-23h. Plats 9-10 €.* Gentille salle voûtée aux murs enrobés d'azulejos. Dans l'assiette, du traditionnel portugais, simple mais bien mené et copieux. Une bonne adresse d'habitués, volontiers gouailleurs au comptoir.

Plus chic

Enoteca de Belém *(plan détachable Belém,* ***219****) : travessa do Marta Pinto, 12. ☎ 213-631-511. • enoteca@travessadaermida.com • Tlj 13h-22h30. Plats 18-19 €.* Dans une ruelle à l'écart du flux touristique, élégante petite salle voûtée de briques et bardée de bouteilles de vin pour une foule de références ! Concoctés par le chef Gonçalves, les petits plats – originaux et pleins de saveurs, mais pas très copieux – méritent vraiment qu'on reste quelques heures de plus après la visite du quartier. Viande ou poisson, rien ne lui résiste. On aime !

Darwin's Café *(hors plan détachable Belém,* ***189****) : av. Brasília, ala B. ☎ 210-480-222. • info@darwincafe.com • Dans la Champalimaud Foundation, après la torre de Belém. Tlj sauf lun. Repas servis 12h30-15h30, 19h30-23h ; salon de thé-snack 16h30-18h30. Plats 17-27 € ; repas 40-50 €.* Belle terrasse suspendue au bord du

Tage ! Ce lieu ultra-sélect permet de boire un verre ou de prendre le thé avec l'une des plus belles vues qui soient sur la fameuse torre de Belém. L'immense salle de resto est une réussite esthétique, brillant mélange de cabinet de curiosités et de design moderne. Dans l'assiette, fine cuisine savoureuse et originale, pour le plus grand plaisir de nos papilles.

Pâtisserie et salon de thé

Antiga Confeitaria de Belém – Pastéis de Belém *(plan détachable Belém,* ***260****)* ***:*** *rua de Belém, 84-92. ☎ 213-637-423. • pasteisdebelem@pasteisdebelem.pt • Tlj 8h-23h (minuit juil-sept).* Réputé depuis 1837 pour sa succulente spécialité : les *pastéis de nata* ou *pastéis de Belém,* ces petits flans ronds lovés dans une délicieuse pâte feuilletée, saupoudrés de cannelle et de sucre glace selon les goûts de chacun. Plus de 15 000 de ces délicieuses gâteries s'écoulent les jours d'affluence ! On peut assister à la fabrication, derrière une vitre. En revanche, seuls 3 pâtissiers connaissent la recette confectionnée dans l'*oficina do segredo* (l'atelier du secret !). Admirez au passage les *azulejos* du XVIIe s, superbes de naïveté, qui courent sur tous les murs des différentes salles, jusque dans les toilettes. ***Conseil :*** pour zapper la longue file d'attente, s'asseoir en salle et commander directement à la serveuse vos *pastéis* à emporter !

LISBONNE, TOUJOURS PLUS LOIN

Achats

Garrafeira Estado D'Alma *(plan détachable Belém,* ***347****)* ***:*** *rua Bartolomeu Dias, loja 7. ☎ 213-465-232. • garrafeiraestadodalma@gmail.com • Sous les arcades, au rdc du Centro Cultural de Belém. Tlj 10h-20h.* Une boutique pour vrais amateurs de vins et de portos portugais, à tous les prix. Belle sélection et conseils avisés.

À voir. À faire

Belém

Dans la 1re ruelle à gauche en venant du monastère, le ***beco do Chão Salgado*** (impasse du Sol-Salé). Il n'y a rien à voir, si ce n'est une colonne commémorant ce rien ! C'est le seul témoignage de l'élimination d'un rival de Pombal qui, n'étant pas encore marquis, avait déjà quelque ambition. Vous êtes au cœur du domaine d'une des familles nobles les plus anciennes du Portugal, impliquée dans un attentat manqué contre le roi Joseph Ier. La demeure fut ainsi rasée, le sol couvert de sel, les biens confisqués et les proprios joyeusement exécutés sur la place publique, sur ordre d'un certain ministre du nom de Carvalho. Les rois n'oublient pas ce genre de service et, quelques années plus tard, ce dernier sera fait marquis de Pombal !

Belém, côté ville

Mosteiro dos Jerónimos (monastère des Hiéronymites ; plan détachable Belém, **391**) **:** *praça do Império. ☎ 213-620-034. • mosteirojeronimos.pt • Tlj sauf lun 10h-17h30 (18h30 mai-sept) ; église : 10h-17h (18h mai-sept) ; dernière entrée 30 mn avt. Fermé 1er janv, Pâques, 1er mai et 25 déc. Église : entrée gratuite ; cloître et 1er étage de l'église (accès par le cloître) : 10 € ; réduc ; billet combiné avec le museu nacional de Arqueologia : 12 € ; gratuit moins de 12 ans et avec la* Lisboa Card. **BON PLAN :** *acheter son billet coupe-file au kiosque de l'office* *de tourisme, juste en face.* Classé au Patrimoine mondial de l'Unesco en même temps que la tour de Belém. Miraculeusement épargné par le tremblement de terre de 1755, c'est tout simplement grandiose et à ne pas manquer ! Sa construction, décidée par le roi Manuel Ier en 1496, a été en quelque sorte « dopée » par le retour des Indes de Vasco de Gama et l'afflux de prodigieuses richesses. Mais les travaux ont duré près d'un siècle ! Son nom provient de l'ordre monastique de saint Jérôme, dont l'une des missions était de veiller au bien-être et à la foi des marins.

- L'***église*** peut, à juste titre et avec le monastère de Tomar, être qualifiée de chef-d'œuvre de l'art manuélin ! Encadré de 2 magnifiques fenêtres, le portail sud – foisonnement végétal et orgie de niches ouvragées garnies de statues – est un chef-d'œuvre dû à Boytac. En bas, admirez la statue d'Henri le Navigateur. Le portail principal, à l'ouest, est en partie caché par le long édifice ajouté au XIXe s dans un pastiche laborieux de l'église. Superbe, fascinant ! Dans la multitude de détails gothiques, on distingue, de part et d'autre de la porte en accolade, le roi Manuel et son épouse.
Passé le porche de l'église, on est accueilli par 2 illustres Portugais. À droite, le ***tombeau de Luís de Camões*** (1525-1580), le grand poète qui chanta les exploits des navigateurs au bout du monde *(Les Lusiades)* ; à gauche, celui de ***Vasco de Gama*** (1460-1524), le 1er explorateur de la route maritime des Indes en 1498, en contournant le cap de Bonne-Espérance. Notez les sculptures sur le coffre de marbre, représentant des cordages enlacés, un beau symbole.
À l'intérieur, admirable nef d'une grande audace architecturale, soutenue seulement par de très belles colonnes sculptées, à l'encontre de toutes les techniques en pratique en Europe à l'époque. Elles résistèrent au tremblement de terre de 1755. Admirez la déco des piliers et les nervures en palmier. Vitraux admirables, d'une richesse de couleurs surprenante. Dans la *capela sul do transepto* (chapelle sud du transept), les tombes des enfants du roi João III. Dans la chapelle nord, autres tombes des 5 fils du roi Manuel.
- On accède au ***cloître*** du XVIe s par le portail à côté de l'église. Cour de palais plutôt que cloître, l'un des plus riches du monde, par l'invraisemblable profusion de détails et l'exubérance de l'ornementation ; mélange original d'inspiration végétale, religieuse et royale ! La rénovation a restitué la superbe couleur sable de la pierre d'Alcântara, ce qui permet d'apprécier la finesse du travail sur les colonnettes et les gargouilles. Sur le mur du fond, un simple bloc de granit signale la ***pierre tombale de Fernando Pessoa.***

Centro cultural de Belém *(plan détachable Belém,* ***347****)* **:** *praça do Império, entre le Tage et le monastère dos Jerónimos.* Grand comme une cité maya ! Construit en 1990 par les architectes Vittorio Gregotti et Manuel Salgado, il a été conçu pour doter le Portugal d'un outil culturel performant, avant de s'affirmer comme un rendez-vous incontournable des intellectuels et des artistes. Salles de congrès, auditoriums pour concerts et spectacles vivants, grandes expos, etc. Mais c'est surtout l'occasion de découvrir le formidable ***museu Colecção Berardo*** (voir ci-après) !

Museu Colecção Berardo *(plan détachable Belém,* ***347****)* **:** *praça do Império. ☎ 213-612-878. • museuberardo.pt • ♿ À l'intérieur du Centro cultural de Belém. Tlj 10h-19h (1er janv 12h-19h ; 24 et 31 déc 10h-14h30) ; dernière entrée 30 mn avt. Fermé 25 déc. Entrée : 5 € ; réduc ; gratuit moins de 7 ans.* Le musée Berardo abrite l'une des collections les plus importantes au monde ! Originaire de Madère, l'enfant pauvre qui collectionnait les timbres et les boîtes d'allumettes s'est mué en

UN CHEF-D'ŒUVRE IGNORÉ

Sylvester Stallone proposa au collectionneur José (ou Joe) Berardo de passer chez lui pour lui montrer une « petite toile » d'un artiste méconnu acquise quelque temps auparavant et que sa femme trouvait plutôt moche. Quelle ne fut pas la surprise de Berardo en découvrant cette peinture, qui se trouvait être tout simplement l'immense tableau de Bacon, le fameux Œdipe ! Une chance pour le collectionneur portugais, qui l'acheta immédiatement.

un important homme d'affaires érigeant sa fortune dans les mines d'or en Afrique du Sud, puis en spéculant auprès des banques et en rachetant des vignobles, de prestigieux hôtels et des entreprises à travers le monde. Fin amateur d'art, il s'offrit de nombreuses œuvres : Picasso, Miró, Bacon, Dalí, Warhol, Man Ray, Arp, Magritte, Delaunay, Dubuffet, Ernst, César, Calder, Léger, Soulages, Moore, de Chirico, Vasarely, Poliakoff, Mondrian, Pollock, Lichtenstein, sans oublier les Portugaises Vieira da Silva et Paula Rego... Bref, une véritable orgie rien que pour vos yeux !
En tout 1 086 œuvres de 565 artistes, dont la visite débute au ***niveau 2 (de 1900 à 1960)*** ; de loin l'étage le plus intéressant car chaque salle est organisée par mouvement artistique, du cubisme au pop art, avec des chefs-d'œuvre dans chacune ou presque ! Ensuite, le ***niveau -1 (de 1960 à 2010)*** expose les collections contemporaines de Berardo, récemment élargies avec l'achat d'œuvres photo et vidéo. Enfin, le ***niveau 0*** est dédié au expos temporaires.

Capela do Restelo *(chapelle du Restelo ; hors plan détachable Belém, **392**) : praça de Itália ; accès par l'av. Torre de Belém.* Faites un saut dans le Restelo pour admirer la chapelle dos Jerónimos du XVIe s, jadis plantée dans le domaine du monastère. C'est le même Boytac qui a œuvré, mais ici l'austérité domine, renforçant encore l'impression de volume. On ne peut malheureusement pas y entrer. Remarquez toutefois les gargouilles. Joli belvédère avec vue plongeante sur la tour de Belém dans les reflets de la mer de Paille. Peu fréquenté.

Museu da Marinha *(plan détachable Belém, **393**) : praça do Império. ☎ 213-620-019. • museu.marinha.pt • Situé dans une dépendance du monastère. Tlj 10h-18h (17h oct-avr). Fermé 1er janv, Pâques, 1er mai et 25 déc. Entrée : 6,50 € ; réduc, notamment avec la Lisboa Card. Dépliant en français.*
Ouvert en 1863, ce musée rappelle que le Portugal fut une grande puissance maritime aux XVe et XVIe s. Bien avant les autres nations européennes, le pays lança des expéditions sur des mers inexplorées, découvrant des contrées jusqu'alors inconnues... On y observe vieilles cartes marines, maquettes de bateaux, figures de proue, canons archaïques, tableaux de combats navals, instruments de navigation rutilants et mystérieux, uniformes et même les cabines en bois du yacht royal *Amelia* (1900). Mon tout classé selon différents thèmes : découvertes de nouveaux mondes, marine de guerre, trafic fluvial, pêche, marine marchande... Et puis en face – de l'autre côté de la cour – changement d'échelle ! Sous un ***immense hangar à bateaux,*** une foule d'embarcations anciennes, dont une galère royale d'apparat avec toutes ses rames ; sans oublier que l'aventure maritime fut aussi celle des premiers hydravions.
Enfin, pour compléter la visite, il convient de traverser le Tage en ferry pour découvrir, amarré à un quai de Cacilhas, le superbe ***trois-mâts Don Fernando II,*** qui a été restauré et ouvert au public (voir plus loin à Cacilhas dans « Les environs de Lisbonne. Au sud du Tage... »).

SECRETS BIEN GARDÉS

Le roi Manuel le Fortuné avait ordonné d'exécuter par pendaison les capitaines qui osaient communiquer leurs secrets géographiques et cartographiques sur les routes maritimes récemment ouvertes à des puissances étrangères. Dans ce climat de terreur, le Portugal garda longtemps le monopole de ses découvertes.

Museu nacional de Arqueologia *(plan détachable Belém, **394**) : praça do Império. ☎ 213-620-000. • museuarqueologia.pt • ♿ Tlj sauf lun 10h-18h (dernière entrée 30 mn avt). Fermé 1er janv, Pâques, 1er mai, 13 juin et 14-25 déc. Entrée : 5 € ; billet combiné avec le mosteiro dos Jerónimos : 12 € ; réduc ; gratuit avec la Lisboa Card.* Installé dans l'aile du monastère qui servait de dortoir, ce musée a choisi de mettre en valeur ses collections d'objets – de la préhistoire à l'époque médiévale – à travers des expos temporaires thématiques. Seule une magnifique collection de bijoux et d'orfèvrerie reste permanente, ainsi qu'une belle section égyptienne contenant, entre autres, 2 sarcophages. Bref, un agréable voyage dans le passé.

Jardim botânico tropical *(Jardin tropical ; plan détachable Belém,* ***395****)* **:** *largo dos Jerónimos. ☎ 213-921-808. Tlj 9h-20h (17h oct-mars) ; dernière entrée 30 mn avt. Entrée : 2 € ; réduc ; gratuit moins de 12 ans.* Sur 7 ha, l'ancien *jardim do Ultramar* présente des espèces végétales acclimatées des anciennes provinces portugaises : Brésil, Angola, Mozambique, Cap-Vert, Macao…

Passez devant l'***ancien palais royal*** *(plan détachable Belém,* ***396****)*, devenu résidence du président de la République, qui abrite aussi le ***museu da Presidencia da República*** *(praça Afonso de Albuquerque ; ☎ 213-614-660 ; ● museu.presidencia.pt ● ; mar-ven 10h-18h, sam 10h30-13h, 14h-16h30, dim 10h-13h, 14h-18h ; dernière entrée 30 mn avt ; entrée : 2,50 €).* C'est, comme vous l'aviez certainement deviné, un petit musée de souvenirs permettant de stocker les cadeaux qui n'ont pas trouvé place dans les armoires de la présidence ! Amusant si on n'en abuse pas.

Ne manquez pas le spectacle assez incroyable de la ***relève de la garde nationale républicaine,*** le 3e dimanche de chaque mois à 11h. Même les chiens sortent en musique, accompagnant la garde descendante, tandis qu'une fanfare donne envie d'applaudir à tout rompre, au passage des chevaux, des casques dorés, des 28 musiciens à cheval, imperturbables ! À ne pas manquer, car la fanfare à cheval est fière d'être la seule au monde à exécuter des morceaux de musique au galop… Quant aux chevaux, ce sont pour la plupart de magnifiques alezans, de race lusitanienne.

Museu nacional dos Coches *(musée des Carrosses ; plan détachable Belém)* **:** *réparti dans 2 bâtiments, praça Afonso de Albuquerque (Picadeiro Real) et av. da India, 136 (Novo Edificio, juste en face). ☎ 213-610-850 et 210-492-400. ● museudoscoches.pt ● Tlj sauf lun 10h-18h (dernière entrée à 17h30). Fermé 1er janv, Pâques, 1er mai, 13 juin et 24-25 déc. Entrée : 4 € pour le Picadeiro Real (la partie ancienne) et 8 € pour le nouveau bâtiment ; billet combiné 10 € ; réduc ; gratuit moins de 12 ans et avec la* Lisboa Card.

– D'abord, le ***Picadeiro Real,*** le musée d'origine – dans l'ancienne école d'équitation royale à la façade néoclassique du XVIIIe s – expose une dizaine de magnifiques carrosses royaux et pontificaux de la même époque ; la plupart somptueusement peints et décorés. Souvenirs d'un temps où Lisbonne ne connaissait pas les embouteillages, où les taxis étaient des voitures de voyage conduites par des postillons montés, aux intérieurs rouge et or, aux rideaux en soie brodée… Le diamètre des roues atteint facilement la taille d'un adulte ; impressionnant ! Ce musée est né de l'initiative de la reine Amélie du Portugal, française d'origine, épouse de Carlos Ier. Elle échappa à l'attentat de 1908 et s'exila au Chesnay, près de Versailles, après la chute de la monarchie et l'établissement de la République en 1910. Elle demanda que le 1er catalogue des carrosses soit rédigé en français, langue internationale de l'époque. Également des expos temporaires.

– Ensuite, de l'autre côté de la rue, le ***Novo Edificio*** – bâtiment hyper moderne – présente le gros de la collection : près de 74 carrosses, coches et berlines du XVIe au XIXe s. Ici, le ***carrosse du roi Philippe II*** d'Espagne demeure le plus vieux de la collection (XVIe s) ! N'oublions pas qu'il avait annexé le Portugal à l'Espagne entre 1580 et 1640. S'y trouve aussi le carrosse XVIIe s de Marie-Françoise de Savoie offert par Louis XIV à sa cousine pour son mariage avec Afonso VI en 1666. ***Les plus baroques*** sont certainement ces 3 carrosses du XVIIIe s appartenant au

RENCONTRES BIEN CARROSSÉES

Un curieux carrosse (no 50), appelé coche da mesa, renferme une table ronde dans un luxueux habitacle tapissé de velours carmin et orné de rideaux pourpres. Aux XVIIe et XVIIIe s, il se rendait souvent à la frontière du Portugal et de l'Espagne pour échanger les épouses entre les 2 royaumes rivaux et parfois ennemis. Les palabres et les négociations se tenaient autour de la table. Ces noces arrangées servaient la diplomatie. Elles évitaient parfois les guerres…

cortège diplomatique envoyé par le roi João V au pape Clément XI. Ils sont décorés comme un retable d'église baroque, ornés de sculptures dorées évoquant la rencontre de l'océan Indien et de l'Atlantique ! Appréciez aussi les malles postales, les chaises à porteurs et ces ***chaises à hublots,*** étrange attelage avec ses 2 rideaux de cuir à fenêtres rondes. L'occupant pouvait conduire sa calèche lui-même en cas de pluie... C'est dans un semblable véhicule que le roi José Ier, en 1758, échappa à une tentative d'assassinat... Également des expos temporaires.

Museu nacional de Etnologia *(hors plan détachable Belém,* ***397****)* ***:*** *av. Ilha da Madeira. ☎ 213-041-160. • mnetnologia.wordpress.com • Dans le bâtiment moderne juste au-dessus du stade. Tlj sauf lun 10h (14h mar)-18h. Fermé 1er janv, 1er mai, 13 juin et 25 déc. Entrée : 3 € ; réduc ; gratuit avec la* Lisboa Card. *Visites guidées de la galerie amazonienne sur résa.* Peu connu, ce très beau musée mérite vraiment une visite pour la qualité de ses collections, bien mises en valeur (explications en portugais et en anglais).
Au rez-de-chaussée, les collections permanentes déclinent des thèmes intéressants : les marionnettes traditionnelles de Bali, les poupées rituelles du sud-ouest de l'Angola, les instruments de musique populaire du Portugal, les bâtons sculptés du village de Rio de Onor au nord-est du pays... Et même si le Mali n'est pas dans la sphère d'influence historique portugaise, le musée abrite aussi une remarquable collection de masques, de marionnettes et de sculptures d'animaux de carnaval très colorées, provenant de ce pays.
Enfin, ***au sous-sol,*** dans la galerie amazonienne, nombreux objets rapportés du Mato Grosso (Brésil) et d'Amazonie (tribus Wauja, Waiapi, Yanomami, Parakana...) par des ethnologues portugais ayant vécu au Brésil : parures indiennes en plumes multicolores du Xingu, ornements d'apparat en paille et fibres végétales, hamacs, poteries, vaisselle, armes, lances, arcs et flèches, nasses de pêche, instruments de musique...

Belém, côté Tage

Monumento das Descobertas *(plan détachable Belém,* ***398****)* ***:*** *av. Brasilia. ☎ 213-031-950. • padraodosdescobrimentos.pt • Tlj 10h-19h (18h sauf lun oct-fév) ; dernière entrée 30 mn avt. Fermé 1er janv, 1er mai et 25 déc. Entrée : 5 € ; réduc, notamment avec la* Lisboa Card. Un bon résumé en images et qui se passe de commentaires ou presque (voir encadré). Élevé en 1960 pour le 500e anniversaire de la mort d'Henri le Navigateur, il reprend la construction provisoire qui trônait à la même place lors de l'Exposition de 1940. Le monument avance, telle une lourde proue de navire, sur le Tage. Derrière l'infant, futur Henri le Navigateur, sont représentés tous les grands personnages de l'histoire portugaise liés aux découvertes maritimes. Sur l'esplanade, marqueterie de marbre polychrome de 50 m de diamètre, dessinant une rose des vents. Au centre, un planisphère dresse l'inventaire des découvertes portugaises, cadeau de l'Union sud-africaine en commémoration du franchissement du cap de Bonne-Espérance. Autour, pavage en noir et blanc figurant les flots tels qu'ils couvraient le Rossio.
Possibilité d'accéder au sommet, à 50 m d'altitude (ascenseur). Le belvédère n'offre rien d'extraordinaire, sinon l'occasion d'apprécier la vue panoramique sur le Tage, les jardins de la praça do Império, le monastère et l'ensemble du quartier.

POUSSEZ PAS DERRIÈRE !

C'est l'ancien dictateur Salazar qui commanda, sur la berge du Tage, ce monument des Découvertes, monolithe sculpté dans les années 1960. Un monument que certains Lisboètes réfractaires à l'esthétique salazariste ont baptisé, non sans humour, « Poussez pas derrière » : il représente une file de héros aux noms célèbres s'avançant à la queue leu leu vers le fleuve, derrière l'infant, futur Henri le Navigateur.

Torre de Belém *(hors plan détachable Belém,* ***399****) : av. da India. ☎ 213-620-034. • torrebelem.pt • Tlj sauf lun 10h-17h30 (18h30 mai-sept) ; dernière entrée 30 mn avt fermeture. Fermé 1er janv, Pâques, 1er mai, 13 juin et 25 déc. Entrée : 6 € ; réduc ; gratuit avec la* Lisboa Card. *Attention : escalier en colimaçon raide.*

L'un des monuments emblématiques du patrimoine portugais, qui servit de tour de contrôle maritime pendant des siècles ; surveillant les navires à l'embouchure du Tage, attendant le retour des caravelles, guettant l'arrivée des galions chargés de marchandises précieuses. À elle seule, cette petite tour est le plus beau symbole de l'épopée portugaise sur toutes les mers du globe. Elle fut édifiée en 1515 par le roi Manuel, dans une période féconde en découvertes maritimes. Notez les très belles croix lusitaniennes aux créneaux et les ornementations d'inspiration mauresque qui couronnent les tours d'angle. L'intérieur se visite. C'était une tour de garde, mais elle abritait aussi un bureau qui enregistrait tous les mouvements de bateaux. En tout, 4 étages de salles voûtées d'ogives ou d'arêtes. De la terrasse supérieure, belle vue sur le Tage. Bon, faut avouer quand même qu'on en a vite fait le tour, de cette tour... et vue l'attente aux beaux jours, on peut s'abstenir. L'admirer de l'extérieur est amplement suffisant !

> **SECOUEZ-MOI...**
>
> *Aujourd'hui, on observe cette élégante tour depuis le bord du Tage, mais autrefois, elle trônait au beau milieu du fleuve. Depuis le séisme de 1755, le lit du fleuve a bougé.*

Museu de Arte, Arquitetura e Tecnologia (MAAT *; hors plan détachable Belém,* ***400****) : av. Brasília. ☎ 210-028-130. • maat.pt • Tlj sauf mar 11h-19h. Fermé 1er janv, 1er mai et 25 déc. Entrée : 5 € pour l'ancienne centrale électrique ; 5 € pour le MAAT ; billet combiné 9 € ; réduc ; gratuit moins de 18 ans.* Attraction phare de Lisbonne, le MAAT a été créé dans le prolongement du musée de l'Électricité, qui a pris une nouvelle dimension avec ce bâtiment ultra-contemporain de 190 m de long. On dirait une vague, une aile, où les piétons peuvent circuler au-dessus et au-dessous. La lumière et les vagues du Tage viennent se refléter dans les 15 000 tuiles qui rappellent les azulejos portugais. Les expos temporaires permettent de découvrir les nombreuses facettes du savoir, de la science à l'art, en passant par l'architecture et la technologie, à travers des expos temporaires d'art assez pointues, tout comme dans l'ancien musée de l'Électricité avec ses turbines toujours en place. Ne manquez pas le point de vue sublime sur le Tage !

Ajuda

Situé sur l'une des 7 collines de Lisbonne, enserré entre le parc de Monsanto, le Tage, le ponte 25 de Abril et Belém, ce quartier populaire est peut-être l'un des plus authentiques de Lisbonne. Il reste bien quelques *páteos,* mais c'est à Ajuda qu'ils sont le moins rongés par l'urbanisation. Un *páteo* était à l'origine un véritable petit quartier, né dans la 2de moitié du XIXe s de l'afflux vers la capitale d'ouvriers, d'artisans et d'autres gens de petits métiers à la recherche d'une vie meilleure. Habitat spontané, amas de constructions disparates autour d'une cour ou d'une ruelle, cachés des regards extérieurs, ces *páteos* préservent une vie autonome quasi villageoise derrière une simple grille ou une porte close. Tous les habitants se connaissent, se saluent et se retrouvent pour festoyer. Certains disposent même de lavoirs communs, d'une boulangerie, d'une taverne, voire d'une école, d'une chapelle et de petits commerces. Mais la modernité est passée par là et il vous sera difficile de distinguer ces petits lieux préservés, d'autant que le quartier autour ne présente pas grand intérêt.

Palácio nacional da Ajuda *(hors plan détachable Belém,* ***402****) : largo da Ajuda. ☎ 213-637-095. • palacioajuda.gov.pt • Tram nº 15 (arrêt « Altinho ») ; bus nos 729. Tlj sauf mer 10h-18h (dernière entrée à 17h30). Fermé 1er janv, Pâques, 1er mai,*

13 juin et 25 déc. Entrée : 5 € ; réduc ; gratuit moins de 12 ans. À visiter pour découvrir l'une des dernières résidences de la famille royale de Bragança, jusqu'à l'avènement de la République (1910). Destiné à remplacer la bâtisse de bois qui abrita durant 30 ans la famille royale, chassée de ses appartements par le hoquet tellurique de 1755, cet imposant palais néoclassique vit sa construction, commencée en 1802, retardée par l'invasion napoléonienne et le départ des souverains pour le Brésil. Le musée offre au public d'intéressants témoignages sur la vie quotidienne d'une cour européenne au XIXe s avec photos de famille : mobilier, décoration, expos à thèmes variés sur la famille, du XVIe s à 1910. Concerts en saison. Un bien bel endroit !

Páteo Alfacinha *(hors plan détachable Belém, **401**) : rua do Guarda Jóias, 44. ☎ 213-642-171. • pateoalfacinha.com • Bus nos 32, 38, 42 et 60 ; tram no 18 jusqu'au largo da Boa Hora (face à un hôpital militaire rouge) puis, faisant face à ce bâtiment, prendre à droite travessa Moinho Velho et enfin à gauche ; en remontant la rue, c'est sur la droite. Accès aussi à partir du largo da Ajuda (devant le palais) ; c'est la rue qui descend de l'angle sud-est de la place.* Une construction contemporaine sur le plan imaginaire d'un *páteo* traditionnel. Franchissez la grille et demandez à l'accueil si vous pouvez visiter (car c'est privé !). De mars à septembre, évitez le samedi, traditionnellement consacré aux agapes et autres libations nuptiales (ou alors, allez-y assez tôt en matinée, ce qui permet de franchir certaines portes entrouvertes). Puis laissez-vous guider par votre imagination. La plupart des matériaux utilisés proviennent d'autres édifices ruinés par le temps. En suivant les panneaux d'azulejos, les balcons suspendus, les escaliers « dédalesques », on découvre un petit village abritant quelques boutiques, un atelier de céramique, des salles de réception et un resto (pour groupes seulement, résa par téléphone). Ne manquez pas non plus la chapelle de... « Saint-Antoine-Fatigué » !

Ponte 25 de Abril *(plan d'ensemble détachable, B10-12)* **:** entre Ajuda et Alcântara, orgueil du régime salazariste, terminé en 1966. À l'époque, évidemment, il s'appelait Salazar comme la moitié des rues du pays ! Il fut débaptisé au profit de la date rappelant le début de la révolution des Œillets. Cette merveille eut, bien sûr, son heure de gloire et quelques records (hauteur des pylônes et travée centrale), mais le temps file et jeunesse se passe. Face au pont Vasco da Gama, il ne pèse plus grand-chose. Le soir, lorsqu'il brille de tous ses feux, le spectacle est tout de même bien joli. Les férus d'architecture n'y manqueront pas l'***Experiência Pilar 7*** *(tlj 10h-20h – 18h oct-avr ; entrée 6 €, réduc, gratuit moins de 5 ans et avec la Lisboa Card),* petit centre d'interprétation présentant – dans une pile du pont – l'histoire de sa construction et les technologie utilisées ; avant de monter sur la terrasse panoramique – à 80 m de haut – pour une vue exceptionnelle sur le pont, le Tage et la ville. Puis, parcours santé du pont jusqu'au MAAT pour les plus sportifs !

LISBONNE, TOUJOURS PLUS LOIN

Plage

Oubliez tout ce qui se disait il y a quelques années encore sur les plages de Lisbonne : polluées, surpeuplées, sales. Lisbonne a non seulement le rare privilège d'avoir les pieds dans l'eau, mais des travaux importants ont permis au fil des années de refaire entièrement le front de mer, de créer des promenades... ***La plage la plus proche est à quelques stations de train du centre, au départ de la gare de Cais do Sodré.*** Idéal pour couper la journée.

Carcavelos *(moins de 30 mn) : prendre le train, destination São Pedro ; sortir à Carcavelos, du côté du terminal rodoviário ; au rond-point, prendre à gauche, direction Marginal ; accès à la plage par le souterrain.* 2 km de sable, à 700 m de la gare. Pas d'arbres, pas d'ombre !

➢ ***Passeio marítimo de Oeiras :*** 3 km de promenade entre la plage de Santo Amaro et le fort de São Julião da Barra (limite sud de la plage de Carcavelos). Accessible en train (Santo Amaro).

LES ENVIRONS DE LISBONNE

Si vous avez peu de temps à passer autour de Lisbonne, vous pouvez pratiquement tout voir en utilisant les transports en commun (train et bus) au départ de la gare du Rossio ou de celle de Cais do Sodré. En revanche, une voiture s'impose si vous comptez butiner au long de la côte, avant de découvrir Sintra et sa belle serra – où l'odeur des pins chauds fait écho au sable blond des plages proches, battues par l'Atlantique.

CAP À L'OUEST

• Carte *p. 166-167*

QUELUZ

(2745) 28 000 hab.

À 10 km à l'ouest de la capitale, cette petite ville de banlieue, très urbanisée, se visite facilement au départ de Lisbonne, en prenant le train à la gare du Rossio. On n'y vient que pour une raison : son palais royal, inspiré en toute modestie du château de Versailles.

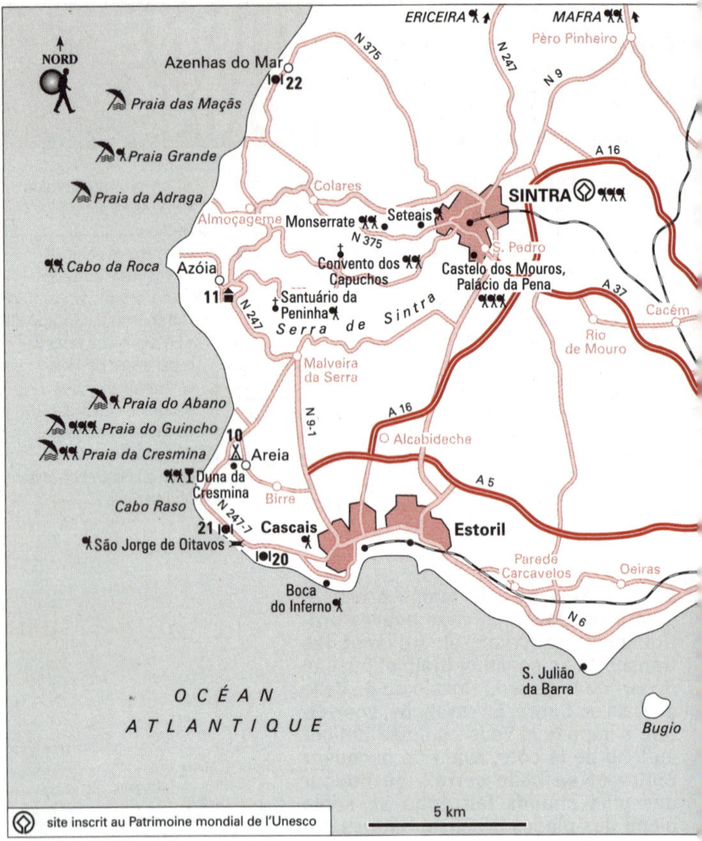

Où camper ? Où dormir ?

10 Orbitur Parque de Campismo Guincho

11 Convento de São Saturnino

Arriver – Quitter

➢ ***De/vers Lisbonne :*** trains de la gare du Rossio, direction Sintra, ttes les 10-30 mn 6h-1h *(● cp.pt ●)*. Durée du trajet : 17 mn. À la sortie, prendre à droite, descendre par le 1er escalator jusqu'à une placette, puis, presque en face, les escaliers de la rue Maria I. Au 2e carrefour (pont), vous verrez légèrement sur votre droite le jardin public. Traversez-le sur toute sa longueur (env 800 m) jusqu'au palais. Plusieurs cafés et snacks sur votre chemin, si nécessaire.

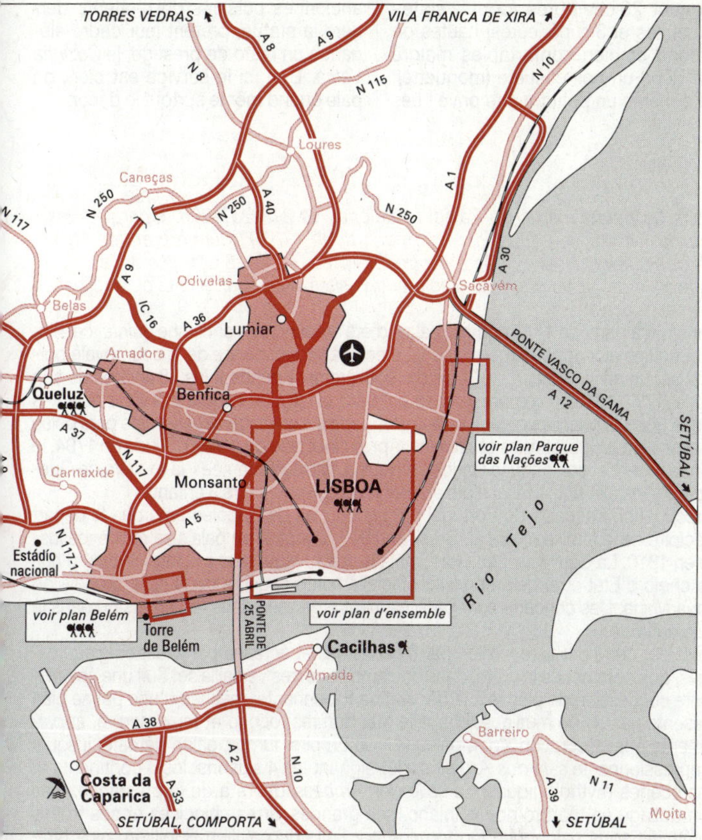

L'OUEST DE LISBONNE ET LA SERRA DE SINTRA

Où manger ? **20** Furnas do Guincho **21** Monte Mar	**22** Restaurante Piscinas Azenhas do Mar

Où dormir ? Où manger ?

Très chic

Pousada de Dona Maria I : *largo do Palácio Nacional. ☎ 214-356-158. • pousadas.pt • Doubles env 130-220 € selon période, durée du séjour, formule et promo (consulter leur site). Menu 33 € ; carte 30-60 €.* Face au palais, la tour de l'Horloge, aux murs rose bonbon, fut autrefois garde-meuble royal, maison de gardes, puis école. Elle abrite aujourd'hui un membre des *Historic Hotels of Europe,* alignant 26 chambres (dont 2 suites luxueuses et 3 supérieures) hautes de plafond et bien confortables malgré leur déco un poil désuète (moquette). Il y a même un petit théâtre privé ! Les anciennes cuisines du château, derrière la statue, prêtent leur cadre élégant à un resto de prestige, le *Cozinha Velha*. Bon, si le service est bien, on paie quand même surtout le décor...

À voir

Le palais : *largo do Palácio Nacional. ☎ 219-237-300. • parquesdesintra.pt • Avr-oct, tlj 9h30-19h ; nov-mars, tlj 9h-17h30 ; dernière entrée 1h avt. Fermé 1er janv et Noël. Entrée : 10 € (réduc après 15h30) ; 5 € jardins seuls ; réduc. Possibilité de billets groupés avec d'autres sites. Audioguide (3 €) ou application (2 €) en français.*

Construit à partir de 1747 comme palais d'été autour d'une ancienne *quinta,* cet élégant édifice aux apports rococo servit d'écrin à la décadence de la cour royale portugaise. La reine Maria Ire, qui y résida régulièrement pendant les 38 années de son règne (1777-1815), y sombra doucement dans la folie, au rythme des fêtes galantes et des goûters princiers organisés entre les jardins à la française et le vaste parc boisé – semé de bassins, statues et *azulejos*. Après l'incendie du palais d'Ajuda en 1794, le prince régent et son épouse Carlota Joaquina, vite surnommée « la mégère de Queluz », s'y installèrent ; il fallut alors ajouter un étage pour leurs 9 enfants.

L'occupation française du Portugal par les troupes de Napoléon marqua le départ précipité de la famille royale au Brésil en 1807 ; Junot fit du palais sa résidence jusqu'en 1810. La Cour revint en 1821, mais le cœur n'était plus à la fête... Aujourd'hui, les chefs d'État étrangers en visite officielle sont accueillis dans l'aile du pavillon Dona Maria. Des concerts sont parallèlement organisés dans les jardins ou dans la salle du trône.

C'est par cette dernière, veillée par 8 caryatides et écrasée par 2 lustres gigantesques, que commence la visite, dans une ambiance très versaillaise. Suit une éblouissante succession de pièces à la décoration foisonnante, matinée d'une patine bien présente : salon de musique, chapelle aux dorures rococo et faux-marbre, appartements à la décoration « pompéienne » ou Empire, fumoir, salon de café, jusqu'à l'impressionnante *sala dos Azulejos,* dépeignant les 4 saisons, les 4 continents et des scènes mythologiques. La *salle des Ambassadeurs* a de la prestance avec son dallage en marbre noir et blanc, ses grandes jarres chinoises et ses trônes surélevés sous baldaquin. On termine par l'aile du pavillon Robillion, plus typiquement néoclassique.

Les ***jardins*** manquent un peu d'entretien. Jetez un œil au canal tapissé d'*azulejos* et, éventuellement, au secteur de la fontaine de Neptune, cœur du Jardim novo. Le côté opposé est nettement moins calme : il borde l'autoroute.

ESTORIL

(2765) 26 400 hab.

À 25 km à l'ouest de Lisbonne, passé l'embouchure du Tage, Estoril ne se pose pas de questions existentielles. Bénéficiant d'un microclimat très doux qui l'a vue surnommée « la ville des 2 printemps », voilà un lieu où il fait bon vivre – et même mourir, pour parler comme le père de James Bond, qui participa à sa gloire en faisant de son « casino royale » la vedette d'un de ses romans. Inauguré en 1931 à l'aube de l'ère balnéaire, racheté par le magnat chinois Stanley Ho dans les années 1980, le casino est toujours là, aux côtés d'un golf et de boutiques huppées. Open de tennis ATP et Grand Prix automobile puis moto ont contribué à la renommée d'Estoril, et les prix se sont

envolés. Aujourd'hui, on y trouve surtout des immeubles résidentiels. On se baigne en contrebas de la voie ferrée, sur une enfilade de plages de sable très bien entretenues mais tout de même bien urbaines.

UN PEU D'HISTOIRE

Au début du XXe s, de riches Anglais, en quête de douceur hivernale, découvrirent Estoril et s'installèrent dans des villas cossues, aujourd'hui propriétés des grandes familles portugaises. Inventeur du personnage de James Bond 007, Fleming s'inspira du casino de la station pour écrire *Casino Royale,* porté à l'écran en 1967, puis à nouveau en 2006. Un autre James Bond, *Au service de Sa Majesté,* fut tourné en partie à Estoril. La ville servit aussi de lieu d'exil et de séjour pour pas mal de têtes couronnées. Juan Carlos d'Espagne y passa une partie de son enfance avant la restauration de la monarchie en Espagne. Le comte de Paris, héritier des rois de France, y vécut de nombreuses années. La reine de Bulgarie y est morte en l'an 2000 et Humberto II d'Italie s'installa à Cascais après l'adoption de la république en 1946. Quant à Salazar, il habita le fort d'Estoril. Difficile d'être mieux protégé de la foule.

NID D'ESPIONS

Pendant la Seconde Guerre mondiale, la neutralité portugaise vit Estoril transformée en rendez-vous des agents secrets. Ils séjournaient tous au Palácio, alors truffé de micros. Parmi eux : le yougoslave Dušan « Duško » Popov, qui ne se déplaçait qu'avec une jolie créature à chaque bras... Ian Fleming s'en inspira pour créer James Bond quand il vint à Estoril en 1941.

Arriver – Quitter

Gare ferroviaire : *près de la mer, en contrebas du casino, au centre-ville.* • *cp.pt* • Pour Lisbonne (gare Cais do Sodré), ttes les 12-30 mn 5h30-1h30 ; compter 35 mn de trajet et 2,30 € l'aller. Pour Cascais (4 mn) : idem 6h-2h. *Bilhete Praia* illimité pour 7 j. sur la ligne Lisbonne-Cascais : 12 €. Pour Sintra, il faut repasser à Lisbonne ; privilégiez le bus.

Gare routière : *à côté de la gare ferroviaire.* • *scotturb.com* • Pour Sintra, bus n° 418 ttes les 40 mn à 1h40, lun-ven 6h10-23h25, sam 6h10-22h50, dim 6h55-21h35. Pour Cascais, bus n°s 413 (ttes les 20 mn 6h20-20h en sem, ttes les 40-80 mn 6h55-20h le w-e) ou 406 (moins fréquent). Cascais n'est qu'à 20 mn à pied en longeant les plages.

Où dormir ?

De bon marché à prix moyens

The Salty Pelican Beach Hostel : *rua de Madrid, 6.* ☎ *218-073-259.* *932-560-960.* • *hello@saltypelican-cascais.com* • *saltypelican-cascais.com* • *Sur les hauteurs, plus facile d'accès depuis Cascais : du supermarché* Jumbo, *remonter par la route de Sintra sur env 400 m, puis prendre à droite la rua do Alcaide (panneau orange « Ludoteca do Monte ») ; continuer sur env 500 m, puis prendre à droite face aux assurances Zurich et à nouveau tt de suite à droite. Congés : janv. Dortoirs 4-8 lits 12-45 €/pers selon taille et saison, doubles 50-120 €, petit déj inclus.* Occupant une jolie maison des années 1920 dans un quartier où les immeubles remplacent peu à peu les vieilles demeures, cette AJ pimpante arbore *azulejos* en façade et terrasse herbeuse aux poufs colorés. À l'intérieur, parquets anciens rénovés, carreaux de céramique d'origine et baignoire à pattes contrastent avec les dortoirs récents aux lits solides (tiroir et lumière individuelle pour chacun), la déco *trendy* et l'unique chambre cosy. Le dortoir du bas est frais mais sombre. Organise des tas d'activités (avec forfaits à la clé) et des soirées barbecue ou pizza fréquentes.

Blue Boutique Hostel & Suites : *av. Marginal, 6538. ☎ 214-663-006. 967-330-753. • reservations@blueboutiquehostel.com • blueboutiquehostel.com • Congés : 1re quinzaine de janv. Dortoirs 4-12 lits 14-30 €/pers selon taille et saison, doubles 29-85 €, petit déj inclus.* Plus centrale que la précédente mais donnant sur la route principale (double vitrage), cette belle AJ occupe une ancienne villa entièrement rénovée sur de joyeuses tonalités pastel. Elle est tenue par Carolina, qui parle parfaitement français (son père est suisse). C'est à l'étage que l'on trouve les dortoirs (avec sols en marbre !) et les chambres les plus agréables, certes pas géantes (2 ont leur propre salle de bains). Il y a aussi la *Master Suite,* dans la tourelle, idéale pour les familles. Ajoutons une superbe cuisine équipée, un grand salon commun avec Playstation, un bar-snack, une machine à laver, des vélos en location, des cours de yoga et... la plage à 2 mn.

Casa Londres : *av. Fausto de Figueiredo, 143. ☎ 214-682-383. • reservas@casalondres.com • casalondres.com • À 300 m de la plage. De l'avenue côtière (Marginal), en allant vers Cascais, tourner à droite dans l'av. Fausto de Figueiredo ; c'est un peu plus haut, sur la gauche. Congés : 2de quinzaine de déc. Doubles 40-70 € selon saison, petit déj (léger) inclus.* Cette petite villa abrite une dizaine de chambres claires et sobres, avec douche (petite) et TV (pas d'AC). Notre préférée : la n° 202, avec 3 fenêtres, la terrasse et ses *azulejos*. L'entretien pourrait être un peu amélioré, mais les prix se tiennent. Très bon accueil en français (mais pas toujours quelqu'un sur place).

De prix moyens à beaucoup plus chic

Casa Shanti Niketan : *av. das Acácias, 108, Monte Estoril. ☎ 214-680-465. 917-789-142. • reservations@casa-shantiniketan.com • casa-shantiniketan.com • Depuis Marginal (route côtière), en allant vers Cascais, prendre à droite Fausto de Figueiredo, puis à gauche dans Acácias. Congés : vac de Noël. Doubles 50-105 € selon saison, petit déj inclus.* Tenue par une Indo-Portugaise, Sofia (qui parle français), cette sympathique « maison de la paix » se dresse dans un quartier résidentiel peu à peu grignoté par les immeubles. Entourée d'un jardinet ombragé par un pin parasol XXL, elle abrite 7 chambres, toutes avec salle de bains privée, frigo, bouilloire, ventilo (pas d'AC) et double vitrage ; 3 ont un balcon. L'accueil des dames de la maison est gentil et le carré de gazon avec chaises longues, au fond, fort agréable.

Hotel Smart : *rua Maestro Lacerda, 6. ☎ 214-682-164. • reservas@hotel-smart.net • hotel-smart.net • ♿ À l'entrée est d'Estoril, à la hauteur de l'hôtel Sana, prendre l'av. perpendiculaire à Marginal, direction Sintra, puis la 3e à droite. Congés : vac de Noël. Doubles 42-115 € selon saison, petit déj inclus. Parking.* Occupant une belle et grande maison de couleur orange entourée d'un jardin et d'une piscine, les 26 chambres sont confortables, avec grande douche pluie vitrée, TV à écran plat et carrelages brun-orange. L'adresse est un poil excentrée, mais le lieu est au calme (si l'on excepte l'insonorisation intérieure) et l'accueil francophone.

De beaucoup plus chic à très chic

Hotel Inglaterra : *rua do Porto, 1. ☎ 214-684-461. • geral@hotelinglaterra.com.pt • hotelinglaterra.com.pt • Juste à l'est du casino, au centre-ville. Doubles env 100-305 € selon catégorie et saison (voir offres spéciales sur le site).* Un ancien palace victorien perché sur son tertre, devenu hôtel 4 étoiles. On y distingue 2 catégories de chambres : celles du bâtiment historique, qui commencent à dater (avec moquette), et celles de l'aile contemporaine *(twin superiors),* nettement mieux, plus spacieuses et lumineuses, avec belle douche pluie et balcon vitré. Elles épousent le flanc de la superbe piscine noire en terrasse. Profitez des promos sur Internet ! Quelques places de parking gratuites *(sinon 7,80 €/j.)*, location de vélos *(12,50 €/j.)* et réduction de 15 % au spa du proche *Banyan Tree.*

Où manger ?

Garrett : *av. de Nice, 54. ☎ 214-680-365. À côté de la poste. Tlj sauf mar 8h-19h.* Dans cette pâtisserie-salon de thé assez chic, on croise de jeunes mamies venues papoter, des couples bien mis, des hommes d'affaires... Côté déco, on est plus proche de la brasserie branchée que du tea-room anglais. Bons petits plats chauds, mais on vient ici surtout pour la partie sucrée, et notamment pour le *quadrado moka,* un gâteau à la crème et au café. Bons petits déj également, des jus de fruits frais et des milk-shakes.

Villa Tamariz : *praia Tamariz. 910-127-990. Tlj (sauf le soir lun et jeu en basse saison) 12h-18h, 19h-22h30. Plats 8-30 €.* Aucun doute : on est ici en plein balnéaire chic. Juché au-dessus de la plage, le bâtiment, jaune délavé, dresse sa tourelle comme un phare appelant à profiter de sa vaste terrasse lounge (musique un peu envahissante) ou de la très belle salle intérieure aux grandes baies vitrées tournées vers la mer. La carte des plats principaux est courte, mais elle se complète d'un choix de salades, *wraps* et burgers assez abordables. Essayez le hot dog de poulpe.

CASCAIS

(2750) 35 400 hab.

• Plan *p. 173*

Posée à la proue du Portugal, Cascais (à prononcer « cache-cahich ») a vu cingler vers le large les grands découvreurs, avant de sombrer dans la douce torpeur des stations balnéaires. En 1870, le roi Louis Ier du Portugal, passionné d'océanographie, y fit aménager les appartements du gouverneur en palais royal. La cour et la haute bourgeoisie suivirent dans un froufrou de bains de mer, de bals et de soirées forcément huppées.

Un siècle et demi plus tard, Cascais (jumelée avec Biarritz) s'est nettement densifiée. Mais sous sa croûte de développement urbain bat encore le cœur d'un vieux village aux ruelles blanches. Là, une forteresse du XVIIe s récemment restaurée épouse une succession de criques et de modestes plages de sable blond. Les boutiques un peu chic et les visiteurs y affluent, façon Saint-Tropez, les yachts en moins. Résultat : on a bien du mal à trouver de la place sur les terrasses du largo de Camões, où le café est à prix parisien.

Arriver – Quitter

Terminal des bus *(plan B1) : au-dessous du grand centre commercial* Cascais Villa. *Compagnie* **Scotturb.** *☎ 214-699-125. • scotturb.com •*

➢ **Estoril** *(gare) :* ttes les 10-25 mn 6h30-0h20, avec les nos 406, 407, 411, 412 (exprès) ou 413. Trajet : 14-30 mn, mais il ne faut que 4 mn de train ou 25 mn à pied par la promenade des plages.

➢ **Sintra :** direct par le no 417, ttes les 40 mn à 1h 7h20 (8h10 dim)-19h50, ou par la jolie route côtière (ligne no 403) via le cabo da Roca, ttes les 30-60 mn 8h40-20h40 (trajet : 1h).

Gare ferroviaire (plan B1) : *largo da Estação.* • *cp.pt* •

➢ ***Estoril et Lisbonne*** *(gare de Cais do Sodré)* **:** ttes les 12-30 mn 5h30-1h30. Trajet : respectivement 4 mn et 33-40 mn. Billet simple : 2,30 € + 0,50 € le *pass* rechargeable. *Bilhete Praia* illimité pour 7 j. sur la ligne Lisbonne-Cascais : 12 €.

– ***Pas simple de se garer à Cascais !*** Lorsque enfin on trouve une place dans la rue, il en coûte 1 €/h, tlj 9h-20h, avec un maximum de 4h au même endroit. Pour ne pas vous retrouver ruiné, on vous conseille le parking situé à côté du parque Marechal Carmona *(plan A2)*, à 5 €/j. L'entrée est en face de la casa das Histórias Paula Rego.

Adresses et info utiles

Office de tourisme *(plan B1)* **:** *praça 5 de Outubro.* 📱 *912-034-214.* • *visitcascais.com* • *Tlj 9h-18h (20h mai-sept).* Plan de la ville, résa d'hôtels et excursions.

■ ***Mobi Cascais :*** • *mobicascais.pt* • C'est le service Vélib' de la ville. Il dispose d'une douzaine de stations de vélos, dont une devant la gare *(plan B1,* ***1****)* et une autre devant le parque Marechal Carmona *(plan A2,* ***2****)*. Il y en a aussi 3 à Estoril.

■ ***Location de vélos :*** *devant la gare (plan B1,* ***1****), dans un kiosque, et au* posto de informação de turismo de natureza, *devant le parque Marechal Carmona (plan A2,* ***2****). Dans les 2 cas, tlj 8h-20h (17h oct-avr). Compter 2 €/h ou 4 €/j.* Une piste cyclable se déroule sur 10 km jusqu'à la praia do Guincho.

■ ***Location de vélos électriques et de scooters*** *(plan B1,* ***3****)* **:** *avec* ***Tomorrow's Adventure,*** *dans la gare.* 📱 *967-287-969.* • *tomorrowsadventure.pt* • *Tlj 9h-19h (21h en général en été). 3 autres boutiques en ville (à partir de 10h). Compter 10-15 € pour un VTT ou un vélo classique, 25-40 € pour un vélo électrique et 25-45 € pour un scooter (50 ou 125 cc).* On y parle français. Les tarifs comprennent une assurance assistance, même en cas de simple pneu crevé (intervention sous 15 mn) !

■ ***Laverie libre-service*** *(plan A1,* ***4****)* **:** ***Mary Clean,*** *rua Herculano, 25 C. Tlj 8h-23h.*

Où dormir ?

De bon marché à prix moyens

Nice Way Cascais *(hors plan par B1,* ***10****)* **:** *av. Tenente Coronel José Pessoa, 15. Direction Sintra.* ☎ *214-863-660.* • *info@nicewaycascais.com* • *nicewaycascais.com* • *Congés : déc-fév. Dortoirs 4-8 lits 15-30 €/pers selon taille et saison, doubles 45-80 €, petit déj inclus.* Occupant une vieille maison du centre, cette AJ pimpante décline tous les classiques du genre : 4 dortoirs

■ **Adresses utiles**

- Office de tourisme (B1)
- **1** et **2** Mobi Cascais et location de vélos (B1 et A2)
- **3** Location de vélos électriques et de scooters (B1)
- **4** Laverie libre-service (A1)

Où dormir ?

- **10** Nice Way Cascais (hors plan par B1)
- **11** Ljmonade Hostel & Suites (A2)
- **12** Casa da Pérgola (B1)
- **13** Casa Vela Guest House (hors plan par A2)
- **14** Pestana Cidadela Cascais (A3)

Où manger ?

- **20** Casa dos Pescadores – O Cantinho da Bélinha (A2)
- **21** Polvo Vadio (A1)
- **22** Dom Pedro I (A2)
- **23** Café Galeria House of Wonders (B1)
- **24** 5 Sentidos (A2)

Où manger un *pastel de nata* ou une glace inoubliable ?

- **27** Bijou (A1-2)
- **28** Santini (B1)

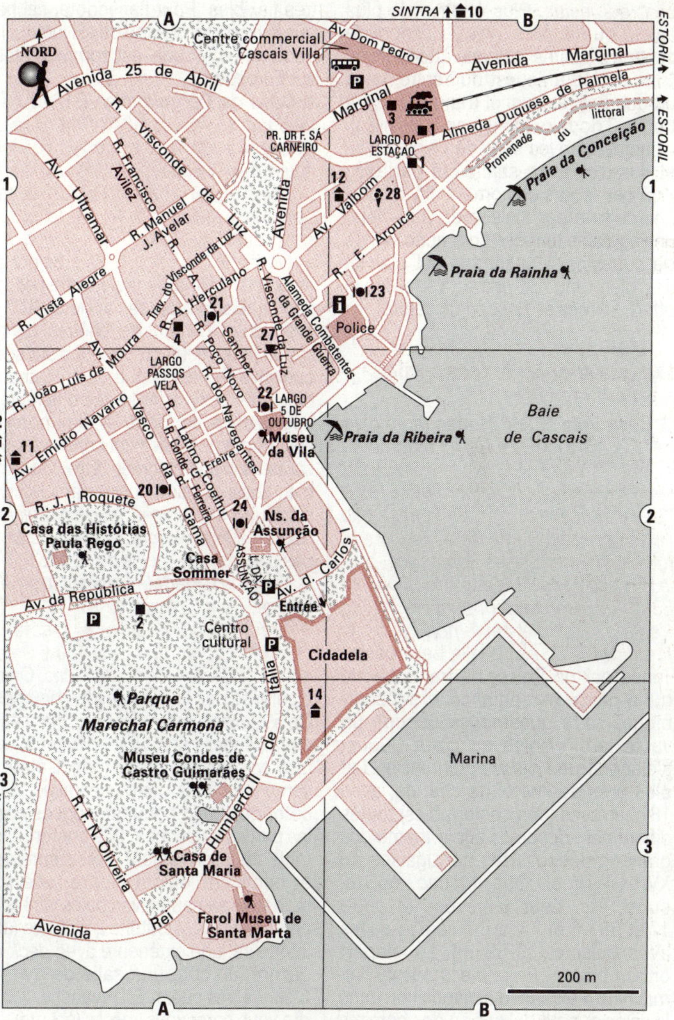

CASCAIS

mixtes et 1 pour les filles, avec rideaux, casier, lampe et prise électrique pour chaque lit, 5 chambres privées pas géantes à la déco joliment individualisée (1 avec sa propre salle de bains), une grande cuisine, un petit jardin très cool à l'arrière avec bar et canapé, des soirées barbecue et tapas, sans oublier des cours de surf et de yoga (en saison, le yoga). Cool, on vous dit !

Ljmonade Hostel & Suites *(plan A2, **11**) : rua Manuel Joaquim Gama Machado, 4a-6. 916-880-056. • hostel@ljmonade.com • ljmonade.com • Dortoirs 4-6 lits 15-25 €/pers selon taille et saison, doubles 45-75 €,* *petit déj inclus.* Plus étroit mais plus calme que le *Nice Way*, le *Ljmonade* occupe 2 petites maisons attenantes à 5 mn à pied à l'ouest du centre, dans un quartier résidentiel tranquille. On y trouve 3 dortoirs (dont 1 pour les filles), 3 chambres avec salle de bains privée et 4 autres avec sanitaires partagés – un peu légers en nombre. Il y a aussi une cuisine par maison et, à l'arrière, une agréable terrasse commune semée de coussins. L'ensemble est clair et très bien tenu. En prime : verre de vin offert, soirées et location de vélos.

De plus chic à très chic

Casa Vela Guest House (hors plan par A2, **13**) : *rua dos Bem Lembrados, 17. ☎ 218-093-996. • casavela@casavela.pt • casavelahotel.com • À 5 mn à l'ouest du centre, près de la casa das Histórias Paula Rego (de là, prendre la rue Guilherme Gomes Fernandes, puis la 2e à gauche et la 2e à droite). Doubles 88-190 € selon saison, petit déj inclus. Parking possible seulement dans la rue (env 8 €/j.).* Ah, quelle belle oasis ! Tenue par un Portugais francophone qui a passé son enfance au Mozambique, cette *guesthouse* occupe un vaste jardin boisé au cœur duquel s'alanguit une piscine. On est en fait plus près de l'hôtel de charme, avec 18 chambres (très confortables) toutes différentes, décorées sur le thème des grandes découvertes portugaises du XVIe s – Timor, Goa, Macao, poivre, curry, etc. Leur taille oscille entre 17 et 28 m^2 et il y a même des suites avec cuisine (38-52 m^2). La plupart ont un balcon. En prime : *honesty bar*, machine à expresso à disposition dans le salon et petit déj servi à des horaires très flexibles. Pour l'anecdote, sachez que le boss, tombé fou de ski lorsqu'il a débarqué d'Afrique, est commentateur sur Eurosport !

Casa da Pérgola (plan B1, **12**) : *av. Valbom, 13. ☎ 214-840-040. • reservations@pergolahouse.pt • pergolahouse.pt • Congés : de mi-déc à mi-janv. Doubles 93-167 € selon confort et saison, petit déj-buffet inclus. Porto (inclus) servi 18h-20h. Parking possible seulement vers la gare (env 10 €/j.).* Séjour en amoureux ? Ultra-centrale, cette belle et confortable maison de famille du XIXe s, avec *azulejos* ornant les fenêtres, donne sur un jardin fleuri où ont été disposées quelques chaises longues. Les 10 chambres, très cosy, sont toutes différentes, décorées avec goût et du mobilier ancien, même si elles ont conservé leurs salles de bains colorées rétro. On aime bien aussi le salon cossu dans le style british, avec cheminée, relevé d'*azulejos*. Accueil adorable en français. Attention, pas d'enfants de moins de 10 ans !

Pestana Cidadela Cascais (plan A3, **14**) : *av. Dom Carlos I. ☎ 214-814-300. • guest@pousadas.cpt • pestana.com • Doubles env 155-400 € selon confort et saison, petit déj inclus.* On ne s'adresse pas ici à toutes les bourses ! Ce 5-étoiles s'est installé au sein même de la citadelle restaurée, devenue « *art district* » (un bien grand mot). L'établissement joue les contrastes avec, d'un côté, des chambres aménagées dans les parties anciennes, très confortables mais nécessairement assez sombres et confinées et, de l'autre, une aile moderne avenante avec baies vitrées et petite terrasse. Ajoutons 2 piscines (une intérieure, une extérieure avec *deck* en gazon), un spa, une salle de gym et 2 restos très chers. En revanche, il faudra vous garer vous-même (à 3 mn).

Où manger ?

Beaucoup de restos attrape-touristes se regroupent autour du largo de Camões et derrière le largo Cidade Vitória.

De très bon marché à prix moyens

Casa dos Pescadores – O Cantinho da Bélinha (plan A2, **20**) : *av. Vasco da Gama, 133. ☎ 214-822-504. Tlj 12h-23h (mer 18h-23h). Plats 6,50-20 €.* C'est la cantine de l'association des pêcheurs. Le week-end, le lieu est envahi par les familles portugaises et les tables se font rares, tant à l'intérieur (sombre) que sous la véranda de la courette. Au menu : du poisson grillé, bien sûr, et des fruits de mer, selon le retour de pêche – affiché sur le grand tableau noir à l'entrée. Ne vous attendez pas à un service 4 étoiles.

Dom Pedro I (plan A2, **22**) : *beco dos Inválidos, 4. ☎ 214-833-734. • mail@dompedrocascais.com • Tlj sauf dim 12h-14h, 19h-22h (21h en basse saison). Plats 9-14 €.* Planquée dans l'angle d'une ruelle partant à droite de l'hôtel de ville, voici une adresse appréciée des initiés. Poissons et viandes se partagent la carte à égalité pour des plats gourmands, et, si la salle est un peu vieillotte (mais typique), nous avons craqué pour les 4 tables coincées en « terrasse » et pour le service vraiment sympathique.

Polvo Vadio (plan A1, **21**) : *rua Afonso Sanches, 47. ☎ 214-830-968. • polvo.vadio@gmail.com • Tlj sauf dim soir et lun 13h-22h (minuit ven-sam). Plats 10-14 €.* Ici, on mange du poulpe, rien que du poulpe (ou presque) ! Il est préparé avec du riz, des pâtes, en beignet, grillé, etc. Il y a aussi de la morue et on accompagne tout ça d'une bière artisanale locale ou d'un gin de l'Alentejo.

Café Galeria House of Wonders (plan B1, **23**) : *largo da Misericórdia, 53. 911-702-428. • anna@house-of-wonders.eu • Tlj 8h-22h. Buffet env 9-15 €.* Très appréciée de la clientèle féminine, cette adresse fait la part belle à une cuisine saine : pas de congelé ni de micro-ondes, mais un buffet de « *mezze* » (en fait, plutôt des salades de légumes) à base de produits frais locaux, du houmous maison, ou encore une trilogie de petits plats chauds (du jour) à 10 €. Outre la salle de resto en bas, on peut squatter la placette du niveau supérieur ou la terrasse de l'étage – idéale pour s'enfiler un cocktail de jus de fruits en lézardant. Et pour ceux qui préfèrent le jus de houblon, il y a aussi des bières artisanales...

De prix moyens à plus chic

5 Sentidos (plan A2, **24**) : *largo da Assunção, 6. 961-571-194. • 5entidoscascais@gmail.com • Tlj sauf mar 12h30-15h30, 18h30-21h (plus tard et service continu en été). Plats 12,50-24 €.* Loin de l'agitation touristique, voici un sympathique gastropub, à la fois smart et décontracté. Dans une jolie salle décorée de tableaux, avec cheminée et bar, ou sur l'élégante terrasse en bois, on déguste une cuisine portugaise de qualité, revisitée à la mode du chef. Elle fait la part belle aux poissons locaux. Les plats, copieux et bien présentés, réveilleront vos 5 sens ! Belle carte des vins et accueil pro.

Où manger un *pastel de nata* ou une glace inoubliable ?

Bijou (plan A1-2, **27**) : *largo de Camões. ☎ 214-830-283. Tlj 8h-2h.* Si les restos de l'esplanade ne sont pas vraiment recommandables, cette pâtisserie, fondée en 1929, offre une escale parfaite pour s'offrir un café serré avec son incontournable *pastel de nata* matinal. Il y en a même au caramel et aux fruits rouges. Belle terrasse sur la place.

Santini (plan B1, **28**) : *av. Valbom, 28 F. ☎ 214-833-709. Tlj 11h-minuit. Également av. Combatentes, 102.* La queue, souvent longue, devrait vous l'indiquer. On y a léché certaines des meilleures glaces au monde. Sans blague ! Parmi la vingtaine de parfums : la fraîcheur de la pomme verte, l'excellente mangue, la succulente framboise, la surprenante gorgonzola aux noix...

À voir. À faire

Museu da Vila (plan A2) : *largo 5 de Outubro. Tlj sauf j. fériés 10h-18h (pause 13h-14h le w-e). GRATUIT.* Installé au rez-de-chaussée de l'hôtel de ville, à la façade enchâssée de 7 saints en *azulejos,* ce petit musée moderne se penche sur l'histoire de Cascais à travers quelques objets, de vieilles photos et des cartes postales.

⭑ ***Nossa Senhora da Assunção*** *(église paroissiale ; plan A2)* **:** datant du XVIe s, elle conserve son décor de bois sculpté et doré et de nombreux panneaux d'*azulejos*.

⭑⭑ ***Museu Condes de Castro Guimarães*** *(plan A3)* **:** *tlj sauf lun et j. fériés 10h-17h. Entrée : 4 € ; réduc, gratuit moins de 11 ans.* Il occupe le palais des comtes de Castro Guimarães, bâti en 1897 au fond d'une crique. Dans un décor aux influences orientales notables (le patio évoque l'Alhambra), on découvre un bel ensemble de peinture et sculpture portugaises et européennes, du mobilier indo-portugais, des horloges françaises et autres pièces d'arts décoratifs semées au gré des salles. Le salon de musique conserve un grand orgue et des *azulejos* du XVIIe s, et la tourelle renferme une collection d'armes. À l'arrière, on accède librement au vaste ***parque Marechal Carmona*** *(tlj 8h30-19h45 en été, 17h45 en hiver).* Ici, on nourrit les poules et les canards se promenant en liberté, et on se couche sur le gazon ou sur les chaises longues aimablement disposées sous les arbres par la municipalité.

⭑⭑ ***Casa de Santa Maria*** *(plan A3)* **:** *praça Farol. ☎ 214-815-380. Tlj sauf lun et j. fériés 10h-17h (pause 13h-14h le w-e). Entrée : 4 € (billet aussi valide au phare) ; réduc, gratuit moins de 11 ans.* Bâtie en 1902 en bord de mer, cette demeure abrite un superbe ensemble d'*azulejos* baroques remis en scène dans l'escalier et à l'étage. Ne manquez pas la *sala das Caravelas,* avec ses bateaux peints au plafond et sa terrasse-pergola sur la mer.

⭑ ***Farol Museu de Santa Marta*** *(plan A3)* **:** *à côté de la casa de Santa Maria. Mêmes horaires et billet.* Cet espace tout blanc raconte joliment, en portugais et en anglais, l'histoire de ce phare, et aussi de tous ceux du pays. Nostalgie et technologie font ici bon ménage. Les lentilles Fresnel made in France sont impressionnantes.

⭑ ***Casa das Histórias Paula Rego*** *(plan A2)* **:** *av. da República, 300. ☎ 214-826-970. • casadashistoriaspaularego.com • Tlj sauf lun et j. fériés 10h-18h (dernière entrée 30 mn avt fermeture). Entrée : 5 €, réduc, gratuit moins de 11 ans.* L'édifice, contemporain, conçu par l'architecte Eduardo de Mora, rappelle les cheminées des cuisines du palais de Sintra avec ses 2 « pyramides ». Il a été choisi par Paula Rego, peintre portugaise de renommée internationale, née en 1935 à Lisbonne, pour exposer ses œuvres (par roulement) – qui empruntent notamment à l'expressionisme et au pop art. L'artiste a passé une grande partie de sa vie à Londres, où elle demeure encore.

⭑ ***Boca do Inferno*** *(hors plan par A3)* **:** *à 2 km au sud-ouest de la ville. Accès facile à pied ou à vélo (piste cyclable), ou bus n° 427, ttes les 10-15 mn 7h40 (8h50 w-e et j. fériés)-21h15.* La Bouche de l'Enfer n'a rien de démoniaque par temps calme : ce n'est qu'une excavation dans la falaise où la mer s'engouffre (parfois) avec fracas. L'enfer, ici, serait plutôt le vol... Ne laissez rien de visible dans votre voiture. Étonnamment, le resto installé sur place tire bien son épingle du jeu pour qui voudrait déjeuner de poissons ou fruits de mer face à l'océan (voir ci-après « Où dormir ? Où manger chic sur la côte ? »).

⭑ ***Plages :*** plusieurs plages soulignent le littoral de la commune. La plus petite, la ***praia de Ribeira*** *(plan A-B2),* au pied même du largo 5 de Outubro, est vite envahie aux beaux jours. En contrebas de la gare, la ***praia da Rainha*** *(plan B1),* au sable caramel veillé par une corolle de falaises, est (un peu) plus tranquille. Elle précède, plus à l'est, la grande ***praia da Conceição*** *(plan B1),* où commence la promenade littorale qui conduit (en 20-25 mn env) jusqu'à Estoril de plage en plage. Ces tapis de sable sont noirs de monde à la belle saison et le train qui passe juste en arrière n'est pas très avenant...

EN SUIVANT LA ROUTE CÔTIÈRE VERS SINTRA

Aux zones urbaines de Sintra succèdent vers l'ouest une côte rocailleuse et, bientôt, de splendides dunes et plages sauvages. Le secteur peut se visiter en bus, par les nos 405 ou 415, qui effectuent chacun une boucle en sens contraire *(ttes les 25-45 mn lun-ven 7h40-20h ; ttes les heures w-e 7h15-18h30).* **Sinon, une piste cyclable suit en partie le littoral.**

Où camper ?

⛺ ***Orbitur Parque de Campismo Guincho*** *(carte Ouest de Lisbonne et serra de Sintra,* ***10****) : lugar de* ***Areia,*** *Guincho. ☎ 214-870-450. • infoguincho@orbitur.pt • orbitur.pt • À 6 km de Cascais par les terres ou à 10 km par la jolie route côtière. Au niveau de la plage de Guincho, en venant de Cascais, prendre à droite (fléché « Campismo ») ; c'est 1 km plus haut. Tte l'année. Pour 2 pers avec tente et voiture, 18-32 € selon saison ; caravanes, mobile homes et bungalows 30-160 € selon taille (2-5 pers) et saison.* Ombragé par un toit de pins parasols, le camping est attenant aux dunes de Cresmina. Bon niveau d'installations sanitaires. Piscine, tennis, bar, resto, laverie et supérette. Accueil très sympa.

Où dormir ? Où manger chic sur la côte ?

🏠 ***Convento de São Saturnino*** *(carte Ouest de Lisbonne et serra de Sintra,* ***11****) : à* ***Azóia*** *(2705-001), à 5,5 km au nord de Malveira da Serra. ☎ 219-283-192. • contact@saosat.com • saosat.com • De la N-247, prendre vers le cabo da Roca, puis à 150 m un chemin sur la gauche (fléché) ; c'est à env 1 km. Doubles à partir de 120-160 € (dégressif dès 2 nuits) selon vue, confort et saison, petit déj inclus. Sur présentation de ce guide, un apéritif maison et un café offerts.* On adore cette adresse secrète, atteinte en suivant une route cabossée jusqu'à un portail préservant la tranquillité des lieux. Niché dans un vallon tapissé par le maquis, vierge de toute autre construction, voilà un vénérable monastère de poche (XIIIe s) réinventé en hôtel de charme. Le propriétaire, français, est un savant décorateur qui a collecté de beaux objets des XVIe-XVIIIe s. La maison regorge de marches, de passages desservant des petits coins cosy (attention la tête !). Les 10 chambres, charmantes, se répartissent dans 2 édifices – certaines avec vue mer imprenable, comme la « Sea view Suite C ». Une piscine occupe une ancienne citerne. Bon petit déj servi en terrasse ou dans l'ancienne cuisine.

🍽 Plusieurs restaurants sont implantés sur le littoral entre Cascais et Guincho avec, en vedette, la vue sur la mer et le coucher de soleil, le poisson et les fruits de mer. Ça commence avec le ***Mar do Inferno*** *(carte Ouest de Lisbonne et serra de Sintra ; ☎ 214-832-218),* à la Boca do Inferno, pour continuer avec le ***Furnas do Guincho*** *(carte Ouest de Lisbonne et serra de Sintra,* ***20*** *; ☎ 214-869-243),* un cran plus chic, et le ***Monte Mar*** *(carte Ouest de Lisbonne et serra de Sintra,* ***21*** *; ☎ 214-869-270),* le plus smart. Les prix sont dans tous les cas élevés *(40-50 €/pers)* et on paie le plus souvent au kilo, même si le *Mar do Inferno* propose un plateau de poisson et fruits de mer à 39,50 € pour 2 qui retient l'attention. Dans tous les cas, pensez à réserver et faites attention à l'addition, elle grimpe vite !

Restaurante Piscinas Azenhas do Mar *(carte Ouest de Lisbonne et serra de Sintra,* ***22****) : à* ***Azenhas do Mar,*** *à env 10 km au nord du cabo da Roca. ☎ 219-280-739. • azenhas-do-mar@sapo.pt • Tlj 12h-22h (23h en été). Plats 18-40 € ; menu « touristique » 25 €.* Azenhas do Mar ? Une bourgade blanche agrippée à son promontoire marin, dominant une crique sablonneuse où se niche ce resto. On fait ici dans le classique : baies vitrées pour profiter du panorama, bruit du ressac, fruits de mer et poissons frais du secteur – levés à votre table. Les prix sont un peu élevés, mais la qualité est là et le service est pro. Le menu est d'un bon rapport qualité-prix.

À voir. À faire

Forte de São Jorge de Oitavos : *à 5 km à l'ouest de Cascais, sur la route côtière (N-247). ☎ 214-815-949. Tlj sauf lun et j. fériés 10h-17h (coupure 13h-14h le w-e). Entrée : 3 € ; réduc.* Ce fortin bâti au XVIIe s le long de la côte rocheuse gardait l'accès au port de Lisbonne. Ses murailles peu élevées, enchâssées d'échauguettes à chaque angle, abritent désormais une expo consacrée à son rôle historique.

Praia da Cresmina : *à env 8 km de Cascais par la route côtière (N-247).* Cette belle plage sauvage étire sa corolle entre le moutonnement des dunes (voir ci-dessous) et le promontoire occupé par l'hôtel *Fortaleza do Guincho* – hors de prix mais sympathique pour prendre un verre.

Duna da Cresmina : *accès au sentier face à l'hôtel* Fortaleza do Guincho *ou, plus loin, depuis la route menant au camping.* Les vents puissants soufflant du large ont accumulé une quantité considérable de sable au-dessus des plages de Cresmina et de Guincho. Il « migre » ainsi au travers du cap pour retomber en mer vers Oitavos. Le parcours, sur des passerelles en bois, pénètre le cœur du champ de dunes, au-dessus duquel a été aménagé un café-centre d'interprétation *(tlj 9h-18h).* On n'y interprète pas grand-chose, mais on y fait une super pause avec vue !

Praia do Guincho : *à env 11 km de Cascais par la route côtière (N-247), puis à gauche après la bifurcation menant au camping (fléché « Praia do Abano »).* ***Attention,*** *ne laissez rien traîner dans votre voiture sur le parking !* C'est la plage vedette de la région. Très large et venteuse, elle est le paradis des surfeurs. Plusieurs championnats y sont organisés. Les baigneurs se méfieront de ses courants, dangereux. En continuant par la piste, on atteint le ***fortin*** et la ***plage d'Abano.*** De là, ceux qui ont envie de se dégourdir les jambes suivront un morceau du superbe ***GR 11*** le long des falaises ; n'allez pas trop loin, il grimpe ensuite vers l'intérieur des terres.

Cabo da Roca : *à 16 km au nord-ouest de Cascais (20 km par la route côtière). Le bus n° 403 dessert le cap sur son trajet entre Cascais et Sintra, ttes les 30 mn à 1h 8h40-20h40 depuis Cascais, 9h-19h10 depuis Sintra.* Le cabo da Roca, c'est un peu la pointe du Raz portugaise – le point le plus occidental du continent européen. À la longitude de 9° 30' ouest, cette falaise abrupte, dernier soubresaut de la serra de Sintra, surplombe l'Atlantique du haut de ses 140 m. Selon Pline, les Lusitaniens y adoraient la Lune. Luís de Camões en parle dans ses *Lusiades* comme le lieu « où la terre finit et où la mer commence ». Pas besoin d'être poète pour écrire ça, direz-vous. L'endroit, battu par les vents, est assez magique hors saison, mais envahi en été. Accrochez-vous à votre volant et tenez ferme votre chapeau et vos lunettes de soleil les jours de tempête.

Praia Grande : *à 11 km au nord du cabo da Roca.* Rendez-vous des surfeurs, cette longue plage battue par la houle est assez développée, avec plusieurs *surf shops.* Ceux qui rêvent d'Hawaii iront casser la croûte au *Pipeline* – ou au joli *Bar do Fundo,* tout en bois, planté à l'extrémité sud du tapis de sable. Plus chic et très bien aussi : le *Nortada,* sur la falaise. À voir pour les enfants : des traces de dinosaures !

➢ Le GR 11 (balisé) longe joliment la ***côte atlantique*** avec quelques incursions dans les terres. On peut notamment le suivre depuis Cascais (ou la praia do Guincho) jusqu'à la plage de Magoito, sur environ 35 km, en passant par les praias da Adraga, Grande, das Maçãs et da Aguda.

SINTRA

(2710) 6 230 hab.

• Plan La serra de Sintra *p. 181* • Sintra – zoom *p. 183*

> « **C'est la chose la plus belle que j'aie jamais vue. C'est ici le véritable jardin de Klingsor et là-haut se trouve le château du Saint-Graal.** »
>
> **Richard Strauss**

Ignorant le proche littoral et ses écrasantes torpeurs estivales, cette petite ville très étalée s'accroche à sa montagne, au cœur d'un massif tapissé de forêts aussi superbes que profondes. Les brumes marines dérivent souvent jusque-là, enrobant dans un voile de mystère ses châteaux perchés, ses palais et ses *quintas* (domaines), souvent farfelus, retirés dans la sérénité de vastes parcs et jardins où prospèrent – notamment – les fougères arborescentes. Autant de *retiros,* où l'on faisait retraite, l'été venu, pour se protéger de la canicule.
Sintra est une ville désinhibée, comme sortie d'un conte de fées, où l'imaginaire des architectes romantiques a trouvé libre cours au XIXe s. Le néogothique y règne, mâtiné de touches Renaissance, mauresques et même mogholes ! L'Unesco a classé au Patrimoine mondial cette grande folie attachante, où l'on peut rester 2 jours pour tout explorer.
– ***Conseils :*** évitez les grands week-ends, toujours noirs de monde, ainsi que le lundi, jour d'affluence – les musées nationaux de Lisbonne étant fermés ce jour-là.

UNE COLLINE INSPIRÉE

Si Sintra, par sa position privilégiée, a attiré les rois du Portugal depuis le Moyen Âge, c'est à la fin du XVIIIe s et au XIXe s que la ville a véritablement connu son âge d'or – façonné par la rencontre de l'aristocratie portugaise et des voyageurs (essentiellement britanniques) de l'époque romantique.
Parmi les pionniers, citons ***William Beckford,*** richissime écrivain-collectionneur, tombé amoureux du domaine de Montserrate, où il réside de 1793 à 1808, ajoutant au parc cascade et faux cromlech (alignement de menhirs), dans l'esprit du moment. Dès l'année suivante, ***lord Byron*** rend gloire au lieu, enveloppé par la torpeur de l'abandon, lançant par ses écrits de nombreux voyageurs sur les traces de ce « glorieux Éden »...

En 1838, le « roi artiste » ***Fernando II*** acquiert un vieux monastère perché au-dessus de Sintra pour le remanier à son goût : ce sera le très éclectique et farfelu *palais de la Pena.* Il y partage son temps avec le *chalet de la comtesse d'Edla,* sa maîtresse suisse, la cantatrice Elisa Hensler – épousée en secondes noces, en 1869, après son veuvage.
À cette époque, pléthore d'artistes fréquentent Sintra, comme l'écrivain danois ***Andersen,*** qui y passe en 1866. 4 ans plus tard, ***Eça de Queiroz,*** considéré comme le Balzac portugais, écrit *Le Mystère de la route de Sintra* dans une chambre du *Lawrence's Hotel* (toujours existant).
Hommes d'affaires, commerçants et rentiers sont toujours plus nombreux à s'installer, comme le marchand et collectionneur d'art anglais ***Francis Cook,*** qui rachète Montserrate et fait aménager le palais néo-moghol que l'on connaît aujourd'hui. Le riche esclavagiste ***Manuel Pinto da Fonseca,*** alias « Monte-cristo », fait bâtir en 1865 la *quinta do Relogio* dans un style néomauresque ; le futur roi dom Carlos et son épouse Amelia y passent leur lune de miel en 1886. Bientôt surgissent de terre le « chalet » Biester (1890) – qui a fait une apparition à l'écran dans *La Neuvième Porte* de Roman Polanski – et la fantastique *quinta da Regaleira* (1904-10) de ***Carvalho Monteiro,*** alias « Monteiro le millionnaire », aussi excentrique que fortuné. Un sacré domaine qui multiplie les allusions à la franc-maçonnerie, à l'alchimie et aux templiers !

Arriver – Quitter

Gare ferroviaire *(plan Serra de Sintra, A-B1) : av. Dr Miguel Bombarda. • cp.pt • Au nord de la ville, à env 1 km du Palácio nacional.* Petit bureau d'infos touristiques *(☎ 219-241-623).* Les bus nos 433, 434 et 435 mènent au Palácio nacional.
➢ ***Lisbonne :*** ttes les 6-30 mn depuis la gare du Rossio, 5h20-0h20 ; env 40 mn de trajet. Billet : 2,70 €. Également vers la gare d'Entrecampos (36 mn) et do Oriente (46 mn), ttes les 4-30 mn 5h-minuit env. Dans tous les cas, le train passe par Queluz. Ne pas descendre à Portela de Sintra...

Terminal d'autobus *(plan Serra de Sintra, A1) : devant la gare. ☎ 214-699-100. • scotturb.com •*
➢ ***Cascais :*** le n° 403 passe par la côte, avec arrêt au ***cabo da Roca*** (ttes les 30-60 mn tlj 9h-19h10). Le n° 417, plus rapide, passe par les terres (ttes les 40-60 mn tlj 7h10-20h35).
➢ ***Estoril :*** par le n° 418 ; ttes les 50 mn à 1h30 7h40-22h40 (23h25 sam, 20h55 dim).
➢ Un adorable ***vieux tram*** centenaire *(eléctrico de Sintra)* fait l'A/R jusqu'à la praia das Maçãs fin mars-fin oct, avec 3 rotations/j. en sem et 6 le w-e et les j. fériés, 10h20-16h (17h) ; dernier retour à 17h (18h). Service le w-e seulement en hiver. Trajet : 45 mn. Billet : 3 € ; réduc.

– ***Il est extrêmement difficile de circuler et de se garer à Sintra en haute saison !*** On vous conseille de venir en train. Si vous êtes en voiture, vous pourrez (peut-être) vous garer gratuitement rua Dr Vasco Vidal, derrière la gare *(plan Serra de Sintra, A-B1),* ou sur le parking situé en contrebas du Palácio nacional, devant le museu Teixeira *(plan Serra de Sintra, A2),* accessible par la rua de Rio do Porto. Bien planqué, ce dernier est un peu moins encombré, mais il faut ensuite remonter à pied vers le centre ! Ailleurs, le stationnement est limité à 7h *(0,80 € la 1re heure, puis 1,20 €/h en été ; max 4,10 € oct-mars).*

Adresses et infos utiles

@ ***Wifi*** gratuit dans le centre de Sintra !
Ask me Sintra *(zoom A2) : praça da República, 23. ☎ 219-231-157. • askmelisboa.com/sintra • Tlj 9h30-18h (19h juil-août). Fermé 24-25 déc.* Demandez le plan de Sintra et des

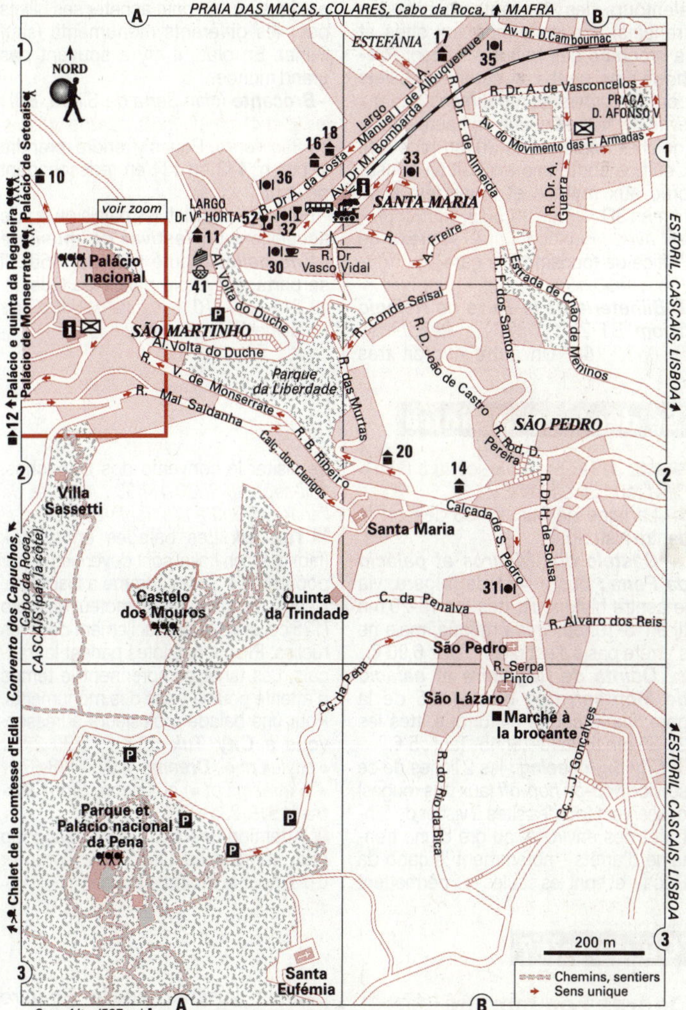

LA SERRA DE SINTRA

Où dormir ?

10 Nice Way Sintra Palace (A1)
11 Moon Hill Hostel (A1)
12 Almáa Sintra Hostel (hors plan par A2)
14 Hotel Sintra Jardim (B2)
16 Sintra Bliss House (A1)
17 Hotel Nova Sintra (B1)
18 Chalet Saudade (A1)
20 Quinta das Murtas (B2)

Où manger ?

30 Café Saudade (A1)
31 Nau Palatina (B2)
32 Incomum (A1)
33 D. Pipas (B1)
35 Taberna Criativa (B1)
36 A Raposa – Casa de Chá (A1)

Où manger (et acheter) des pâtisseries locales ?

41 Fabrica das Verdadeiras Queijadas da Sapa (A1)

Où boire un verre ?

32 Incomum (A1)
52 Legendary Cafe (A1)

alentours, les dépliants illustrés (en français) sur les principaux sites et la brochure des balades à pied. ***Pratique :*** on peut y acheter ses billets pour les différents monuments, ce qui évite d'y faire la queue en haute saison (guichet dédié fermé 30 mn plus tôt). L'édifice abrite une exposition consacrée aux mythes et légendes, avec film en 3D *(entrée : 4,50 €, réduc, gratuit avec la Lisboa Card)*. ***Annexe*** de l'office de tourisme à la gare *(ouv 10h-12h, 14h30-18h)*.

■ ***Bilheteria de la Torre do Relógio*** *(zoom B1-2,* ***1****) : rua da República. Tlj 9h30-18h.* Un autre endroit très pratique où l'on peut acheter ses billets pour les différents monuments (sauf Pena). En plus, il n'y a souvent pas grand monde.

– ***Brocante*** *(plan Serra de Sintra, B3) : les 2e et 4e dim du mois, dans le quartier de São Pedro.* Pour s'y rendre, prendre le bus n° 433 ou 434 en redescendant de Pena.

– Entre mai et juillet, les palais de la ville accueillent un ***festival de musique et de ballet*** réputé (depuis 1950). Il se partage avec le palais de Queluz. *☎ 219-107-110. • festivaldesintra.pt • ticketline.pt • (billetterie).*

Se déplacer à Sintra

🚌 *☎ 214-699-100. • scotturb.com • Billet touristique : 15 €/j.*

➢ La ligne de bus n° 433 dessert le centre historique.

➢ ***Castelo dos Mouros et palácio da Pena :*** bus n° 434 de la gare, via le centre historique, ttes les 15-20 mn tlj 9h15-19h50. Très pratique, mais ne s'arrête pas s'il est plein. Tarif : 6,90 €.

➢ ***Quinta de Regaleira et palácio de Montserrate :*** bus n° 435 de la gare, via le centre historique, ttes les 25-35 mn tlj 9h40-18h45. Tarif : 5 €.

■ ***City Sightseeing :*** les 2 lignes de ce service *hop-on hop-off* (aux bus rouges) desservent tous les sites à visiter de Sintra et des environs, au gré d'une trentaine d'arrêts – notamment le cabo da Roca – et sont les seules qui permettent de visiter le convento dos Capuchos. *Juil-sept, tlj 9h30-18h30 ; le reste de l'année, tlj 9h30-17h. Tarif : 20 €/pers.*

■ ***Tuk-Tuk*** Les balades en *tuk-tuk* (fabriqués en Italie) sont devenues hyper populaires à Sintra comme à Lisbonne. L'engin marche avec un moteur de moto (125 cc) et se faufile facilement dans les ruelles. Plusieurs pilotes parlent le français. Les tarifs comprennent le temps d'attente pour la visite des monuments. Pour une balade à plusieurs adressez-vous à ***City Tuk*** *(☎ 213-530-298 ; • citytuk.pt •),* ***Dreams*** *(📱 917-488-674 ; • tukdreams.pt •)* ou encore ***Sight Sintra*** *(📱 919-835-573).*

■ Attention, les ***taxis*** sont beaucoup plus chers qu'à Lisbonne. Compter 6-7 € pour la moindre course.

Où dormir ?

De très bon marché à prix moyens

🏠 ***Nice Way Sintra Palace*** *(plan Serra de Sintra, A1,* ***10****) : rua Sotto Mayor, 22. ☎ 219-249-800. • info@nicewaysintrahostel.com • nicewayhostels.com • À 10 mn à pied (en pente !) du Palácio nacional. Selon saison, dortoirs 6-10 lits 16-25 €/pers, doubles 40-80 €, petit déj inclus.* Occupant une belle et grande maison familiale transformée en *hostel,* cette adresse pourrait aussi s'appeler *Routard Palace* avec ses plafonds à moulures, sa déco pimpante et sa jolie cuisine tout droit venue des années 1940. On y trouve 2 dortoirs bien équipés et 12 chambres, dont 4 avec salle de bains privée. Les autres partagent 3 sanitaires – ceux du rez-de-chaussée étant assez basiques. Ajoutons un petit salon pour papoter, un beau jardin et des apparts dans un bâtiment voisin, avec des touches de déco rétro marrantes. Un bon plan à la cool, comme on les aime.

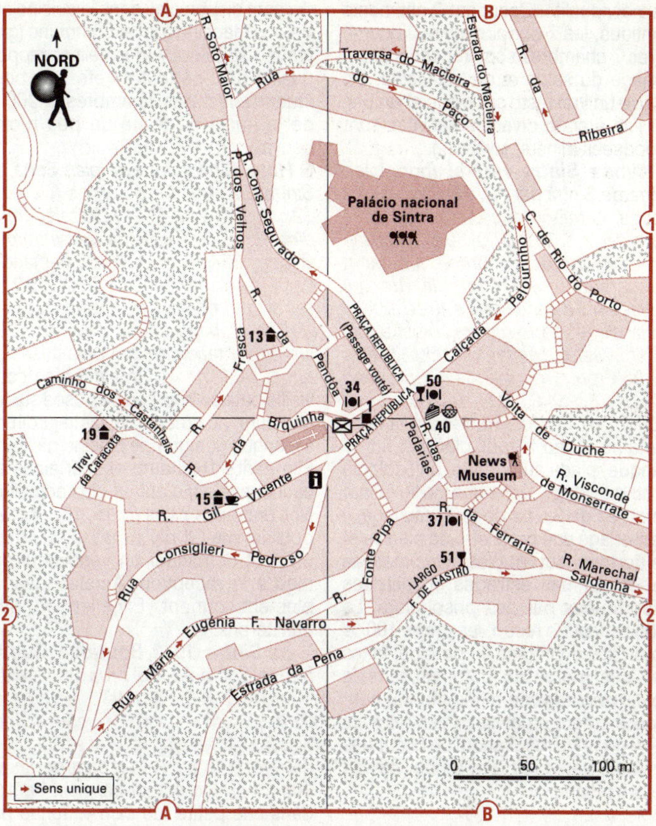

SINTRA – Zoom

Adresses utiles
- Ask me Sintra (A2)
- 1 Bilheteria de la Torre do Relógio (B1-2)

Où dormir ?
- 13 Casa da Pendôa (A1)
- 15 Sintra 1012 Boutique Guesthouse (A2)
- 19 Cinco (A2)

Où manger ?
- 34 Restaurante Pendôa (B1)
- 37 Tacho Real (B2)

Où manger (et acheter) des pâtisseries locales ?
- 40 Casa Piriquita (B1-2)

Où boire un verre ?
- 50 Loja do Vinho (B1)
- 51 Dona Maria (B2)

Moon Hill Hostel *(plan Serra de Sintra, A1,* ***11****)* **:** *rua Guilherme Gomes Fernandes, 17. ☎ 219-243-755. 📱 969-831-095. • info@moonhillhostel.com • moonhillhostel.com • Selon saison, dortoirs 17-25 €/pers, doubles sans ou avec sdb 59-100 €, petit déj inclus.* Plus central mais plus condensé que le *Nice Way*, le *Moon Hill* compense en confort ce qu'il perd en charme et en individualité. Occupant 2 bâtiments contigus, les 7 dortoirs mixtes (pour 4) et les 7 chambres sont impeccables, à l'image du salon et de la cuisine. On trouve un vrai resto sur place et un bar. De juin à août, diverses activités sont proposées (dîners, sorties...).

Almáa Sintra Hostel *(hors plan Serra de Sintra par A2,* ***12****) : quinta dos Lobos, caminho dos Frades. ☎ 219-240-008. 📱 919-850-802. • info@almaasintrahostel.com • almaasintrahostel.com • Prendre la rue qui descend en face de l'entrée basse de la quinta de Regaleira ; c'est à env 500 m. Selon saison, dortoirs 2-8 lits 16-26 €/pers, doubles sans ou avec douche 48-64 €, petit déj végétarien (surtout bio) inclus.* Parvenu à la quarantaine, João a tout plaqué : fini la banque, place au partage, à l'écologie et au recyclage. Dans une vieille *quinta* entourée de 3,5 ha de parc sauvage, il a aménagé une brochette de piaules et de dortoirs tout simples, avec matelas posés sur des estrades en palettes – fabriquées par des prisonniers. Le mobilier est de récup, les draps 100 % coton, les confitures du petit déj faites par des mères célibataires sans le sou... Une adresse différente, où sont régulièrement organisées des retraites de yoga et de méditation. Le chant des oiseaux, seul bruit à la ronde, devrait vous y plonger.

LES ENVIRONS DE LISBONNE

De prix moyens à plus chic

Casa da Pendôa *(zoom A1,* ***13****) : rua da Pendôa, 17. 📱 969-011-322. • casadapendoa@gmail.com • casadapendoa.com • Studios 64-94 € selon saison ; chambres (dans un bâtiment différent à 200 m) 39-89 €.* Ultra-centrale, cette adresse conviendra parfaitement à ceux qui cherchent un peu d'autonomie. On y trouve une quinzaine de studios et apparts de 1 ou 2 chambres loués à la journée, vraiment impeccables (avec AC), refaits récemment sur une ligne très scandinave. Certains sous les toits sont mansardés, d'autres en rez-de-chaussée un peu sombres, mais la plupart sont vraiment top. Les ingrédients du petit déj sont disponibles dans la cuisine et il y a une machine à laver commune (gratos) au sous-sol. Un excellent rapport qualité-prix, surtout en été. Les boss louent aussi des chambres à 200 m de là, mais on a été un peu moins convaincus.

Hotel Sintra Jardim *(plan Serra de Sintra, B2,* ***14****) : travessa dos Avelares, 12. ☎ 219-230-738. • hotelsintrajardim@gmail.com • residencialsintra.pt • Bus n° 433 vers São Pedro, demander l'arrêt Arrabalde. Doubles 55-95 € selon vue, confort et saison, petit déj en sus. Parking gratuit. Apéritif offert sur présentation de ce guide (résas en direct seulement).* On aime bien cette vieille bâtisse bourgeoise posée sur les hauteurs, au cœur d'un vaste jardin où s'alanguit une grande piscine de 25 m. Elle abrite 16 chambres, certaines au cachet ancien, d'autres plus actuelles. Nos préférées ? Les n°s 15, 18, 24 et 28 pour la vue ! Il n'y a pas d'AC, mais on peut demander un ventilateur sur pied à la réception. Accueil invariablement souriant. Excellent rapport qualité-prix.

Sintra 1012 Boutique Guesthouse *(zoom A2,* ***15****) : rua Gil Vicente, 10-12. 📱 918-632-997. • info@sintra1012.com • sintra1012.com • Doubles 60-110 € selon taille et saison, petit déj inclus (pour les extérieurs, 8h30-10h ; 8 €).* On est ici en plein centre, dans une petite rue calme. Tenue par un couple américano-portugais (Karen et Gonçalo), cette *guesthouse* propose juste 2 chambres doubles, une familiale (avec 2 chambres séparées) et un studio (avec kitchenette), tous très spacieux et confortables. On aime beaucoup la suite 1, au rez-de-chaussée, très lumineuse, avec son lit au centre. Le matin, le petit déj se prend autour d'une table commune. Karen accueille aussi des non-résidents, qui peuvent venir profiter de ses pancakes ou de ses œufs dans une ambiance conviviale.

De plus chic à très chic

Sintra Bliss House *(plan Serra de Sintra, A1,* ***16****) : rua Dr Alfredo da Costa, 15-17. ☎ 219-244-541. • geral@sintrablisshouse.com •*

sintrablisshouse.com • Doubles 70-95 € selon catégorie et saison. Parmi les hôtels classiques, celui-ci est vraiment l'un des mieux. Proche de la gare, bien isolé, il abrite 17 chambres de belle taille (sauf 2 éco plus petites), récentes et très propres, avec moquette, jolie salle de bains à porte coulissante et grande TV à écran plat. En contrebas s'étend un vaste deck en bois avec fauteuils moulés. Pas de parking, mais on trouve souvent de la place derrière la gare.

Hotel Nova Sintra *(plan Serra de Sintra, B1, **17**) : largo Afonso de Albuquerque, 25. ☎ 219-230-220. • ruibernardo@novasintra.com • hotelnovasintra.com • Doubles 80-110 € selon saison, petit déj inclus.* Perchée sur une grande terrasse ensoleillée semée de plantes en pots, cette belle maison bourgeoise domine la rue avec prestance. Elle renferme 10 chambres de bon confort (presque toutes avec AC), rénovées avec goût et relevées de tapis colorées. La n° 5, à l'arrière, dispose à la fois d'une tête de lit en *azulejos* et d'une terrasse. La n° 11, au 1er étage, offre une belle vue, comme la n° 21 sous les toits. Réceptionniste et patron parlent français. Demandez-leur de vous aider à monter les valises.

Chalet Saudade *(plan Serra de Sintra, A1, **18**) : rua Dr Alfredo da Costa, 21-23. ☎ 210-150-055. • chalet@saudade.pt • Doubles 59-130 € selon confort et saison, petit déj inclus.* La demeure, aux notes Art nouveau, date de la fin du XIXe s. Complètement rénovée par des propriétaires charmants, elle décline mobilier et parquets anciens, salles de bains en marbre et chambres supérieures très spacieuses. Un jardin s'étend en contrebas, avec 2 chaises longues. Personnel très sympa. Le petit déj est servi à l'excellent *Café Saudade*, à 50 m (voir « Où manger ? ») ; un vrai festin !

Cinco *(zoom A2, **19**) : tourner à droite après la poste dans la rua da Biquinha, c'est tt au bout. ☎ 219-230-070. • carole@stayatcinco.com • stayatcinco.com • Résa indispensable (disponibilités sur le site). Double env 100 € ; 25 €/pers en plus (max 4 pers). Min 2 nuits (sauf dispo).* La sympathique propriétaire, britannique, loue 2 appartements bien aménagés : l'un au rez-de-jardin de sa maison en pierre, entourée d'un jardin-oasis ; l'autre, façon studio, dans un « cottage » surplombant le potager. Chacun dispose d'une cuisine équipée, d'un salon et d'une terrasse privée fleurie. En prime : une piscine couverte aux atours romains et une vue imprenable sur la campagne !

Quinta das Murtas *(plan Serra de Sintra, B2, **20**) : rua Eduardo Van Zeller, 4. ☎ 219-240-246. • info@quintadasmurtas.com • quintadasmurtas.com • Doubles 80-135 € selon confort et saison, petit déj inclus.* Perchée sur les hauteurs, cette grande bâtisse rouge aux allures de manoir regroupe une vingtaine de chambres assez différentes. Certaines sont un peu petites, d'autres spacieuses, certaines rénovées, d'autres un peu plus dans leur jus. La plupart sont dans le manoir, mais d'autres se disséminent dans des pavillons plus ou moins gracieux semés en contrebas dans le parc – près d'un étang où coassent les grenouilles. Il y a quelques triples et quadruples, dont certaines avec une kitchenette, mais aucune n'a l'AC. Autres trouble-fête : 2 aras, volontiers causants. Piscine, jacuzzi et parking. Accueil courtois.

Où manger ?

De très bon marché à bon marché

Café Saudade *(plan Serra de Sintra, A1, **30**) : av. Dr Miguel Bombarda, 6. ☎ 212-428-804. • cafe@saudade.pt • Tlj 8h30-19h. Sandwichs, paninis, scones 1,10-6,95 € ; petit déj à partir de 8 €.* Occupant l'ancienne maison de la pâtissière préférée du roi Ferdinand II, ce café chaleureux et convivial multiplie les salles cosy, prolongées par une terrasse. On y goûte le thé des Açores, le seul produit en Europe (depuis 1883), ou le pain de Madère pour les sandwichs ou paninis. Il y a aussi des petits déj, un brunch *(12h-16h)* et de bons cheese-cakes. Les patrons proposent quelques chambres charmantes dans la rue parallèle (voir « Où dormir ? »).

|●| ***Nau Palatina*** *(plan Serra de Sintra, B2,* ***31****)* **:** *calçada de São Pedro, 18. ☎ 219-240-962. Mar-sam 18h-minuit. Congés : 1 mois en déc-janv.* Exilée dans le quartier de São Pedro, cette adresse de poche assure côté cuisine. Sa devise ? « Redécouvrir la tradition des *petiscos* (tapas) *alentejanos* et naviguer sur les saveurs des 4 vents sans renier l'héritage arabe. » D'avril à octobre, le samedi, on dîne sur fond de fado, de musique traditionnelle ou même de reggae (live), après avoir bu un verre dans la cour ou côté rue. Accueil sympa.

|●| 🍷 ***Incomum*** *(plan Serra de Sintra, A1,* ***32****)* **:** *rua Dr Alfredo Costa, 18-22, ou rua Dr Miguel Bombarda, 13. ☎ 219-243-719 (resto) ou 354 (bar à vins). • santos.aromas@gmail.com • Tlj sauf sam midi 12h (16h30 sam)-minuit. Congés : 2 dernières sem de nov. Menu exécutif (lun-ven 12h-15h) 11 €. Petisco et verre de vin 8-16 €.* Formé à l'*Hôtel du Rhône* puis au *Lion d'Or* à Genève, le chef Luís Santos a réussi un pari difficile : ouvrir un restaurant de qualité à prix (très) abordables. D'un côté, des petites salles intérieures élégantes, un peu formelles, où l'on déguste une cuisine marquée par la rencontre des produits portugais et du grand savoir-faire européen. De l'autre, un bar à vins, avec tables sur rue, où l'on apprécie les tablettes de fromage et charcuterie, ou les formules avec *petisco* – façon foie gras chaud servi avec son verre de *late harvest*... Un excellent rapport qualité-prix. Les serveurs sont un peu durs à attraper, mais quelle connaissance des vins portugais !

|●| ***D. Pipas*** *(plan Serra de Sintra, B1,* ***33****)* **:** *rua João de Deus, 62. ☎ 219-234-278. Tlj sauf lun 12h-15h, 19h-22h. Plats 10-15 €. Sur présentation de ce guide, un digestif offert.* Planqué derrière la gare, ce resto familial se distingue par sa clientèle : enfin des Portugais qui y mangent, c'est bon signe ! La déco et la carte sont à l'avenant, 100 % classiques, avec bar, présentoir réfrigéré à desserts, bonne *balcalhau à Brás* à prix léger et grillades de poisson pour les plus en fonds. Essayez donc le *pez espada* à la banane, une recette de Madère ! Le service n'est pas forcément très souriant mais il est diligent.

|●| ***Restaurante Pendôa*** *(zoom B1,* ***34****)* **:** *rua da Pendôa, 17h. Plats 7-12 €.* Caché juste en contrebas de la place du Palácio nacional, ce petit resto sans façon a l'avantage de sa situation et de ses prix très raisonnables. La cuisine est elle aussi très simple (mais copieuse) et l'accueil gentil. La patronne parle même quelques mots de français. Ne vous attendez pas à des miracles, et vous ne serez pas déçu.

De prix moyens à plus chic

|●| ***Taberna Criativa*** *(plan Serra de Sintra, B1,* ***35****)* **:** *av. Héliodoro Salgado, 26. ☎ 210-186-147. • taberna.criativa1@gmail.com • Tlj sauf dim et lun midi 12h-15h, 19h-22h. Réservez ! Plats 13-25 € ; menu dégustation 50 €.* En s'éloignant du centre touristique, on découvre cette perle, tenue à bout de bras par le chef Vitor Rocha. On le voit s'affairer avec ses aides derrière les vitres, ciselant une jolie cuisine créative, où la morue confite est sublimée aux graines de coriandre, et où le carpaccio de confit de canard fumé s'accompagne de purée d'oignon à la bergamote... Une vraie belle cuisine, aux accords réfléchis, magnifiée par une musique douce et un lumignon sur chaque table. Un bémol : des portions un peu légères. Ne vous installez pas contre le mur de bouteilles, vous risqueriez d'être dérangé par les serveurs qui viennent s'approvisionner.

|●| ***A Raposa – Casa de Chá*** *(plan Serra de Sintra, A1,* ***36****)* **:** *rua Conde Ferreira, 29. ☎ 219-243-440. 📱 934-802-896. • aragao_sergio@hotmail.com • Tlj sauf dim-lun 11h-minuit. Congés : janv. Plats 15-25 €.* Derrière la façade à verrière de cette demeure de caractère (datant de 1888) se cache un charmant salon de thé-restaurant aménagé avec goût, dans un décor coquet, soigné et fleuri. Le propriétaire

LES ENVIRONS DE LISBONNE

est un jovial Brésilien marié à une charmante Espagnole. La carte est courte et la cuisine savoureuse et fraîche, navigant entre carpaccio de saumon à la mangue, tarte aux légumes, risotto negro et *carrilheira* de porc au vin. Les desserts sont succulents et le choix de thés impressionnant. On est loin des pièges à touristes et, du vendredi au dimanche, on dîne en musique.

Tacho Real *(zoom B2, **37**) : rua da Ferraria, 4. ☎ 219-235-277. Tlj sauf mar soir et mer 12h-15h, 19h30-22h30. Congés : 2e sem de sept. Plats 10-30 €.* Dans la salle voûtée, les serveurs attendent au garde-à-vous, nœud pap' bien ajusté et serviette sur le bras. Au sol, des tapis d'Orient réchauffent les fraîches tomettes et donnent une atmosphère chaleureuse – et pas trop guindée – au lieu. Côté cuisine, de bons plats portugais, copieux, avec quelques envolées imaginatives. Un peu cher tout de même.

Où manger (et acheter) des pâtisseries locales ?

Les 2 spécialités de Sintra sont les *queijadas,* petits gâteaux à base de fromage blanc et de cannelle, et les *travesseiros,* à base de pâte feuilletée fourrée de crème d'amande. Ils sont vendus à des prix ultra-démocratiques *(env 0,90-1,40 €).*

Casa Piriquita *(zoom B1-2, **40**) : rua das Padarias, 1-3. ☎ 219-230-626. Tlj sauf mer.* Fondée en 1862, la maison fabrique « à l'ancienne » *queijadas* et *travesseiros,* à déguster dans une salle rétro pastel. Une annexe *(Piriquita Dois)* a ouvert un peu plus haut, au nº 18, où l'on peut en plus commander un petit plat chaud bon marché le midi. Accueil sympa.

Fabrica das Verdadeiras Queijadas da Sapa *(plan Serra de Sintra, A1, **41**) : av. Volta do Duche, 12. ☎ 219-230-493. Tlj sauf lun 9h30-18h.* Cette adresse historique (1756 !) a été reprise par une parente du dernier créateur d'authentiques *queijadas* à l'ancienne. 3 tables en terrasse invitent à boire un café tout en se régalant de ces petites douceurs.

Où boire un verre ?

Loja do Vinho *(zoom B1, **50**) : praça da República, 3. ☎ 219-244-410. Tlj 10h-22h.* Sur la place principale, ce bar à vins propose des dégustations de portos *(10-18 €)* et une trentaine de vins portugais au verre, pas trop chers. On les accompagne de fromages, charcuterie (saucisses), sandwichs ou même salades, sur les 3 tables-tonneaux en terrasse ou dans la petite cave aux murs tapissés de bouteilles.

Voir aussi **Incomum** *(plan Serra de Sintra, A1, **32**),* dans « Où manger ? ». Notre préféré pour la vraie connaissance du vin des serveurs.

Dona Maria *(zoom B2, **51**) : largo Ferreira de Castro, 3. ☎ 219-242-033. Tlj sauf lun 10h-22h.* En surplomb du centre historique, ce resto (où l'on ne vous conseille pas de manger) est idéal pour boire un verre au soleil déclinant. Son atout majeur : une terrasse-balcon en bois avec vue panoramique.

Legendary Cafe *(plan Serra de Sintra, A1, **52**) : rua Dr Alfredo Costa, 8. ☎ 219-243-825. Tlj 10h-2h.* Le samedi soir, DJ ou musiciens débarquent dans ce petit rade pas bien rangé aux serveurs assez apathiques, attirant notamment les résidents du proche *Moon Hill Hostel.* L'occasion de s'envoyer quelques bières.

À voir. À faire

Demandez si les *combined tickets,* offrant une réduction de 5-10 % selon le nombre de sites visités (2-7), existent toujours. La *Lisboa Card* donne droit à - 10-15 %

et inclut le train pour Sintra (et Cascais), mais celui-ci est très bon marché. Il n'est pas certain que la carte se révèle bien rentable au final. Les tarifs famille sont souvent plus intéressants.
Tous les palais proposent des visites guidées sur réservation ; pour le français, mieux vaut s'y prendre 2-3 jours à l'avance. Sachez en outre que concerts, reconstitutions, expositions et animations émaillent la belle saison *(mai-oct)* aux palais de Sintra, Pena et Montserrate et au castelo dos Mouros. Demandez le programme à l'office de tourisme.

Dans et à proximité du centre historique

⁂ ***Palácio nacional de Sintra*** (zoom B1) **:** *largo Rainha D. Amélia. ☎ 219-237-700. • parquesdesintra.pt • Tlj sauf 1er janv et 25 déc 9h30-19h (18h en basse saison) ; dernière entrée 30 mn avt. Entrée : 10 € (8,50 € fin oct-fin mars) ; réduc. Audioguide en français 3 € (avoir une pièce d'identité).*
De l'extérieur, on est toujours un peu surpris par les 2 gigantesques cheminées blanches (33 m !) qui coiffent les cuisines. Dernier château médiéval portugais conservé en l'état, le Palácio nacional de Sintra occupe l'emplacement d'un ancien fort arabe. Résidence royale durant 8 siècles, il a été habité principalement du XIVe au XVIe s, notamment par le roi Manuel Ier (1469-1521), à qui l'on doit l'essentiel de son apparence actuelle – mâtinée d'influences mauresques. Sa volonté ? Concurrencer le palais de l'Alhambra de Grenade. Sintra ayant lancé la mode des *azulejos* dans tout le Portugal, le Palais national en devint la plus brillante vitrine.
On passe d'abord dans la ***salle des Cygnes*** *(sala dos Cisnes),* où les plafonds à caissons sont ornés de cygnes tous semblables, puis dans la ***salle des Pies*** *(sala das Pegas),* ornée de 136 pies noires réputées immortaliser les commères de la cour qui prétendirent à une supposée infidélité du roi... Plus loin, la ***chambre de dom Sebastião*** révèle de beaux *azulejos* du XVIe s (à feuilles de vigne et épis de maïs) ; un globe céleste en métal de la même époque y est habituellement exposé. D'autres céramiques anciennes couvrent la ***salle des Sirènes*** *(sala das Sereias)* voisine. La ***salle Jules César*** abrite, elle, des meubles de style indo-portugais et une tapisserie flamande représentant l'empereur romain. Quant à la ***salle des Galions*** *(sala das Gales),* elle révèle un plafond peint de navires. Son balcon offre un joli panorama sur la vieille ville.
À l'étage, la ***salle des Blasons*** *(sala dos Brasões),* accessible par une superbe porte de style manuélin, affirme la force de la royauté. Au plafond sont peints les blasons des 72 grandes familles de l'aristocratie portugaise du XVIe s, l'âge d'or des découvertes. Ils dominent des scènes de chasse en *azulejos*. Moins glamour, on découvre ensuite la pièce où fut enfermé de 1674 à 1683 le pauvre vieux Alfonse VI, dépossédé du trône par son frère et sa propre épouse ! Coup d'œil à une étonnante pagode chinoise en ivoire de 2,50 m de haut offerte à la reine Maria I (1777-1815) par le Sénat de Macao, puis à la ***Chapelle palatine,*** au plafond en bois sculpté typiquement mudéjar. On redescend vers les grandes cuisines, d'où s'élancent les 2 hautes cheminées coniques, puis on ressort par le ***patio central,*** avec sa fontaine manuéline et sa *Grota dos Banhos* tapissée d'*azulejos*. Pour se remettre : une petite pause dans les jardins en terrasses.

⁎ ***News Museum*** (zoom B2) **:** *rua Visconde de Monserrate, 26. ☎ 210-126-600. • newsmuseum.pt • Tlj 9h30-19h (18h en basse saison). Entrée : 8 € ; réduc.* Inattendu et ambitieux musée du journalisme, créé par une boîte de communication lisboète ! Assurément moderne et interactif, il accumule images (notamment de propagande), sons et archives pour explorer les différentes facettes du métier de reporter et ses interactions avec le(s) pouvoir(s). Au final, tout cela est tout de même un peu générique, confus et « lusocentré ».

Palácio e quinta da Regaleira *(hors plan Serra de Sintra par A2)* **:** *☎ 219-106-650. • regaleira.pt • À env 700 m à l'ouest de l'office de tourisme par la rua Barbosa du Bocage. Tlj 9h30-20h (18h oct-mars) ; dernière entrée 1h avt. Entrée : 6 € ; 12 € avec 2h de visite guidée en français (sur rdv 2-3 j. avt). Pas de parking sur place, mais on peut essayer de se garer, 100 m plus loin, devant l'*Hôtel Tivoli *ou même le long de son allée d'accès.*

Le style de ce palais hors norme hésite, pour tout vous dire, entre le néogothique et le néomanuélin. La demeure, ses annexes et le vaste parc épousant les déclivités du terrain sont nés au début du XXe s de l'imagination exaltée d'un (très) riche propriétaire, Carvalho Monteiro (1848-1920), associé à l'architecte italien Luigi Manini. Tout son (énorme) héritage, constitué au Brésil grâce au monopole du commerce du café et des pierres précieuses, suffit à peine pour transformer, entre 1904 et 1911, ce qui était déjà un beau domaine en une demeure capable d'accueillir les grands de l'époque. Mais si l'ensemble affirme une incontestable prestance, l'intérieur vous semblera dénudé : le mobilier et les collections de Monteiro ont été vendus. On y admire surtout la ***sala de Caça,*** à l'entrée, avec ses mosaïques au sol, son énorme cheminée et ses chapiteaux développant le thème de la chasse.

Il fallait le microclimat de la région pour aménager le vaste et fantaisiste ***parc spirituel et romantique*** accroché à la colline. Le dédale de ses allées tortueuses et de ses passages discrets dessert une collection de monuments secondaires presque farfelus. Ici une serre-temple, là une grotte-château et, sur les hauteurs, l'étrange « puits initiatique », profond de 27 m, que l'on dévale par un escalier en colimaçon, façon tour inversée ! L'esprit s'y confronte à la notion même d'existence, s'enfonçant dans un souterrain à plusieurs branches – dont l'une débouche sur le paradis retrouvé du lac de la Cascade, que l'on traverse sur des pas japonais jetés sur l'eau... Les aspects ludiques et philosophiques se complètent ici harmonieusement. N'hésitez pas à emporter une torche pour naviguer dans les recoins les plus sombres des souterrains.

Cafétéria avec une merveilleuse terrasse.

LA MONTRE LA PLUS COMPLIQUÉE DU MONDE

Esthète avéré, Carvalho Monteiro passa commande à la Maison Leroy, *de Besançon, d'une montre unique, la Leroy 01, regroupant 24 complications en supplément des heures, minutes et secondes ! Il pouvait ainsi connaître la position des étoiles à Rio, Paris et Lisbonne, et disposait d'un baromètre, d'un altimètre et d'un hygromètre à cheveux pour mesurer le dégré d'humidité ! La Leroy 01 a reçu le grand prix de l'Exposition universelle de Paris en 1900. En revanche, elle ne faisait pas le café !*

Palácio de Seteais *(hors plan Serra de Sintra par A2)* **:** *rua Barbosa du Bocage, 8. Env 100 m après l'entrée haute de la quinta da Regaleira.* Ce fut la demeure, à la fin du XVIIIe s, du consul de Hollande. Sa façade claire est enchâssée d'un arc ajouté au XIXe s entre les 2 ailes du bâtiment. Il a été transformé en hôtel de luxe, mais on vous laissera avancer jusqu'au balcon, offrant une très belle vue sur la campagne et les jardins à la française en contrebas.

En dehors de la ville : le circuit de Pena

Les autres visites sont plus difficiles à pied. Les amateurs de rando pourront grimper jusqu'au castelo dos Mouros (45 mn) et enchaîner avec le palácio da Pena (10 mn de plus), mais si la balade est jolie, elle est aussi ardue. Alternative : monter par le bus no 434 et redescendre à pied (30 mn). Ou tout faire en bus ! En voiture, c'est galère en haute saison : il est alors très difficile de se garer ; seule solution : venir 10-15 mn avant l'ouverture. Voir aussi « Se déplacer à Sintra » plus haut. BON PLAN : acheter ses billets avant sur Internet.

Castelo dos Mouros *(château des Maures ; plan Serra de Sintra, A2) : à 3 km au sud, par la route du palácio da Pena. ☎ 219-237-300. • parquesdesintra.pt • Fin mars-fin oct, tlj 9h30-20h ; fin oct-fin mars, tlj 10h-18h ; dernier billet 1h avt. Entrée : 8 € ; réduc. Le billet peut être acheté au kiosque sur la route, mais aussi dans le château (mieux si vous montez à pied). Profitez-en pour prendre celui du palácio da Pena !*
Au VIIIe s, le territoire du Portugal est conquis par les Maures. À Sintra, ils construisent (au Xe s) un château-nid d'aigle au sommet d'une colline dominant toute la région. Ils y demeurent jusqu'en 1147, année de sa reconquête par Afonso I. Les chrétiens investissent le *castelo* et le remanient en partie, avant de l'abandonner. Il faudra attendre 1839 pour voir débuter sa restauration. Qu'y découvre-t-on aujourd'hui ? Un ensemble d'édifices (église-musée, écuries, citerne souterraine) plus ou moins consolidés, enserrés dans un corset de murailles.
Courant tout au long de la crête, le ***chemin de ronde,*** entrecoupé d'une longue litanie d'escaliers, est splendide. Il relie le donjon à la Tour royale, la plus élevée, où dom Fernando II aimait venir peindre. La vue, à 360°, s'y étend de Lisbonne au cabo da Roca. En chemin, on passe au-dessus de la porte de la Trahison, ainsi nommée car elle permettait de quitter discrètement la forteresse... ou d'y pénétrer.
|●| Agréable ***cafétéria*** dans l'enceinte du château.

Parque et palácio nacional da Pena *(parc et palais de Pena ; plan Serra de Sintra, A3) : à 4 km de Sintra. ☎ 219-237-300. • parquesdesintra.pt • Bus nº 434 (6,90 € A/R), à reprendre de préférence à l'entrée des Lacs (bas du parc), où la queue est moins longue, pour le retour. Si vous êtes monté en voiture, vous aurez un tout petit peu plus de chance de trouver une place sur le petit parking situé 200 m après l'entrée du palais (en contrebas). Fin mars-fin oct, parc ouv tlj 9h30-20h, palais ouv tlj 9h45-19h ; derniers billets vendus respectivement 1h et 45 mn avt fermeture. Fin oct-fin mars, tlj 10h-18h dans les 2 cas ; dernier billet 1h avt. Entrée parc et palais : 14 €. Audioguide en français 3 €. Parc seul : 7,50 €. Bar et (mauvais) resto ouv 12h-16h.*
Aucun doute, c'est le plus fou ! Perché 350 m au-dessus de Sintra, au sommet d'une colline coiffant l'immense *parque da Pena* – tout en pentes et détours –, voici l'un des monuments les plus visités du Portugal. De l'entrée principale du parc, il faut bien 10-15 mn pour rejoindre à pied celle du palais, à moins de prendre l'un des minibus électriques qui y monte *(payant).* Sous vos yeux : de fausses murailles jaune canari, une tour néogothique rouge, un minipont-levis qui n'a jamais fonctionné, un donjon, des minarets et des dômes vaguement mauresques, qui disparaissent parfois à demi dans la brume...

Un peu d'histoire
Fils de Ferdinand de Saxe-Cobourg-Gotha et d'Antoinette de Kohary, dom Fernando II (1816-1885) est d'origine allemande, mais portugais par son mariage avec la reine Maria II (qui lui donnera 7 enfants). Il règne comme roi consort du Portugal de 1837 à 1853. Veuf, il épouse en 2des noces Elisa Hensler (1836-1929), une cantatrice suisse qu'il fait comtesse d'Edla. Connu au Portugal comme le « roi artiste », détaché des contingences politiques, Fernando II s'éloigne du pouvoir. C'est à Sintra qu'il réside avec sa 2de épouse, fuyant l'agitation du monde. En 1834, il acquiert les ruines d'un monastère du XVe s et y fait aménager, de 1842 à 1854, un « Palais nouveau » sous la direction du baron Ludwig von Eschwege. Plus géologue et géographe qu'architecte, ce dernier, à l'imagination débordante, conçoit un édifice éclectique, exubérant et romantique mêlant les styles mauresque, manuélin, baroque, gothique et Renaissance... Pena est considéré comme le 1er palais romantique d'Europe, 30 ans avant le château de Neuschwanstein voulu par Louis II de Bavière.

Visite du palais
La terrasse du palais, envahie par la foule compacte des visiteurs, hisse face aux regards une première fantaisie de taille : une porte gardée par un triton géant... Il faut souvent faire la queue pour pénétrer à l'intérieur, où l'on découvre d'abord un joli ***cloître manuélin*** décoré d'*azulejos,* principal rescapé du monastère hiéronymite des origines. Si la salle à manger a elle aussi conservé les voûtes de l'ancien réfectoire, les autres pièces se révèlent pour la plupart assez petites – chambre de Carlos I (petit-fils de Fernando II) incluse.
Le roi-bâtisseur résidait, lui, à l'étage supérieur, dans une chambre aux murs et plafonds à motifs mudéjars. Boudoirs et cabinets s'enchaînent, reflétant le goût du XIXe s, jusqu'à la rigolote salle du téléphone (au bahut malachite !), le *Salon arabe* et la ***Salão Nobre,*** lieu des réceptions, décorée de vitraux centre-européens et de zouaves porteurs de torches. On redescend par la *sala dos Vedãos* (trophées) avant de ressortir par les cuisines, à la grande batterie de cuivres. Tout est resté en l'état depuis la chute de la monarchie et la fuite des souverains en Grande-Bretagne en 1910.

Le parc de Pena
Irrégulier et baroque, hérissé de rocailles, baigné par une ribambelle de pièces d'eau, cet immense parc accidenté et boisé de 200 ha épouse les formes du relief, s'étendant tel un grand poumon de verdure au pied du palácio da Pena. Il possède 5 entrées, dont 3 desservies par le bus n° 434 (notamment la principale et la très populaire entrée des Lacs, qui donne accès directement au vallon du même nom). On y trouve plus de 500 espèces de plantes européennes et exotiques, 2 superbes vallons noyés de fougères arborescentes, un jardin de camélias (en fleur en avril), une fontaine en forme de pavillon musulman, une bouverie (anciennes écuries), des serres, etc. Il n'y manque que les fées, les lutins et les nymphes pour en faire un jardin imaginaire et romantique. Dans sa partie haute trône la Cruz Alta (culminant à 527 m).

Le chalet de la comtesse d'Edla *(hors plan Serra de Sintra par A3) : dans la partie ouest du parc de Pena, à 20-30 mn de marche du palais (mêmes horaires). • parquesdesintra.pt • Accès direct en voiture par l'entrée du chalet, sur la route du convento dos Capuchos, à 2 km de l'embranchement montant vers le palácio da Pena. Billet : 2 € en plus de l'entrée du parc (7,50 €) ; 14 € avec le palais de Pena. Une navette électrique relie le palais au chalet, tlj 11h-19h, en traversant le parc, où elle marque plusieurs arrêts (payant).* Née à La Chauds-de-Fonds, dans le Jura suisse, Elisa Hensler passe une partie de sa jeunesse à Boston, où sa famille a émigré. De retour en Europe, la voici cantatrice à Milan. En tournée à Lisbonne en 1860, elle séduit le roi Ferdinand II, qui est veuf. Il la hisse au rang de comtesse d'Edla et l'épouse. La jeune femme est passionnée de botanique et son monarque de mari lui fait bâtir, en 1870, pour mieux profiter du parc de Pena, ce drôle de chalet aux huisseries soulignées de chêne-liège. Vu de l'extérieur, on jurerait la maison de Blanche-Neige... La comtesse aurait dessiné elle-même les plans en s'inspirant des chalets américains. L'intérieur, très largement restauré après un incendie, est quasiment vide ; on y retrouve dans 2 pièces des murs tapissés de panneaux de chêne-liège.

DANS LES ENVIRONS DE SINTRA

Parque e palácio de Monserrate : *à 4 km à l'ouest de Sintra, sur la N-375. ☎ 219-237-300. • parquesdesintra.pt • Bus n° 435 (1,10 €). Une navette électrique circule en outre dans le parc, entre l'entrée et le palais (2,50 € A/R), tlj 11h-19h (10h-17h en hiver). Fin mars-fin oct, parc ouv tlj 9h30-20h ; le reste de l'année,*

tlj 10h-18h ; dernière entrée 1h avt fermeture. Le palais ferme 1h plus tôt ; dernière entrée 45 mn avt en été et 30 mn en hiver. Billet : 8 € ; réduc. Audioguide (en anglais, en espagnol et en portugais seulement) 3 €.
À l'origine, vers 1540, il y a là une chapelle consacrée à Notre-Dame de Monserrate et le domaine appartient à un hôpital. En 1789, un riche homme d'affaires anglais (d'origine française), Gérard de Visme, y fait édifier un 1er palais néogothique – qu'il loue en 1793-1794 à l'écrivain voyageur ***William Beckford*** (1760-1844), héritier d'une colossale fortune constituée grâce à des plantations de sucre jamaïcaines. En 1809, ***lord Byron*** découvre le domaine en ruines et tombe sous son charme romantique, contribuant à placer Sintra sur la carte du monde d'alors. Un demi-siècle plus tard, un autre Anglais débarque : ***Francis Cook*** (1817-1901), un millionnaire enrichi dans le commerce des textiles, propriétaire d'une des plus belles collections d'œuvres d'art du Royaume-Uni. C'est lui qui conçoit le jardin romantique et l'architecture de style moghol (Inde) du palais, en modifiant le plan initial.

Le palais
Le style est éclectique, mêlant aux grands élans orientaux des influences mauresques et gothiques... Le hall central, octogonal, donne le ton avec sa fontaine en marbre Renaissance et son incroyable couloir encadré d'une forêt de colonnes de porphyre surmontées d'éléments décoratifs à claire-voie. Les panneaux finement ciselés viennent d'Inde. Si la plupart des pièces sont vides, tout au bout, on accède au grand ***salon de musique,*** rond et très lumineux, surmonté d'une coupole en stuc aux motifs floraux dorés. L'acoustique y est excellente. À voir aussi : la bibliothèque aux rayonnages en noyer.

Le parc
Beckford et surtout Cook n'ont pas lésiné sur les arbres exotiques, les promontoires et les promenades. Ce parc à l'anglaise, irrégulier, terriblement décadent, voit se côtoyer cyprès funèbre et *Ginkgo biloba* chinois, figuier des îles Fidji, pin de Norfolk (le plus haut du jardin), cocotiers du Chili, cèdre de l'Atlas, bunya-bunya et kauri australiens, jardins du Japon et du Mexique, et aussi arbousiers, chênes-lièges, et même une belle roseraie restaurée par le prince Charles en 2011. Coup d'œil attendri sur la (fausse) chapelle en ruines envahie par un *Ficus macrophylla,* où un banc invite à s'oublier.

GAZON D'AVANT-GARDE

Le gazon qui pousse devant le palais de Monserrate est le premier à avoir été planté au Portugal. Son origine remonte au XVIIIe s, dit-on. Il a exigé et exige encore un système d'arrosage sophistiqué.

Convento dos Capuchos : *à 7 km, entre Sintra et le cabo da Roca, par la route qui monte au palácio da Pena, puis à droite (fléché). ☎ 219-237-300. • parquesdesintra.pt • Desservi par les bus City Sightseeing (chers), sinon il faut être motorisé. Fin mars-fin oct, tlj 9h30-20h ; fin oct-fin mars, tlj 10h-18h ; dernière entrée 1h avt fermeture. Entrée : 7 € ; réduc. Audioguide (en anglais, en espagnol ou en portugais seulement) 3 €.* Construit au XVIe s au cœur d'un chaos rocheux et de la forêt, dans un esprit d'harmonie avec la nature, cet incroyable monastère de poche a été habité jusque vers le milieu du XIXe s par 8 moines franciscains. L'entrée, masquée par des rochers, conduit dans un monde miniature : minichapelle, cellules lilliputiennes où l'on pénètre en se baissant à demi, miniréfectoire, cuisine (où l'on peut se tenir debout), latrines creusées dans le roc et autres micro-pièces semi-rupestres. Partout, le liège recouvre les portes, les fenêtres et les plafonds pour protéger le lieu de l'humidité. C'était là le seul luxe de ces religieux obligés de vivre courbés. En contrebas, un potager. Et au-dessus, une grotte consacrée à la méditation.

Santuário da Peninha : *à 6 km à l'ouest du convento dos Capuchos par la petite route d'Azóia.* Après une courte ascension à pied, vous bénéficierez d'un superbe point de vue sur la côte et toute la région depuis ce monastère abandonné. Sa chapelle (souvent ouverte) est entièrement tapissée d'*azulejos,* voûtes incluses. De là, on rejoint la côte en 3 km, près du cabo da Roca, en traversant une superbe forêt méditerranéenne (parc naturel de Sintra-Cascais).

Les plages : la côte de Sintra est soulignée de plusieurs plages blotties entre les falaises – praia da Adraga, praia Grande, praia das Maçãs, praia do Magoito... Voir plus haut « En suivant la route côtière vers Sintra ».

Randonnées pédestres

La région se prête bien à la randonnée, tant aux portes de Sintra que dans sa serra. Le site de l'*Instituto da Conservação da Natureza e das Florestas (• icnf.pt/portal/turnatur/visit-ap/pn/pnsc •),* ou ICNF, propose des petits parcours pédestres dans cette zone classée parc naturel, qui s'étale entre l'embouchure de la rivière Falcao et Cascais. Eucalyptus, lauriers, arbousiers, chênes verts, fougères et genêts poussent en pagaille sur ces terrains volcaniques. On peut télécharger les PDF, bien faits mais en portugais seulement.

Les parcs et châteaux : 4 itinéraires de petite randonnée permettent de grimper depuis Sintra vers le castelo dos Mouros et le palácio da Pena. Le plus emprunté débute en haut de la vieille ville, rua Marechal Saldanha, avant de se hisser vers l'église Santa Maria et le départ du sentier (fléché), qui progresse joliment dans les sous-bois. Compter 45 mn de montée jusqu'au château maure depuis le centre historique. On peut ensuite poursuivre vers Pena, soit par un autre chemin, soit par la route (10-15 mn).
Une montée moins classique est possible via la ***villa Sassetti*** (de style Renaissance italienne) et ses jardins étagés sur la colline. Départ au tout début de la route montant au palácio da Pena, côté gauche. On contourne alors totalement le château maure par l'est. Pour plus de détails, demandez la brochure *Pedestrian Route* à l'office de tourisme.

MAFRA (2640) 18 000 hab.

Le principal intérêt de cette petite ville est de posséder le palais-monastère le plus vaste de toute la péninsule Ibérique, posé en plein centre. Un écrivain prétendait qu'il fallait le visiter « à titre de pénitence ». Pas de grands jardins ombragés ici, ni aucun écrin de verdure, mais l'intérieur, gigantesque, révèle quelques très belles pièces.

➢ Bus *Mafrense (• mafrense.pt •)* de/vers Portela de Sintra (50 mn), Lisbonne (45 mn-1h) et Ericeira (35 mn).

Adresse utile

Posto de turismo de Mafra : *av. Movimento das Forças Armadas (juste au sud du palais).* ☎ *261-817-170. • cm-mafra.pt/turismo • Tlj sauf 1er janv, dimanche de Pâques, 1er mai, jeudi de l'Ascension et Noël 10h-13h, 14h-18h.*

Où manger sur le pouce ? Où boire un verre ? Où manger une glace ?

Padaria e Pastelaria Polo Norte : *praça da República. Sur la place face au palácio. Tostas dès 2,50-3 €.* On peut déjeuner simplement de petits plats (affichés au tableau) dans la salle de cette boulangerie ou grignoter ses bonnes pâtisseries et viennoiseries. En prime : des crêpes, des gaufres et même des glaces maison.

Esplanada Real : *praça da República. Tlj 9h-22h (plus tard en été).* Ce bar occupe un cube de verre juste en face de la *Padaria e Pastelaria Polo Norte.* Il n'y a que 4 tables pour les mauvais jours, mais l'immense terrasse ensoleillée compense largement ! Pratique pour boire un verre et grignoter un toast ou un burger.

À voir

Palácio nacional de Mafra : *☎ 261-817-550. • palaciomafra.pt • Tlj sauf mar et j. fériés 9h30-17h30 (16h pour la bibliothèque) ; dernière entrée 1h avt fermeture. Fermé 1er janv, dimanche de Pâques, 1er mai, jeudi de l'Ascension et Noël. Entrée : 6 € ; réduc ; gratuit moins de 12 ans. Brochure en français : 1 €. Certains guides sont en costume d'époque !*

Bâti au XVIIIe s sur 3,8 ha, l'édifice possède 1 200 pièces et plus de 4 700 portes et fenêtres ! À l'origine, ce devait être un modeste couvent que le roi João V avait promis d'édifier si la Providence lui accordait un héritier. Il fut entendu. Mais la visite du palais de l'Escurial de son rival espagnol, le roi Philippe II, le mit au défi de faire mieux. Tout l'or venu du Brésil y passa entre 1717 et 1730. Quelque 50 000 ouvriers furent employés à la tâche, dont pléthore d'artisans et artistes portugais, italiens et français. L'ensemble, conçu par un architecte prussien dans un style baroque, en calcaires polychromes de la région, dégage pourtant au final une indéniable impression de lourdeur... Le palais fut surtout fréquenté par les rois à l'occasion des festivités religieuses ou pour la chasse.

Le monastère et le palais

Les quelque 300 moines (franciscains) occupaient le rez-de-chaussée. La visite commence là, par l'***hospice,*** avec sa série de chambres-couchettes et sa pharmacie. Remarquez, dans une pièce isolée, le lit à 4 hauts côtés réservé aux patients souffrant de fièvres et aux « moines fous » ! La partie arrière est, elle, encore occupée par une école d'infanterie.

À l'étage, les tours nord et sud, reliées par ***la plus longue galerie d'Europe*** (232 m !), monumentale, étaient dévolues respectivement aux ***appartements du roi et de la reine,*** qui fonctionnaient séparément – chacun avec ses propres cuisines et quartiers de domestiques. Les pièces, immenses, présentent plafonds peints à fresques, tapisseries flamandes et mobilier d'époque un peu épars. Au centre de l'aile ouest, la ***sala de Bênção*** ouvre sur la place et le balcon d'où les monarques saluaient la foule. Les appartements de la reine, un peu plus cosy, révèlent une sympathique salle de bains peinte d'une scène bucolique aux oiseaux, sur fond bleu.

CRISE DE FOI

L'hospice du monastère occupant l'étage inférieur du palais national de Mafra témoigne d'un certain confort : les malades y avaient droit à des espaces privatifs séparés par des cloisons. Il n'était pas question pour autant qu'ils délaissent leurs devoirs. Le dimanche, leurs lits étaient tirés vers le centre de l'immense pièce pour qu'ils puissent suivre la messe !

> **LA RONDE DES CHAUVES-SOURIS**
>
> *Les conservateurs de la bibliothèque du palais de Mafra ont trouvé une manière originale d'assurer la conservation des livres : des orifices ont été créés pour permettre aux chauves-souris d'y pénétrer la nuit et de bouloter les insectes ravageurs !*

De là, on pénètre dans l'aile sud, non moins colossale, jetant au passage un coup d'œil à l'ancêtre du flipper conservé dans la *salle de Jeux* et aux (affreux) chaises et fauteuils en bois de cerfs de la *salle de la Chasse*... Au bout, tout au bout, on atteint l'imposante ***bibliothèque*** baroque, clou de la visite. Longue de... 85 m, elle abrite 36 000 ouvrages (dont certains incunables), entreposés sur des rayonnages en bois du Brésil. C'est l'une des plus importantes du Siècle des lumières.

La basilique

Accessible depuis la place, la basilique *(fermée 13h-14h),* baroque elle aussi, détonne surtout par ses proportions. Sa coupole culmine à 66 m de haut ! Le roi João VI y fit installer 6 orgues, pièces maîtresses d'un festival international organisé à la fin mai.

Tapada nacíonal de Mafra : *portão do Codeçal. ☎ 261-814-240. • tapadademafra.pt • Tlj 9h30-18h. Entrée : 5 € ; billet famille (2 adultes et 2 enfants de moins de 12 ans) 17 €. Activités payantes en sus.* Créée au temps du roi João V comme parc de loisirs pour le roi et sa cour, la Tapada nacíonal de Mafra couvre 1 187 ha, totalement entourés de murailles sur 21 km. La forêt occupe presque tout l'espace et on peut y trouver, en liberté, daims, cerfs, sangliers et autres animaux. Nombreuses activités : balades pédestres, cyclistes (VTT) et équestres, atelier d'apiculture, tir à l'arc, balade nocturne, circuits en charrette et petit train, etc.

ERICEIRA (2655) 10 260 hab.

• Plan *p. 197*

À 23 km au nord-ouest de Sintra et à 14 km de Mafra, ce port de pêche tisse son réseau de ruelles au sommet d'une falaise plongeant dans l'océan. En contrebas, les bateaux sont soigneusement garés côte à côte, sur le bitume qui borde la praia dos Pescadores, tandis que, dans le vieux centre – largement piéton –, Ericeira bichonne ses photogéniques maisons blanches soulignées de bleu, reflétant les lumières du ciel et de la mer. La ville a su maintenir les promoteurs à sa périphérie. Mais pas les visiteurs : le tourisme est devenu l'activité principale et un grand nombre de surfeurs fréquentent les spots du coin. Les vagues sont puissantes et franches, offrant de bons déroulés sur de belles longueurs.

Arriver – Quitter

Terminal de bus *(Centro Rodoviário Municipal ; hors plan par B1) : sur la route N-247, env 500 m au nord du centre, à la hauteur de la praia do Norte. Ttes les liaisons sont assurées par la compagnie* Mafrense. *• mafrense.pt •*

➢ ***Lisbonne (Campo Grande) via Mafra :*** ttes les 10 mn à 1h

(fréquences réduites le w-e). Trajet : 45 mn-1h20.
➢ ***Portela de Sintra :*** env ttes les heures lun-ven 6h20-19h25. Ttes les 2h w-e et j. fériés 7h25-19h25. Trajet : 50 mn. Portela de Sintra est juste à l'est de Sintra (2 km).

Adresse utile

Office de tourisme *(plan B1) : rua Dr Eduardo Burnay, 46. ☎ 261-863-122. • cm-mafra.pt/turismo • Tlj 10h-18h (19h juin et sept, 20h juil-août).* Accueil francophone. Plan de la ville et des environs, horaires des bus, livret des spots de surf, horaires des marées, etc. L'étage abrite une exposition consacrée aux spots de surf du secteur, classé « *surf reserve* ».

Où dormir ?

Camping

Ericeira Camping *(hors plan par B1,* ***10****) : Estrada Naciónal 247, Km 49,4. ☎ 261-862-706. • ericeiracamping.com • À 1 km au nord de la ville. Réception fermée à Noël. Compter 16-24 € pour 2 avec tente et voiture ; bungalows 45-130 €.* Ce camping municipal est à 3 mn de la plage et des vagues (avec *surf shop* à l'entrée). La partie centrale sous les pins est réservée aux résidents ; les temporaires se retrouvent sur les flancs, dans des secteurs souvent découverts et pas toujours bien nettoyés... Privilégiez la zone de *campismo libre* (ombragée) proche du bâtiment sanitaire B8, au fond. Sanitaires corrects, sans plus. Les cabanons sont quasi aveugles... Les grands chalets récents sont bien mais donnent sur le parking et la route côtière... Pizzeria, minimarché, laverie, aire de jeux.

Auberges pour surfeurs

Fisherman's House *(plan B2,* ***15****) : rua Alves Crespo, 1 A. 927-094-178. • fishermanshouse.ericeira@gmail.com • Dortoirs 4-6 lits 18-25 €/pers selon saison. Petit déj compris.* Ouverte par la charmante Anna dans la maison familiale, cette AJ plutôt *roots* se résume à une cuisine (avec surf dans son coin), 3 dortoirs pas bien grands (tablette, lumière et prise pour chacun) et 1 douche par étage. L'ensemble est propre mais le confort un peu sommaire au 2e étage (matelas sur des palettes). Qu'importe, on vient avant tout ici pour faire des rencontres, à prolonger à l'*Adega Bar* (musique live le vendredi à la belle saison).

Blue Buddha Hostel *(hors plan par B1,* ***11****) : Urbanização Moinhos do Mar, Casa 1. 911-111-071. • bluebuddhahostel@gmail.com • bluebuddhahostel.com • Dans une résidence, à la sortie nord de la ville (avt le camping) ; c'est la 1re villa en entrant (demandez au gardien). Doubles 55-93 € ; pas de petit déj.* L'accueil se fait à l'adresse ci-dessus, une villa moderne transformée en une petite AJ pimpante, gentiment design, où cohabitent dortoirs et chambres avec ou sans salle de bains. On y trouve cuisine équipée et confortable salon, et la résidence possède même tennis et piscine (payants). D'esprit identique, les boss possèdent plus près du centre le *Blue Buddha Lone Surfer Hostel (largo de São Sebastião, 10)* et la *Blue Buddha Beach House (rua Florêncio Granate, 19).* Dans tous les cas : cours de surf et location de planches.

Sea U Soon Hostel *(hors plan par B2,* ***17****) : rua Comandante M. Freire, 6. ☎ 261-867-933. 966-509-151. • seausoon@sea-u-soon.com • sea-u-soon.com • À la sortie sud d'Ericeira, par la rua Carrasqueira da Vila, face à l'accès à la praia do Sul ; c'est tt de suite à gauche. Doubles sans ou avec sdb 45-90 € selon saison.* La citation du Duke (Kahanamoku), premier empereur du surf hawaïen, donne le ton : « En dehors de l'eau, je ne suis rien »... Cette AJ privée tout en

LES ENVIRONS DE LISBONNE

ERICEIRA

Adresse utile

- Office de tourisme (B1)

Où dormir ?

- **10** Ericeira Camping (hors plan par B1)
- **11** Blue Buddha Hostel (hors plan par B1)
- **12** Hospedaria Bernardo (B1)
- **13** Hotel Pedro O Pescador (B2)
- **14** Residencial Vinnus (B1)
- **15** Fisherman's House (B2)
- **16** Vila Galé Ericeira (A2)
- **17** Sea U Soon Hostel (hors plan par B2)
- **18** Residencial Fortunato (B2)
- **19** Hotel Camarão (B1)
- **20** Casa das Aguarelas (A-B1)

Où manger ?

- **30** Taberna O Lebre (B1)
- **31** Mar d'Areia (B1)
- **32** O Farol (B2)
- **33** Tasquinha do Joy (B1)
- **34** Canastra (A2)
- **35** Esplanada Furnas (A2)

Où manger un bon oursin ?

- **33** Casa da Fernanda (B1)

Où boire un verre ? Où écouter de la musique et danser ? Où combattre sa claustrophobie ?

- **15** Adega Bar (A-B2)
- **40** Sunset Bamboo Bar (B1)
- **41** Tik Tak (B1)
- **42** Tik Tapas (B2)
- **43** Tubo (B1)
- **44** Discoteca Ouriços (A2)
- **45** Ericeira Escape Game (B2)

blanc et turquoise, installée dans une sorte de petit ensemble résidentiel moderne, est à seulement 2 mn du sable et des vagues (de l'autre côté de la route). Hyper propre, elle abrite juste un grand dortoir ouvrant sur une terrasse ensoleillée face à la mer et 3 chambres – dont une avec sa propre salle de bains. Cuisine, salon, tout est impeccable.

De bon marché à prix moyens

Les adresses qui suivent sont avant tout fonctionnelles. Elles sont mal insonorisées et n'ont pas l'AC (exceptée la dernière).

Hospedaria Bernardo *(plan B1, **12**) : rua Prudêncio Franco da Trindade, 11. ☎ 261-862-378. • info@hospedariabernardo.com • hospedariabernardo.com • Doubles 45-50 € selon taille, confort (sans ou avec sdb) et saison ; pas de petit déj.* Cette pension date un peu, avec ses sols des années 1970 et son goût d'autrefois, mais elle affiche des tarifs bas et a même changé ses vieilles TV. Certaines chambres sont plus agréables que d'autres, avec coin cuisine, voire petit salon et grand balcon ; demandez à voir. La proprio parle un peu français.

Residencial Fortunato *(plan B2, **18**) : rua Dr Eduardo Burnay, 45. ☎ 261-862-829. • residencialfortunato.com • Congés : 2de quinzaine d'oct. Doubles 35-85 € selon saison, petit déj (léger) inclus juin-sept. Parking 3 €. Sur présentation de ce guide, 5 % de réduc sur le prix de la chambre.* Le proprio parle très bien le français et son fils se débrouille aussi. Pas de folies, ici, juste des petites chambres simples mais propres, très abordables, avec l'essentiel. Les plus chères ont une terrasse avec vue sur mer.

Residencial Vinnus *(plan B1, **14**) : rua Prudêncio Franco da Trindade, 19. ☎ 261-866-933. • info@vinnusguesthouse.com • vinnusguesthouse.com • Doubles 35-80 € selon taille, confort et saison.* L'adresse, proprette et sans prétention, fait un effort de décoration avec ses toiles modernes aux murs. Les chambres nos 15 et 25 (triples) ont une cuisine.

Hotel Pedro O Pescador *(plan B2, **13**) : rua Dr Eduardo Burnay, 22. ☎ 261-869-121. • info@hotelpedropescador.com • hotelpedropescador.com • Doubles 40-75 € selon saison, petit déj compris.* Un poil plus actuel que les précédents, ce petit hôtel aligne des chambres simples mais très correctes, avec parquet flottant, baignoire et AC. Certaines profitent d'un bout de vue sur l'océan. 2 triples aussi.

Plus chic

Hotel Camarão *(plan B1, **19**) : travessa do Espírito Santo. ☎ 261-862-665. • reservas@hotelcamarao.com • hotelcamarao.com • Congés : déc-janv. Doubles 65-95 € selon saison, petit déj inclus.* Tout blanc et très bien tenu, cet hôtel amarré au calme, à l'orée du marché, dispose de 24 chambres plutôt standard mais bien équipées pour un 2-étoiles (frigo, AC, TV à écran plat). Il y a même 2 *Premium,* plus spacieuses, avec TV XXL, machine *Nespresso* et sèche-cheveux.

Casa das Aguarelas *(plan A-B1, **20**) : travessa do Honrado, 1. ☎ 261-866-837. • reservas@casadasaguarelas.pt • casadasaguarelas.pt • Doubles et studios 58,50-120 € selon saison.* Occupant une vieille maison du bourg joliment rénovée, l'adresse semble hésiter entre l'hôtel et la *guesthouse.* Les 12 chambres, dont 5 triples et familiales, sont douillettes et très lumineuses. Elles jouent le contraste entre blancs étincelants et touches colorées, sols en coco et éléments anciens restaurés. Certaines ont une kitchenette et tout est vraiment impeccable.

Vila Galé Ericeira *(plan A2, **16**) : largo dos Navegantes, 1. ☎ 261-869-900. • ericeira@vilagale.com • vilagale.com • Doubles 90-320 € selon vue, confort et saison, petit déj et parking inclus (pas toujours assez grand en été). Voir aussi les offres sur le site.* Surplombant avec superbe la praia do Sul et les flots, cet hôtel historique bien rénové devrait séduire ceux qui voudraient se faire une petite gâterie !

LES ENVIRONS DE LISBONNE

Les chambres sont tout confort et quelques-unes ont une véranda. Pour se divertir : pas moins de 3 piscines dominant la mer sur une immense terrasse écrasée de soleil, spa et bar.

Où manger ?

Très bon marché

|●| *Taberna O Lebre* *(plan B1,* ***30****) : rua da Misericórdia, 3. ☎ 261-863-546. Congés : 2de quinzaine de mai. Tlj sauf dim 11h-minuit (2h en été).* L'iconique « Lièvre » est très apprécié pour ses bons *pregos* (sandwichs au steak) pas chers du tout. Au menu, il y a aussi 2 salades, une soupe à la morue *(2 € !)* et des burgers, tout aussi abordables. Accueil souriant.

De bon marché à prix moyens

|●| *Mar d'Areia* *(plan B1,* ***31****) : rua da Fonte do Cabo, 49. ☎ 261-862-222. Tlj sauf lun 12h-15h et 19h30-22h. Plats 9-20 €.* Par l'odeur des grillades alléchés, on monte quelques marches pour choisir poissons et crustacés. Puis on s'attable dans la salle blanc et bleu, ornée de bois, de vieilles photos du port et d'objets marins. Un lieu fréquenté par des habitués, savoureux et sans chichis, en un mot : *tradicional !*

|●| *O Farol* *(plan B2,* ***32****) : rua do Ericeira, 14. ☎ 261-862-355. Le midi seulement. Repas complet 10-12 €.* Difficile de faire plus frais et plus simple : du poisson grillé sous vos yeux, sur un brasero posé dans la rue, servi avec une (grosse) salade de crudités. Les locaux viennent en nombre le week-end, alors il faudra sans doute jouer un peu des coudes. À l'intérieur : une collection de coupes au-dessus du bar.

|●| *Tasquinha do Joy* *(plan B1,* ***33****) : largo das Ribas, 34. 📱 935-919-232. Tlj 12h-minuit (10h lun-mar). Pregos et plats 2,40-18 € ; le midi en sem, plat du jour 6 €, menus 8-12 €.* Ancrée au-dessus de la plage des pêcheurs, sur une placette très populaire au coucher du soleil, cette petite cantine propose une cuisine sans chichis, ultra-copieuse. On vous met au défi de finir votre morue ou votre *cataplana* ! Ceux qui n'auront pas réussi à dénicher une table en terrasse (elles sont très demandées !) auront droit à l'inévitable téléviseur à l'intérieur. Bon accueil.

De prix moyens à plus chic

|●| *Canastra* *(plan A2,* ***34****) : rua Capitão João Lopes, 8 A. ☎ 261-865-367. • info@restaurantecanastra.com • Sur la corniche au-dessus du port. Tlj sauf mer en basse saison. Compter 18-25 €. CB étrangères refusées.* Les quelques tables extérieures de ce petit resto tombent du ciel... pour les chanceux qui y prennent un bain de soleil couchant, accompagné d'un verre et de quelques crevettes. On prolonge avec plaisir par de bons poissons grillés (au poids) et des palourdes. Accueil excellent, mais attention quand même à la note !

|●| *Esplanada Furnas* *(plan A2,* ***35****) : rua das Furnas, 2. ☎ 261-864-870. • caetanorodrigues@sapo.pt • Tlj 12h-16h, 19h-22h. Compter min 20 €.* Ce restaurant moderne, construit directement sur les rochers, dresse ses grandes baies vitrées contre les assauts de la mer. Il se la joue un peu, mais il reste un grand classique du secteur. On choisit son poisson à l'entrée et il est directement pesé sous vos yeux, ce qui évite les mauvaises surprises ultérieures... La belle carte des vins liste même 2 margaux 1970 !

Où manger un bon oursin ?

|●| *Casa da Fernanda* *(plan B1,* ***33****) : largo das Ribas, 29 A. ☎ 261-866-504. Tlj sauf mar.* Chez Fernanda, le sourire de la patronne est de rigueur. On vient y picorer quelques *ouriços,* ces « oursins » (emblème local) sans épines un peu caramélisés, à base d'œuf. Les tartes aux noix de pécan ne sont pas mal non plus et la terrasse sur la placette est parfaite, avec la grande bleue à l'œil et un bon jus d'orange frais en main.

Où boire un verre ? Où écouter de la musique et danser ? Où combattre sa claustrophobie ?

Plusieurs *pastelerias* et cafés populaires propulsent leurs terrasses sur la praça da República *(plan B1).*

Sunset Bamboo Bar *(plan B1, **40**) : travessa do Jogo da Bola, 3. ☎ 261-864-827. Tlj (sauf mer sept-mai) 10h-23h (2h w-e).* Happy hour *19h-20h en hte saison. Congés : nov.* Mobilier de bambou sur la terrasse, pulsations surf-reggae à l'intérieur, tout ça incite à se rafraîchir en buvant une bière ou un bon jus naturel. Musique live les jeudis d'août.

Tik Tak *(plan B1, **41**) : rua 5 de Outubro, 7. ☎ 261-863-246. • tiktak@sapo.pt • Tlj 19h-23h (le w-e 12h30-15h, 19h-23h30).* Ce resto assez animé et coloré, avec salle plus intime à l'étage, joue à fond la carte touristique. On peut très bien s'y contenter de tapas et de boissons. Même punition au ***Tik Tapas*** *(plan B2, **42** ; rua do Ericeira, 15 ; tlj sauf lun),* tenu par le frère de celui-ci, où l'on choisit entre *tapas da tera* et *tapas do mar.*

Tubo *(plan B1, **43**) : travessa da Esperança, 5. ☎ 261-863-168. Tlj sauf dim 18h-2h.* Le *tubo,* c'est la vague tubulaire, le Graal du surfeur... Résultat : c'est ici le QG des jeunes tatoués aux cheveux blonds frisés, qui viennent s'engourdir de cocktails et de musique (live le mercredi). Le samedi (soirée DJ), ça déborde dans la ruelle, où l'on danse. Ambiance cool et *happy* de rigueur.

Discoteca Ouriços *(plan A2, **44**) : rua Capitão João Lopes, 9. ☎ 261-862-138. Ouv ven-sam 23h-6h.* Cette discothèque quinquagénaire (à l'enseigne de l'oursin) est connue dans tout le pays. Pas bien grande, presque plus bar, elle a vite fait de se transformer en boîte... de sardines l'été venu. Musique tendance commerciale avec quelques flash-backs 80's.

Et n'oubliez pas l'***Adega Bar,*** au pied du *Fisherman's House (plan B2, **15**).*

Ericeira Escape Game *(plan B2, **45**) : largo Santa Marta, 19. 913-199-367. • info.claustrophilia@gmail.com • ericeiraescapegame.com • Compter 50 €/équipe (jusqu'à 5 pers).* Le concept est hongrois et vicieux : réussirez-vous à sortir, en moins de 1h, d'une pièce dans laquelle vous êtes enfermé ? Il vous faudra pour cela résoudre des énigmes et mettre ensemble les pièces du puzzle. Super à faire en famille, si on parle un peu l'anglais !

À faire à Ericeira et dans les environs

Plages : dans le village, plusieurs anses sableuses se creusent au pied des falaises. Du nord au sud : *praia do Norte, praia dos Pescadores* (port) et *praia do Sul.* La première et la dernière sont très populaires auprès des surfeurs.

– ***Surf :*** en 2011, Ericeira s'est vue décerner le titre convoité de *world surfing reserve* (la seule en Europe). Il n'y en a qu'une douzaine au monde, désignées ainsi pour la qualité et la variété de leurs spots. À Ericeira, on en répertorie 7 sur 4 km de côtes (demandez le petit guide édité par l'office de tourisme). Parmi les plus célèbres, citons Coxos, une droite longue réputée pour ses *tubos,* et Ribeira d'Ilhas, accessible à tous les niveaux, où ont été organisées de nombreuses compétitions. Plusieurs AJ et une douzaine de clubs et écoles se spécialisent dans cette activité.

AU SUD DU TAGE : LA PÉNINSULE DE SETÚBAL

• Carte *p. 202-203*

Zone de transition entre le monde urbain et les espaces sauvages de l'Alentejo, la péninsule de Setúbal est délimitée au nord par le Tage et au sud par le vaste estuaire protégé du río Sado. Sa façade océanique s'étire en une longue bande de sable, où de belles vagues déroulent leurs crêtes d'écume, attirant la foule chaque week-end. Le cabo Espichel, drapé dans ses falaises et ses bruines, qui servit de décor au cinéaste chilien Raoul Ruiz pour l'adaptation de *L'Île au trésor,* la termine au sud.
Puis voilà la jolie serra da Arrábida. Étonnamment préservée, cette petite chaîne de montagnes, classée parc naturel, livre au regard vignobles, attachantes bourgades rurales et points de vue plongeant sur l'océan depuis la route en corniche qui s'agrippe à son flanc méridional. On adore ! À son pied s'amarre la petite ville balnéaire de Sesimbra et, de l'autre, le port de pêche de Setúbal, porte d'entrée de la réserve naturelle de l'estuaire du Sado. Bref, le secteur ne manque pas d'intérêt !

CACILHAS (2800) 6 000 hab.

Pour quitter ou aborder Lisbonne à la manière des marins de jadis, embarquez donc pour Cacilhas ! Certes, le ferry local n'a pas le panache des caravelles d'antan, mais il vous fera néanmoins traverser la mer – de Paille – et le Tage pour découvrir de son bord un vaste panorama sur la capitale. Grimpez au Cristo Rei, pour mieux voir encore, avant de s'offrir un déjeuner de poisson ou une remontée dans le temps à bord d'un vieux trois-mâts de l'époque de la route des Indes.

Arriver – Quitter

En bateau

➢ ***Liaison entre Cais do Sodré (Lisbonne) et Cacilhas :*** ☎ *808-20-30-50.* • *transtejo.pt* • Tlj 5h20-1h20, ttes les 10-30 mn en sem, ttes les 15-40 mn le w-e. Durée : 10 mn. Billet : 1,25 € l'aller.

En bus

Transportes Sul do Tejo *(TST)* ***:*** ☎ *707-508-509.* • *tsuldotejo.pt* • *À la sortie du débarcadère, à gauche.*
➢ ***Costa da Caparica :*** bus n°s 124 (tlj 6h05-0h40, dernier retour 1h20) ou 135 (ttes les 30-40 mn lun-ven 7h-20h15, le w-e 7h30-20h30 ; dernier retour à 20h). Trajet : 30 mn.
➢ ***Fonte da Telha*** *(plage au sud de Costa de Caparica)* ***:*** bus n°s 127 (ttes les heures lun-ven 6h25-minuit. Ttes les 40 mn à 2h le w-e 6h35-23h20) ou 145 (moins fréquent).

En voiture

– ***Mieux vaut éviter d'y aller en voiture en saison*** en raison des embouteillages et de la difficulté à se garer. Pour les récalcitrants : traverser le

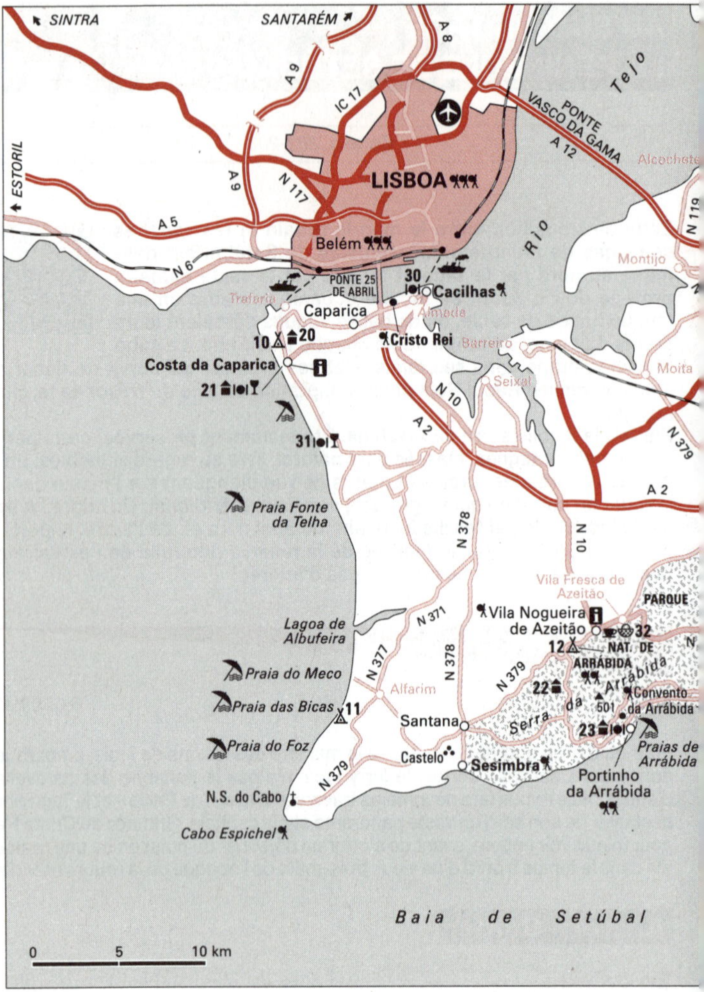

Où dormir ?

10 Camping Orbitur
11 Campimeco
12 Club de campismo de Barreiro
20 Caparica Sun Centre
21 Lost Caparica Surf House Bed & Breakfast et Wave Spot Surfhouse
22 YMCA Camp Alambre

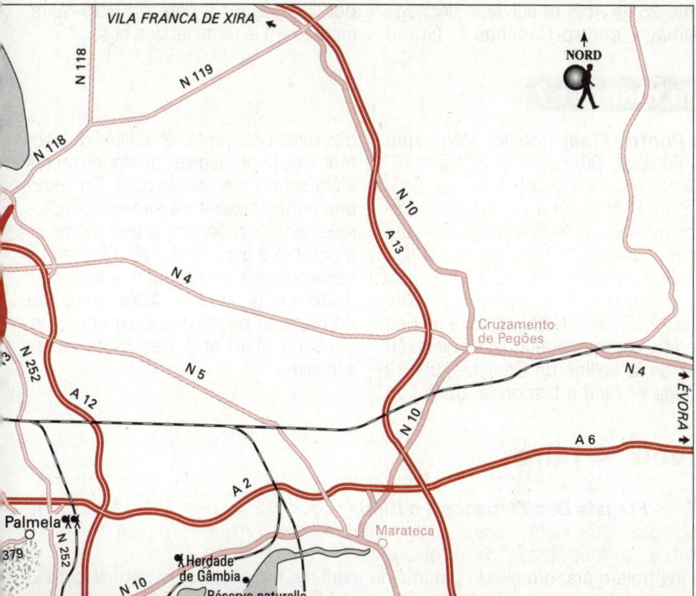

LA PÉNINSULE DE SETÚBAL

23 Casa da Adoa Guest House	**23** Restaurante Farol
Où manger ? Où faire provision de bons produits ?	**30** Ponto Final
	31 Bar-restaurant Princesa
21 Ahoy Coffee & Bar	**32** Pedaços de Azeitão

ponte 25 de Abril et suivre le fléchage « Almada centro-Cacilhas ». Grand parking payant à côté du trois-mâts, juste avant le terminal des bus.

Où manger ?

Ponto Final *(carte Péninsule de Setúbal,* ***30****) : cais do Ginjal, 72. ☎ 212-760-743. À la sortie du ferry, tourner tt de suite à droite, et suivre sur env 1 km (10-15 mn) le quai qui borde d'un côté le Tage, de l'autre des entrepôts désaffectés, en direction du ponte 25 de Abril. Tlj sauf mar 12h-23h. Plats 11,50-20 €.* Cette adresse un peu secrète, presque poétique, se niche au pied de la colline de Cacilhas, contre le Tage et face à Lisbonne, dans l'un des rares bâtiments réhabilités du secteur. Dès le printemps, quelques tables s'étalent dehors, sur le quai. On y sert une bonne cuisine traditionnelle, naturellement tournée vers la mer même si, d'octobre à avril, ressurgit la *feijoada a transmontana* (un ragoût aux haricots). Juste à côté, le resto **Atira-te ao Rio** ne manque pas de qualités non plus, dans un style et à des tarifs assez similaires.

À voir. À faire

Fragata Don Fernando II e Glória : *dock n° 2, au port. C'est à 100 m de la sortie du ferry, juste passé la gare routière. Tlj 10h (12h lun)-17h (18h mai-sept). Billet : 4 € ; réduc ; gratuit moins de 3 ans.*
Ce joli trois-mâts, orgueil du patrimoine maritime national, fut le dernier bateau portugais à faire la route des Indes. Construit à Daman (Inde) en 1843, il a parcouru l'équivalent de 5 fois le tour de la terre, de Lisbonne à Goa en passant par l'Angola et le Mozambique. Long de 83,40 m, il pouvait transporter jusqu'à 379 membres d'équipage et passagers. Presque détruit par un incendie en 1963, il a été reconstruit pour l'Expo de 1998.
Sur le 1er pont inférieur, on remarque le nombre important de canons : il y en avait 44 ! Tout a été méticuleusement reconstitué comme à l'époque : quartiers du commandant, mannequin de cire représentant un marin aux fers, fourneaux et, au 2d pont inférieur, infirmerie, mess et cabines des officiers, dortoirs exigus de l'équipage. Le bétail (moutons), embarqué pour passer à la casserole, n'avait pas de poste fixe...
– À côté de la frégate, on peut voir le ***submarino Barracuda,*** mis à la retraite en 2013 après 42 ans de bons et loyaux services.

Cristo Rei : *accès possible en voiture ou, du ferry, bus n° 101 ttes les 30 mn 7h40 (8h w-e)-20h30, retours 6h30 (8h25 w-e)-20h55. Ascenseur tlj 9h30-18h (18h45 1er-15 juil et 1er-20 sept, 19h30 de mi-juil à août). Tarif : 5 € ; gratuit moins de 7 ans.* Pourquoi ce Christ ? En revenant de Rio, en 1934, le cardinal Cerejeira avait été tellement impressionné par le Christ Rédempteur qu'il eut l'idée d'avoir le sien à Lisbonne. L'emplacement le plus spectaculaire était de l'autre côté du Tage. Haut de 28 m, inauguré le 17 mai 1959, ce Christ pèse quand même 40 t ! Belle vue sur Lisbonne et le pont.

COSTA DA CAPARICA (2825) 13 400 hab.

Costa da Caparica, c'est une interminable bande de sable fin face à l'océan, doublée d'une station balnéaire pas très jolie (bétonnée) mais si proche de Lisbonne... Au programme : surf et farniente dans les dunes.

Arriver – Quitter

En bus

Transportes Sul do Tejo *(TST)* **:** ☎ *707-508-509.* • *tsuldotejo.pt* • *Les bus se prennent rua Dr Horacio da Silva Louro, env 100 m à l'est de la praça da Liberdade – qui marque le bout de la rue piétonne rejoignant le front de mer.*

➢ ***Lisbonne :*** bus n° 161, le plus fréquent, ttes les 15-30 mn 6h55 (7h05 sam, 8h dim)-22h10 (22h le w-e) au départ de la praça Areeiro à Lisbonne, retours de Costa da Caparica 6h10 (6h20 sam, 7h15 dim)-21h25 (21h15 le w-e). Autres options : le n° 153 au départ de la praça de Espanha à Lisbonne ou le n° 155 depuis Marquês de Pombal, mais ils sont très peu fréquents. Seul avantage : le dernier retour est à minuit avec le n° 153. Env 40 mn de trajet sans embouteillages.

➢ ***Cacilhas :*** bus n°s 135 (rapide) et 124 (voir plus haut).

En bateau

➢ ***Depuis Belém :*** ttes les 1-2h pour Porto Brandão et Trafaria, à 3 km au nord de Costa da Caparica. De Belém : lun-ven 7h-22h, sam 7h30-21h30, dim 8h30-21h30. De Trafaria : lun-ven 6h40-21h30, sam 7h10-21h, dim 8h10-21h. Tarif : 1,20 €/passager et 2,75 €/voiture. Du débarcadère de Trafaria, bus n° 129 jusqu'à Costa da Caparica (ttes les 20-30 mn).

En voiture

➢ ***Depuis Lisbonne :*** prendre le ponte 25 de Abril puis l'IC20. Parkings au bout de l'av. 1° de Maio (dans le prolongement de la voie rapide), tout près de la plage ; vite pleins en été.

En petit train

■ ***Transpraia :*** ☎ *212-900-706.* Inauguré en 1960, ce charmant petit train circule le long des plages sur une voie de 60 cm, desservant 4 gares et 15 arrêts entre Costa da Caparica et la praia de Fonte da Telha, à 9 km au sud. Il fonctionne juin-sept, ttes les 30 mn 9h-19h30 (20h de mi-juin à mi-sept), avec un dernier retour de Fonte da Telha à 19h (19h30 de mi-juin à mi-sept). À Costa da Caparica, il se prend sur la plage même, av. General Humberto Delgado, à la hauteur du camping *Costa Nova* (1 km au sud du centre). Compter 5 € A/R jusqu'à la 9e station (zone 1), 8 € A/R au-delà (zone 2).

Adresse utile

Posto de Turismo da Costa da Caparica : *sur la plage.* ☎ *212-900-071. Lun-sam 9h30-13h, 14h-17h30.* Plans de la ville et du *concelho*, horaires des marées *(tabela de marés)*, des bus et des bateaux, etc. Accueil efficace et charmant.

Où dormir ?

Camping

Camping Orbitur *(carte Péninsule de Setúbal,* ***10****)* **:** *av. Afonso de Albuquerque, Santo António da Caparica.* ☎ *212-901-366.* • *infocaparica@orbitur.pt* • *orbitur.pt* • *En arrivant à Costa da Caparica par la voie rapide, prendre à droite au feu. Bus n°s 129 pour Belém ou 161 pour la praça de Areeiro (Lisbonne). Selon saison, 16-30 € pour 2 avec tente et voiture ; bungalows, caravanes et mobile homes 2-5 pers 28-140 € selon taille et période.* Si le cadre est plutôt urbain, ce grand camping est installé dans une pinède, à 1 km au nord du centre-ville ; la plage est à 500 m. Sur place : resto et épicerie *(mai-oct)*, terrain de jeux, laverie... Accueil sympa, souvent en français. Pour manger dans le coin, misez sur le ***Sonho Repetido*** *(av. do Oceano,*

21 A), simple et convivial, parfait pour un poisson grillé ou du poulpe dans la plus pure tradition portugaise.

Auberges de jeunesse

Caparica Sun Centre *(carte Péninsule de Setúbal,* **20***) : rua Bernardo Santareno, 3, Santo António da Caparica. ☎ 212-918-250. • reservas@caparicasuncentre.com • caparicasuncentre.com • En venant du centre, tourner à droite au 1er rond-point après le camping* Orbitur, *puis 1re à gauche. Mêmes bus que pour le camping. Congés : janv. Dortoirs 4-8 lits 15-18,50 €/pers selon période, doubles sans ou avec sdb 32-48 €, petit déj compris. Pas besoin de carte des AJ. Parking gratuit. Sur présentation de ce guide, 10 % de réduc sur le prix de la chambre.* À 10 mn à pied de la plage, cette grande AJ institutionnelle ne manque de rien : piscine, tennis (payant), vastes espaces communs, cuisine, chambres claires et dortoirs bien propres (mais sans lumière ni prise individuelle). Il y a des familiales avec un grand lit et un lit superposé. Formule hébergement et cours de bodyboard ou surf.

Lost Caparica Surf House Bed & Breakfast *(carte Péninsule de Setúbal,* **21***) : rua Dr Barros de Castro, 17. 917-552-202 ou 918-912-717. • lostcaparica@gmail.com • lostcaparica.com • Congés : 2 mois en hiver. Résa vivement conseillée. Dortoirs 4-6 lits 25-35 €/pers selon saison, doubles 50-65 €, appart 4 pers 120-140 €, petit déj inclus.* Envie de vous lancer sur les vagues ? Situé dans un quartier résidentiel central, à 300 m de la plage, le *Lost Caparica* est parfait pour débuter le surf dans une ambiance conviviale et internationale. Il existe divers forfaits avec hébergement et cours à des tarifs abordables. Sur place : 2 dortoirs, 4 chambres doubles, 1 appart, un bar avec terrasse bois pour le barbecue, une cuisine, un salon pour l'hiver et des planches en location.

Wave Spot Surfhouse *(carte Péninsule de Setúbal,* **21***) : rua Mestre Manuel, 7 A. 926-005-319 ou 919-928-073. • wavespotsurfhouse@hotmail.com • Dortoir 20-25 €/pers selon saison ; doubles 45-60 €.* En plein centre, dans une rue parallèle à la rua dos Pescadores (piétonne), cette petite AJ joue elle aussi la carte « surf à gogo », dans une ambiance discrète et chaleureuse. On y trouve 2 petites chambres, dont une ouvrant sur une grande terrasse à l'étage, une quadruple et un dortoir de 8 lits, partageant 2 salles de bains (une à chaque étage). L'ensemble est bien blanc, bien équipé, bien tenu. En prime : une cuisine ouvrant sur le coin salon, un barbecue, une douche pour se rincer au retour de la plage, des locations de vélos et de planches... et l'excellent accueil de Luís.

Où manger ? Où boire un verre ?

Votre budget coince ? Pour un en-cas pas fin mais vraiment pas cher, il y a ***A Merendeira,*** sur la rua dos Pescadores (la rue piétonne centrale). C'est une sorte de *McDo* à la portugaise, avec sandwich au chorizo et boisson à 3,20 €. Le pain est cuit sur place et la large terrasse a son charme.

Ahoy Coffee & Bar *(carte Péninsule de Setúbal,* **21***) : av. General Humberto Delgado, 27 B. 933-881-058. À 3 pas de la plage, derrière le grand parking situé au bout de l'av. 1ro de Mayo. Tlj sauf mer 12h-19h (17h dim). Petits plats 4-6 €.* On reste dans l'esprit surfeurs avec ce café cool au mobilier hétéroclite, où l'on dévore à belles dents salades bien fraîches, sandwichs, *bruschette* et autres *tostas* à prix ultra-démocratiques. Les jus de fruits frais sont servis dans des bocaux de confiture et le gingembre s'y invite souvent ! Seul le sourire du boss n'est pas donné : 1 million d'euros. C'est indiqué au mur.

Bar-restaurant Princesa *(carte Péninsule de Setúbal,* **31***) : praia da Princesa, à env 5 km au sud de Costa da Caparica. ☎ 211-541-242. • sol@praiaprincesa.com • Tlj sauf lun.*

Un caillebottis s'élance à l'assaut du sable. À l'horizon : une terrasse toute blanche, dressée face à l'océan et adossée aux dunes. Si chacune des 19 plages de la côte de Caparica dispose d'au moins un resto, on aime bien celui-ci, avec ses airs de bout du monde. Le service est un peu lent, les plats un peu chers, mais quel bonheur de s'oublier ici...

À faire

La côte forme une immense ***plage,*** étendue face au centre-ville et sur des kilomètres en direction du sud. Il y a très officiellement 19 plages, mais il s'agit en fait de la même, large et toujours adossée aux dunes, qui s'étire jusqu'à Fonte de Telha et même au-delà. Tout ce secteur est desservi par un sympathique petit train côtier (voir « Arriver – Quitter ») à la belle saison.
On vous conseille de vous éloigner un peu pour trouver des coins où la foule estivale est plus clairsemée, de préférence entre les plages 10 et 18 – également accessibles par la route N377-2 puis par une piste partant sur la droite. C'est dans ce secteur que vous trouverez le sympathique *Bar-restaurant Princesa* (voir « Où manger ? »). Mais en vérité, chaque plage-station possède soit une buvette, soit un bar-resto (et parfois les 2). Les plus actifs pourront pratiquer surf, bodyboard, windsurf et kitesurf – *beach breaks* consistants, assez courts mais puissants et rapides, sur fond sableux.

SESIMBRA

(2970) 18 200 hab.

• Plan *p. 209*

À 37 km au sud de Lisbonne, Sesimbra s'agrippe à la barre de falaises soulignant la côte sud de la péninsule de Setúbal, à l'ombre d'un *castelo* arabe juché sur une montagnette. La ville, au vieux centre attachant, nonobstant la corolle d'affreux édifices balnéaires poussée au large, semble glisser imperceptiblement vers la mer et la plage étroite qui l'encadre – agréable au printemps mais très fréquentée en été. Station à ses heures, Sesimbra est aussi un spot de plongée renommé et un port de pêche actif, qui fournit en produits de la mer les tables des nombreuses tavernes.

Arriver – Quitter

Gare routière *(plan B1) : av. da Liberdade.* Liaisons assurées par la compagnie *TST (Transportes Sul do Tejo ; ☎ 211-126-354 ou 707-508-509 ; • tsuldotejo.pt •).*

➢ ***Lisbonne*** *(praça da Espanha) :* bus nº 207, ttes les 30 mn à 2h30 lun-ven 6h10-18h15 de Sesimbra, 7h15-19h30 de Lisbonne. 4 bus seulement le w-e et j. fériés 8h40-18h15 de Sesimbra, 10h15-19h30 de Lisbonne. Le w-e juil-août : 7 bus 8h10-19h30 de Sesimbra, 9h45-21h de Lisbonne. Également le bus nº 260, peu fréquent (3-4 rotations/j.).

➢ ***Cacilhas :*** bus nº 203, ttes les 30 mn à... 3h45, 5h50 (6h le w-e)-20h30 de Sesimbra, 6h45 (7h15 le w-e)-22h de Cacilhas.

➢ ***Setúbal :*** bus nº 230, ttes les 1-2h lun-ven 6h20-19h de Sesimbra, 7h20-20h de Setúbal. 4 bus/j. seulement w-e et j. fériés.

Adresse utile

Office de tourisme *(plan A2) : dans la forteresse, sur le front de mer. ☎ 212-288-540. • turismo@cm-sesimbra.pt • visitsesimbra.pt • Tlj 9h30-18h30 (23h30 juil-août !, 20h 2de quinzaine de sept).* Bien documenté et accueillant. Plan de la ville et infos sur les activités sportives : surf, kitesurf, parapente, plongée, escalade...

Où dormir ?

Camping

Parque municipal de campismo Forte do Cavalo *(hors plan par A2,* ***10****) : porto de Abrigo. ☎ 212-288-508. • campismo.fortedocavalo@cm-sesimbra.pt • cm-sesimbra.pt • Env 1,5 km à l'ouest, passé le port de pêche (fléché). Bus n° 228 entre le centre et le port (8/j. lun-ven, 6 sam, aucun dim). Congés : janv. Vraiment pas cher : compter env 14 € pour 2 avec tente et voiture en été !* À flanc de colline, en surplomb du port de pêche (odeurs de poisson à la clé !), ce grand camping municipal dispose de plus de 500 emplacements en terrasses, la plupart ombragés par des pins ou des oliviers. En demi-saison, le lieu est fort agréable, mais en plein été, la promiscuité s'installe. Sanitaires corrects (pas d'eau chaude, en revanche !).

De bon marché à plus chic

A Bela Piscosa *(plan A2,* ***11****) : travessa Xavier da Silva, 2-6. ☎ 210-897-821. 📱 926-348-243. • abelapiscosassb@gmail.com • Congés : nov. Doubles 30-60 € selon saison ; familiales 70-90 €.* En plein centre, juste au-dessus du fort et de la plage, cette sympathique *guesthouse* joue une carte colorée avec sa réception-salon vert pistache (où trône un aquarium) et ses 9 chambres déclinant des notes roses, orange, turquoise ou bleues. La plupart partagent des sanitaires communs, mais il y a aussi 2 familiales avec salle de bains privée. Rapport qualité-prix-situation plus que satisfaisant !

Cerca da Vitória *(plan A2,* ***12****) : largo 5 de Outubro, 10, et rua Cândido dos Reis, 55. ☎ 212-233-040. • reservas@cercadavitoria.pt • cercadavitoria.pt • Studios 30-121 € selon saison ; apparts 4 pers 35-144 €.* Donnant sur l'une des principales places du centre, ce petit immeuble abrite 17 appartements récemment refaits, du studio au T2. Agréables, tous ont une cuisine complète, l'AC, une TV à écran plat, une machine à laver, et sont meublés façon *Ikea*. La mer est à 3 mn. Un excellent rapport qualité-prix, surtout en basse saison. Pour l'été, réservez 6 mois à l'avance !

Casa da Praça *(plan B2,* ***13****) : largo dos Bombaldes, 18. ☎ 218-015-238. 📱 967-022-595. • casadapraca.com • ♿ Réception fermée 22h-8h. Congés : Noël et 1re sem de janv. Doubles 70-150 € selon catégorie et saison, sans ou avec petit déj.* Surplombant un élégant bar lounge ouvert à la belle saison, ce petit hôtel (avec ascenseur) dispose de 16 jolies chambres aux noms d'émotions... Une nuit de « Passion » ou de « Bonheur », ça vous dit ? La déco, très léchée, intègre mobilier patiné indien et marocain, parquets poncés et peints, salles de bains turquoise avec vasque... La plupart disposent au moins d'une petite vue sur la mer. Très bien mais, en juillet-août, les prix explosent.

De plus chic à très chic

Sana Sesimbra Hotel *(plan B2,* ***14****) : av. 25 de Abril, 11. ☎ 212-289-000. • sanasesimbra@sanahotels.com • sesimbra.sanahotels.com • Doubles 70-248 € selon saison, petit déj inclus. Parking 10 €.* Parmi les blocs de béton en front de mer, celui-ci (finalement pas si vilain avec sa proue

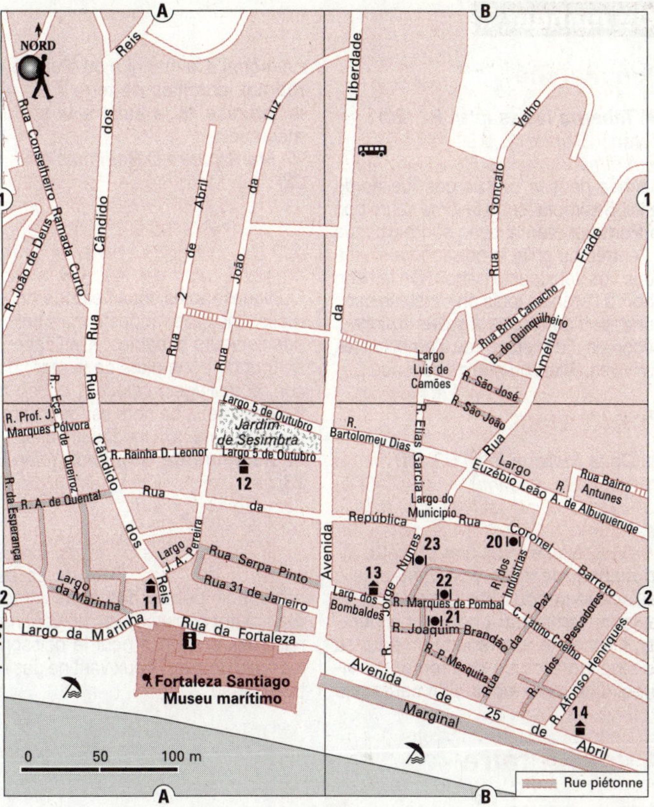

SESIMBRA

■ **Adresse utile**

- Office de tourisme (A2)

Où dormir ?

- **10** Parque municipal de campismo Forte do Cavalo (hors plan par A2)
- **11** A Bela Piscosa (A2)
- **12** Cerca da Vitória (A2)
- **13** Casa da Praça (B2)
- **14** Sana Sesimbra Hotel (B2)

Où manger ?

- **20** Taberna Isaías (B2)
- **21** Casa Mateus (B2)
- **22** Marisqueira O Rodinhas (B2)
- **23** Restaurante Virgilinda (B2)

évoquant un paquebot) offre l'avantage d'être en plein centre-ville, face à l'océan, avec la plage à ses pieds. On profite même de la vue depuis l'ascenseur vitré ! Les couloirs, tapissés de moquette, baignent dans des lumières tamisées et les chambres sont douillettes, avec des salles de bains assez grandes (baignoire). Sauna, piscine et jacuzzi sur le toit. Accueil pro.

Où manger ?

Bon marché

Taberna Isaías (plan B2, **20**) : *rua Coronel Barreto, 2. 914-574-373. Tlj sauf dim 10h-minuit. Compter 7-15 €.* Cachée dans le dédale des ruelles du vieux Sesimbra, cette taverne fleure bon le Portugal éternel avec son barbecue à l'entrée où grille le poisson frais, vidé sous vos yeux par le patron. On fait son choix à l'ardoise, puis on s'installe dans l'une ou l'autre des 2 salles fraîches, décorées d'assiettes – où s'empilent les convives. Allez, un peu de patience...

Prix moyens

Casa Mateus (plan B2, **21**) : *largo Anselmo Braamcamp, 4. 963-650-939. • reservas@casamateus.pt • Tlj sauf lun 12h-15h, 19h-23h. Compter 15-25 €.* Nichée sur une placette lilliputienne, dans un vieil immeuble à la façade recouverte d'*azulejos,* la maison, tenue par une équipe père-fils, s'est taillé une réputation pour sa cuisine portugaise doucement revisitée. Que diriez-vous d'un carpaccio de mérou à la mangue ou d'un poulpe rôti aux pommes de terre ? On aime la terrasse et la salle à la sobriété mesurée.

Marisqueira O Rodinhas (plan B2, **22**) : *rua Marquês de Pombal, 25-27. ☎ 212-231-557. • info@marisqueiraro dinhas.pt • Tlj 12h30-22h30. Congés : oct. Repas 15-18 € ; plateaux de fruits de mer à partir de 30 €. CB refusées.* Quelques tables sous véranda dans la ruelle, une salle modeste mais animée, des serveurs aimables et efficaces, et surtout de bons plats de la mer : poisson, coquillages, *caracóis, choco frito* (seiche frite)... La note est peut-être un peu salée, mais la fraîcheur est là.

Restaurante Virgilinda (plan B2, **23**) : *rua Jorge Nunes, 11-13. ☎ 212-231-410. • virgilinda@gmail.com • Tlj sauf mer. Congés : mi-déc à mi-janv. Plats 8-15 €. Café offert sur présentation de ce guide.* Cette *tasca* sans prétention débite des plats simples mais plutôt copieux, avec un goût naturellement prononcé pour le poisson et les fruits de mer. Mieux vaut ne pas être trop pressé.

À voir. À faire

Museu marítimo (plan A2) : *rua da Fortaleza, 2. Dans le fort, au centre du front de mer. En été, tlj sauf lun 15h30-19h, 20h30-23h ; en hiver, tlj sauf lun 10h-13h, 14h30-17h30. Entrée : 3 € ; réduc.* Installé dans le fort de Santiago (1642), qui divise la plage de Sesimbra en 2 parts égales, ce musée se penche sur le lien local à la mer, notamment à travers la navigation, la pêche et le parc marin Luiz Saldanha, réputé pour la plongée. Après, allez boire un coup sur la superbe terrasse de la *Tap House.* Son slogan : « Bières artisanales et océan » !

– **Plongée :** les amateurs font de Sesimbra l'une des capitales de la plongée au Portugal. Pas moins de 6 opérateurs proposent leurs services pour profiter de la grande variété de spots du secteur, particulièrement nombreux entre la station et le cap Espichel (profondeurs 12-40 m). Au programme : tombants, plongées dérivantes, grottes, épaves, gorgones, éponges, poulpes, nudibranches, etc. La visibilité est meilleure en hiver, mais les eaux descendent alors à 12-16 °C !

Manifestations

– **Carnaval :** *sam-mer après le Mardi gras.* L'occasion d'un célèbre défilé costumé sur un rythme de samba.

– ***Foire et fête du Senhor Jesus das Chagas :*** *le 4 mai (j. férié à Sesimbra).* La statue du saint patron de la ville visite les rues jusqu'au sommet du bourg. Guirlandes, musique et sardines grillées.
– ***Pèlerinage de Nossa Senhora do Cabo Espichel :*** *le dernier dim de sept.* L'événement remonte au XIIe s.

DANS LES ENVIRONS DE SESIMBRA

Cabo Espichel : *à 13 km à l'ouest. Bus no 201 : 1/j. seulement jusqu'au cap, ce qui ne laisse pas le temps de se balader avt de le reprendre dans le sens retour, mais 7/j. jusqu'à Azóia (4/j. le w-e), puis env 2,5 km à pied ; dernier retour d'Azóia à 19h en sem, 15h30 sam, 18h25 dim.* Depuis le Moyen Âge, les pèlerins ont eu cette langue de terre aride en à-pic au-dessus de l'océan sur leur carnet de route. La Vierge y serait apparue vers l'an 1200. À la 1re chapelle a succédé, au XVIIIe s, une cité de pèlerinage livrée et abandonnée aujourd'hui aux fantômes du vent : une longue place bordée par 2 rangées de maisons et, au fond, l'église monumentale *(ouv à priori avr-oct tlj 10h-18h),* au chœur encadré de doubles colonnes salomoniques (torsadées). Le lieu a servi de décor au cinéaste chilien Raoul Ruiz pour l'adaptation de *L'Île au trésor.* Passez derrière le sanctuaire pour profiter du panorama vertigineux sur les falaises.

Prolongeant vers le sud l'immense cordon sableux de Costa da Caparica, plusieurs ***plages*** s'étirent face à l'océan. Du nord au sud : *praia de Lagoa de Albufeira, praia de Alfarim, praia do Meco* (ou *Moinho do Baixo*), *praia das Bicas,* étroite et déjà plus sauvage, puis *praia do Foz,* la toute dernière, battue par la houle. On accède à ces 3 dernières depuis la bourgade de Aldeia do Meco. De la praia do Foz, une piste permet de rejoindre Azóia, sur la route du cabo Espichel.

Campimeco *(carte Péninsule de Setúbal, **11**) : praia das Bicas. ☎ 212-683-374. • campimeco@campigir.com • campigir.com • Compter env 11-17 € pour 2 avec tente et voiture ; tipis 18-25 € ; bungalows 40-116 € selon taille et saison.* Le 1er coup d'œil sur cette vraie ville de toiles et de bungalows peut refroidir, mais la bonne surprise est au fond : un vaste terrain réservé aux tentes et camping-cars (sans électricité), sous une haute pinède, face à la mer. Bon, pour les sanitaires, il faut remonter un peu... Piscine, tennis et minigolf (tous payants).

Randonnée

➢ Un parcours de grande randonnée relie Sesimbra à Costa da Caparica (Capuchos) : la ***rota do Cabo*** (GR 4). Étendu sur 52 km, il suit les anciens chemins (peu ombragés) empruntés par les pèlerins en marche vers le sanctuaire du cabo Espichel, mais l'essentiel se passe dans les terres. Le camping de *Lagoa de Albufeira,* situé presque à mi-chemin, permet de faire étape. Ceux qui veulent n'emprunter qu'une partie de ce circuit et revenir en bus peuvent le faire entre le château de Sesimbra et Azóia (2,5 km du cabo Espichel sur la route qui y mène), soit une vingtaine de kilomètres, ou de Costa da Caparica à Fonte da Telha, sur environ 8 km (plutôt mal balisés).

PARQUE NATURAL DA SERRA DA ARRÁBIDA

À tout juste 25 km à vol d'oiseau de Lisbonne, le vieux massif calcaire d'Arrábida, culminant à 500 m, dessine une heureuse parenthèse de nature, alternant versants abrupts couverts par la végétation dense du maquis,

vignobles, vergers et, côté sud, corniches rocheuses surplombant l'océan. Un vrai ravissement, protégé par un parc naturel de 108 km². Le week-end, les Lisboètes viennent y siroter un petit verre de *moscatel* (muscat) doux et doré avec un fromage d'Azeitão – les 2 spécialités incontournables de la région.
La route reliant Sesimbra à Setúbal (N-379 puis N-10) effleure la serra da Arrábida. Mais il faut prendre les chemins de traverse pour en explorer le cœur et rejoindre, par la N-379-1 (Estrada de Escarpa) ou la N-10-4, le croquignolet petit port de Portinho da Arrábida, recroquevillé entre l'écharpe des falaises.

Arriver – Quitter

➢ *Vila Nogueira de Azeitão* est reliée par bus à ***Sesimbra*** (nº 230), ***Setúbal*** (nºs 767 et 768 via ***Palmela***) et ***Lisbonne*** (nºs 754 et 755), mais, pour découvrir la corniche sud, la voiture s'impose. ☎ *707-508-509.* • *tsuldotejo.pt* •

Adresse utile

ℹ ***Office de tourisme d'Azeitão :*** *praça da República, 47, **Vila Nogueira de Azeitão.** ☎ 212-180-729.* • *mun-setubal.pt* • *Lun-sam 9h30-12h30, 13h30-17h ; dim 9h-13h.*

Où dormir ?

Camping

⛺ ***Club de campismo de Barreiro*** *(carte Péninsule de Setúbal, **12**) : rua Miguel Bombarda, 16 ; à 3,5 km de **Vila Nogueira de Azeitão** (fléché depuis la sortie du bourg en direction de Setúbal). ☎ 212-070-585. 📱 963-802-337.* • *ccampismobarreiro@gmail.com* • *clubecampismobarreiro.pt* • *Compter env 15 € pour 2 avec tente et voiture.* Marre des campings balnéaires noirs de monde ? Vous trouverez ici une enclave de verdure mêlant pins et eucalyptus (ça sent bon !) dans un vallon veillé par les contreforts de la serra da Arrábida. Les emplacements se répandent au gré de terrasses. Les installations ne sont pas toutes jeunes mais restent propres. Bar-resto *(9h-minuit en été)* !

Prix moyens

🏠 ***YMCA Camp Alambre*** *(carte Péninsule de Setúbal, **22**) : route N-379-1, env 500 m au nord du hameau de Casais da Serra (entre Villa Nogueira de Azeitão et Portinho). ☎ 212-183-103. 📱 936-297-899.* • *alambre@ymcasetubal.org* • *ymcasetubal.org* • *Compter env 44-77 € pour 2 selon saison, petit déj inclus (ou non !).* Posés en léger retrait de la route (guère passante), les 8 bungalows en bois, regroupés en une sorte de minivillage, offrent l'une des rares options de logement au cœur même de la serra. Chacun dispose de sa propre salle de bains et d'une kitchenette (avec micro-ondes). Sols carrelés et confort un peu rustique (lits superposés), mais très correct.

De prix moyens à beaucoup plus chic

🏠 ***Casa da Adoa Guest House*** *(carte Péninsule de Setúbal, **23**) : casa 3, **Portinho da Arrábida.** ☎ 212-180-689. 📱 934-306-061.* • *casadaadoa@casadaadoa.com* • *casadaadoa.com* • *Face au petit parking du port. Doubles 60-150 € selon taille et saison.* Parmi la douzaine de maisons accolées de Portinho, celle-ci abritait jadis une armurerie. Miguel en a fait un petit havre de paix, avec sa superbe trompette des anges (aux fleurs en forme de cloche) aux avant-postes, sa courette fleurie où est servi le petit déj (en sus) et ses 8 chambres cosy. Toutes différentes, elles marient confort actuel (AC, frigo), mobilier ancien ou plus récent, peintures et têtes de lit fleurant bon les temps jadis. 3 ont une vue sur la mer et 2 sont en fait des appartements avec cuisine (loués en été seulement).

Où manger ? Où faire provision de bons produits ?

Pedaços de Azeitão *(carte Péninsule de Setúbal,* ***32****)* **:** *praça da República, 33-34, à* ***Vila Nogueira de Azeitão.*** *☎ 212-180-084. Tlj 8h-23h en saison.* La maison est spécialisée dans les *pasteles de Azeitão,* des roulés à la cannelle, à déguster avec un jus d'orange frais ou un petit verre de muscat local, en terrasse sur la place, ou dans la petite salle moderne. On peut aussi faire provision de fromages d'Azeitão. Prenez un numéro et commandez au comptoir.

Restaurante Farol *(carte Péninsule de Setúbal,* ***23****)* **:** *à* ***Portinho da Arrábida.*** *☎ 212-181-177. • restaurantefarolarrabida@gmail.com • Tlj sauf lun. Env 20-25 €.* Des 3 restos de Portinho, c'est le plus éloigné du parking et celui qui est le moins susceptible de vous décevoir. Oh, rien de révolutionnaire : du poisson frais, grillé, servi dans un cadre simple mais sublimé par la vue imprenable sur la crique et l'océan (ça a son prix !). Bon accueil en français.

À voir. À faire

Visite des caves de moscatel José Maria da Fonseca-Adega : *rua José Augusto Coelho, 11, à* ***Vila Nogueira de Azeitão*** *(à 50 m de la grande praça da República). ☎ 212-198-940. Tlj sauf j. fériés 10h-19h (17h30 nov-mai). Visite guidée 3-5 € avec dégustation de 2-4 vins. Audioguide « complémentaire » en français : 2 € (mais la visite guidée reste obligatoire).* La maison, fondée en 1834, vous donnera l'occasion de voir les caves où vieillissent des muscats centenaires. Pour les amateurs du genre, la rota do Vinho se poursuit vers l'est.

Portinho da Arrábida : *à 14 km à l'ouest de Setúbal, par un embranchement sur la N-379-1. Attention, accès final interdit aux camping-cars et caravanes (trop étroit !) tte l'année et aux voitures le w-e et en été ; il faut se garer plus haut sur la route.* C'est par un goulet tortueux s'infiltrant entre la montagne et la mer, là où veille un fortin du XVIIe s bâti pour tenir à distance les pirates maures, que l'on accède à la crique de Portinho. Pas vraiment un port, plutôt un quai, face auquel se serrent 3 restos de fruits de mer et une poignée de bicoques accolées. Quel charme ! Un chemin mène en 10 mn à une longue plage, à laquelle on peut aussi accéder par un embranchement partant de la N-379-1. La vieille *fortaleza de Santa Maria* abrite un petit ***Museo oceanográfico*** *(mar-ven 10h-16h, sam 15h-18h).*

Convento da Arrábida : *sur la N-379-1, un peu à l'est de l'embranchement descendant vers Portinho, par une route en corniche offrant de superbes panoramas. ☎ 212-197-620. 932-216-552. • arrabida@foriente.pt • Visites mer et sam-dim vers 10h et 15h sur résa. Entrée : 5 € ; réduc ; gratuit moins de 6 ans.* Géré par une fondation, ce vieux monastère franciscain, fondé en 1542, s'isole dans la montagne et le maquis, loin de toute distraction humaine, avec l'océan pour seul contrepoint. Si vous n'avez pas réservé votre visite, vous pourrez l'apercevoir du virage suivant la grille d'accès.

En continuant sur la N-379-1 en direction de Setúbal, on passe la ***praia Galápos,*** pas très grande et aménagée, puis la ***praia Figueirinha,*** large, longue et convexe (bus n° 722 depuis Setúbal). Suit le ***fort Santiago de Outão*** (XVIIe s), aménagé en sémaphore.

Palmela : *à 7,5 km au nord de Setúbal par la N-252. Accessible en bus depuis la gare routière Oriente ; trajet : 45 mn.* Perchée sur sa haute colline (230 m), cette gentille petite ville offre un panorama imprenable sur les terres et la mer depuis son *miradouro.* Mieux encore : franchissez les murailles du *castelo* qui le domine. Fondé après la conquête arabe, il abrita le dernier siège de l'ordre de Santiago au XVe s, avant d'être renforcé de remparts à la Vauban à la fin du XVIIe s. On y trouve à la fois une *pousada* installée dans l'ancien monastère (voir « Où dormir ? »), l'*église de Santiago,* dans un style fin gothique (XVe s), conservant des *azulejos* des XVIIe-XVIIIe s, les ruines de *Santa Maria do Castelo* (détruite par le séisme de 1755) et un *musée municipal* *(tlj sauf lun 10h-12h30, 14h-17h – 18h en été ; GRATUIT).* Le lundi, on peut tout de même pénétrer dans l'enceinte et monter au donjon.

Les amateurs de rando pourront explorer la serra au gré du ***sentier des Moulins*** *(Rota moinhos),* qui dessine une boucle de 13 km. C'est le seul chemin raisonnablement bien balisé du parc naturel. Points de vue panoramiques garantis.

SETÚBAL

(2900) 100 000 hab.

• Plan *p. 216-217*

À 50 km au sud-est de Lisbonne, Setúbal (« Stoubal ») s'amarre à l'orée de l'immense estuaire du Sado, fermé par la longue péninsule sableuse de Tróia. Cette cité industrielle et commerçante, doublée d'un important port de pêche, ne dégage pas un charme spontané mais n'en est pas pour autant dépourvue. On apprécie le petit quartier piéton commerçant, ses musées et, à l'ouest, le vieux forte de São Felipe, offrant une vue panoramique. Les amateurs de promenades bucoliques et d'oiseaux seront enchantés par l'estuaire.

Arriver – Quitter

En bus

Gare routière *(plan C-D1) : av. 5 de Outubro, 52. ☎ 707-508-509. • tsuldotejo.pt •*

➢ ***Lisbonne :*** exprès n°s 561 (pour la praça de Espanha) ou 562 (estação do Oriente) principalement, ttes les 15-30 mn lun-ven 6h-20h30, sam 6h15-19h30, dim 7h-19h30. Durée du trajet : 40 mn. Les 2 passent par la gare ferroviaire.

➢ ***Sesimbra :*** bus n° 230, ttes les 1h-2h lun-ven 7h20-20h. 4 bus seulement le w-e.

➢ ***Palmela :*** liaisons fréquentes avec les n°s 413, 604, 605 (lun-ven seulement), 767 et 768 (ces 2 derniers desservant ***Vila Nogueira de Azeitão***).

En train

Gare ferroviaire *(hors plan par D1) : praça do Brasil. ☎ 707-127-127 ou 211-066-363. • fertagus.pt •*

➢ ***Lisbonne*** *(gares de Sete Ríos, Entrecampos et Roma-Areeiro) :* ttes les 30-60 mn lun-ven 5h45-0h15. Ttes les heures le w-e 6h-23h. Trajet : env 1h. La compagnie *CP* assure aussi des liaisons mais avec changement à Pinhal Novo, pas bien pratique... En revanche, elle propose un *Bilhete Praia Linha do Sado* à 12 € valable pour 1 semaine (voyages illimités).

En bateau

➢ ***Tróia :*** de l'autre côté de la baie de Setúbal, tout au bout de la longue péninsule de Tróia. ☎ 265-235-101. • atlanticferries.pt • La compagnie assure des liaisons par **catamaran** entre le *Cais 3* de Setúbal *(plan C-D3)* et la marina de Tróia : ttes les 40-70 mn, 6h20-1h (6h45-1h30 de Tróia). Tarif : 6,75 € (on ne paie que dans le sens Setúbal-Tróia). Également des ***ferries*** depuis le *Doca do Comércio* de Setúbal *(plan D3),* qui arrivent sur la côte orientale de la péninsule *(Cais Sul),* à env 5 km au sud de la station de Tróia : juin-sept, ttes les 35-70 mn 7h30-23h15 (8h05-2315 depuis Tróia) ; le reste de l'année, env ttes les heures 7h30-22h (8h-23h50 de Tróia). Traversée : env 25 mn. Compter 15,20 € pour la voiture et tous ses passagers.

Adresses utiles

ℹ ***Office de tourisme municipal*** *(plan A2,* ***1****)* **:** *Casa da Baía, av. Luisa Todi, 468.* ☎ *265-545-010.* • *visitsetubal.com.pt/fr* • *Tlj 9h-20h (minuit ven-sam).* Excellent accueil et bon niveau d'information ; expos d'art sur place. Succursales au quai d'embarquement des catamarans pour Setubal *(plan C-D3,* ***2*** *; tlj 10h-13h, 14h-18h),* au forte São Filipe *(hors plan par A3 ; tlj sauf lun 10h-12h, 13h-18h)* et, en plein centre, sur la praça Bocage *(plan C1,* ***3*** *; lun-ven 9h-19h ; sam 10h-13h, 15h-19h).*

ℹ ***Ask me Arrábida*** *(plan C2,* ***4****)* **:** *travessa de Frei Gaspar, 10.* ☎ *265-009-993.* • *askmelisboa.com/arrabida* • *Dans une rue piétonne perpendiculaire à l'av. Luisa Todi. Tlj 10h-13h, 14h-18h (19h avr-sept).* Cet office de tourisme régional occupe un bâtiment dont le sol transparent révèle les ruines d'une conserverie romaine. Accueil en français.

Où dormir ?

De bon marché à plus chic

🏠 ***Day Off Hostel*** *(plan D2,* ***10****)* **:** *rua Arronches Junqueiro, 80-84.* ☎ *265-106-394.* 📱 *936-955-887.* • *geral@hosteldayoff.pt* • *hosteldayoff.pt* • *Dortoirs 3-6 lits 15-20 €/pers selon taille et saison ; doubles sans ou avec sdb 30-80 €.* Quel bel édifice ! Niché dans les ruelles du vieux centre, cet ancien siège des *Nouvelles de Setúbal,* aux beaux encadrements de fenêtre baroques, a été transformé en AJ de charme par la jeune et très sympathique Teresa. Le vieil escalier de bois a été restauré, mais tout le reste navigue sur des notes très actuelles, entre couleurs pétulantes et gros bulbes lumineux en suspension. Parmi les 5 dortoirs (bien équipés), ceux pour 3 personnes ont leur propre salle de bains, mais attention, les lits sont superposés sur 3 étages – risque de vertige lorsqu'on est tout en haut ! Il y a aussi 3 chambres, dont 2 partagent les sanitaires. Une excellente adresse.

🏠 ***Arrábid'IN Hostel*** *(plan A1,* ***11****)* **:** *rua José Adelino dos Santos, 2 B.* 📱 *915-470-702 (André) ou 913-816-875 (Miguel).* • *arrabidinhostel@gmail.com* • *Dortoirs 15-30 €/pers selon saison ; doubles 36-50 €.* Un peu moins centrale, cette AJ montée par 2 copains dans une maison de quartier lambda révèle d'agréables intérieurs. Tout est propre et cosy, avec 2 chambres et 3 dortoirs de 4 lits. En prime : de jolis parquets restaurés, une petite cuisine, une machine et un séchoir à disposition, plus une vaste cour ensoleillée avec chaises longues, tables et chaises en plastique sur le gravier.

🏠 ***Hotel Bocage*** *(plan C2,* ***12****)* **:** *rua de São Cristovão, 14.* ☎ *265-543-080.* • *geral@hoteisbocage.com* • *hoteisbocage.com* • *Dans le quartier piéton. Doubles 45-87 € selon taille et saison, petit déj compris.* Ce fringant petit hôtel de tourisme abrite des chambres standard bien tenues et de bon confort (AC, TV à écran plat, sèche-cheveux), mais vraiment petites. Côté salles de bains, il faut carrément négocier chaque

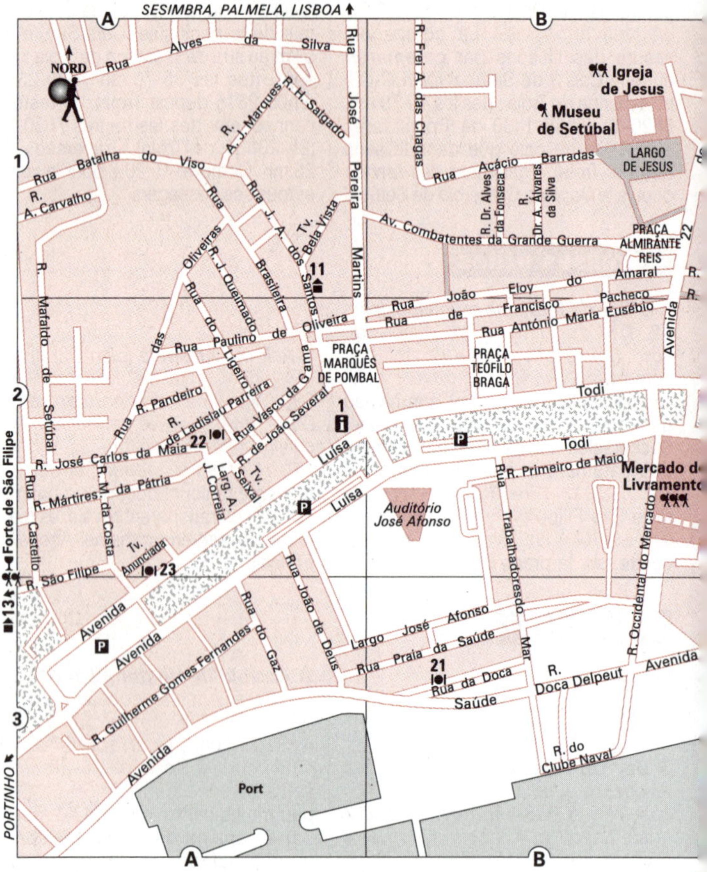

■	**Adresses utiles**		5 Bureau de la réserve naturelle de l'estuaire du Sado (C3)
	🛈 **1, 2** et **3** Offices de tourisme municipaux (A2, D3, C1)		
	🛈 **4** Ask me Arrábida (C2)	⌂	**Où dormir ?**
			10 Day Off Hostel (D2)

manœuvre ! Autre bémol : une insonorisation comme souvent faiblarde.

De plus chic à beaucoup plus chic

⌂ ***Casal das Oliveiras*** *(hors plan par A3,* ***13****)* **:** *estrada do Castelo de São Felipe.* ☎ *966-087-656.* ● *casal.oliveiras1@gmail.com* ● *À 2,5 km à l'ouest du centre, par la route du château, puis à droite (fléché). Doubles env 80-105 € en hte saison.* Cette grande maison d'architecte s'implante sur un vaste parc privé, sur le flanc d'une colline dominant Setúbal par l'ouest.

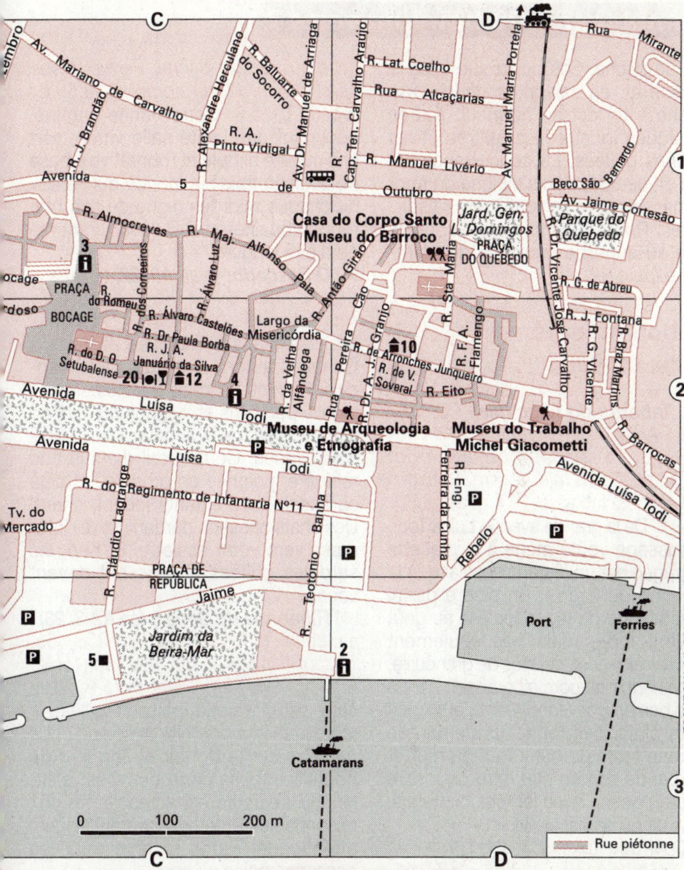

SETÚBAL

11 Arrábid'IN Hostel (A1)	**Où manger ? Où boire un verre ?**
12 Hotel Bocage (C2)	**20** Taberna do Lago (C2)
13 Casal das Oliveiras (hors plan par A3)	**21** O Alface (B3)
	22 O Pescador (A2)
	23 Riberinha do Sado (A2-3)

On est là aux marges du parc naturel de la serra da Arrábida. Chacune des 5 chambres, déclinant différentes couleurs, dispose d'un confort douillet, avec sa propre salle de bains. Notre préférée ? La bleue, encore plus spacieuse que les autres, ouvrant sur la piscine et la mer au loin. Mais le vrai plus, ici, c'est Manuela. Elle ne parle ni anglais ni français ? Qu'importe ! Elle vous parlera avec les mains, avec le cœur, avec toute la bonne volonté du monde... avant de vous entraîner sur la terrasse, profiter de la vue à 180°.

Où manger ? Où boire un verre ?

Port de pêche, Setúbal croule sous le poisson et, en saison, le *choco frito* (seiche frite) est à l'honneur. Autres classiques locaux : les huîtres et les sardines grillées. La concurrence est rude et, dès que l'on s'éloigne du front de mer, les prix se font (très) raisonnables. Pour un simple en-cas, faites halte au superbe mercado do Livramento *(plan B2)*.

De bon marché à prix moyens

🍽 🍸 ***Taberna do Lago*** *(plan C2,* ***20****) : largo Dr Francisco Soveral, 25. ☎ 265-526-113. • spot@tabernadolargo.pt • Tlj sauf sam midi et dim. Petiscos 3,50-8,50 €, tablas 6-12 €, plats 8,50-12,50 €.* De la grande avenue Luisa Todi, un passage voûté mène à la placette ombragée par un platane séculaire. À la « taverne du large », on picore parmi un catalogue de tapas locales au goût souvent iodé, mais pas seulement (chèvre-miel-noix, cuisses de grenouille, *cachacinhos* de porc à l'orange...). Il y a aussi des *pregos* (sandwichs), quelques petits plats, des tonneaux derrière le bar, une table de baby-foot au mur et une bande son un peu rétro pour faire écho au décor. Avec les prix contenus, on se dit qu'on est bien ici.

🍽 ***O Alface*** *(plan B3,* ***21****) : travessa dos Galeões, 7. 📱 960-438-241. Face au port de pêche. Fermé le soir hors saison. Menu complet 12,50 € ; repas 10-15 €.* Cette bonne cantine, occupant une vaste salle vitrée, sert une cuisine simple et roborative à base de poisson frais : le monde qui l'envahit chaque midi témoigne de son bon rapport qualité-prix ! Du coup, l'attente peut être longue.

🍽 ***O Pescador*** *(plan A2,* ***22****) : travessa Alvaro Anes, 8. ☎ 265-533-369. Tlj sauf mar. Plats env 7,50-12 €.* Le boss a passé 5 ans à Toulouse et 9 ans à Genève : autant dire qu'il parle français. Revenu au pays par nostalgie, il y grille poissons et viandes du midi au soir dans sa ruelle anonyme aux parasols alignés. Coup d'œil dans le bac réfrigéré, poignée de gros sel, et déjà ça rissole. Les enfants jouent, crient. Des chats passent, dardant un œil intéressé vers votre assiette. Et hop, les sardines grillées atterrissent devant vous.

🍽 ***Riberinha do Sado*** *(plan A2-3,* ***23****) : av. Luisa Todi, 586. ☎ 265-238-465. Tlj sauf dim soir et lun 12h-15h (15h30 le w-e), 19h-22h. Plats 6-12 €.* Si la carte est classique (poisson grillé !), le resto joue la modernité avec son cube de verre sur le trottoir et son mur de bouteilles (belle carte des vins, d'ailleurs !). Le cadre est agréable, les prix raisonnables et le service (multilingue) attentionné. Petite réserve pour les desserts, moins réussis.

À voir

🚶🚶🚶 **Mercado do Livramento** *(plan B2) : av. Luisa Todi. Tlj sauf lun 7h-14h. Fermé 1er janv, 25 avr, 1er mai, 15 sept et 25 déc.* Les Setubalenses en sont tellement fiers qu'ils l'appellent « le meilleur marché du monde » ! Sous la halle récemment restaurée, occupant tout un pâté de maisons, s'empilent fruits et légumes du coin, fromages d'Azeitão, poissons sur lits de glace, viande sur les flancs et une frise de troquets où les marchandes jouent des coudes à l'heure du coup de mou. On y a vu des mérous géants et des *pez espada* dépassant le mètre... Ne ratez pas, au fond, le superbe ensemble d'*azulejos* du XVIIe s représentant des scènes de la vie locale.

🚶🚶 **Igreja de Jésus** *(plan B1) : praça Miguel Bombarda. Tlj sauf dim-lun et j. fériés 10h-18h (dim 15h-19h, 18h en hiver). GRATUIT.* Construite à la fin du XVe s par l'architecte du monastère dos Jerónimos lisboète, l'église du Convento de Jésus est considérée comme la 1re manifestation de l'art manuélin – aisément reconnaissable à ses motifs de cordages entrelacés. Les beaux *azulejos* du XVIIe s méritent aussi le coup d'œil.

Museu de Setúbal (plan B1) : *praça Miguel Bombarda ; à côté de l'église de Jésus. Mar-sam 10h-18h, dim 14h-18h ; dernière entrée 30 mn avt fermeture. Entrée : env 2 €, audioguide (en anglais, en espagnol ou en portugais) inclus ; réduc.* Ce petit musée occupe le cloître du monastère de Jésus et présente, entre autres, éléments lapidaires, peintures, objets d'art sacré et beau coffre indo-portugais du XVIIe s. On peut aussi y voir une cloche de 1496 offerte par Manuel II, « roi du Portugal et d'Algarve, des 2 versants de la Méditerranée et de Guinée ».

Casa do Corpo Santo – Museu do Barroco (plan D1) : *rua do Corpo Santo, 7. ☎ 265-236-066. Mar-ven 9h-12h30, 14h-17h30 ; sam 15h-19h. Entrée : 1,50 € ; gratuit 1er dim du mois.* On aurait tort de passer à côté. Si la collection d'instruments de navigation présentée au rez-de-chaussée ne mérite pas que l'on s'y attarde, l'édifice en lui-même est superbe. Il abritait le siège de l'influente confrérie du Corpo Santo, à laquelle appartenaient armateurs, marins et pêcheurs. Passé la cour, on se hisse à l'étage, aux 2 salles baroquissimes tapissées d'*azulejos* du XVIIIe s représentant d'élégantes scènes de genre. La chapelle croule sous les ors et les chérubins, alternant avec 33 bustes de saints. Voilà ce qu'on appelle profusion.

Museu de Arqueologia e Etnografia (plan D2) : *av. Luisa Todi, 162. ☎ 265-239-365. Tlj sauf dim-lun et j. fériés 9h-12h30, 14h-17h30 ; fermé sam en août. GRATUIT.* Ce musée franchement daté réunit des objets témoignant de l'histoire et des coutumes locales. On y voit de nombreuses maquettes (de bateaux notamment) réalisées par des artisans de Setúbal.

Museu do Trabalho Michel Giacometti (plan D2) : *praça Defensores da República. ☎ 265-537-880. ♿ De juin à mi-sept, mar-ven 9h-18h, sam 15h-19h ; le reste de l'année, mar-ven 9h30-18h, le w-e 14h-18h. Entrée : 1,50 € ; gratuit moins de 12 ans. Visite guidée en français possible avec le conservateur.* Installé dans une ancienne conserverie de poisson, ce musée du Travail a vu le jour grâce aux efforts de l'ethnologue corse Michel Giacometti qui, au lendemain de la révolution, a écumé les campagnes pour sauver tous les outils du passé qui moisissaient au fond des granges. La visite commence par la reconstitution d'une vieille épicerie lisboète. Agriculture et tissage du lin sont évoqués, mais l'essentiel présente les différentes étapes de la préparation du poisson dans l'ancienne conserverie (notamment la fabrication des boîtes de conserve). Un petit musée simple mais sympathique, comme l'accueil.

Forte de São Filipe (hors plan par A3) : *à env 2 km à l'ouest (fléché). Tlj 10h-20h (22h juil-août, minuit ven-sam). GRATUIT.* Récemment restauré, le fort – une fois n'est pas coutume – a vu fermer l'hôtel qui l'occupait et ouvrir le site au public. Bâti en 1582 sur une colline dominant la ville et l'estuaire du Sado, il présente 6 branches irrégulières, dont 4 tournées vers la mer – d'où se révèle un superbe panorama à 180°. Pour mieux en profiter, il y a une jolie ***cafétéria,*** avec bar intérieur aux multiples micro-salles ! N'oubliez pas, quand même, de jeter un coup d'œil à la chapelle, couverte d'*azulejos*.

Manifestation

– **Feira de Santiago :** *dernière sem de juil-1re sem d'août à Manteigadas, à 2 km de Setúbal.* Grand-messe de l'industrie, de la gastronomie et du folklore.

DANS LES ENVIRONS DE SETÚBAL

La réserve naturelle de l'estuaire du Sado : *bureau à Setúbal (plan C3, 5), praça da República (contre le jardim da Beira Mar). ☎ 265-541-140. Lun-ven 9h-12h30, 14h-17h30.* Face à Setúbal, les envasements de l'estuaire du Sado,

délimités à l'ouest par le long doigt sablonneux de la péninsule de Tróia, forment un monde à part, souligné côté terres, au début de l'été, par le vert iridescent de vastes rizières. Étrange espace où cohabitent les cultures et la mer, dans un univers aquatique fréquenté par une multitude d'oiseaux résidents et migrateurs (quelque 250 espèces ont été répertoriées).
De Setúbal, la route de Praias do Sado, qui traverse la zone industrielle, mène en 9 km au ***moinho de maré da Mourisca*** *(☎ 265-783-090 ; avr-sept, tlj sauf lun 9h30-21h – 23h ven-sam ; oct-mars, tlj sauf lun 10h-18h ; GRATUIT).* Le contraste est flagrant : quittant les voies ferrées, on rejoint ce vieux moulin à marée retapé, ancré contre les anciens marais salants. C'est le dernier des 4 que comptait jadis l'estuaire. Alignant pas moins de 8 pierres à moudre le grain, il resta en activité jusque dans les années 1950. 2 courts parcours ont été aménagés à proximité (dont un avec affût). Les ornithologues amateurs y viendront de préférence entre septembre et mars pour voir avocettes, bécasseaux, pluviers, canards et autres flamants roses. En été restent surtout hérons, aigrettes et échasses.
Les passionnés s'intéresseront aussi aux étendues sauvages du domaine privé d'***Herdade de Gâmbia*** *(visite sur rdv au ☎ 265-938-050 ; • herdadedegambia.com • ; bureau ouv lun et ven 9h-17h, mar et jeu 9h-17h15, mer 9h-16h ; entrée : 1 €),* qui allie activités viticoles et visites nature. On peut s'y promener librement et accéder à 3 affûts. Accès depuis la N-10 juste après la sortie est de Pontes, puis 4 km (fléché à droite).

VERS L'ALENTEJO

• Carte *p. 221*

Au sud du vaste estuaire du Sado débute la région de l'Alentejo : un pays bucolique et attachant, au littoral frangé de plages sauvages léchées par des rouleaux à faire pâlir d'envie tous les surfeurs.

COMPORTA (7580) 1 270 hab.

Lisbonne n'est qu'à 1h30 de route mais à des années-lumière. Amarrée entre terre et mer, au sud-ouest du vaste estuaire du rio Sado, la bourgade de Comporta séduit d'emblée par son calme olympien, ses cieux zébrés par le vol des cigognes, ses rizières au vert tonique, ses marais salants peuplés d'oiseaux, ses forêts de pins et de chênes-lièges, ses odeurs d'été et ses plages de rêve aux relents de mers du Sud – fraîcheur de l'eau exceptée.
Rappelant quelque chose de la Camargue, cette région restée sauvage et peu peuplée (10 hab./km^2) attire depuis quelque temps les urbains en quête de paradis retrouvés. Le flux est encore timide et concerne surtout l'intelligentsia et la sphère bobo lisboète, dans les pas desquelles marchent déjà les *beautiful people* et les stars internationales. Quelques villas luxueuses ont été bâties, quelques ensembles résidentiels aussi. Oui, en juillet-août, Comporta est un peu m'as-tu-vu, mais le bling-bling est resté à ses portes et la beauté demeure reine. Seul souci : l'hébergement est ici très limité – et donc cher.

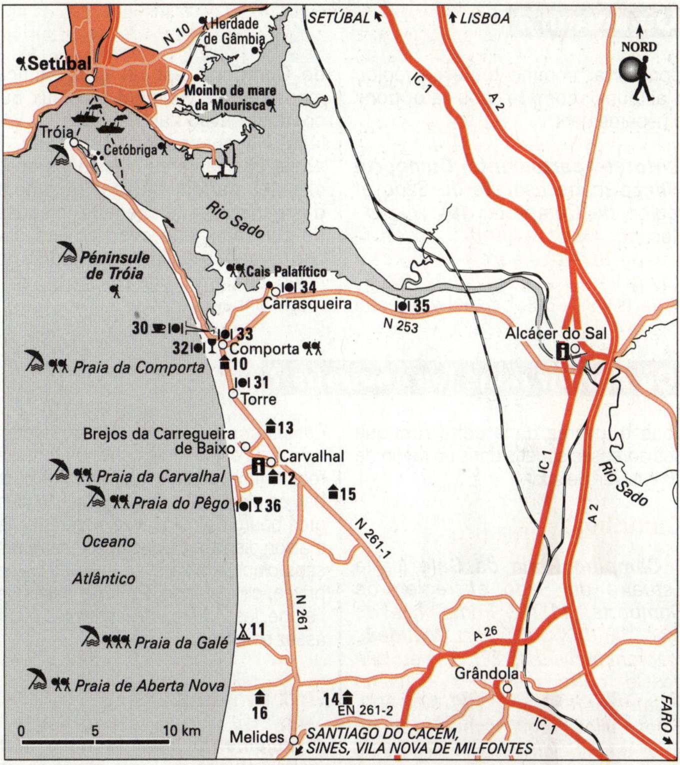

L'ESTUAIRE DU SADO ET LA RÉGION DE COMPORTA

Où dormir ?

10 Hotel-Apartamento Comporta Village
11 Camping Praia da Galé et Dreamsea Surf Camp
12 Alojamento local Toca do Grilo
13 Alojamento local Verde e Mar et Alojamento local Costa Azul
14 Nômade – Auberge rurale
15 Cocoon
16 Uva do Monte

Où manger ?
Où boire un verre ?

30 Pasteleria Eucalyptus
31 Dona Bia
32 Comporta Café
33 Museu do Arroz
34 Retiro do Pescador
35 A Escola
36 Restaurante Sal

Adresses utiles dans les environs

- ***Posto de Turismo :*** *largo Luís de Camões, à* ***Alcácer do Sal.*** *☎ 265-009-987. ● cm-alcacerdosal.pt ● Tlj 9h-13h, 14h-17h.*
- ***Posto de Turismo :*** *sur la place centrale de* ***Carvalhal.*** *919-992-681. ● cm-grandola.pt ● 2de quinzaine de juin, le w-e seulement 10h-13h30, 15h30-19h ; de juil à mi-sept, tlj.*

Où dormir ?

Comporta, comme toute sa région d'ailleurs, compte peu d'options d'hébergement.

🏠 ***Hotel-Apartamento Comporta Village*** *(carte Estuaire du Sado et région de Comporta,* ***10****) : rua do Secador. ☎ 265-490-640. • geral@comportavillage.com • comportavillage.com • ♿ Doubles 59-100 € ; apparts 99-160 €.* Le seul vrai hôtel de Comporta est un gros édifice moderne pas vraiment gracieux qui contraste avec l'authenticité du village. Récent, parfaitement tenu, il abrite 28 chambres classiques avec clim (et parfois balcon) et autant d'apparts avec kitchenette (plaques de cuisson). 4 de ces derniers ont une terrasse gravillonnée encadrée de haies. En prime : une piscine ouverte toute l'année.

Où dormir dans les environs ?

Vous trouverez dans cette rubrique des adresses situées dans un rayon de 30 km (vers le sud).

Camping

⛺ ***Camping Praia da Galé*** *(carte Estuaire du Sado et région de Comporta,* ***11****) : à Fontaínhas do Mar, par la N-261 vers* ***Melides*** *; embranchement à 22,5 km au sud de Comporta, puis 4 km (panneau « Campismo »). ☎ 269-979-100. • geralgale@hotmail.com • campinggale.com • Selon saison, env 15-24 € pour 2 avec tente et voiture ; bungalows 20-75 €.* Loin de tout, ce très vaste camping s'étend au-dessus de la plus belle plage sauvage du Portugal. Un rêve éveillé ! Les tentes ont (notamment) droit à leur propre coin de pinède, où elles peuvent s'installer librement – ce qui serait parfait si le terrain était un peu plus plat... On y fait la sieste bercé par l'odeur de résine chaude et les langueurs distantes du ressac. La plage est à 5 mn en contrebas... rude remontée ! Supérette, laverie, piscine et tennis (payants).

Bon marché

🏠 ***Alojamento local Toca do Grilo*** *(carte Estuaire du Sado et région de Comporta,* ***12****) : av. 18 Dezembro, 19 A, à* ***Carvalhal,*** *à 10 km au sud de Comporta. ☎ 265-490-040. 📱 968-059-943. • vitornevespereiraunip@gmail.com • Doubles 30-45 € selon saison.* C'est le moins cher de toute la région (une denrée rare) ! À côté d'un bar, en plein cœur de Carvalhal, le plus gros bourg du coin (avec supérette), la maison dispose de quelques chambres sans chichis mais avec salle de bains privée, clim et frigo. Préférez celles de l'étage, les 2 du rez-de-chaussée étant assez sombres.

Prix moyens

🏠 ***Alojamento local Verde e Mar*** *(carte Estuaire du Sado et région de Comporta,* ***13****) : à* ***Brejos da Carrageueira de Cima,*** *à 6,5 km au sud de Comporta par la N-261 (en léger retrait de la route, à gauche). ☎ 265-497-485. 📱 967-765-553. • verdeemar1@gmail.com • Doubles 60-80 € selon saison, petit déj inclus.* Face à la rareté des adresses bon marché dans le secteur, on apprécie ce petit hôtel à peine terminé, alignant 14 chambres à l'étage. Elles ne sont pas bien grandes mais elles sont bien tenues et équipées, avec clim, TV à écran plat, parquet flottant, douche vitrée, et balcon tourné au sud pour la moitié d'entre elles (au même prix, demandez !). Bon accueil. À côté, l'***Alojamento local Costa Azul*** *(☎ 265-490-160 ; 📱 968-038-729 ; • alojamentocostaazul@gmail.com •),* aux chambres bleu et jaune, bénéficie en plus d'une piscine, mais il y a rarement quelqu'un sur place hors saison.

LES ENVIRONS DE LISBONNE

De plus chic à très chic

Nômade – Auberge rurale *(carte Estuaire du Sado et région de Comporta,* ***14****) : Cerca do Barranco, Valinho da Estrada, à* ***Melides.*** *☎ 269-979-060. 924-174-548. • contact@nomadeauberge.com • nomadeauberge.com • À env 24 km au sud de Comporta sur la N-261, prendre à gauche vers Grândola au niveau du resto* Tia Rosa, *puis à droite un chemin de terre à 900 m ; c'est à 3 km, en traversant une forêt de chênes-lièges. Congés : déc-fév. Doubles 80-120 € selon saison, (gros) petit déj inclus.* Cette auberge rurale tenue par un Allemand et une Suissesse (francophone), occupe un long bâtiment bas de style traditionnel – mais bâti en paille selon des normes écologiques. S'y alignent 6 chambres-studios aux noms d'anciennes colonies portugaises, avec salon-kitchenette, poêle et coin pour manger. Devant les yeux : une petite piscine-étang et son bout de plagette.

Cocoon *(carte Estuaire du Sado et région de Comporta,* ***15****) : Herdade da Comporta, parcela 105. 929-308-371. • info@cocoonlodges.com • cocoonlodges.com • À env 12 km au sud de Comporta par la route N-261-1, direction Grândola (fléché sur la gauche « Turismo rural »). Suites et bungalows 90-190 € selon saison.* Isolés dans les terres, sous les grands pins, une trentaine de bungalows en bois (certifié), sans fondations, jouent la carte écologique autour d'une grande piscine naturelle-étang où l'on nage avec les grenouilles ! Ils appartiennent à des propriétaires différents (la déco varie, donc), mais ils ont tous cuisine et deck en bois bien agréable. Le lieu ne manque pas de charme, mais l'entretien est malheureusement un peu aléatoire au regard des tarifs pratiqués.

Uva do Monte *(carte Estuaire du Sado et région de Comporta,* ***16****) : Herdade da Costa Terra, lugar das Fontaínhas, RIC 67,* ***Melides.*** *☎ 211-303-586. • reservations@thecollective.pt • uvadomonte.pt • Prendre la route de la praia Aberta Nova, fléchée à 23 km au sud de Comporta (puis 2,7 km). Nov-déc : jeu-dim seulement. Congés : janv-fév. Doubles 75-350 € selon taille et saison ; gratuit moins de 8 ans. Uva do Monte,* c'est la vie à la campagne, revue et fantasmée par la bonne société lisboète. Au milieu des champs, à 2 km de la plage presque déserte d'Aberta Nova et pas loin de celle de Galé, les 2 bâtisses en pierre restaurées abritent des chambres mariant meubles de grand-mère et confort contemporain (belles douches pluie vitrées). Certaines ne sont pas bien grandes, surtout pour les prix astronomiques demandés en été ! Cuisine commune, salon et piscine aménagée dans un abreuvoir complètent le catalogue, sans oublier VTT en prêt, cours de yoga, massages, chevauchées et cours de surf. Accueil à la fois cool et pro.

Où dormir et faire du surf dans les environs ?

Dreamsea Surf Camp *(carte Estuaire du Sado et région de Comporta,* ***11****) : à 26,5 km au sud de Comporta, dans l'enceinte du camping* Praia da Galé *(voir ci-avant). ☎ (34) 667-746-853. • portugal@dreamseasurfcamp.com • dreamseasurfcamp.com • Transfert depuis Grândola : 5 € ; depuis Lisbonne : 35 €. Compter 400-958 €/sem pour 2, logement, repas et matériel de surf compris, selon confort et saison.* On trouve des *Dreamsea Surf Camps* dans 4 pays. Leur créneau : le *glamping* : ce concept de camping chic né en Amérique du Nord dans les années 2000. On s'installe ainsi dans de grandes tentes montées sur des plateformes, sous les pins, sur les hauteurs de la sublime praia da Galé – chacune avec lit et mobilier de style marocain. Il y a aussi des tentes plus basiques, 2 fois moins chères. Les sanitaires sont partagés avec le camping et un espace commun facilite les rencontres. On vient ici de toute l'Europe pour apprendre à surfer entre jeunes, loin de tout... mais pas si loin des bars. En été, les *parties* avec DJ s'éternisent sur la praia do Galé ! Nombreuses activités : *movie night,* barbecue, sortie à Lisbonne, etc.

Où manger ? Où boire un verre ?

Bon marché

Pasteleria Eucalyptus *(carte Estuaire du Sado et région de Comporta,* ***30****) : rua do Cómercio. 966-641-845. Dans le centre. Tlj sauf mar 8h-20h.* Sa terrasse, bercée par le soleil matinal, est ombragée au zénith par le ramage d'un grand eucalyptus odorant. Une banquette avec coussins et quelques tables à l'intérieur invitent à prendre un café, un jus d'orange frais, une pâtisserie, voire un sandwich ou une *tosta* au déjeuner. L'accueil est gentil.

De prix moyens à plus chic

Dona Bia *(carte Estuaire du Sado et région de Comporta,* ***31****) : à 2,5 km au sud de Comporta, à l'orée du hameau de* ***Torre.*** *☎ 265-497-557. Tlj (sauf mar en basse saison) 11h-16h, 19h30-22h. Résa conseillée en saison. Compter 20-30 €.* Posé en bord de route, en vis-à-vis des rizières, ce discret prétendant au titre de meilleur resto du coin se fait le chantre des produits de la mer frais et d'une cuisine *alentejana* copieuse, exsudant le délicat parfum de la coriandre. Au menu : *arrozes* (aux couteaux, au brocoli...) et poisson grillé (cernier, mérou, sardines en été...), à accompagner d'un rosé ou d'un blanc bien frais de la *Herdade de Comporta,* bien sûr. Les poissons sont généralement à partager. Mignon : les pochettes-poissons en tissu pour ranger les couverts.

Comporta Café *(carte Estuaire du Sado et région de Comporta,* ***32****) : sur la plage de Comporta. ☎ 265-497-652. • info@comportacafe.com • Tlj 12h30-18h30, 19h30-22h30. Résa conseillée en saison. Plats 10-22,50 €.* La vue se paie, mais comment résister ? Posé face à l'océan sur la terrasse en teck, dans un canapé-lit à l'indonésienne bercé par le froufrou de grandes voiles de lin, on sirote une sangria blanche dans laquelle infuse un bâton de cannelle. Looké, comme la clientèle. 2 hamacs se balancent au-dessus du sable. Les enfants jouent. Une petite faim ? La *Key lime pie* est bonne. Pour le reste, c'est plus variable.

Museu do Arroz *(carte Estuaire du Sado et région de Comporta,* ***33****) : à la sortie ouest de Comporta, à côté du musée. ☎ 265-497-555. • museudoarroz@sapo.pt • Tlj sauf lun 12h30-16h, 19h30-23h. Congés : janv. Résa conseillée en saison. Plats 17-48 €.* Pas de vue sur l'océan ici, mais une salle haute de plafond aménagée dans un ancien hangar, avec quelques tables sur une mezzanine-îlot au centre. On patiente au lounge, très urbain, avant de se glisser sous une table bien mise, dans un cadre néobaroque aux lumières tamisées. Au menu : une carte corpulente gravitant logiquement autour du riz – *arroz de lingueirão* (aux couteaux), *de bacalhau* (à la morue), *de choco* (à la seiche), *de langosta,* etc. C'est copieux, c'est bon, mais sans doute pas aussi bon que ça n'est cher...

Où manger ? Où boire un verre dans les environs ?

De bon marché à prix moyens

Retiro do Pescador *(carte Estuaire du Sado et région de Comporta,* ***34****) : av. dos Pescadores, à* ***Carrasqueira,*** *à 5 km au nord-est de Comporta. ☎ 265-497-172. Tlj sauf jeu. Plats 6-13 €.* Les habitués viennent y boire un canon au comptoir ou filent vers la salle du fond, dans son jus, pour une orgie de *mariscos* à prix canons. Palourdes *(ameijoas),* crevettes, *arroz de marisco,* tout l'estuaire du Sado se retrouve à table, jusqu'aux anguilles (notamment frites). Les portions sont généreuses et l'accueil gentil (mais tout en portugais).

LES ENVIRONS DE LISBONNE

De prix moyens à plus chic

A Escola (carte Estuaire du Sado et région de Comporta, **35**) : *sur la N-253, à mi-distance (15 km) de Comporta et d'Alcácer do Sal. ☎ 265-612-816. 965-283-351. • rest.aescola@iol.pt • Tlj sauf lun à partir de 12h et 19h30. Résa conseillée. Compter env 15-20 €.* Ce resto bien mis s'est installé en pleine brousse, dans une ancienne école rurale jouxtant... un élevage de dromadaires ! On y déguste une bonne cuisine de la région, naturellement très tournée vers la mer, avec un bon choix de *petiscos* à partager. Ne ratez pas non plus le pâté de lapin en croûte ! Service attentif.

Restaurante Sal (carte Estuaire du Sado et région de Comporta, **36**) : *praia do Pêgo. ☎ 265-490-129. • geral@restaurantesal.pt • En saison, mar-sam 13h-17h30, 20h-22h ; dim 13h-18h. Le reste de l'année : ouv surtout le w-e.* En 2015, les lecteurs du magazine *Traveler* l'ont désigné meilleur resto de plage du monde ! C'est un peu exagéré, mais il a sans doute bénéficié de sa situation exceptionnelle sur la magnifique praia do Pêgo, qu'il domine du haut de sa dune, avec sa grande terrasse aux avant-postes. Chic et choc, tendance toc au plus fort de la saison, le lieu attire du beau monde – qui vient s'y montrer tout en mastiquant distraitement un poisson grillé ou en avalant une sangria blanche (forcément) trop chère. C'est aussi ça Comporta : la *world culture* plaquée sur la nature.

À voir. À faire

Museu do Arroz : *à la sortie ouest de Comporta, en direction de Tróia. ☎ 265-499-650. • museudoarroz@herdadedecomporta.pt • Juin-sept seulement. Entrée : 3,50 € avec audioguide (2 € sans) ; gratuit moins de 11 ans.* Installé dans un hangar à côté du resto du même nom (voir « Où manger ? Où boire un verre ? »), ce musée évoque l'histoire de la région et de son activité phare : la culture du riz, introduit au XVIIIe s et exploité à l'échelle industrielle depuis les années 1920. Les propriétaires possèdent aussi les immenses chais modernes voisins de la *Herdade de Comporta,* bâtis au milieu des rizières, où l'on peut participer à une dégustation des vins produits par le domaine *(mai-sept, tlj 10h30-18h30 ; oct-avr, mer-dim 10h30-17h ; 4 € pour 2 vins, 8 € pour 4 vins).* Les 35 ha de vignes se trouvent, eux, à 16 km au sud (vers Pinheiro da Cruz).

La plage de Comporta : *à 1 km à l'ouest du village.* Large, interminable, blanche comme il se doit, voilà une vraie plage de rêve, sauvage si ce n'est 2 bars-restos plantés dans le sable fin (*Comporta Café* et *Ilha do Arroz*) et une brochette de parasols aux chapeaux de palmes.

Les rizières : *tt autour de Comporta.* Le matin ou le soir, prenez la piste qui part de Comporta vers Cambado et Possanco. Bientôt, vous atteindrez de vastes rizières écumées, en saison, par des dizaines de cigognes en ordre dispersé. Chaussez les jumelles et vous verrez aussi de nombreuses échasses aux longues pattes rouges, des hérons gris, des chevaliers gambettes, des spatules blanches...

Cais Palafítico da Carrasqueira : *fléché depuis la N-253, à env 3 km à l'est de Comporta sur la route d'Alcácer do Sal ; le village de Carrasqueira est à 1,8 km de l'embranchement et le quai 600 m plus loin. Accessible aussi par les pistes via Cambado et Possanco. GRATUIT.* Pour y parvenir, il faut longer un chemin de terre bordé de rizières. Jetant sa forêt de pieux dans les vases de l'estuaire du Sado, cet ensemble de quais en bois ramifiés est unique en Europe. Malmenés par le temps et le vent, ils dodelinent au gré du ressac, avec leurs barques et petits bateaux de pêche, leurs cahutes colorées et leurs filets empilés ou en train de sécher. On adore !

– **Équitation, VTT et kayaks :** *avec* ***Cavalos na Areia,*** *à la sortie de* ***Torre,*** *à 3 km au sud de Comporta par la N-261. 919-002-545. • cavalosnaareia.com • Sortie à cheval (1h30) 50-65 € selon saison. Loc de VTT 15 €/j. Kayak double : 30 €/j.* Vous rêvez d'une chevauchée fantastique sur une plage déserte ? Vous voilà exaucé(e). La maison loue aussi des VTT et des kayaks pour se balader sur le Vala Real, le canal qui permet d'irriguer les rizières.

DANS LES ENVIRONS DE COMPORTA

En allant vers le nord

La péninsule de Tróia : étiré sur 15 km, ce long cordon littoral ferme l'estuaire du Sado par l'ouest, pointant son doigt jusqu'aux abords du port de Setúbal – auquel il est relié par catamarans et ferries (voir « Arriver – Quitter » à Setúbal, dans le chapitre « Lisbonne et ses environs »). Si ses deux tiers sud, formant une réserve naturelle, sont déserts, le tiers nord est occupé par une station balnéaire très bétonnée (Tróia) et cadenassée, avec grands ensembles, marina, casino, golf et centre de conférences ! On ne s'y gare pas n'importe où et il y a bien une piste cyclable mais pas de location de vélos...

Si vous venez en ferry depuis Setúbal, vous pourrez rejoindre à pied en moins de 10 mn la belle *plage de sable fin de Tróia,* avec bar-resto et... vue sur la cimenterie de la berge opposée.

Le secteur conserve les ruines de **Cetóbriga,** un important port romain des Ier-IVe s, où l'on voit principalement les vestiges d'une vingtaine de bassins de salaison – la principale exportation locale à l'époque. L'accès au site, contrôlé par le *Tróia Resort,* n'est possible que de juin à septembre *(à 3,5 km au sud de Tróia, puis 2,7 km de piste ; mer-dim 10h-13h, 14h30-18h ; entrée : 4 €).* N'imaginez pas vous garer dans le coin et y aller à pied hors saison : c'est impossible.

Pour profiter du caractère sauvage du sud de la péninsule, on vous conseille de vous garer le long de la route et de rejoindre à pied la côte ouest, soulignée par une interminable plage de sable fin déserte (à 500-600 m maximum). C'est notamment possible environ 8 km au nord de Comporta (piste sablonneuse).

Observation des dauphins : *avec* ***SadoArrábida,*** *kiosque à la marina de Tróia. ☎ 265-490-406. 915-560-342. • sadoarrabida.pt • Sorties (3h) de fin mai à mi-oct env, selon météo, le mat et l'ap-m. Compter 30 €/adulte ; 15 € 4-12 ans (1 enfant gratuit pour 2 adultes payants).* Une colonie de grands dauphins (26 au dernier compte) a élu domicile dans l'estuaire du Sado. On peut les observer aisément dans la mesure où ils se déplacent pour se nourrir en fonction des marées. Le bateau part alternativement de Tróia et de Setúbal. En été, on peut même se baigner !

En allant vers le sud

Les plages de Carvalhal et Pêgo : *près de Carvalhal (fléchées), à 9 km au sud de Comporta par la N-261.* Prolongeant vers le sud le cordon sableux qui épouse tout le littoral de Tróia et de Comporta, ces 2 plages, proches, offrent le même décor de carte postale : large tapis de sable, dunettes et

RECORD DE CIGOGNES ?

Le hameau de Torre, à 2,5 km au sud de Comporta, pourrait bien concourir au titre de lieu abritant la plus grande densité de cigognes par habitant au Portugal : on a compté 12 nids actifs pour à peine 20 résidents !

beach bars isolés (dont le fameux *Restaurante Sal*, voir « Où manger ? Où boire un verre dans les environs ? »). Pour ne rien défigurer, on se gare au large, avant de traverser l'arène sur de longues passerelles en bois. À la praia de Carvalhal, devant les baraquements des pêcheurs, tourbillonne une foultitude de girouettes improvisées.

Praia da Galé : *à 26 km au sud de Comporta par la N-261 en direction de Melides (bifurquer à 22,5 km au niveau du panneau « Campismo »).* Quelle splendeur ! Cette plage sauvage, battue par la houle, s'adosse à de hautes falaises tendres, sculptées par l'érosion en cheminées de fées rappelant par moments l'Ouest américain. On y accède en traversant le *Camping Praia da Galé* *(accès payant en août : 5,50 €)*, où l'on peut s'installer (voir plus haut « Où dormir dans les environs ? ») – on y trouve aussi le *Dreamsea Surf Camp* (voir « Où dormir et faire du surf dans les environs ? »).

Praia de Aberta Nova : *fléché depuis la N-261, 23 km au sud de Comporta (puis 4,8 km).* Encore une plage immense, splendide et vierge – si l'on excepte le tout petit *Bar dos Tigres* posté en vigie *(tlj en été ; sam seulement hors saison).*

HOMMES, CULTURE, ENVIRONNEMENT

ARCHITECTURE

Les amoureux des vieilles pierres n'en finiront pas de partir sur les traces du passé, de musée en monument célèbre, mais aussi de ruelle oubliée en place ensoleillée, se laissant porter par l'inspiration du moment autant que par les indications lues ici ou là. Des fouilles du théâtre romain abritées par un semblant de hangar à l'Alfama au monument des Découvertes portant le souvenir de l'époque Salazar mélangé à celui des rêves des navigateurs à Belém, vous n'avez pas fini de (re)découvrir Lisbonne.

Remontons le temps. De la ***période romaine et wisigothique,*** il reste peu de traces, notamment du fait du tremblement de terre de 1755. On retrouve de-ci de-là, surtout dans les musées, des pièces rappelant ces époques.

Du VIIIe au XVe s, ce sont les ***périodes maure et médiévale.*** *Al Usbuna* (Lisbonne) adopte un charme tout africain. Des fenêtres et de discrets volets, derrière lesquels on se protège du soleil, apparaissent à l'avant des demeures. Les maisons sont simples, blanchies à la chaux, avec de petites fenêtres et des toits couverts de tuiles en terre cuite. Plus tard, les mosquées cèdent du terrain, les cathédrales fleurissent. C'est le temps de la Reconquête.

Dès le XVIe s, sous le règne de Manuel Ier, le ***style manuélin*** apparaît, assez extravagant, avec beaucoup de motifs floraux, mais aussi maritimes. De cette époque datent la tour de Belém, le monastère des Hiéronymites, etc. Le style manuélin se caractérise par la présence de nombreux motifs sculptés représentant les cordages torsadés des navires : c'est l'époque des grandes découvertes.

L'heure du ***baroque*** correspond au XVIIIe s. Les églises monumentales se construisent, comme São Roque, qui cache derrière une austère façade un intérieur d'une richesse folle. La Belle Époque en quelque sorte pour Lisbonne, qui attire de nombreux architectes du monde entier. On passe d'un style simple, l'*estilo chão,* avec de grandes façades horizontales, où l'acier est largement utilisé, notamment dans le travail des balcons, à un style plus foisonnant. À cela s'ajoutent les devantures d'***azulejos.*** L'âge baroque est atteint. Quelques exemples : l'igreja da Graça ou le palácio das Necessidades (l'actuel ministère des Affaires étrangères). L'autre grand exemple du genre est Mafra, à l'ouest de la ville. C'est ici que l'on retrouve le Portugal conquérant, riche de l'or et des bijoux du Brésil.

Le tremblement de terre de 1755 va bouleverser doublement la vie et la ville. C'est le marquis de Pombal, ministre de dom José I, qui gouverne alors le pays : il fait raser le centre ancien et lance l'idée d'une ville moderne digne du rationalisme de l'époque des Lumières.

3 architectes sont mis sur le projet. Manuel da Maia, Carlos Mardel et Eugénio dos Santos établissent un plan précis, au cordeau, pour le centre-ville, sur un nombre de rues limité au tracé strict. C'est le ***style pombalien*** qui émerge, sans fioriture aucune, sauf peut-être l'utilisation du stuc pour l'ornementation. Les maisons dépassent

LA PUNITION DIVINE

Le tremblement de terre de 1755 à Lisbonne eut lieu le jour de la Toussaint. Contrairement à l'enseignement de la Bible, de nombreux catholiques considérèrent Dieu comme méchant et vengeur. En ces terres très chrétiennes, certains Portugais perdirent la foi. Puis on inventa la sismologie.

rarement 4 étages, les jointures sont en brique ou en pierre, le tout organisé, dans un souci de salubrité publique, autour d'une cour avec des sanitaires. Ce soin apporté à l'unification architecturale par Pombal s'estompe rapidement à sa mort. Le charme baroque et rococo reprend vite le dessus. Marbre et façades rose bonbon refont surface.

Le XIXe s est un ***temps troublé*** dans l'histoire de l'architecture lisboète, sans style dominant. C'est le temps du ***revival,*** les bâtiments reprennent des allures manuélines (la gare du Rossio, l'elevador de Santa Justa). Quelques édifices retrouvent des aspects maures. Des quartiers industriels voient le jour (Graça). C'est aussi à cette époque qu'apparaissent les *calçadas portuguesas,* les fameux trottoirs pavés qui font le charme de vos promenades (mais qui peuvent aussi vous épuiser !). Quant à l'époque de la dictature de Salazar, elle a suscité à Lisbonne un style dit pudiquement « ***salazariste*** » (que d'autres qualifieront simplement de fasciste) avec des bâtiments massifs, comme la Bibliothèque nationale. C'est surtout un style très classique, reprenant des touches folkloriques de l'histoire du pays, où celle-ci s'étale sous forme de frises. Le nationalisme exacerbé de cette période est marqué par des statues monumentales. Mais c'est aussi sous l'action de Duarte Pacheco que verront le jour les ponts (le pont du 25-Avril ou ancien pont Salazar, par exemple), les autoroutes, ou encore le métro et les bases de la Fondation Calouste-Gulbenkian.

La fin du XXe s et le début du XXIe s verront triompher le ***design,*** domaine dans lequel Lisbonne n'est pas en reste. Le centre culturel de Belém, aux lignes épurées, abrite un parfait exemple de collection d'art moderne et contemporain comme on rêve d'en rencontrer partout en Europe, mais les tentatives pour créer dans Lisbonne même de vrais « quartiers du design » (autour de Santos, notamment) et même un vrai musée restent pour l'heure à l'état de projet.

La reconstruction du Chiado en 1988 par Álvaro Siza Vieira (l'un des grands architectes portugais contemporains) fut un succès, le quartier étant aujourd'hui l'un des plus visités de la ville. Siza est aussi l'auteur du pavillon du Portugal au parc des Nations. Au Portugal, l'architecture est résolument tournée vers l'avenir, comme vous le remarquerez très vite, des hôtels avec vue sur le Tage aux restos tendance en passant par les boutiques donnant de nouvelles couleurs à la vie au quotidien.

Street art

Les murs de Lisbonne inspirent de nombreux *street artists,* dont voici quelques-unes des représentations les plus emblématiques.

– ***Rua das Murtas :*** commencée en 2012, une longue frise de 1 km habille le mur de l'hôpital psychiatrique. Une des plus longues d'Europe !

– ***Crono Project : avenida Fontes Pereira de Melo,*** on admire les œuvres des jumeaux OsGemeos ou de Sam3. À la ***gare Santa Apolonia,*** d'autres œuvres comme celle du Portugais Vhils (également visible en France, notamment à Paris). Sur le ***mur Amoreiras, avenida Conseilheiro Fernando de Sousa*** et sur le ***parking du Mercado do Chao do Loureiro*** (œuvres de Ram, Mar et Nomen entre autres).

– ***Avenida Fontes Pereira de Melo,*** puis vers l'***avenida da Liberdade*** et l'***avenida Dom Afonso Henriques,*** œuvres de PixelPancho ou Zé Carvalho.

Pour en découvrir plus encore : ● *fatcap.com/city/lisbon.html* ●

BOISSONS : LISBONNE... À BOIRE !

Les vins portugais sont injustement méconnus alors que leur qualité est plus qu'honorable. Le pays, 11e producteur mondial en 2016, est à la tête d'une trentaine de régions bénéficiant d'une appellation d'origine. Près de 200 cépages différents sont cultivés, donnant des vins très typés, au taux d'alcool généralement

plus élevé que les vins français – soleil oblige. Un très bon moyen d'apprendre à les connaître est de se rendre à une dégustation de ***Viniportugal*** (voir la rubrique « À voir. À faire » dans « Baixa et Rossio » à Lisbonne). Les exploitations sont souvent petites et produisent des vins très différents d'une région à l'autre.
– Le plus étonnant et de loin le plus connu des vins portugais hors des frontières est le ***vinho verde*** (« vin vert »), produit dans le Nord (Minho et Douro). Très léger, pétillant et blanc (le meilleur), rosé (tout à fait correct) ou rouge foncé (pas terrible), il doit son nom au fait qu'il doit être bu au printemps suivant la récolte. Dans la même région, on trouve aussi le ***vinho maduro*** (mûr), sec mais non pétillant.
– La région du ***Dão*** (centre-nord) donne un vin rouge assez léger et très fruité. Le cépage principal est le *touriga naciónal* (utilisé aussi pour la production de porto).
– La toute petite région du ***Douro,*** au nord, donne des vins parmi les plus aromatiques de tout le Portugal. C'est également là qu'est fabriqué le fameux vin de Porto (et du mousseux à Lamego).
– L'***Alentejo*** possède quantité de jeunes vignes d'une dizaine de cépages, les plus connus étant le *redondo,* le *borba,* le *monsaraz* et le *reguengos,* travaillés selon des méthodes modernes. Ses vins, typés, à la robe rouge-violet, développent des arômes fruités et sont fortement alcoolisés. L'un des meilleurs blancs : le *vidigueira.*
– La région du ***Bairrada*** produit des vins « de table » riches, parfumés et assez corsés, qui passent très bien avec des plats de cochon ou de cabri.
– En ***Estremadura*** (autour de Lisbonne, 1re productrice), on préférera nettement les blancs, à savourer au compte-gouttes le long des innombrables routes des vins qui sillonnent la région.

Autres dérivés alcoolisés

– ***Le moscatel :*** ce vin blanc, doré et doux, est produit dans la serra da Arrábida, au sud de Lisbonne. Il se consomme plutôt en apéritif, ou au dessert, surtout lorsqu'il atteint 20 ou 30 ans d'âge.
– ***L'amêndoa amarga ou amarguinha :*** une liqueur d'amande amère, très douce, typique de l'Algarve.
– ***La ginja :*** cet alcool à base de griottes se trouve dans presque tous les cafés ou *ginjinhas* à Lisbonne. Certaines de ces échoppes, minuscules, ne servent pratiquement que cela, voire de l'*eduardinho* (un autre apéro auquel se mêle un peu d'absinthe).
– ***La liqueur Beirão :*** cette liqueur nationale à base d'herbes, au goût légèrement anisé, est plutôt bue en apéritif.
– ***Le Brandy Mel :*** ce doux mélange de brandy et de miel, légèrement sirupeux, s'avère un bon digestif.

L'IMPORTANT, C'EST (D'AVOIR) LA CERISE !

La ginja est typiquement lisboète. Au moment de l'apéritif, cette boisson à base de griottes coule à flots dans les typiques ginjinhas *de la ville. Parfois, on la déguste dans une petite tasse... en chocolat.*

Les *cervejas* (bières) nationales

– ***Sagres :*** la numéro un des marques, contrôlée par Heineken. La *Sagres* peut être blonde, rousse ou stout *(Bohemia)*, avec un goût rappelant la *Guinness* pour cette dernière.
– ***Super Bock :*** existe en *lager,* en stout ou au citron et aussi désormais en « éditions saisonnières ». C'est la bière portugaise la plus exportée.
– ***Cristal :*** une blonde légère. La moins chère et pas forcément la meilleure...

– ***Imperial :*** une blonde pas spécifiquement remarquable qu'on trouve souvent à la pression.

Le porto

Le vin de Porto provient de la vallée du Haut-Douro, située dans le nord du Portugal, à une centaine de kilomètres à l'est de la ville qui lui a donné son nom. Si les vignobles régionaux s'étendent sur environ 240 000 ha (avec une vingtaine de cépages cultivés, rouges et blancs), seuls 26 000 ha sont autorisés à produire du porto.
La naissance du doux breuvage commence dans l'euphorie des vendanges. Le jus extrait des raisins passe par la fermentation, qui est rapidement arrêtée par l'adjonction d'un cinquième d'eau-de-vie au volume global (mutage). Le taux d'alcool se situe alors entre 19 et 22°. Viennent le décuvage et le transfert du porto, dûment accompagné de son certificat d'authenticité, à Vila Nova de Gaia, où se trouve la zone des chais, extension exceptionnelle de la région d'appellation contrôlée. C'est là que, paisiblement, solennellement, certains vins pourront atteindre la véritable perfection.
Il existe 2 grandes familles de porto : le *blend* et la famille des « récoltes uniques », issues d'une vendange d'une année.
– Le ***blend*** est réalisé à partir de vins d'assemblage vieillis en fût, donc non millésimés. Une douzaine de cépages entrent dans ces compositions savantes, parmi lesquels le *tinta roriz,* le *tinta barroca,* le *tinta cão*... Le porto jeune, plus doux et plus rouge, est appelé ***red,*** quand le ***ruby*** ou le ***tawny*** sont respectivement plus vieux et, au fur et à mesure, un peu plus roux ou bruns ; il y a aussi le ***white*** issu de raisins blancs, un peu plus vieux que les précédents, que l'on choisira *extra-dry, dry* ou *sweet* selon les goûts. C'est le seul qui doit impérativement être bu (très) frais.
– Parmi les « récoltes uniques », on trouve les ***reserva,*** qui sont des *tawnies* vieillis au moins 7 ans en fût (mais qui n'évoluent plus une fois mis en bouteilles) ; les ***décimaux,*** qui sont des *tawnies* de 10, 20, 30, voire 40 ans, qui ont gagné au contact du chêne leurs lettres de noblesse ; les ***vintages*** (3 % de la production), considérés comme les rois du porto (et donc les plus chers !), réservés aux millésimes exceptionnels, sont élevés 2 ans en fût, puis se bonifient au moins aussi longtemps en bouteille avant d'être mis sur le marché ; et enfin les ***late bottled vintages*** – *LBV* pour les connaisseurs –, vieillis de 4 à 6 ans en foudre, mais moins puissants et à la capacité de garde plus réduite.
Il faut savoir aussi que la commercialisation du porto n'est légale qu'en bouteille et que la vente de vrac ne peut prétendre à l'appellation car souvent tirée de fonds de cuves plus ou moins arrangés.

APÉRO OU PAS ?

Le vin de Porto, développé depuis le XVIIe s, connaît son essor avec l'alliance anglaise dès 1703. La consommation s'accroît en France avec la Première Guerre mondiale : les Français se sont vite épris de ce nouveau vin apporté par les soldats britanniques. Curieusement au Portugal, on le boit à la fin des repas, et en Angleterre, avec le fromage. En revanche, il devient un apéritif très courant dans les bistrots de la IIIe République.

Le café

Il se boit tout au long de la journée, décliné sous toutes ses formes, avec ou sans lait.
– ***Uma bica,*** café très serré, équivalent de l'*espresso* italien, est issu du dialecte lisboète. À Porto, on peut donc quelquefois faire semblant de ne pas comprendre ce mot, rivalité oblige... Il faudra alors demander ***um cimbalinho.*** On peut le demander *com cheirinho* (« avec un petit parfum ») pour un zeste d'eau-de-vie.

- La ***carioca*** est un café un peu plus léger.
- Vous préférez un allongé ? Demandez un ***abatanado*** (ou *uma bica cheia*).
- Le ***pingado*** est un café noisette, avec juste une touche de lait.
- Le ***garoto*** est un crème que l'on demande *claro* ou *escuro* (clair ou foncé, soit avec plus ou moins de café), selon le goût.
- Le ***galão*** est un café au lait servi dans un grand verre, là aussi plus ou moins clair.

Le thé

Les amateurs apporteront leur réserve : on en boit très peu au Portugal. Et si on en boit, il n'est pas terrible...

CALÇADA PORTUGUESA : LISBONNE AU PIED !

Vous constaterez vite que les trottoirs portugais et les places sont fréquemment constitués de mosaïques faites de minipavés blancs et gris. Cette tradition portugaise remonte au XVIIIe s, voire avant, et s'est généralisée à partir du XIXe s. Tout le travail est réalisé à la main (à l'origine par des forçats !), de la casse méticuleuse des petits cubes calibrés jusqu'à leur mise en place. La *calçada portuguesa* permet une richesse créatrice exceptionnelle, par la simple variation des formes des blocs et par leurs combinaisons. Attention, on trébuche fréquemment sur leur surface irrégulière (mesdames, bannissez les chaussures à talons).

CINÉMA

Bizarrement, le cinéma portugais est plus connu à l'étranger que dans son propre pays ! Le plus fameux des cinéastes portugais reste sans doute ***Manoel de Oliveira,*** né en 1908. Pour ses 100 ans, le doyen des cinéastes reçoit une Palme d'or à Cannes, couronnant toute son œuvre. Il meurt en avril 2015, à 106 ans.
L'autre « star » du cinéma portugais est ***João César Monteiro,*** souvent primé dans les festivals internationaux, et décédé en 2003. Une partie de son film baroque *Les Noces de Dieu* a été tournée dans le palácio Fronteira, propriété de dom Fernando de Mascarenhas, 12e marquis de Fronteira.
Oliveira et Monteiro sont des représentants du *cinema novo,* qui vit le jour après la chute de Salazar et la révolution des Œillets (1974). C'est un cinéma original, avec des thèmes récurrents : Dieu, l'amour, la foi, la mort.
Aujourd'hui, une nouvelle génération prend le relais. Quelques noms : ***Pedro Costa*** avec son terrifiant *Ossos* sur Lisbonne, présent également en compétition officielle au Festival de Cannes en 2006 avec *En avant jeunesse !,* où l'on assiste à l'immersion de son héros, Ventura, dans les quartiers capverdiens de Lisbonne, ***Joaquim Sapinho, Manuela Viegas*** ou encore ***Teresa Villaverde.***
Un des gros succès de ces dernières années est l'*Adam et Ève* de ***Joaquim Leitão,*** avec la délicieuse actrice portugaise ***Maria de Medeiros,*** qui a, depuis, tourné son premier film, *Capitaines d'avril,* relatant un épisode marquant de l'histoire du pays, la révolution des Œillets, avec Joaquim Leitão, mais comme acteur cette fois ! En 2016, le sulfureux réalisateur ***João Pedro Rodrigues,*** déjà remarqué pour *O fanstasma* (2000) et *Mourir comme un homme* (2009), sort le déroutant *Ornithologue,* des œuvres remarquées et primées dans les festivals internationaux, qui font de lui l'un des initiateurs d'une nouvelle vague portugaise avec ***Miguel Gomes*** *(Tabou, Les Mille et Une Nuits)* ou de jeunes cinéastes comme ***João Nicolau*** *(John From)* et ***João Salaviza*** *(Montanha).*
Lisbonne a attiré quelques cinéastes étrangers (mais étonnamment, assez peu), comme le réalisateur suisse ***Alain Tanner.*** Il y a tourné *Dans la ville blanche (1983)*

avec Bruno Ganz dans le rôle d'un mécanicien de marine qui quitte son bateau et traîne dans Lisbonne où il tombe amoureux d'une jolie serveuse, tandis que sa femme l'attend en Allemagne... Avec *Requiem (1998),* Alain Tanner balade son personnage dans les rues de Lisbonne sous un soleil de plomb entre rêve et réalité, passé et présent, selon une adaptation du roman éponyme de Tabucchi (disponible en coll. « Folio », n° 4383, Gallimard).
N'oublions pas non plus *Lisbonne Story,* de ***Wim Wenders,*** sorti en 1994, où un ingénieur parcourt la capitale pour trouver de la musique correspondant aux images du film muet tourné par un ami, mystérieusement introuvable.
À signaler aussi, le cinéaste américain ***Eugène Green,*** né à New York en 1947, émigré en France dans les années 1960 et naturalisé français. En 2009, il tourne *La Religieuse portugaise* à Lisbonne et en portugais. Le film raconte l'histoire de Julie de Hauranne, une comédienne française venue à Lisbonne pour tourner une adaptation des *Lettres portugaises* de Gabriel de Guilleragues. En 2010 est sorti le film *Les Mystères de Lisbonne* de ***Raúl Ruiz*** (1941-2011), cinéaste d'origine chilienne, installé en France depuis 1973. Pour lui, le Portugal est le pays selon son cœur, qu'il a fréquenté pendant 30 ans. « Le Portugal, c'est comme le Chili mais en mieux ». Le film est une superbe adaptation d'un roman populaire de l'écrivain portugais Camilo Castelo Branco. Une grande fresque historique et sentimentale qui se passe au XIXe s.
Au printemps 2013 est sortie en France *La Cage dorée,* un superbe film de ***Ruben Alves,*** jeune acteur et réalisateur franco-portugais. Pour la 1re fois, un fils d'émigré portugais réalise un film sur cette communauté portugaise méconnue et silencieuse. Ruben Alves a fait un très beau film sensible, brillant, intelligent et heureux, à travers lequel il rend un hommage vibrant à sa famille et, à travers elle, à la communauté portugaise de France.

CUISINE

Si simple soit-il, un bon repas porte ici la trace de tous ces voyages, de tous ces territoires qui appartinrent un jour au Portugal, depuis la cannelle, indispensable pour les pâtisseries, jusqu'à l'incontournable poudre de curry... Les tomates et pommes de terre du Nouveau Monde sont de toutes les fêtes, comme l'ail et l'oignon. Les Maures ont planté des citronniers, des orangers amers, et appris aux Portugais à mélanger les fruits au poisson et à la viande. Et les Arabes sont les inventeurs de la *cataplana,* sorte de plat en cuivre, véritable ancêtre de la Cocotte-Minute, permettant de cuire à la vapeur toutes sortes d'aliments, donnant un goût délicieux aux mollusques, poissons, viandes, légumes cuits dedans.
Quelques *petiscos* – version portugaise des tapas – pour s'ouvrir l'appétit, du style beignets de morue *(pastel de bacalhau),* ou une petite salade de poulpe, petits pains avec beurre en barquette et fromage blanc : une mise en bouche payante, à tous points de vue.
Gardez de la place pour la soupe. Commencez vos découvertes culinaires par l'*açorda de mariscos,* résultat étonnant obtenu en plongeant du pain perdu dans l'eau de cuisson des crevettes. Ou par un bouillon vert des familles, à base de chou, une soupe à laquelle vous avez aussi peu de chances d'échapper qu'à la morue.
Séchée ou salée, la morue *(bacalhau)* est une invention typique de ces Portugais qui ont, dit-on, le rêve pour vivre et la morue pour survivre. Leur imagination, pour la préparer, semble sans limites (voir plus loin). Les Portugais adorent, sinon, les poissons, qu'ils mangent simplement grillés, en ragoût ou en bouillabaisse *(caldeirada).* Le porc reste leur viande préférée. Le plat le plus célèbre – *carne de porco à alentejana* – vient, comme son nom l'indique, de l'Alentejo : marinés dans une sauce à base de poivron rouge, d'ail et d'huile d'olive, les morceaux de porc sont cuits à l'étouffée avec des palourdes et de la coriandre. Sublime apport de la mer aux viandes blanches qui remonte au Moyen Âge ! Dans le cochon tout est

bon, ici comme partout. On se régalera donc de saucisses, à commencer par les *chouriços* (qu'on vous proposera en entrée, en omelette baveuse autant que délicieuse : *ovos mexidos com chouriço de porco preto*). Il y a aussi et toujours le poulet *(frango)* cuit à la braise, que l'on mange souvent dans les *churrascarias,* restos populaires que les Portugais adorent. Bon, avec les frites, une fois, ça va, 2 fois, pas la peine de vous faire un dessin. Prenez plutôt le *cozido,* sorte de pot-au-feu que l'on mange à la fraîche à Lisbonne. Comme pour tous les ragoûts, on met ce qu'on trouve. Des plats nourrissants et riches en goût, en tout cas. Avec un verre de vin et du pain savoureux, c'est le bonheur assuré.
Quant aux herbes, sachez reconnaître la fameuse triade aromatique que vous trouverez dans toutes vos soupes et vos ragoûts : persil, menthe et coriandre.
Et les fromages ? Le meilleur de tous est peut-être le *queijo da serra,* fabriqué avec le lait des brebis élevées sur les pentes de la serra da Estrela. Onctueux à souhait. Sauf si vous préférez les *serpa* demi-secs, le *beja* ou l'*azeitão* crémeux. Bon, tout dépend de la saison. Vous aurez peut-être du mal à goûter un fromage frais, que les Portugais mangent saupoudré de cannelle. Idéal pour finir un repas, avec un peu de marmelade de coings. Peut-être succomberez-vous plutôt devant le choix du rayon pâtisseries ? En général, les gâteaux semblent souvent avoir usé et abusé du jaune d'œuf et du sucre (beaucoup de sucre !), avec parfums de cannelle, de citron, d'orange, d'amande. On vous en parle plus loin...

Quelques conseils pratiques

Lisbonne est riche en gargotes et petits restos populaires, mais également en grands restos traditionnels et en tables très tendance orientées vers la « cuisine fusion », les produits bio ou locaux. Si les prix des premiers restent abordables, ceux des seconds grimpent très vite. Surtout la nuit, quand l'ambiance devient festive. Offrez-vous plutôt une bonne table le midi, là où les menus du jour sont à prix imbattables (souvent couverts, vin et café compris). En alternant avec de petits restos familiaux et en mangeant parfois sur le pouce en terrasse, dans une cour de musée ou face au Tage, vous devriez facilement équilibrer votre budget.
– Attention aux amuse-gueules (parfois copieux) que l'on vous apporte d'office avant le repas, comme le fromage frais, les olives, la charcuterie, etc. Ils vous seront facturés dans l'addition dès lors que vous commencez à les grignoter (leur prix est de plus en plus souvent mentionné sur la carte). Si vous ne les voulez pas, dites-le d'emblée au serveur afin qu'il les retire. Idem pour le pain et le beurre. Vous pouvez bien sûr, si vous les trouvez appétissants, vous ruer dessus. Si vous ne prenez qu'un plat, ils vous serviront de... mise en bouche !
– Certains restos proposent sur leur carte en portugais (mais pas toujours sur les cartes en langue étrangère) 2 tailles de plats : ***meia-dose*** (demi-portion, suffisante pour une personne) et ***dose*** (portion que l'on peut prendre pour 2). Si vous ne précisez pas, on vous sert automatiquement une *dose.* Bien si vous avez un très gros appétit !
– Choisir de préférence le plat du jour ***(prato do dia),*** s'il existe : normalement servi plus rapidement, car il est déjà préparé, et aussi probablement plus frais, si vous avez tout à coup un doute.
– Certaines cartes de restaurant portent la mention ***refeição completa,*** ou encore ***ementa turística,*** ce qui correspond à une sorte de menu comprenant, pour un prix fixe : une soupe, un plat, une boisson et parfois un dessert ou un café. Peut être intéressant mais jamais affriolant.
– Les 3 repas sont ***o pequeno almoço*** (le petit déjeuner), ***o almoço*** (le déjeuner), entre 12h et 15h, et ***o jantar*** (le dîner), entre 19h et 23h (plus tôt en dehors de Lisbonne).

Petiscos et hors-d'œuvre

Pour vous ouvrir l'appétit, le serveur apportera d'autorité à votre table olives, fromage de chèvre, pâté peut-être et corbeille de pain. Vous n'êtes pas intéressé ?

Faites-le savoir, il remballera le tout ! Si vous les gardez, sachez qu'ils ne sont pas offerts. La pratique est très répandue ; seules les cantines de quartier y échappent. Mieux vaut choisir soi-même parmi la vaste gamme des *petiscos* – les tapas portugaises. Ceux-ci comprennent charcuterie, petites salades de légumes, *croquetes de carne, pasteles de balcalhau* et autres beignets, fromages, petites assiettes de fruits de mer, sans oublier les escargots *(caracóis),* servis entiers avec tête, antennes, intestins... glurps ! Autres incontournables parmi les hors-d'œuvre : la salade de poulpe, une bonne ***sopa*** de légumes ou de poisson, servie tiède, ou encore des légumes grillés avec un filet d'huile d'olive...

Côté mer

La voilà, celle que vous attendiez tous : séché ou salé, le ***bacalhau*** (la morue) est indissociable de la cuisine portugaise. Ne dit-on pas des enfants du pays qu'ils ont « le rêve pour vivre et la morue pour survivre » ? On dit aussi qu'il y a 365 manières de la préparer, pour varier chaque jour les plaisirs ! Il y en a peut-être encore davantage, même si, dans la pratique, ce sont toujours un peu les mêmes plats qui reviennent : *bacalhau cozido* (bouillie), *assado* (rôtie), *assado na brasa* (au barbecue), *com nata* (à la crème), *à Brás* (délicieuse « morue parmentière », à base d'oignons, de pommes de terre finement coupées, d'œufs brouillés, d'olives noires, de persil), *a gomes de sá* (morue, pommes de terre, oignons, huile, ail, olives noires, lait, œufs durs, le tout cuit au four).

MORUE OU CABILLAUD ?

La morue (bacalhau) *ou cabillaud séché (c'est le même poisson) est incontestablement l'emblème de la cuisine portugaise. Et pourtant, elle est pêchée bien loin du pays, à Terre-Neuve. Ses pêches miraculeuses nourrirent les Portugais pendant des siècles. Aujourd'hui, les réserves canadiennes étant épuisées, les morues des étals sont en majorité islandaises !*

En fait, la morue n'est que la partie émergée de l'iceberg : les Portugais raffolent des fruits de mer et poissons – qu'ils mangent le plus souvent simplement grillés *(grelhados),* en ragoût ou en ***caldeirada,*** sorte de bouillabaisse aux 1 001 déclinaisons régionales. Parmi les espèces les plus fréquentes figurent *cherne* (mérou, mais attention, derrière ce nom se cache de plus en plus souvent la vorace perche du Nil), *peixe espada* (poisson-épée, à ne pas confondre avec l'espadon), *espadarte* (espadon), *pescada* (merlu), *linguado* (sole), *raia* (raie), *enguias d'Aveiro* (anguilles), *polvo* (poulpe)... sans oublier les *sardinhas,* les *lulas* (calamars) et autres *chocos* (seiches) – à Setúbal, ils sont justes frits et servis avec des frites.

Les préparations à base de riz, rappelant les *arroces* et paellas espagnols (en fait d'inspiration arabe), sont fort généreuses. Le classique ***arroz de mariscos,*** aux fruits de mer, est délicieux quand il est bien cuisiné. Dans l'Alentejo, du côté de l'estuaire du Sado, on le prépare avec des couteaux *(lingueirãos).* En Algarve, c'est plutôt avec de la lotte *(arroz de tamboril).* Ou, en version plus économique, avec uniquement des *camaraões* (crevettes). Ne confondez pas l'*arroz de mariscos* avec l'***açorda de mariscos,*** une sorte de panade préparée avec de l'ail, de l'huile, des œufs, de la coriandre, des crevettes, des palourdes, des clovisses et des épices.

Parmi les fruits de mer, les palourdes *(amêijoas)* sont particulièrement appréciées, notamment *à Bulhão Pato,* relevées d'huile, d'ail, de coriandre, de sel, de poivre et de citron à la fin.

Côté terre

Et pourquoi ne pas commencer vos découvertes culinaires par un ***caldo verde,*** un potage de pommes de terre et de choux galiciens émincés, agrémenté de rondelles de saucisse plus ou moins épicée ? Bien qu'originaire du Nord, ce potage est devenu national, et vous avez aussi peu de chances d'y échapper qu'à la morue !

Le porc est la viande préférée des Portugais, que ce soit sous la forme de *lombo* (filet), de *costeletas* (côtes), de *febras* (tranches) ou du savoureux *leitão* ou cochon de lait. Le plat le plus célèbre vient de l'Alentejo : l'emblématique ***carne de porco alentejana,*** une recette de filet de porc cuit à l'étouffée avec coriandre, saindoux, baies de poivron rouge, ail, huile d'olive et... palourdes ! Dans le cochon tout est bon. On se régalera aussi de saucisses, éventuellement fumées (à commencer par les ***chouriços***), mais aussi des fameuses ***tripas à moda do Porto*** (tripes de veau à la mode de Porto), avec de l'oreille et de la tête de porc. Puisqu'on est à Porto, restons-y avec la ***Francesinha,*** la « petite Française », sorte de croque-madame baignant dans la sauce. C'est d'ailleurs cette dernière qui fera toute la différence entre un pur moment de délectation culinaire ou... un *Titanic* version toast ! Côté viandes rouges, le ***bife à portuguesa*** tient le haut du pavé (sic !), car il s'agit d'un steak servi sur un lit de frites et nappé de tranches de bacon. Attention, les cuissons sont souvent trop à point pour nous autres... Précisez !

Un autre classique à ne pas dédaigner : le ***frango piri piri,*** du poulet grillé enduit d'une sauce à base d'huile d'olive et de piments. Il y a aussi le ***frango no churrasco*** (poulet cuit à la braise), coupé en 2, que l'on mange souvent dans les *churrascarias,* ces restaurants populaires que les Portugais adorent, ou que l'on peut emporter. Mais commandez plutôt un ***cozido à portuguesa,*** sorte de pot-au-feu pour les longues soirées d'hiver. On peut aussi le manger froid en gaspacho comme à Lisbonne. Comme pour tous les ragoûts, on y met ce qu'on a. Dans le Nord, le ***cabrito*** bondit souvent directement du gril vers votre assiette : délicieux. Avec un verre de *vinho verde,* qui a gardé le goût de la pierre et de la terre qui l'a vu naître, et du pain savoureux type ***broa de milo*** (à base de maïs que l'on trouve essentiellement dans le Minho), c'est le bonheur assuré. Quant aux herbes, sachez reconnaître la fameuse triade aromatique que vous trouverez partout : persil, menthe et coriandre.

Quelques autres spécialités

– ***Bifana :*** un sandwich pas cher dans lequel on peut tout glisser, ou presque !
– ***Sopa da Pedra :*** cette « soupe de pierre », attachée au centre du pays, réunit haricots, oreille de porc, chorizo, lard, pommes de terre, oignons, carottes, ail, laurier, coriandre et... une pierre bien lavée ! Avec l'ébullition de l'eau, elle s'agite et écrase les ingrédients pour les transformer en soupe.
– ***Canja :*** consommé de poulet avec riz et abats.
– ***Gaspacho à alentejana :*** soupe froide composée d'ail, d'huile, de vinaigre, de tomates, de pain dur, d'origan, de poivron vert, de concombre, le tout non mouliné.
– ***Açorda alentejana*** (ou *sopa alentejana* – plus liquide) ***:*** pain dur, œufs, huile, ail, coriandre hachée, sel, eau.
– ***Chanfana :*** un ami portugais malicieux tint à nous donner la recette de ce ragoût : « Prenez la plus vieille bique et le plus mauvais des vins... » S'il est traditionnellement préparé à base de chèvre ou de mouton adultes, n'en croyez pas un mot : cette spécialité du centre du pays est délicieuse et gagne encore à être réchauffée.
– ***Feijoada de chocos :*** haricots rouges cuisinés avec des calamars. Il faut goûter, au moins une fois.
– ***Feijoada à Trasmontana :*** haricots blancs cuisinés avec des morceaux de porc (différentes parties de l'animal), plusieurs sortes de saucisses et épices. Très consistant !
– ***Farinheras, alheiras :*** la recette de ces saucisses préparées traditionnellement à base de volaille provient des anciennes communautés marranes (voir la rubrique « Religions et croyances » plus loin), forcées de contourner leur tabou du porc le plus discrètement possible. On les appelle d'ailleurs *maranhos* dans la région de Tomar.

– ***Frango na Púcara*** *(Estremadura)* **:** petit poulet mijoté avec jambon, tomates, échalotes, beurre, moutarde, ail, porto, eau-de-vie, vin blanc, épices... dans un pot en céramique.

Des fromages

– ***Queijo da Serra*** (ou simplement *Serra*) **:** c'est peut-être le meilleur de tous, fabriqué avec le lait des brebis élevées sur les pentes de la serra da Estrela. Onctueux à souhait, on le trouve un peu partout. On trouve plusieurs variétés DOP en Alentejo : celui de ***Serpa,*** coagulé avec une infusion de pétales secs de chardons, à pâte semi-molle ou bien au goût fruité après affinage ; celui de ***Nisa,*** frais ou mûr, idéal avec un verre de rouge et des olives ; et celui de ***Castelo Branco,*** plus piquant mais tout aussi savoureux.
– Il existe de nombreux autres fromages de chèvre, de brebis et de vache, certains dans lesquels on plonge voluptueusement sa cuillère (*amanteigado,* littéralement « comme du beurre »), d'autres, à pâte affinée *(curado),* d'autres encore plus durs. Le *solaio,* du côté de Porto, est à la fois dur à l'extérieur et fondant à l'intérieur – parfait pour les indécis ! Vous aurez peut-être du mal à goûter un fromage frais que les Portugais mangent saupoudré de cannelle.

Et des gâteaux

Dans la matinée et, plus encore, dans l'après-midi, tout le monde converge vers les ***pastelarias,*** où s'alignent, dans les vitrines, des gâteaux très riches en jaune d'œuf et en sucre, aux doux parfums de cannelle, de citron, d'orange, d'amande...
– ***Toucinho do céu* :** sucre, amandes, jaunes d'œufs en plus grande quantité que les blancs, farine, beurre, confiture de *gila* (courge du Mexique)... *Toucinho* veut dire « poitrine » (de porc), car, à l'origine, ces pâtisseries étaient préparées à base de graisse de porc.
– ***Papos de anjo*** *(« estomac » ou « jabot d'ange »)* ***de Trás-os-Montes* :** confiture de fruits, œufs et jaunes supplémentaires, sucre, cannelle.
– ***Barriga de freira*** *(« ventre de nonne »)* **:** sucre, beurre et toujours beaucoup de jaunes d'œufs.
– ***Queijo de figo* :** des couches de figues sèches, amandes effilées, cannelle et chocolat.
– ***Pudim francês ou pudim flan* :** très proche de notre flan.
– ***Leite-creme* :** mêmes ingrédients que pour le flan, mais préparation plus crémeuse.
– ***Arroz doce* :** sorte de riz au lait.
– ***Pastel*** (*pastéis* au pluriel) ***de nata* :** flan crémeux dans une pâte feuilletée, délicieux lorsqu'il est servi tiède et saupoudré de cannelle et de sucre glace. Incontournable ! On le décline désormais dans une grande variété de goûts et parfums, moins authentiques.
– Citons encore les ***queijadas de Sintra*** (petits gâteaux au fromage), les ***ovos moles de Aveiro,*** les ***ouriços*** (oursins) d'Ericeira, les profiteroles à la caroube ***(alfarroba)*** en Algarve, les prunes d'Elvas ***(ameixas)*** en eau-de-vie de l'Alentejo, les ***rebuçados de ovos*** (œufs caramélisés) de Portalegre, etc. Et, bien sûr, les ***confitures typiques*** vendues dans les pâtisseries : figues, amandes, châtaignes, *doce de abóbora* (courge), *gila*...

RIEN NE SE PERD !

Pourquoi trouve-t-on tellement de pâtisseries à base de jaunes d'œufs ? Parce que les nonnes des couvents, à qui l'on doit la création de ces petites merveilles, utilisaient beaucoup de blancs d'œufs pour amidonner leurs cornettes. Du coup, il fallait bien utiliser les jaunes d'une façon ou d'une autre... Mais les temps ont changé : les nonnes ne portent plus la cornette, aussi a-t-il fallu trouver une autre utilité au blanc d'œuf. C'est ainsi que la meringue a fait son retour en force dans les pâtisseries !

CURIEUX, NON ?

– On fait la queue à l'arrêt de bus. Plutôt que d'attendre en « tas » à la française, les Portugais se mettent les uns derrière les autres à l'arrêt du bus pour être sûrs que le premier arrivé monte bien le premier dans le bus.
– Les amoureux s'offrent un bouquet de basilic à la saint Antoine.
– La première question qu'on pose à un enfant est : « *Es de quem ?* ». Ce qui veut dire littéralement « tu es de qui ? » et qui signifie... « quel club de foot soutiens-tu ? » et non pas « qui sont tes parents ? » ! Tous les Portugais dès 5 ans supportent un club de foot fétiche.
– On prend un ticket *(senha)* pour faire la queue partout : dans les magasins, l'administration, etc. La gestion de la file d'attente est partout. On ne laisse rien entre les mains de la civilité naturelle. Si bien que les habitués viennent chercher leur ticket et repartent pour revenir 20 mn plus tard.
– On mange de la soupe à tous les repas.
– En France, le fromage se mange après le plat de résistance et avant le dessert. Au Portugal, il se mange au début du repas, en entrée.
– Les fêtes de la Saint-Antoine à Lisbonne donnent lieu à 1 mois de fêtes populaires.
– « *Com licença* » : on demande la permission avant de fermer une porte, passer devant quelqu'un, entrer chez les gens. On pourrait le traduire en français par « avec votre permission ». On l'utilise pour demander le passage dans un tramway bondé, sur un trottoir très étroit, pour interrompre une discussion, avant de poser un plat sur la table dans un resto et même avant de fermer une porte !
– On fait de la confiture de citrouille au Portugal.
– On ne s'offre pas de fleurs.
– Les Portugais s'invitent très peu chez eux.
– Les enfants sont les bienvenus dans les restos.
– Les Portugais pratiquent rarement l'apéro.
– Le *bitoque,* plat national, est un steak servi avec un œuf, des frites et du riz. À tester une fois !
– Il y a beaucoup de manières de demander un café : *pingado, meia de leite, cheio, curto, normal, bica escaldada, galao, carioca...*
– On coupe la morue à la scie circulaire à la poissonnerie. Ça peut surprendre !

ÉCONOMIE

Sortant de l'immobilisme salazariste pour embrasser la *docta* libérale européenne, le Portugal a fait un bond en avant spectaculaire après son ***adhésion à l'Union européenne en 1986.*** Les années 1990, en particulier, ont été marquées par une modernisation rapide du pays sur fond de croissance soutenue – dopée par les investisseurs étrangers, attirés par une main-d'œuvre bon marché.
Parmi les secteurs porteurs, citons l'***industrie textile,*** l'***automobile,*** avec notamment la fabrication de composants pour les voitures, les ***matériaux de construction,*** les ***machines-outils,*** la ***pétrochimie,*** l'***industrie du papier,*** le ***liège*** et les ***vins,*** naturellement.

À l'heure de la crise

Aux débuts des années 2000, rattrapage bien entamé, le moteur portugais commence à connaître des ratés. Entre 2002 et 2004, le gouvernement de José Manuel Durão Barroso lance un premier programme drastique d'économies budgétaires. Mais ce n'est rien, encore... À compter de 2009, le Portugal sombre dans la ***crise,*** la croissance passant cette année-là en zone négative. C'est au Premier

ministre de centre-droit Pedro Passos Coelho qu'échoit la redoutable tâche de redresser l'économie du pays. Il choisit de le faire en tenant à ses concitoyens un discours de vérité.
En mai 2011, l'Union européenne et le Fonds monétaire international viennent au secours du pays, au bord de la banqueroute. Ils lui accordent un ***prêt de 78 milliards d'euros*** sur 3 ans. Le plan de sauvetage impose, en contrepartie, un retour sous la barre des 3 % de déficit public d'ici à 2015. La potion est amère pour les Portugais. En l'espace de quelques mois, les impôts sur le revenu et le patrimoine sont fortement augmentés, les prestations sociales réduites, tout comme les salaires. Le SMIC est gelé à 505 € mensuels. Au total, quelque 70 000 postes dans la fonction publique sont supprimés au cours des 4 années suivantes, tandis que les fonctionnaires voient leur semaine de travail s'allonger de 35 à 40h hebdomadaires. 4 jours fériés sont même supprimés ! L'âge de la retraite à taux plein est repoussé à 66 ans. Les conséquences ne se font pas attendre : le climat social se détériore à coups de grèves générales, la pauvreté augmente et la consommation intérieure chute. La croissance est plombée par l'austérité. ***La récession dure 3 ans,*** de 2011 à 2013, ce qui induit des recettes fiscales en baisse... et empêche la réduction du déficit ! ***Le chômage explose*** parallèlement : autour de 9 % en 2009, il atteint plus de 17 % en 2013, au plus fort de la crise. Beaucoup de Portugais s'expatrient en Europe, au Brésil, en Angola...

Comment remonter la pente

Petit à petit, néanmoins, les réformes portent leurs fruits. Les ***privatisations*** sont conduites efficacement, rapportant presque 2 fois plus que prévu (9 milliards d'euros). Ironie de l'histoire, le principal investisseur se trouve être une ancienne colonie : l'Angola !
En 2014, l'économie portugaise sort de récession et le taux de chômage voit sa courbe s'inverser. L'année suivante, le Portugal rembourse ses dettes au FMI et à l'UE. Fin 2016, la croissance a retrouvé un modeste allant : elle s'établit à 1,4 %. Le marché du travail s'est, lui, nettement amélioré : le chômage est redescendu sous la barre des 10 % de la population active (9,8 %). En 2018, il passe sous les 8 %. Les méthodes de relance de l'économie par réinjection de pouvoirs d'achat, avec augmentation des salaires les plus bas et des retraites mais aussi diminution des impôts semblent porter leurs fruits. Sans compter sur le booster économique du tourisme, jumelé à la relance de la consommation locale qui, s'appuyant sur une main-d'œuvre qualifiée peu chère (SMIC à 557 €), redonnent des couleurs au pays. À tel point que Bruxelles regarde avec surprise ces méthodes loin de l'austérité normalement prônée.

UNE LOTERIE CONTRE LA FRAUDE FISCALE

Pour jouer, il faut obligatoirement inscrire ses coordonnées sur une facture établie par un commerçant. Cette loterie hebdomadaire incite ainsi les Portugais à réclamer une facture. Malin !

ENFANTS, ESPACES VERTS ET JEUX DIVERS

Les enfants s'en donnent à cœur joie dans cette ville qui offre de nombreuses attractions. Au resto ou ailleurs, ils sont toujours bien accueillis.
Attention, Lisbonne est une ville où les rues montent et descendent, des rues pavées de surcroît, qui peuvent vite essouffler les petits. Merci toutefois à la ville aux 7 collines d'avoir essaimé à ses 4 coins de nombreux jardins (zoologique, botanique, tropical, etc.) ! Et les moyens de transport offrent des possibilités pour économiser l'énergie de vos bouts de chou. Profitez-en, d'autant plus que les transports publics, en dessous de 5 ans, sont gratuits. Dans le centre-ville, on

se dégourdit les jambes dans le ***parc Eduardo VII*** *(plan d'ensemble détachable et plan centre détachable, F-G-H3-4-5),* qui offre son lac, ses étendues herbeuses et ses jeux pour enfants. On compte d'autres parcs ou jardins, comme le ***jardim do Torel*** *(plan centre détachable, I-J7, **382**).* Dans le ***square de la place do Príncipe Real*** *(plan centre détachable, H7-8, **373**),* les enfants pourront jouer tandis que les plus grands siroteront un verre au café *Esplanada.*

On prend les ***tramways*** (le n° 28 en particulier ; voir « Comment se déplacer ? Le tram *(eléctrico)* » dans le chapitre « Infos pratiques sur place »), qui traversent la ville de part en part, avec l'impression de remonter le temps : les enfants adorent. On peut aussi entrer au ***musée de la Marionnette*** *(museu da Marioneta ; plan centre détachable, G9, **378**)* et profiter du joli spectacle qui plaira aux tout-petits, mais pas seulement. On repart à l'assaut de la ville en grimpant dans l'***elevador de Santa Justa*** *(plan centre détachable, J8-9, **367**),* construit par un élève de Gustave Eiffel. Un autre moyen de transport surprenant, quand il fonctionne ! Une pause méritée avant de monter au ***castelo de São Jorge*** *(plan centre détachable, K8 ; accessible en tram ou en bus).* La vue y est magnifique. Enfin, pour continuer sur la lancée des moyens de transport amusants, on prend l'un des 3 funiculaires (voir la rubrique « Comment se déplacer ? » dans le chapitre « Infos pratiques sur place »).

Attention, voici l'un de nos gros coups de cœur pour retomber en enfance. Direction le ***parc des Nations*** *(plan Parque das Nações),* tout au nord de la ville, avec son ***Océanorium,*** un des plus beaux aquariums du monde, et le ***pavilhão do Conhecimento – Ciência Viva*** *(pavillon de la Connaissance),* où vous ferez des expériences scientifiques amusantes en famille (billet familial possible). Là, il faut prendre la ***télécabine.*** On survole le Tage... un grand moment. Le parc est aussi l'endroit rêvé pour faire du vélo (location sur place) ou du roller. Profitez-en, les vastes espaces plus ou moins verts sont inexistants au centre de la ville ! Après, vous pouvez terminer la journée en allant admirer le coucher du soleil au ***miradouro*** le plus proche de votre hôtel, tel que celui de ***Santa Catarina*** *(plan centre détachable, H9, **372**)* avec son jardin alentour et sa vue sur le Tage.

À l'ouest de la ville, direction Belém et sa tour. À ne pas manquer, surtout un dimanche matin : cyclistes, marcheurs, joueurs de foot l'animent, les terrasses et les jardins sont le rendez-vous des familles lisboètes. Le ***mosteiro dos Jerónimos*** *(plan détachable Belém, **391**)* intéressera certainement les ados. Le ***museu da Marinha*** *(plan détachable Belém, **393**)* fascine les moussaillons avec ses reconstitutions, ses maquettes et ses exemplaires d'origine, et, à 2 pas de là, le ***musée des Carrosses*** *(museu dos Coches ; plan détachable Belém)* émerveille toujours autant petits et grands. Inévitable : une pause goûter dans l'une des *pastelarias* voisines pour goûter les succulents *pastéis de nata,* de petits flans crémeux saupoudrés de cannelle. Un peu plus loin encore, le ***Jardim zoológico*** *(plan d'ensemble détachable, C-D1, **387**),* avec dauphins et autres bébêtes, l'aventure originale du ***musée des Enfants*** et la collection du ***musée de la Musique.*** Pour un grand bol d'air, rendez-vous au ***parque do Alto da Serafina.***

En dehors de la ville, repos des guerriers sur les plages, avec chemin côtier pour les promeneurs, entre Oeiras, Estoril ou Cascais. Attention, si vous continuez par la route de la côte en direction de Sintra, les courants peuvent parfois être violents. Et puis on traversera une forêt dense avant de voir apparaître l'incroyable ***palácio nacional da Pena*** avec ses tours, ses couleurs, son pont-levis et son architecture folle qui séduira toute la famille (plus que son prix d'entrée, exagéré !). Certains apprécieront le ***palácio nacional de Sintra*** et partiront en pensée sur les traces des chevaliers des mers lointaines. Après, ne pas manquer la ***quinta da Regaleira,*** dont le jardin avec ses cavernes, ses passages secrets, ses escaliers dans tous les sens feront passer aux enfants une journée mémorable. Les romantiques préféreront peut-être le ***parque da Pena*** avec ses fontaines et ses espaces verts auxquels il ne manque que l'apparition de quelques fées pour que le conte soit complet.

ENVIRONNEMENT

À Lisbonne et son district, on assiste à une difficile conciliation entre la densité de population la plus élevée du pays et la protection environnementale. La conscience écologique s'éveillant doucement, quelques améliorations se font sentir au niveau du traitement des déchets et des eaux usées, ou bien concernant l'habitat (le repeuplement du centre-ville voit une nouvelle population revenir, plus jeune, plus concernée par le sujet, plus riche aussi). Mais de gros efforts sont encore nécessaires, et pas vraiment au programme ! À Lisbonne et en banlieue, la pollution de l'air atteint des niveaux préoccupants (l'avenida da Liberdade est l'une des artères européennes les plus polluées ; avis à ceux qui rêvent d'y loger !). La qualité de l'eau laisse également à désirer : mercure dans l'estuaire du Tage et problèmes aggravés par la sécheresse pour le barrage de Castelo de Bode, qui alimente la région en eau potable.
Dans un contexte d'aménagement du territoire déficient, et malgré le nombre de rues interdites désormais à la circulation, la voiture conserve sa place de reine incontestée en dehors du centre ancien et apporte son lot d'effets néfastes avec la construction de nouvelles voies rapides, l'élargissement des axes existants, les embouteillages chroniques, les accidents, etc. Sans compter le développement du trafic aérien volant à très basse altitude au-dessus de la ville. De leur côté, les zones naturelles protégées sont grignotées par les constructions illégales, les activités industrielles et les incendies. Malgré tout, il fait encore bon vivre dans la capitale portugaise ! Sa taille modeste limite les inconvénients liés à la circulation et on se dit que les vents de l'Atlantique balaient la pollution. Et à une douzaine de kilomètres du Rossio, c'est déjà la campagne, sans compter la proximité de plages immenses qui satisferont tous les goûts.
Il y a plusieurs zones naturelles protégées dans la région de Lisbonne : les parcs naturels de Sintra-Cascais et d'Arrábida, le paysage protégé de la falaise fossilisée de la costa da Caparica, les réserves naturelles des estuaires du Tage et du Sado.
Infos sur l'état de protection de la nature :

■ ***Instituto da conservação da natureza :*** *av. da República, 16.* ☎ *213-507-900.* • *icnf.pt* • *Lun-ven 9h30-16h30.* Vend des guides de randonnées pédestres, des livrets sur les parcs naturels et les zones protégées, des livres sur la faune, la flore, l'architecture traditionnelle.

■ ***Quercus – Associação nacional de conservação da natureza :*** *centro associativo do Calhau, parque florestal de Monsanto.* ☎ *217-788-474.* • *quercus.pt* •

■ ***Liga para a protecção da natureza :*** *estrada do Calhariz de Benfica, 187.* • *lpn.pt* •

FADO

4 lettres langoureuses, qui s'attardent, pour suggérer une mélodie proprement portugaise. Le fado, c'est LA musique du Portugal. Autant qu'un chant, c'est un cri, une ambiance, un « état d'esprit », selon la célèbre *fadista* Amália Rodrigues. « Ni gai ni triste », d'après Pessoa lui-même, il incarne la mélancolie et la force de la destinée contre la volonté humaine.
Pour le poète Luís de Camões, la saudade est « un bonheur hors du monde » ; pour d'autres auteurs, elle représente une sorte de nostalgie de l'avenir, un sentiment de vide dans l'instant présent. L'origine incertaine et tourmentée du fado se rattache au mot latin *fatum,* qui, justement, signifie « destin ».

SAUDADE

La saudade (prononcer « saoudad ») imprègne l'âme des Portugais. On dit que durant la colonisation de l'Afrique, les colons exprimaient ainsi leur mal du pays. Saudade, une tristesse empreinte de nostalgie, dont Fernando Pessoa disait qu'elle était « la poésie du fado ».

Ce chant de la saudade célèbre la mélancolie née des différents revers de fortune qu'a connus le Portugal dans son histoire : marins perdus en mer, ceux-là mêmes que les grands noms des découvreurs ont fait oublier ; disparition tragique du jeune roi Sébastien à la bataille de Ksar-el-Kébir (1578) qui se solde par la perte de l'indépendance du royaume au profit du voisin espagnol ; perte du Brésil en 1822, date à laquelle le fado apparaît véritablement. Rapporté du Brésil par la Cour en exil, ce chant, qui était aussi dansé, s'est enraciné et transformé dans le quartier de la Mouraria de Lisbonne, l'ancien quartier des Maures, où il a gagné une influence arabo-andalouse. Riche de rencontres multiples, le Portugal a ainsi créé un chant emprunté et mûri.

La Severa maudite mais géniale

Née en 1820, dans le quartier de Madragoa à Lisbonne, ***Maria Severa Onofriana*** passe son enfance à l'ombre de sa mère, qui tient une *tasca* où l'on chante le fado. La maman est déjà bien connue dans le quartier... pour sa barbe. Tous les jours, elle se rase comme un homme. Maria Severa vit dans une maison au nº 2 de la rua do Capelão (surnommée la « rue sale ») de la Mouraria, quartier populaire et malfamé de la capitale. Un aristocrate lisboète, Francisco de Paula, tombe fou amoureux de Maria Severa. L'union de l'aristo et de la prolo fait scandale. Le couple s'installe dans un palais de Campo Grande. Lassée du luxe et de la vie oisive, la *fadista* des bas-fonds quitte son gentilhomme bohème et retourne à sa vie dissolue, mélange d'alcool, de fado et de misère. Elle meurt à l'âge de 26 ans (1846). Le mythe de l'ange noir du fado est bel et bien né. Cette « dame aux camélias » version portugaise plonge dans le deuil toute une génération de fadistes et d'artistes. En hommage à Maria Severa, ceux-ci portent le châle noir à franges sur les épaules. Un phénomène social se produit : le fado issu des bas-fonds séduit à présent les beaux quartiers. Bourgeois et aristocrates s'entichent de ces mélopées mélancoliques et de cette histoire d'amour impossible.

Pendant longtemps a perduré l'idée que le fado ne pouvait être chanté que par le peuple. Puis, après avoir habité les rues, le fado se professionnalise et conquiert la scène.

Le fado enfin reconnu

Dans le même temps se singularise le fado de Coimbra, repris par le milieu intellectuel de la vieille université. Plus littéraire, il est chanté dans la rue par des interprètes masculins vêtus de capes noires et il donne lieu parfois à des joutes musicales. L'*estado novo* de Salazar aura tôt fait de récupérer le fado érigé en art national. Il est chargé de chanter les valeurs morales de la grandeur portugaise. Le cinéma assure son triomphe et celui d'interprètes prestigieux. Trop choyé par la dictature, il connaît un réel discrédit après la révolution de 1974 et est même interdit, cantonné aux maisons de folklore réservées aux touristes.

Aujourd'hui, le fado retrouve grâce auprès d'un public tant portugais qu'étranger. Débarrassé d'une gangue idéologique qui ne lui a jamais vraiment correspondu, il se contente de véhiculer les mélodies errantes de l'âme lusitanienne, sur les poèmes de Fernando Pessoa, David Mourão-Ferreira ou Florbela Espanca. Et de tant d'autres, connus ou méconnus, quand la nuit rassemble, au fond d'une ruelle de l'Alfama, voisins et habitués, debout, le verre à la main et la larme (d'émotion) à l'œil. Hélas, avec le tourisme, les boîtes à fado ayant pignon sur rue (si l'on peut dire, vu l'architecture à Lisbonne) prospèrent en se complaisant dans des interprétations de moins en moins authentiques. Et les prix ne sont plus les mêmes (on paie pour le verre, pour le chant et pour la table).

Gloire des *fadistas*

Après ***Amália Rodrigues*** (1920-1999), chanteuse mythique qui a longtemps incarné l'image même du fado sur scène comme au cinéma, ***Carlos do Carmo*** a renoué avec une certaine tendance plus engagée. ***José Afonso*** (1929-1987)

avait lui aussi, en bon chansonnier polémiste, usé des méandres du fado comme détours à l'oppression politique. ***Maria da Fé, José Mário Branco,*** ou ***Fernando Machado Soares*** pour celui de Coimbra, sont aussi des noms connus. La relève est assurée avec, côté hommes, ***Camané.*** Le monde entier connaît aussi la voix de ***Teresa Salgueiro,*** du groupe Madredeus, sans que ce soit tout à fait du fado. On a découvert aussi l'image de ***Mísia,*** élevée au rang de chevalier de l'ordre des Arts et des Lettres en 2004 par le ministre de la Culture français. La touche de spontanéité et de fraîcheur de ***Cristina Branco*** lui permet de lier, avec bonheur, tradition et modernité. Elle est connue sur la scène internationale, tout comme ***Mariza,*** nouvelle ambassadrice du fado, collectionnant les récompenses et les salles combles. ***Mafalda Arnauth*** tire elle aussi les origines de son chant dans le fado, alors que ***Kátia Guerreiro*** et ***Ana Moura*** jouent volontiers dans un registre plus traditionnel.
– Dans la rubrique « Où sortir ?... » de l'Alfama, mais aussi dans la rubrique « Où écouter du fado ? » du Bairro Alto, quelques adresses pour apprécier cette si belle musique. N'oubliez pas non plus le musée du Fado (se reporter à la rubrique « À voir. À faire » dans l'Alfama).

FUTEBOL

2e religion du pays, le foot alimente la moitié des conversations entre mâles portugais, et son omniprésence sur les écrans de télé de la moindre gargote hypnotise un public de passionnés. La vedette historique du pays s'appelle ***Eusébio.*** Disparu en 2014, le Ballon d'or 1965 était très apprécié des Portugais et soutenait les bonnes causes humanitaires. Sa popularité était telle que 3 jours de deuil national furent décrétés suite à son décès. Depuis, d'autres stars du ballon rond affichent fièrement les couleurs de l'équipe nationale comme ***Ricardo Carvalho*** ou ***Cristiano Ronaldo,*** sans oublier l'entraîneur ***José Mourinho,*** sacré meilleur entraîneur du monde à 4 reprises.

2 PASSIONS PORTUGAISES

Football et religion. Pas étonnant qu'une douzaine d'équipes de prêtres (padres) *aient des résultats fort honorables. Ils jouent plutôt au futsal (foot en salle)... mais pas en soutane !*

Les *sócios* ou supporters-actionnaires se comptent par dizaines de milliers. Leurs cotisations enrichissent surtout les 3 principaux clubs : à Lisbonne, Benfica (qui joue au légendaire Estádio da Luz), avec ses 36 titres de champion, et le Sporting Clube de Portugal, et à Porto, le FC local (vainqueur de la Ligue des champions en 1987 et 2004 et champion du Portugal à 27 reprises).
Les *sócios,* ou supporteurs-actionnaires, se comptent par dizaines de milliers. Leurs cotisations enrichissent les 2 principaux clubs de Lisbonne : Benfica (qui joue au légendaire *Estádio de la Luz*), avec ses 36 titres de champion, et le Sporting Clube du Portugal (sans titre depuis de longues années). Dernier exploit en date : lors de l'***Euro 2016,*** le Portugal remporte son 1er titre international (enfin !) face aux Français ! Ronaldo, pourtant blessé lors de la 1re mi-temps, est porté en triomphe. L'équipe entière est adulée par tout un pays, fier d'atteindre le Saint-Graal et de prouver au reste de l'Europe qu'elle est une grande nation du *futebol.* Hélas, le pays n'a pas renouvelé l'exploit lors du Mondial 2018 en Russie.

Comment assister à un match de ces 2 équipes ?

■ **Benfica** *(hors plan d'ensemble détachable par C1)* **:** *av. General Norton Matos. Billetterie : ☎ 707-200-100. • slbenfica.pt • Ⓜ Alto dos Moinhos ou Colégio Militar/Luz.*

■ **Sporting Clube** *(hors plan d'ensemble détachable par H1)* **:** *rens sur les événements sportifs : ☎ 707-20-44-44. • sporting.pt •*

HISTOIRE

La ***légende d'Ulysse*** tombant amoureux de la rade de Lisbonne nous enchante tous. Heureux qui comme lui a pu faire en son temps de si beaux voyages... Il est plus probable que la fondation de la ville soit due, en fait, aux ***Phéniciens.*** Ils nommèrent ce site exceptionnel à l'embouchure du Tage *Alis Ubo,* la « jolie rade ». Grecs et Carthaginois trouvèrent également l'endroit sympathique pour commercer. Quant aux ***Romains,*** ils le voulurent pour eux seuls. Ils renommèrent l'ancien port phénicien *Olisippo Felicitas Julia.* Trop chic !

Les ***Wisigoths*** profitèrent un temps de la décadence de Rome pour s'y installer – la ville s'appelle alors *Ulixbuna* –, avant de céder la place aux Arabes, qui se l'accaparent. Nouveau nom : *Al Usbuna.* Puis il y eut la reconquête du territoire et de la capitale par les chrétiens, bien moins ardue qu'en Espagne. Au XIVe s, enrichie de ses conquêtes successives et de ses apports culturels, la cité du Tage vit au rythme de 3 cultures : chrétienne, maure et juive.

La reine du Tage, clé des mers lointaines

Aux XVe et XVIe s, c'est l'***âge d'or.*** Lisbonne est bien plus que la capitale du Portugal : c'est un grand centre du commerce mondial. Après la découverte, en 1498, de la route maritime des Indes par ***Vasco de Gama*** et du Brésil, en 1500, par ***Cabral,*** les trésors de l'Orient et d'Amérique affluent sur les quais de Lisbonne. Les caravelles débordent de soieries et de porcelaines de Chine, d'ivoires d'Afrique, d'épices d'Inde et des Moluques, de sucre du Brésil. Au marché de Lisbonne, 1 g de poivre vaut 1 g d'or. Jusqu'à 3 000 navires mouillent en même temps dans la « mer de Paille ». Les marins reviennent avec des esclaves de couleur. Et même des animaux étranges comme ce rhinocéros, le premier à débarquer en Europe, que le roi Manuel Ier exhibe dans ses promenades (non, pas en laisse !). Dans les cours d'Europe, on murmure le nom de cette capitale avec curiosité et envie. « Je suis au ciel car nous approchons de la fameuse Lisbonne », écrit Cervantès en 1616. L'Espagne rêve d'annexer cette capitale qui rapporte tant. « Si j'étais roi de Lisbonne, je serais en peu de temps le roi du monde », estime Charles Quint. Flatteur !

LA CARAVELLE, UN BATEAU MAL FICHU

Cette coquille de noix était lourde, trapue et bien peu maniable. Son tonnage faible ne pouvait contenir que peu de marchandises. Petite (à peine 20 m de longueur), elle ne transportait qu'une vingtaine de marins. Haute sur l'eau, elle était instable et sensible aux tempêtes. Et pourtant, elle permit les plus grandes découvertes.

Un tsunami sur le Tage en 1755

Pendant 50 ans, au Siècle des lumières, « l'or du Brésil inonde le Portugal. Entre 6 et 8 tonnes chaque année de 1718 à 1731, entre 11 et 16 tonnes de 1735 à 1756 » (D. Couto, *Histoire de Lisbonne,* Fayard). Le roi du Portugal attend chaque livraison d'or et de diamants du Brésil pour entamer la construction d'un ***nouveau palais,*** comme celui de ***Mafra*** par exemple, réplique grandiose de l'Escurial du roi d'Espagne. Mais cet élan euphorique s'arrête soudain. Le 1er novembre 1755, un séisme de 9 mn accompagné d'un terrible ***raz-de-marée*** anéantit une grande partie de Lisbonne. Les quartiers médiévaux sont dévastés et livrés aux flammes, sauf l'Alfama sur sa colline, qui tient le choc. Voltaire s'émeut d'une pareille catastrophe : 6 000 à 8 000 morts sur une population de 750 000 habitants. Il fait dire à Candide : « C'est le dernier jour du monde. »

La reconstruction de la ville basse est dirigée par l'énergique ***marquis de Pombal.*** Des immeubles, certes un peu sévères, remplacent bientôt les rues médiévales disparues de la Baixa et du Chiado. Quand les troupes de ***Napoléon*** envahissent Lisbonne en 1807, elles y trouvent des maisons toujours en ruine depuis 1755. Elles ne tombent que sur peu de biens à piller (à l'exception des tonnes d'argenterie du monastère Saint-Vincent dans l'Alfama) et repartent vite à l'assaut de quelques monastères du Nord.

RIO DE JANEIRO, CAPITALE DU PORTUGAL

En raison de l'invasion des troupes de Napoléon au Portugal, la famille royale s'établit à Rio de Janeiro en 1808. Rio fut la seule capitale située à l'extérieur d'un royaume. Les plages et l'ambiance durent plaire au roi puisqu'il ne rentra à Lisbonne qu'en 1821 (donc 6 ans après la chute de Napoléon !).

Lisbonne napoléonienne puis anglaise

En février 1808, le Portugal est officiellement rattaché par le général ***Junot*** à l'Empire napoléonien. Le nouvel envahisseur obtient le titre de duc d'Abrantès, et noue une liaison avec la jeune épouse du comte da Ega, Juliana Sofia de Oyenhausen. Il repartira avec elle à Paris. Les pillages des troupes françaises poussent la junte portugaise à appeler au secours les Anglais, qui envoient un corps expéditionnaire commandé par Wellesley. Le 30 août 1808, un accord provisoire est trouvé à Setais, près de Sintra, entre Anglais, Portugais et Français. En juillet 1810, Masséna tente de reprendre Lisbonne, mais il est définitivement arrêté par l'artillerie luso-anglaise à Santarem.

Les troupes napoléoniennes se retirent de Lisbonne. Un clou en chasse un autre : Napoléon vaincu, c'est l'Angleterre qui étend sa mainmise sur le Portugal et Lisbonne après 1815. Les historiens considèrent qu'autour des années 1820 Lisbonne est la capitale d'un Portugal devenu protectorat britannique. Le XIXe s est le théâtre de divers mouvements : une alternance de révoltes, révolutions (révolution libérale de 1820, révolution *setembrista* de 1836) et de luttes civiles tandis que les rois se succèdent sur le trône : Maria II, dom Miguel l'usurpateur, Pedro V (1853), Luis I (1861), Carlos I (1889).

Lisbonne au XXe s

Le début du XXe s est une période sanglante et confuse avec l'***assassinat,*** près de la grande poste, du ***roi Carlos Iro*** (Charles Ier) et du prince héritier, en 1908. En 1910, on proclame une république plutôt bancale, tandis qu'en 1915 les « interventionnistes » lisboètes mènent grand tapage : ils veulent l'intervention du Portugal aux côtés des Alliés. Les intellectuels (dont Pessoa et ses amis de la revue futuriste *Orpheu*) raillent ces bons bourgeois prêts – dans un grand élan altruiste – à mener à l'abattoir les classes mobilisables. Pour la suite, la République portugaise, affaiblie par ses dissensions, va bientôt être atteinte d'une grave maladie importée d'Italie et qui contaminera l'Europe entière.

LA DERNIÈRE REINE FRANÇAISE

Amélie, la petite-fille de Louis-Philippe, devint reine du Portugal quand son mari Charles Ier monta sur le trône en 1889. Elle fut libérée de son mari volage en 1908 grâce à un attentat. Avec la proclamation de la République, en 1910, elle fut condamnée à l'exil. Elle mourut en France en 1951.

À partir de 1928, l'intégriste ***Salazar,*** prof d'économie politique de son état, peu enclin à la rigolade, applique au pays une sorte de fascisme chrétien et isolationniste ! 11 ans après, de l'autre côté de la frontière, un général à pompon donne dans la même médecine. Toute la péninsule Ibérique se ferme alors, pour 35 ans, sur la rumination de son siècle d'or.

UNE VIE BIEN CACHÉE

Salazar jouait le côté célibataire ascétique, n'écoutant que les conseils de la vieille gouvernante avec qui il vivait. En 1951, patatras ! Il tomba dingue d'une journaliste et romancière française, Christine Garnier, venue l'interviewer. La discrétion sera telle qu'on apprendra cette liaison bien après le décès du dictateur.

Pendant 47 ans, Lisbonne n'a guère l'occasion de loucher hors des œillères salazaristes, et la ville s'encroûte dans une caricature de capitale d'empire. Mais l'interminable ***guerre des colonies africaines*** coûte trop cher à Salazar. Au début des années 1970, l'économie intérieure s'effondre. Épuisé et traumatisé par cette guerre coloniale portugaise, le peuple – ceux qui en sont revenus, ceux qui n'en veulent plus – fraternise avec la troupe qui renverse enfin, le ***25 avril 1974,*** une dictature à bout de souffle. Après les œillères de la discorde, les œillets de la concorde ! Sur la praça Dom Pedro IV, à Lisbonne, un fleuriste a en effet offert des brassées d'œillets aux soldats. La ***révolution des Œillets*** est en bonne voie.

Lisbonne depuis 1974

La révolution des Œillets est surtout l'occasion d'une explosion de joie populaire. Écœuré par ce qu'il a dû endurer et faire en Angola, Guinée, Mozambique, le Lisboète moyen n'aspire plus qu'à reconstruire dans la dignité une vie commune et communautaire !

À Lisbonne, on compte alors 3 meetings, une manifestation et 10 occupations d'usine par jour. Chaque quartier est autogéré. Les murs se couvrent de fresques naïves, aux slogans généreux et utopistes. Les membres du Conseil de la révolution discutent passionnément dans les bistrots avec les gens du coin.

Les grands partis de la gauche orthodoxe, voyant que seule la capitale bouge vraiment, s'appliquent alors à faire du « popu » pour ratisser le pays, tandis que les cadres et l'industrie, alléchés par l'éventuelle entrée – quel hasard ! – du Portugal dans la CEE, reprennent discrètement les rênes de l'économie de marché. En novembre 1975, c'est la fin de l'utopie révolutionnaire. De 1975 à 1985, sur le plan politique, le pays connaît une série de combinaisons politiques de ***gouvernements hybrides,*** où le parti socialiste s'allie soit avec la droite (le CDS), soit avec le centre (le parti social-démocrate). Entre-temps, le ***général Eanes,*** difficile à classer politiquement mais très attentif au maintien des conquêtes d'avril, est élu par ***2 fois président de la République.*** L'érosion politique naturelle du pouvoir provoque, en octobre 1985, la baisse de popularité de ***Mario Soares.*** Malgré tout, il se présente à l'élection présidentielle qui suit et, contredisant les pronostics, est élu.

Réélu dans un fauteuil en 1991, il est obligé de composer avec un Premier ministre social-démocrate qui domine l'Assemblée : ***Anibal Cavaco Silva.*** Le 14 janvier 1996, Mario Soares, non rééligible, quitte la présidence de la République. Après 50 ans de combats politiques et 2 mandats présidentiels, il décide, à 72 ans, de devenir un « citoyen comme les autres ». ***Jorge Sampaio,*** membre du parti socialiste et ancien maire de Lisbonne, lui succède.

L'Europe, toujours l'Europe, encore l'Europe

En même temps, le pays se lance dans une vaste offensive culturelle en Europe pour promouvoir son image. ***Entré dans l'Union européenne en 1986,***

le Portugal cherche immédiatement à s'intégrer. Le fleuron de cette campagne d'intégration, l'***Exposition universelle à Lisbonne en 1998,*** commémore le premier voyage de Vasco de Gama aux Indes (en 1498). Le thème d'Expo 1998, « Les océans, un patrimoine pour le futur », est à lui seul tout un programme marquant bien la place de la mer dans l'identité nationale.
Aux législatives d'octobre 1999, le parti socialiste d'***António Guterres*** remporte 44 % des votes exprimés, son plus beau score depuis la chute de Salazar, mais il ne dispose toujours pas de la majorité absolue. António Guterres doit donc gouverner avec le soutien du Parti populaire, de droite, ou de la CDU, d'obédience communiste, selon le cas. Mais en décembre 2001, aux élections municipales au cours desquelles d'importants bastions de la gauche (Lisbonne, Porto, Coimbra, Faro...) basculent vers la droite, il donne sa démission, provoquant une anticipation des élections législatives. Celles-ci ont lieu début 2002 et confirment la tendance des municipales. ***José Manuel Durão Barroso,*** dernier président du PSD, est alors nommé Premier ministre. Ce gouvernement doit affronter une remontée du chômage et mettre en place un budget de rigueur, une politique pas très populaire mais nécessaire, notamment pour répondre aux exigences de Bruxelles. D'ailleurs, il sera nommé 1 an plus tard à la tête de la présidence de la Commission européenne (jusqu'en 2014) ; il n'y a pas de hasard !
L'organisation de la Coupe d'Europe de football en juin 2004 offre également une possibilité de développement et d'ouverture supplémentaire sur l'Europe. Un élan sur lequel doit s'appuyer le Premier ministre socialiste, ***José Socrates,*** élu triomphalement en février 2005 (et réélu en 2009). Depuis, les choses ont bien changé, et il suffit de demander à n'importe quel Portugais ce qu'il pense de lui pour nuancer grandement cet éclat électoral. Après des débats houleux, les Portugais votent par référendum en 2007 pour la ***dépénalisation de l'avortement*** (vote à 59,25 %).
En 2008, tenant compte des évolutions politiques, économiques et de société de l'Europe, les députés portugais approuvent le 23 avril la loi autorisant la ***ratification du traité de Lisbonne*** (208 voix contre 21 !). Établissant de nouvelles règles qui régissent l'étendue et les modalités de l'action future de l'Union. Le Portugal est le 10ᵉ pays européen à le ratifier.
En 2009, c'est la crise. José Socrates est réélu de justesse suite aux législatives, mais le taux de chômage s'envole et la récession se fait sentir.
En 2010, le pape Benoît XVI attire les foules, mais pas de miracles pour autant. Si, ***Socrates porte le projet du mariage pour les homosexuels devant l'assemblée qui le vote,*** mais pas encore l'adoption !
En 2011, toujours la crise... Aníbal Cavaco Silva est réélu président de la République au 1er tour. Pedro Passos Coelho (leader du parti social-démocrate) devient Premier ministre... et réduit son gouvernement : prémices de mesures de rigueur ?
En 2012 et 2013, le chômage continue sa progression (17 %). Les impôts également. Le pouvoir d'achat baisse de façon alarmante. Déjà, certains Portugais s'exilent vers les anciennes colonies. Le secteur public est traumatisé par d'importantes restructurations, grèves et manifestations se succèdent... Mais le déficit refuse obstinément de diminuer et le Portugal reste scruté à la loupe par les instances financières et par ses voisins européens.
L'année 2014 est marquée par une légère amélioration avec un taux de chômage redescendu à 15 % et, en 2015, le Portugal commence à rembourser ses dettes.
En janvier 2016, ***Marcelo Rebelo de Sousa*** est élu président de la République au 1er tour de scrutin, avec près de 52 % des suffrages exprimés. Cofondateur de l'hebdomadaire *Expresso,* il a travaillé comme analyste politique pour des chaînes d'infos ; une carrière qui a largement contribué à sa notoriété publique et à sa popularité. Sa présidence débute dans un contexte de cohabitation, le gouvernement étant soutenu par une majorité de gauche à l'Assemblée, sous l'autorité du Premier ministre António Costa. Sur le plan international, le socialiste et ancien Premier ministre portugais António Guterres devient secrétaire général de l'ONU en 2016.

Depuis 2016, ***la croissance redémarre,*** le chômage recule et les déficits publics reculent, du jamais-vu depuis l'avènement de la démocratie, en 1974 ! Le pays fait figure de nouvel eldorado pour les entreprises européennes et joue à fond la carte du bon élève de l'Europe. C'est surtout la méthode qui surprend : plutôt que de diminuer les dépenses publiques, réformer le travail et diminuer les protections sociales, le gouvernement de gauche a fait... tout le contraire ! Bruxelles est surprise mais applaudit. Le salaire minimum a été augmenté (SMIC à 557 €), les droits du travailleur renforcés, et les retraites revues à la hausse. À cela s'est ajoutée une embellie dans des secteurs délaissés, comme le textile. Le taux de chômage est tombé sous le seuil des 8 %. Après des années difficiles où le Portugal a frôlé la faillite (notamment en 2011), un vent nouveau s'est levé, ***la consommation décolle, l'immobilier flambe*** et le ***tourisme explose.*** Le pays tient, enfin, sa revanche, à l'image de l'enthousiasme suscité par la victoire de son équipe nationale de foot à l'Euro 2016 (et du chanteur Salvador Sobral au concours de l'Eurovision en 2017 !). Peut-on parler d'un modèle portugais ? À voir !

MÉDIAS

VOTRE TV EN FRANÇAIS : TV5MONDE, la première chaîne culturelle francophone mondiale

Avec ses 11 chaînes et ses 14 langues de sous-titrage, TV5MONDE s'adresse à 360 millions de foyers dans plus de 190 pays du monde par câble, satellite et sur IPTV. Vous y retrouverez de l'information, du cinéma, du divertissement, du sport, des documentaires...
Grâce aux services pratiques de son site voyage • *voyage.tv5monde.com* •, vous pouvez préparer votre séjour et une fois sur place, rester connecté avec les applications et le site • *tv5monde.com* • Demandez à votre hôtel le canal de diffusion de TV5MONDE et contactez • *tv5monde.com/contact* • pour toutes remarques.

Radio

On trouve quelques radios françaises « expatriées » comme RFM Portugal *(• rfm.sapo.pt •).* Pas mal de musique également sur Mega Hits *(• megahits.sapo.pt •).* Il existe naturellement une radio dédiée au fado, Radio Amalia (amalia.fm), pour les amoureux de cette musique mélancolique. Les autres iront sur les ondes publiques Antena 1, 2 et 3. TSF est une radio généraliste très prisée également. Pas mal de ces radios sont disponibles sur • *radioonline.com.pt* •

Presse

On lit beaucoup la presse au Portugal. Une large part fait ses choux gras de l'actualité sportive, avec notamment *A Bola (• abola.pt •),* journal in-con-tournable pour les fans de sport. Les autres journaux font la part belle à l'actualité nationale, avec des quotidiens comme *Diário de Notícias (• dn.pt •),* le journal le plus lu, *Correio da Manhã (• cmjornal.xl.pt •), Jornal de Notícias (• jn.pt •)* et *Público (• publico.pt •),* le journal de l'intelligentsia portugaise. Côté hebdos, on trouve l'*Expresso (• expresso.sapo.pt •),* magazine généraliste.

Télévision

Il existe 2 chaînes publiques : RTP 1 *(• rtp.pt/play/direto/rtp1 •)* et RTP 2 *(• rtp.pt/rtp2 •).* Mais ce sont les 2 chaînes privées SIC (Sociedade independente de comunicação ; • *sic.sapo.pt/* •) et TVI (Televisão independente ; • *tviplayer.iol.pt/direto/TVI* •) qui mènent sur le front des audiences. SIC fait exploser l'audimat avec les *telenovelas* brésiliennes très olé-olé. TVI est la petite chaîne qui monte.

Bon à savoir, tous les films et séries sont diffusés en v.o. et sous-titrés en portugais : de quoi suivre et même apprendre quelques rudiments de langage. Nous devrions en prendre de la graine !

PERSONNAGES

– ***Afonso de Albuquerque*** *(1453-1515)* **:** il repose dans un tombeau de l'église Nossa Senhora da Graça à Lisbonne. Cet illustre navigateur portugais, surnommé « le Lion des mers d'Asie », est né à Alhandra (près de Vila Franca de Xira, Ribatejo). Il s'empara de Goa (Inde) en 1510 et y fonda l'un des plus solides comptoirs portugais, cœur et centre politique et stratégique de l'Empire portugais des Indes et d'Asie. Devenu vice-roi des Indes, Albuquerque est mort à Goa ; son corps fut rapatrié à Lisbonne.

– ***Ricardo Espírito Santo*** *(1900-1954)* **:** il commença avec un petit bureau de change et devint un riche banquier, mais il est surtout connu comme collectionneur et mécène de la 1re moitié du XXe s. Grand protecteur du patrimoine lisboète, Ricardo racheta un palais de l'Alfama pour y héberger la Fondation Espírito-Santo, autour de l'actuel musée des Arts décoratifs (lire « À voir. À faire » dans le quartier de l'Alfama). Après la révolution des Œillets (1974), le groupe se réfugia au Brésil pendant quelque temps, pour éviter d'être nationalisé. Avec la libéralisation, les capitaux sont revenus à Lisbonne. La banque *Espírito Santo* finance notamment la fondation, qui héberge le superbe museu do Oriente à Lisbonne.

– ***Calouste Gulbenkian*** *(1869-1955)* **:** voir aussi plus haut à Lisbonne « Au nord de l'avenida da Liberdade, autour du musée Gulbenkian et Campo Grande ». Destin étonnant que celui de cet homme d'affaires arménien, né près d'Istanbul et mort à Lisbonne. Il termine sa formation d'ingénieur et de sciences appliquées au King's College de Londres en 1887. À 20 ans, il effectue un voyage « initiatique et technique » en Transcaucasie (1890), de la mer Noire à Bakou, où il découvre les immenses possibilités pétrolières du Moyen-Orient. En 1889, il publie un récit de voyage écrit en français et édité par Hachette (l'éditeur du *Routard* !) : *La Transcaucasie et la péninsule d'Apchéron, souvenirs de voyage.* Son destin est déjà fixé : c'est le pétrole qui guidera ses pas. Sa vie se passera entre l'Europe et le Moyen-Orient. Visionnaire, diplomate polyglotte, habile négociateur, homme d'affaires avisé, il crée en 1912 la *Turkish Petroleum Company* dans laquelle il associe la Royal Dutch-Shell, la Banque de Turquie et la Deutsche Bank. Après 1919 et l'éclatement de l'Empire ottoman, la TPC devient l'*Irak Petroleum Co.* Sa fortune augmente vite.

MONSIEUR 5 %

Derrière sa réputation de mécène discret et amateur d'art éclairé, Calouste Gulbenkian était d'abord un aventurier et un fin stratège financier ayant flairé que les champs pétrolifères du Caucase pourraient rapporter gros. C'est ainsi qu'il sut négocier les concessions pétrolières qu'il détenait contre une rente de 5 % des bénéfices annuels, à l'origine de son immense fortune.

Amateur d'art, collectionneur exigeant, Gulbenkian consacra une partie de ses fabuleux revenus à l'achat des plus belles œuvres artistiques du monde. « Mes collections sont mes enfants », disait-il. De 1927 à 1940, il vit en France, entre son hôtel particulier de l'avenue d'Iéna et son manoir des Enclos à Deauville. Séduit par la stabilité du régime salazariste, Gulbenkian vient s'installer à Lisbonne en 1942 (en pleine guerre), où il restera jusqu'à sa mort en 1955. Il eut la bonne idée de léguer la plus grande partie de sa fortune et toutes ses collections à l'État portugais.

– ***Henri le Navigateur*** *(1394-1460)* **:** le 3e fils du roi João I est considéré comme l'initiateur des découvertes portugaises. Après la prise de Ceuta en 1415, il devient maître du puissant ordre du Christ qui financera depuis Lisbonne ou Lagos (en Algarve) les navigations portugaises le long de la côte africaine. Les caravelles – petits navires à voiles latines apparus vers 1440 – atteindront la Sierra Leone en 1460. Entre-temps, Madère a été découverte en 1417, les Açores de 1427 à 1452, l'archipel du Cap-Vert en 1456. La fameuse « école de Sagres », à laquelle on associe souvent son nom, n'a en fait jamais existé. Il est cependant vrai qu'il avait fait construire une petite maison au cap Sagres, où il passa quelques mois lors des dernières années de sa vie et où il trouva la mort.

– ***António Lobo Antunes*** *(né en 1942)* **:** écrivain et psychiatre, il a obtenu le prix Camões en 2007. Ses romans poignants – *Le Retour des caravelles, La Splendeur du Portugal* – saisissent l'âme du Portugal et de ses habitants. La tristesse d'un monde qui s'effondre (l'Empire portugais) dans le fracas des armes n'est que prétexte à dire aussi le plaisir de survivre, tant bien que mal, à cette amertume historique.

– ***Maria de Medeiros*** *(née en 1965)* **:** actrice de cinéma avant tout, née à Lisbonne et révélation du film *Pulp Fiction,* de Quentin Tarantino, où elle jouait la petite amie de Bruce Willis, pleine de candeur. On l'a également vue dans *Moi, César, 10 ans et demi, 1,39 m* de Richard Berry. Elle a réalisé son premier film, *Capitaines d'avril* (sur la révolution des Œillets), en 1999.

– ***Fernando Pessoa*** *(1888-1935)* **:** écrivain né à Lisbonne, il passa une partie de son enfance à Durban (Afrique du Sud), où son père était diplomate. Revenu au Portugal, il n'en bougea plus jusqu'à sa mort, à l'âge de 47 ans. Employé de bureau, revuiste, traducteur, il se consacra à la poésie, explorant des voies littéraires nouvelles, de l'érotisme à l'ésotérisme, dans un style mêlant mélancolie, lyrisme et nationalisme mystique. Célèbre marcheur, routard avant l'heure, il connaissait sa ville mieux que quiconque. Son fantôme hante encore aujourd'hui les cafés littéraires *Martinho da Arcada* dans la Baixa et *A Brasileira* dans le Chiado. Pessoa, dont le nom signifie « une personne », est l'auteur du fameux *Livre de l'intranquillité* (éd. Bourgois). On retrouve sa statue en bronze à Lisbonne, rua Garrett, sur la terrasse du café *A Brasileira.* Sa maison, la *casa Fernando Pessoa,* abrite un centre d'études de son œuvre et se visite.

– ***Maria João Pires*** *(née en 1944)* **:** pianiste de renom et spécialiste de Mozart, née à Lisbonne, célébrée sur la scène internationale, porte-parole pacifiste des « antiguerre » en Irak en 2003.

– ***Amália Rodrigues*** *(1920-1999)* **:** la plus fameuse des chanteuses de fado portugais. Elle est la « Maria Callas lusitanienne ». Née dans une famille modeste mais dotée d'une prestance et d'une allure de princesse, Amália fut malmenée après la révolution des Œillets. Or, elle ne faisait rien d'autre que du grand art et des tournées dans le monde entier : le fado fut toute sa vie. Cette *fadista* émouvante sur la scène comme au cinéma méritait d'être enterrée au Panthéon national. Sa maison, rua de São Bento, près du Parlement, à Lisbonne, est devenue un musée intéressant à visiter.

– ***Saint Antoine*** *(1195-1231)* **:** connu aussi sous le nom de saint Antoine de Padoue, il est le saint patron de la cathédrale de Lisbonne (la Sé). Né à Lisbonne, il entre en religion sous le nom de Frei António. En 1222, il rencontre saint François à Assise, puis il combat l'hérésie albigeoise dans le sud de la France. Théologien, il enseigne à Montpellier, Toulouse, Le Puy et Limoges, puis retourne à Padoue, où il meurt à l'âge de 36 ans. L'année suivante, il est canonisé par le pape Grégoire IX. Il demeure le saint des causes désespérées. Un comble : ce n'est pas lui le saint patron de Lisbonne, mais saint Vincent !

– ***Mário Soares*** *(1924-2017)* **:** fils de professeur, lui-même diplômé d'histoire, de philo et de droit, ancien prof à la Sorbonne, à Vincennes ou à Rennes, Soares est surtout le père du socialisme portugais, inlassable opposant à Salazar, cible de la PIDE (police politique), qui lui valut 12 arrestations, 3 années de prison et une déportation en 1968 à São Tomé. En 1970 il s'exile en France, qu'il quittera après la Révolution des Œillets. Premier ministre en 1983, puis président en 1986, il mettra fin aux colonies portugaises et organisera le rapatriement des Portugais. Profondément humaniste et européen, sa personnalité dépassait tous les clivages politiques.

– ***António de Spinola*** *(1910-1996)* **:** son monocle, son allure noble et grave, et sa circonspection ont contribué à donner une image mesurée, digne et sobre à la révolution des Œillets. Avant d'être un homme politique portugais, il fut gouverneur de la Guinée (1968-1973). Il se rendit célèbre en dirigeant le coup d'État militaire du 30 avril 1974, qui renversa la dictature de Salazar. Devenu président du Portugal, Spinola s'opposa aux forces de gauche, ce qui entraîna sa démission et son exil. Revenu au Portugal en 1976, il fut promu maréchal en 1981.
– ***Joana Vasconcelos*** *(née en 1971 à Paris)* **:** voici la jeune artiste peintre-vidéaste-sculpteuse qui monte, qui monte... Elle s'amuse à « déconstruire » des œuvres du quotidien, à les exposer à des échelles variables, minuscules ou surdimensionnées dans des couleurs très pop. Certaines de ses œuvres sont exposées au musée Berardo (voir le quartier de Belém). Plus d'infos sur son site : • *joanavasconcelos.com* •
– Sans oublier les autres personnalités célèbres que vous retrouverez plus haut dans les rubriques « Cinéma », « Fado », « *Futebol* », ou encore « Livres de route » dans le chapitre « Lisbonne utile ».

POPULATION

En 2018, le Portugal comptait quelque 10,2 millions d'habitants, les Açores et Madère compris. L'essentiel de la population est concentré le long de la façade atlantique, autour de Lisbonne principalement. Suivant une évolution propre au vieux continent, le pays enregistre une augmentation du nombre de personnes âgées, pour une baisse parallèle du nombre de jeunes et du taux de natalité (1,2 enfant par femme, l'un des plus bas d'Europe !). Selon l'Institut portugais des statistiques, le pays pourrait perdre d'ici à 2060 près de 20 % de sa population et passer de 10,8 à 8,6 millions d'habitants.
Longtemps voué à l'émigration, vers les colonies, en Afrique, vers le Nouveau Monde et vers la France, le pays fait aujourd'hui appel à une population immigrée contrôlée par l'État pour juguler le manque de main-d'œuvre.
Mais l'afflux est encore faible. La majorité des immigrés provient d'Europe de l'Est (d'Ukraine notamment), des anciennes colonies d'Afrique et du Brésil. Et, dans le même temps, le pays voit ses ressortissants chercher du travail ailleurs, pour un salaire supérieur, comme par le passé. Notons aussi un phénomène nouveau avec l'arrivée de nombreux retraités français, notamment grâce à des aides fiscales avantageuses.

RELIGIONS ET CROYANCES

Selon une citation célèbre, « être portugais, c'est être catholique mais pas forcément pratiquant ». Il est vrai que la ferveur religieuse du Portugal n'a rien à jalouser aux pays européens profondément catholiques comme la Pologne, l'Italie ou encore l'Irlande. Inutile d'évoquer Fátima, le Lourdes portugais, et les pèlerinages toujours très suivis de Bom Jésus du monastère d'Alcobaça ou encore de Batalha. Tous les dimanches, de nombreux fidèles se pressent dans les églises. Mais depuis quelques années, ces dernières sont moins fréquentées. Si 90 à 95 % de la population est catholique, on remarque toutefois la montée des sectes religieuses telles que les Témoins de Jéhovah. D'autres sectes en provenance directe du Brésil font leur apparition progressivement,

UN ÉCONOMISTE INTÉGRISTE

La politique de Salazar était animée par des préjugés chrétiens. L'endettement était pour lui assimilé au péché ! Donc la rigueur et l'autarcie s'imposaient. Cette stagnation a développé un chômage terrible qui amena 2 générations de Portugais à fuir leur pays.

détournant les ouailles de leur chapelle, au grand dam des prêtres, qui voient l'Europe et le progrès social et économique comme les grands pourfendeurs de la religion catholique aujourd'hui au Portugal. À moins que ce ne fût la séparation de l'État et de l'Église, au sortir de la dictature salazariste en 1976, qui marqua l'ouverture progressive du pays à d'autres cieux. Quant à la religion musulmane, on estime qu'elle regroupe environ 15 000 fidèles (soit 2 % seulement).

Juifs et marranes

Vivant depuis des siècles au Portugal, les communautés juives virent leur sort rattrapé par celui des juifs d'Espagne expulsés en 1492 par la très catholique Isabelle de Castille et son époux, le roi Ferdinand, pour obéir au diktat de l'Église espagnole.

Plus de 100 000 individus furent contraints au départ, dont 60 000 environ choisirent l'exil au Portugal. En échange de la rondelette somme de 100 000 ducatines, le roi Jean II leur promit bateaux et protection pour 8 mois. Un an plus tard, les enfants juifs de 2 à 10 ans étaient enlevés à leurs parents et déportés sur l'archipel de São Tomé, où peu d'entre eux survécurent.

LA LOI DU RETOUR

En 1536, de nombreux juifs furent contraints à l'exil, chassés par l'Inquisition. Pour réparer cette injustice, en 2013, le gouvernement offre à leurs descendants la possibilité d'obtenir automatiquement la nationalité portugaise.

Le roi Manuel Ier, désireux de s'allier les bonnes grâces espagnoles, n'hésita pas non plus à ordonner la conversion forcée de tous les juifs portugais au catholicisme, en 1496. Ces convertis sont appelés « nouveaux chrétiens », toujours avec suspicion ; ceux qui judaïsaient en secret « crypto-juifs » ou « marranes ». Les plus chanceux purent s'exiler à Amsterdam (comme les ascendants du philosophe Baruch Spinoza), en France (les ancêtres de Pierre Mendès France et la famille Pereire...) – notamment à Bordeaux (Michel de Montaigne avait un aïeul juif portugais) – ou au Brésil. Quant aux autres nouveaux chrétiens, mal acceptés par la population, ils furent persécutés et victimes d'un immense massacre à Lisbonne en 1506 : plus de 4 000 victimes. En 1536, le pape autorisa la mise en place d'une inquisition portugaise, et les juifs disparurent définitivement de la place publique, confinés dans la clandestinité pour de longs siècles.

Pendant la Seconde Guerre mondiale, de nombreux juifs européens persécutés par le nazisme furent sauvés de la déportation grâce à l'accueil du Portugal et à l'action de certains diplomates, dont Aristides de Sousa Mendez, consul à Bordeaux. Quoique surveillés par la police politique de Salazar, ils vécurent à Lisbonne (presque normalement) ou aux alentours de la capitale, sans être livrés aux autorités allemandes. Salazar ne tint pas compte des pressions du Reich. Une partie de ces réfugiés embarqueront plus tard pour l'Argentine ou le Brésil.

On compte aujourd'hui quelque 2 000 juifs au Portugal. Le renouveau de la tradition et des cultes est frappant, notamment avec l'inauguration, dans les années 1990, de la synagogue de Belmonte et la venue de rabbins d'Israël pour porter la bonne parole.

UN « JUSTE » INJUSTEMENT MÉCONNU

En 1940, Aristides de Sousa Mendez accorda 30 000 visas portugais aux réfugiés qui décidèrent d'échapper aux nazis malgré une circulaire de Salazar l'interdisant formellement. Le dictateur portugais ne lui pardonnera jamais. L'aristocrate catholique mourra dans la misère en 1954, refusant toute aide de l'État d'Israël.

Pour plus d'infos :
- ***La Foi du souvenir, labyrinthes marranes,*** de Nathan Wachtel (Seuil, coll. « La Librairie du XXIe siècle », 2001, 448 p.).
- ***Histoire des juifs portugais,*** de Corsten Wilke (Chandeigne, 2007, 272 p.).

SAVOIR-VIVRE ET COUTUMES

Courtoisie et art de la parlote

Tout le monde vous le dira, les Portugais sont rarement à l'heure pour les rendez-vous. Mais cela contrebalance leur gentillesse et leur disponibilité. Si vous ne connaissez pas la personne à laquelle vous vous adressez, faites précéder le nom de votre interlocuteur d'un « *Senhor* » pour un homme ou d'un « *Senhora* » pour une femme. Avec l'habitude, on vous tapera facilement sur l'épaule et on vous appellera par votre prénom ! Puis on vous fera la conversation, car ici plus qu'ailleurs, on aime papoter, quitte à s'arrêter tous les 3 mètres dans la rue pour vous expliquer le pourquoi du comment droit dans les yeux.
Un petit conseil en passant : les Portugais apprécient rarement nos efforts surhumains pour s'adresser à eux en espagnol. Pour des raisons historiques évidentes, les 2 langues n'ont pas toujours fait bon ménage, et c'est une façon malhabile de reconnaître la supériorité de la langue de Cervantès dans la péninsule Ibérique. L'effort s'avère d'ailleurs souvent inutile, puisque, primo, on comprend généralement mal la réponse ; secundo, il n'est pas rare que l'interlocuteur maîtrise le français.

SITES INSCRITS AU PATRIMOINE MONDIAL DE L'UNESCO

En coopération avec le
Organisation des Nations Unies pour l'éducation, la science et la culture
Centre du patrimoine mondial

Pour figurer sur la liste du Patrimoine mondial, les sites doivent avoir une valeur universelle exceptionnelle et satisfaire à au moins un des 10 critères de sélection. La protection, la gestion, l'authenticité et l'intégrité des biens sont également des considérations importantes. Le patrimoine est l'héritage du passé dont nous profitons aujourd'hui et que nous transmettons aux générations à venir. Nos patrimoines culturel et naturel sont 2 sources irremplaçables de vie et d'inspiration. Ces sites appartiennent à tous les peuples du monde, sans tenir compte du territoire sur lequel ils sont situés. Pour plus d'informations : ● *whc.unesco.org* ●
Pour ce guide, les sites inscrits au Patrimoine mondial de l'Unesco sont :
- le monastère des Hiéronymites et la tour de Belém à Lisbonne (1983) ;
- le paysage culturel de Sintra (1995).

les ROUTARDS sur la FRANCE 2019-2020

(dates de parution sur • **routard.com** •)

Découpage de la FRANCE par le ROUTARD

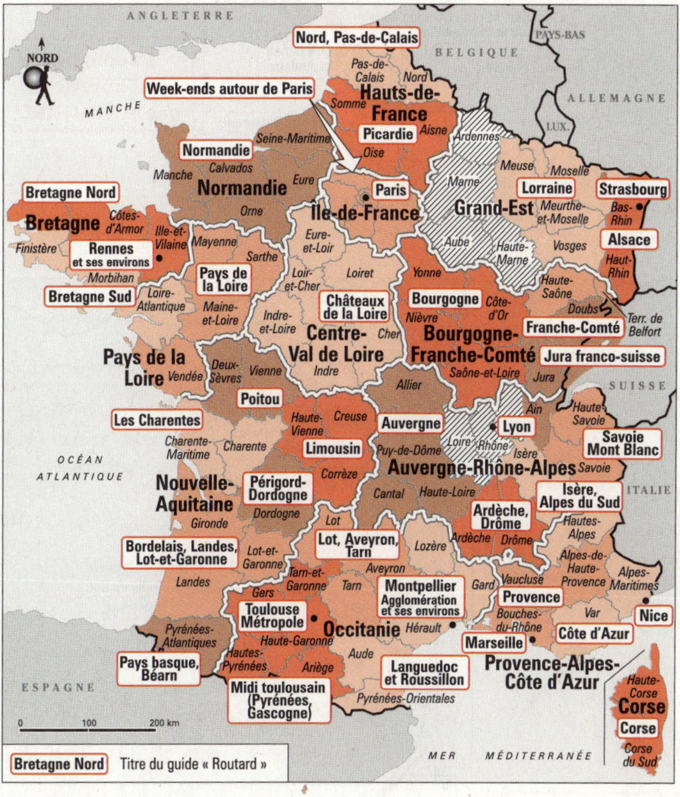

Autres guides sur la France

- Hébergements insolites en France
- Canal des 2 mers à vélo
- La Loire à Vélo
- Paris Île-de-France à vélo
- La Vélodyssée (Roscoff-Hendaye)
- Nos meilleurs campings en France
- Nos meilleures chambres d'hôtes en France
- Nos meilleurs restos en France
- Les visites d'entreprises en France

Autres guides sur Paris

- Paris
- Paris balades
- Paris exotique
- Restos et bistrots de Paris
- Le Routard des amoureux à Paris
- Week-ends autour de Paris

les ROUTARDS sur l'ÉTRANGER 2019-2020

(dates de parution sur • **routard.com** •)

Découpage de l'ESPAGNE par le ROUTARD

Découpage de l'ITALIE par le ROUTARD

Autres pays européens

- Allemagne
- Angleterre, Pays de Galles
- Autriche
- Belgique
- Bulgarie
- Crète
- Croatie
- Danemark, Suède
- Écosse
- Finlande
- Grèce continentale
- Hongrie
- Îles grecques et Athènes
- Irlande
- Islande
- Madère
- Malte
- Norvège
- Pays baltes : Tallinn, Riga, Vilnius
- Pologne
- Portugal
- République tchèque, Slovaquie
- Roumanie
- Suisse

Villes européennes

- Amsterdam et ses environs
- Berlin
- Bruxelles
- Budapest
- Copenhague
- Dublin
- Lisbonne
- Londres
- Moscou
- Naples
- Porto
- Prague
- Saint-Pétersbourg
- Stockholm
- Vienne

les ROUTARDS sur l'ÉTRANGER 2019-2020

(dates de parution sur • routard.com •)

Découpage des ÉTATS-UNIS par le ROUTARD

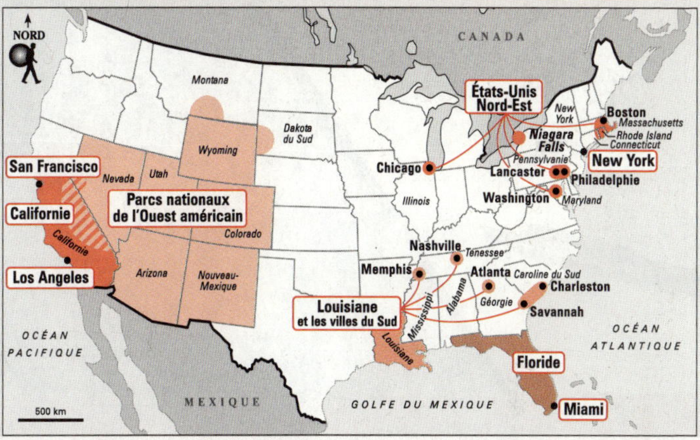

Autres pays d'Amérique

- Argentine
- Brésil
- Canada Ouest
- Chili et île de Pâques
- Colombie
- Costa Rica
- Équateur et les îles Galápagos
- Guatemala, Belize
- Mexique
- Montréal
- Pérou, Bolivie
- Québec et Ontario

Asie et Océanie

- Australie côte est + Red Centre
- Bali, Lombok
- Bangkok
- Birmanie (Myanmar)
- Cambodge, Laos
- Chine
- Hong-Kong, Macao, Canton
- Inde du Nord
- Inde du Sud
- Israël et Palestine
- Istanbul
- Jordanie
- Malaisie, Singapour
- Népal
- Shanghai
- Sri Lanka (Ceylan)
- Thaïlande
- Tokyo, Kyoto et environs
- Turquie
- Vietnam

Afrique

- Afrique du Sud
- Égypte
- Kenya, Tanzanie et Zanzibar
- Maroc
- Marrakech
- Sénégal
- Tunisie

Îles Caraïbes et océan Indien

- Cuba
- Guadeloupe, Saint-Martin, Saint-Barth
- Île Maurice, Rodrigues
- Madagascar
- Martinique
- République dominicaine (Saint-Domingue)
- Réunion

Guides de conversation

- Allemand
- Anglais
- Arabe du Maghreb
- Arabe du Proche-Orient
- Chinois
- Croate
- Espagnol
- Grec
- Italien
- Japonais
- Portugais
- Russe
- G'palémo (conversation par l'image)

Livres-photos Livres-cadeaux

- L'éphéméride du Routard (nouveauté)
- Voyages
- Voyages : Italie (nouveauté)
- Road Trips (40 itinéraires sur les plus belles routes du monde ; nouveauté)
- Nos 120 coins secrets en Europe
- Les 50 voyages à faire dans sa vie
- 1 200 coups de cœur dans le monde
- 1 200 coups de cœur en France
- Nos 52 week-ends dans les plus belles villes d'Europe
- Nos 52 week-ends coups de cœur en France (nouveauté)
- Cahier de vacances du Routard (nouveauté)

Nous tenons à remercier tout particulièrement Loup-Maëlle Besançon, Thierry Bessou, Gérard Bouchu, François Chauvin, Grégory Dalex, Fabrice Doumergue, Cédric Fischer, Carole Fouque, Guillaume Garnier, Nicolas George, Michelle Georget, David Giason, Claude Hervé-Bazin, Emmanuel Juste, Dimitri Lefèvre, Fabrice de Lestang, Romain Meynier, Éric Milet, Pierre Mitrano, Jean-Sébastien Petitdemange et Thomas Rivallain pour leur collaboration régulière.

Jean-Jacques Bordier-Chêne
Laura Charlier
Agnès Debiage
Coralie Delvigne
Jérôme Denoix
Tovi et Ahmet Diler
Clélie Dudon
Sophie Duval
Alain Fisch
Bérénice Glanger
Adrien et Clément Gloaguen
Bernard Hilaire et Pepy Frenchy Kupang
Sébastien Jauffret
Alexia Kaffès
Jacques Lemoine
Caroline Ollion
Martine Partrat
Odile Paugam et Didier Jehanno
Céline Ruaux
Prakit Saiporn
Jean-Luc et Antigone Schilling
Jean Tiffon
Caroline Vallano

Direction : Nathalie Bloch-Pujo
Direction éditoriale : Hélène Firquet
Édition : Matthieu Devaux, Olga Krokhina, Gia-Quy Tran, Julie Dupré, Emmanuelle Michon, Pauline Janssens, Amélie Ramond, Margaux Lefebvre, Laura Belli-Riz, Amélie Gattepaille, Aurore Grandière, Camille Lenglet, Lisa Pujol et Esther Batilde
Ont également collaboré : Agnès Petit, Christine de Geyer, Sandrine Flassch et Natacha Kotchetkova
Cartographie : Frédéric Clémençon et Aurélie Huot
Contrôle de gestion : Jérôme Boulingre et Adeline Cazabat Barrere
Secrétariat : Catherine Maîtrepierre
Fabrication : Nathalie Lautout et Audrey Detournay
Relations presse : COM'PROD, Fred Papet. ☎ 01-70-69-04-69.
• *info@comprod.fr* •, Martine Levens (Belgique) et Maureen Browne (Suisse)
Direction marketing : Adrien de Bizemont, Clémence de Boisfleury et Charlotte Brou
Informatique éditoriale : Lionel Barth
Couverture : Clément Gloaguen et Seenk
Maquette intérieure : le-bureau-des-affaires-graphiques.com, Thibault Reumaux et npeg.fr
Direction partenariats : Jérôme Denoix
Contact Partenariats et régie publicitaire : Florence Brunel-Jars
• *fbrunel@hachette-livre.fr* •

INDEX GÉNÉRAL

LISBONNE

INDEX GÉNÉRAL

LES ENVIRONS DE LISBONNE

LISTE DES CARTES ET PLANS

IMPORTANT : DERNIÈRE MINUTE

Sauf rare exception, le *Routard* bénéficie d'une parution annuelle à date fixe. Entre deux dates, des événements fortuits (formalités, taux de change, catastrophes naturelles, conditions d'accès aux sites, fermetures inopinées, etc.) peuvent modifier vos projets de voyage. Pour éviter les déconvenues, nous vous recommandons de consulter la rubrique « Guide » par pays de notre site ● ***routard.com*** ● et plus particulièrement les dernières ***Actus voyageurs.***

INDEX GÉNÉRAL

Remarque importante aux hôteliers et restaurateurs

Les enquêteurs du Routard travaillent dans le plus strict anonymat. Aucune réduction, aucun avantage quelconque, aucune rétribution n'est jamais demandé en contre-partie. Face aux aigrefins, la loi autorise les hôteliers et restaurateurs à porter plainte.

Avis aux lecteurs

Le Routard, ce n'est pas comme le bon vin, il vieillit mal. On ne veut pas pousser à la consommation, mais évitez de partir avec une édition ancienne. Les modifications sont souvent importantes.

Les réductions accordées à nos lecteurs ne sont jamais demandées par nos rédacteurs afin de préserver leur indépendance. Les hôteliers et restaurateurs sont sollicités par une société de mailing, totalement indépendante de la rédaction, qui reste donc libre de ses choix. De même pour les autocollants et plaques émaillées.

Avec routard.com, choisissez, organisez, réservez et partagez vos voyages !

✓ Rejoignez la plus grande communauté francophone de voyageurs : **plusieurs millions d'internautes.**

✓ Échangez avec les routarnautes : forums, photos, avis d'hôtels.

✓ Retrouvez aussi toutes les informations actualisées pour choisir et préparer vos voyages : plus de 300 guides destinations, une centaine de dossiers pratiques et un magazine en ligne pour découvrir tous les secrets de votre destination.

✓ Enfin, comparez les offres pour organiser et réserver votre voyage au meilleur prix.

Les Routards *parlent aux* Routards

Faites-nous part de vos expériences, de vos découvertes, de vos tuyaux et de vos coups de cœur. Aidez-nous à remettre l'ouvrage à jour. Indiquez-nous les renseignements périmés. Faites profiter les autres de vos adresses nouvelles, combines géniales... On adresse un exemplaire gratuit de la prochaine édition à ceux qui nous envoient les meilleurs courriers, pour la qualité et la pertinence des informations.

Quelques conseils cependant :

– Envoyez-nous votre courrier le plus tôt possible afin que l'on puisse insérer vos tuyaux sur la prochaine édition.

– N'oubliez pas de préciser l'ouvrage que vous désirez recevoir, ainsi que votre adresse postale.

– Vérifiez que vos remarques concernent l'édition en cours et notez les pages du guide concernées par vos observations.

– Quand vous indiquez des hôtels ou des restaurants, pensez à signaler leur adresse précise et, pour les grandes villes, les moyens de transport pour y aller.

Si vous le pouvez, joignez la carte de visite de l'hôtel ou du resto décrit.

En tout état de cause, merci pour vos nombreux mails.

122, rue du Moulin-des-Prés, 75013 Paris

• *guide@routard.com* • *routard.com* •

Routard Assurance *2019*

Enrichie année après année par les retours des lecteurs, *Routard Assurance* est devenue une assurance voyage incontournable. Tout est compris : frais médicaux, assistance rapatriement, bagages, responsabilité civile... Vous avez besoin d'un médecin, d'un conseil médical ou d'une prise en charge dans un hôpital ? Appelez simplement le plateau *AVI Assistance* disponible 24h/24, leur réseau est l'un des plus complets actuellement. Vous avez eu des frais de santé en voyage ? Envoyez les factures à votre retour, *AVI* vous rembourse sous une semaine. Avant votre départ, n'hésitez pas à les appeler pour des conseils personnalisés. Et téléchargez l'appli mobile pour garder le contact avec l'assistance 24h/24 et disposer de l'un des meilleurs réseaux médicaux à travers le monde. *40, rue Washington, 75008 Paris. ☎ 01-44-63-51-00. • avi-international.com • Ⓜ George-V.*

Édité par Hachette Livre (58, rue Jean-Bleuzen, CS 70007, 92178 Vanves Cedex, France)
Photocomposé par Jouve (rue de Monbary, 45140 Ormes, France)
Imprimé par Lego SPA Plant Lavis (via Galileo Galilei, 11, 38015 Lavis, Italie)
Achevé d'imprimer le 4 janvier 2019
Collection n° 13 - Édition n° 01
26/6954/4
I.S.B.N. 978-2-01-626763-9
Dépôt légal : janvier 2019

PAPIER À BASE DE
FIBRES CERTIFIÉES